Social Welfare Administration
사회복지행정론

김수목 장혜령 박근양 서정자 양영수 임은택

도서출판 조은

머리말

사회복지행정은 사회복지 분야에 행정이 접목해 있는 교과목이다. 이제 사회복지행정론은 사회복지학의 한 분야로서 그 나름의 독특한 학문체계를 형성하고 있다. 현대사회에서 사회복지 · 행정 분야는 발전을 거듭하고 있으므로 사회복지행정론 또한 학문적 일천함을 뛰어넘어 지속적이고 빠르게 발전하는 학문분야이다.

이제 사회복지는 하나의 주체가 전체를 통괄하는 국가 및 지방자치단체뿐만 아니라, 민간 중심으로 특화되어 확대되고 있는 흐름이 대세를 이루고 있다. 이에 따라, 사회복지행정의 영역 역시 과거에는 국가 중심이 주를 이루었으나, 지방자치단체나 민간영역에서도 중앙정부 못지않게 중요성이 날로 커지고 있다.

사회복지행정은 급속한 산업화와 도시화에 따른 사회적 경제적 구조변화에서 비롯되는 대량실업 및 빈곤 그리고 다양한 사회문제들이 과거의 전통사회에서 대신했던 장치들을 공식적이고 체계적인 조직들로 전환시키는 과정에서 필요하게 되었는데, 그 조직들이 중앙정부, 지방정부 등의 공공부문과 사회복지시설 등의 민간부문이다. 결국 사회적 욕구가 증가하면서 이러한 사회복지조직으로부터 서비스의 기대가 어느 때보다 높아져 가고 있다는 점에서, 클라이언트에 대해 효과적인 서비스를 제공하기 위한 체계적인 행정적 업무 및 관리의 필요성이 점증하고 있다.

이러한 상황에서 국가 및 사회로부터 클라이언트의 욕구와 사회문제를 해결하기 위한 권한을 위임받은 사회복지행정가들은 지속적으로 증가하는 복지예산을 효율적으로 사용하고, 복지사업을 효과적으로 증진시켜야 하는 책임을 갖게 되었다. 또한 사회복지적 이념과 그에 따른 정책이 성공적으로 실현되기 위해 사회복지정책을 실행하는 행정의 역할이 중요하다는 공감대를 형성하고 있다.

이 책에서는 사회복지 관련 학습자들이 사회복지행정의 기초에서부터 관리 영역과 기술에 이르기까지 사회복지행정가에게 필요한 지식과 실천을 다양한 측면에서 서술하고자 한다. 그 내용은 다음과 같다.

1장 사회복지행정의 기초
2장 사회복지행정의 발전
3장 사회복지행정이론
4장 사회복지조직과 환경
5장 사회복지서비스 전달체계
6장 기획, 의사소통, 의사결정
7장 리더십과 슈퍼비전
8장 인적자원관리
9장 재정관리
10장 정보관리
11장 사회복지조직의 마케팅과 홍보
12장 사회복지 프로그램의 개발 및 평가
13장 사회복지서비스의 질

이 책을 출판하기까지 수고를 아끼지 않으신 공동저자 교수님들께 심심한 위로의 말씀을 전하고자 한다. 바쁘신 중에도 각고의 노력을 기울여주신 점에 대해 감사를 드린다. 많은 노력에도 불구하고, 부족한 부분에 대해서는 학습자 여러분의 조언과 질책을 겸허히 수용하고자 한다. 차후에는 더욱 보완하여 알찬 내용으로 다시 학습자 여러분을 찾아뵐 것임을 약속드린다. 이 책을 출판하기까지 힘든 과정에서 수고를 아끼지 않으신 김화인 대표님과 관계자 여러분들께 진심으로 감사드린다.

2021년 6월

공동저자 대표 김수목

목 차 Contents

목 차 Contents

PART I 사회복지행정의 일반적 이해

Chapter 1

사회복지행정의 기초

개 요

사회복지행정은 사회복지목표의 체계적인 실현을 위해 사회복지조직을 중심으로 사회복지정책이 서비스대상자에게 보다 더 효과적이고, 효율적인 서비스로 전환하는 일련의 과정을 의미한다. 여기에서는 사회복지행정에 대한 기본적인 이론을 학습하고자 한다.

학습목표

1. 기초적 이론 숙지
2. 일반행정과의 차이점
3. 사회복지 행정의 나아갈 길

학습내용

1. 사회복지행정의 개념
2. 사회복지행정의 과정
3. 사회복지행정의 영역
4. 일반행정과 사회복지행정의 비교
5. 사회복지행정의 과제와 전망

Chapter 01
사회복지행정의 기초

1. 사회복지행정의 개념

1) 사회복지행정의 정의

사회복지행정(social welfare administration)이란 일반적으로 사회복지(social welfare)와 행정(administration)의 합성어로 설명한다. 즉, 사회복지행정은 사회복지목표의 체계적인 실현을 위해 사회복지 조직을 중심으로 사회복지정책이 서비스대상자에게 보다 더 효과적이고, 효율적인 서비스로 전환하는 일련의 과정을 의미한다. 따라서, 사회복지행정은 사회복지대상자가 최적의 서비스를 제공받을 수 있는 일련의 행위를 포괄하고 있다(이정서, 2021: 16).

사회복지행정이란 사회복지행정은 사회복지를 행정 또는 관리한다는 뜻이다. 여기에서 행정이란 정부조직의 활동을 지칭하는 것이 아니라, 보다 폭넓게 공공이나 민간 조직의 경영이나 관리를 포괄하는 용어이다. 여기서 행정(administration)과 관리(mana gement)라는 용어는 유사한 성격의 개념이다. 다만, 행정은 공공의 사무를 지칭하는 것으로 많이 쓰였고, 관리는 보다 일반적인 용어로 쓰이는 경향이 있다. 우리나라에서 '경영'이라는 용어는 보다 상급 차원의 관리를 의미하는 것처럼 쓰인다. 따라서, 사회복지행정이라고 할 때, 행정, 관리, 경영의 의미를 포괄한다고 볼 수 있다(한신애 외, 2018: 11).

광의의 개념은 모든 계층을 대상으로 사회적 욕구를 충족시키기 위한 사회복지서비스 방법으로 프로그램 급부 및 서비스 체계와 최소한의 욕구를 제공한다. 즉, 의식주, 보건, 의료, 교육, 훈련, 경제활동 등 국민생활에 대한 최저수준을 확보해 주는 사회적 서비스를 총칭한다. 종합적인 사회복지 개념은 모든 국민의 인간다운 생활을 보장하고 삶의 질을 향상시키기 위하여 국가와 여러 단체들의 조직적이고 체계적인 노력을 통하여 이루어지는 제반활동을 말한다. 행정이란 정치권력을 배경으로 공공정책을 형성하고 구체화를 이룩하려는 행정조직의 집단행동이라고 할 수 있다. 대개 강제성을 지닌 정치권력으로 권력과 관리능력을 동시에 가지고 있으며, 행정조직을 중심으로 공익을 추구하는 일련의 집단행동이다. 따라서, 사회복지행정은 사회복지조직의 운영과 목표달성을 위하여 관리자의 가치, 지식, 기술, 리더십을 반영하여 조직의 목표를 기획(planning)하여 실천(doing)하고 성과를 평가(seeing)하는 체계적인 관리활동이다.

협의의 사회복지행정이 관리자에 의한 체계적인 개입의 관리활동이라면 광의의 사회복지행정은 조직의 운영과 목표달성을 위하여 조직의 모든 구성원들이 참여하고 기여하는 사회과학적 지식으로 접근하는 것이다. 물론 협의의 관점과 광의의 관점이 중첩되어 있지만, 협의의 사회복지행정인 개별사회사업(case work), 집단사회사업(group work), 지역사회조직사업(community organization)만으로는 사회의 욕구와 문제를 해결할 수 없어 현대에는 사회복지조직의 운영과 목표달성을 위해 사회과학적 지식과 기술을 접목시키고 있으며 (Patti, 1983), 사회복지행정의 이 두 개념을 엄격하게 구별하기보다는 지식과 기술을 연속적으로 활용한다. 그리하여 사회복지행정이란 사회복지정책을 사회복지서비스로 전환시키는 데 필요한 사회복지조직의 총체적인 관리활동이다. 사회복지가 하나의 제도로 발전되어 공적 · 사적 조직을 통해 전달되므로 협의의 개념을 포함한 광의의 개념으로 보는 것이 바람직하다(전해황 외, 2021: 11).

사회복지행정의 정의에 대한 학설에서 알 수 있듯이 하나의 정책전환과정의 특성을 강조하기도 하고, 사회복지실천의 한 방법으로 보기도 하며, 전문적인 개입활동 또는 실천활동의 특성을 가진다고 파악하기도 한다. 또한 행정의 특성을 강조하여 사회복지행정이 관리기술 또는 관리과정으로 제시되기도 한다.

그러므로 사회복지행정이란 사회복지정책을 서비스로 전환시키는 사회복지조직의 목표달성을 위한 조직구성원의 협력적인 활동의 체계와 과정이라고 정의할 수 있다.

사회복지행정의 정의를 학자별로 요약하면 다음과 같다.

〈표 1-1〉 사회복지행정의 정의

학 자	정 의	비 고
키드네이 (Kidneigh, 1950)	사회정책을 구체적인 사회적 서비스로 전환시키고, 그 경험을 정책의 수정을 건의하는 데 활용하는 쌍방의 과정	정책관계 중시 전환 과정
스펜서 (Spencer, 1961)	목표달성을 향해 내적 관계와 사업활동을 의식적으로 지향하고, 또한 기관과 기관이 속한 지역사회 간의 상호작용과정에 의식적으로 개입하는 것	목표달성 상호작용 개입활동
던햄 (Dunham, 1962)	사회복지기관의 직접적 서비스 제공을 위해 필요하거나, 부수적 활동을 지지하거나, 촉진시키는 과정	간접적 또는 지지적 과정
워햄 (Warham, 1967)	조직의 목적과 목표를 위해서 이루어지는 조직의 모든 활동과정	목적 지향적 과정
슈타인 (Stein, 1970)	체계화된 조정과 협력, 노력을 통해 조직의 목표를 규정하고 이를 달성하는 과정	사회사업행정 조정과 협력
트렉커 (Trecker, 1971)	지역사회가 필요로 하는 서비스와 사업을 제공하려는 의도로 이용 가능한 모든 자원을 주민들이 사용할 수 있도록 그들의 에너지를 방출하고 관련시켜 주면서 주민들과 같이 일하는 과정	사회사업행정 협력 활동과정
티트머스 (Titmuss, 1974)	단순히 사회복지기관이나 시설의 행정과는 달리 사회적 서비스의 관리운영이며, 사회복지서비스가 대상자에게 전달되도록 인적 조직과 기구 및 서비스의 선택 문제를 검토하는 것	서비스 관리

스키드모어 (Skidmore, 1994)	사회복지기관의 사회적 정책을 사회적 서비스로 전달되도록 전환시키기 위해 사회적 과정을 활용하는 기관의 요원들의 활동	사회사업행정 전환 활동
패티 (Patti, 1983)	조직의 목적과 목표달성을 위해 관리담당자들이 활용하는 일련의 상호 의존적인 과업과 기능 및 관련 활동들로 구성된 하나의 체계적 개입활동	사회복지실천의 한 방법
엠브로시노 (Ambrosino et al., 2001)	문제해결과정에서 기관(조직) 자원의 효과적인 활용을 극대화시키려는 사회사업의 한 방법	지원활동 사회사업 방법
코울시드 (Coulshed et al., 2006)	사회복지행정은 세 가지 요소, 즉 장기 기획의 방향, 일상적 업무로서 체제를 유지하는 관리, 슈퍼비전을 결합하는 것	장기적 기획 및 일상적 유지관리, 슈퍼비전의 결합

자료: 신복기 외(2020: 16-17).

2) 사회복지행정의 특성

사회복지행정은 국가의 이념, 개발방향, 정책 등의 내용에 따라 결정되며, 사회적으로 인지된 욕구충족을 위해 가능한 각종 인적·물적 자원을 동원한다. 또한 사회복지행정은 이윤추구 및 영리를 목적으로 하지 않고, 대상자와 지역사회에 대한 윤리적 책임, 공적 책임, 전문인력 관리 등에 주안점을 두고, 복지정책의 목표를 달성하기 위한 이행수단 및 방법의 선택 서비스 제공 조직과 기구에 관심을 둔다. 사회복지 조직에서 행정은 지역사회 내의 인지된 욕구를 충족시킬 수 있도록 돕기 위해 존재한다. 사회복지행정을 통해 사회복지 조직에 의해 제공되는 서비스는 손상된 사회적 기능의 회복, 효과적인 사회적 기능을 위해 사회적·개인적 자원의 제공, 사회적 역기능의 예방 등이 있다(이정서, 2021: 21).

사회복지행정의 특성은 다음과 같다(전해황 외, 2021: 12-13).

첫째, 대상의 차별성이다. 주요 적용대상이 문제나 욕구를 지닌 클라이언트이고 도덕적 가치를 지닌 인간이기 때문에 도덕적으로 정당화되어야 하므로 기술과 활동의 적용에 있어서 제한적이다. 또한 변화와 개선을 위한 서비스 결과에 대하여 효과성 검증의 표준척도가 애매할 뿐만 아니라, 평가에 대한 논란도 많이 제기된다.

둘째, 재정원천의 차별성이다. 공익성을 추구하는 지역사회의 물적 · 인적 자원을 후원받아 운영되기 때문에 가치와 이해관계에서 정당화되어야 한다.

셋째, 서비스의 차별성이다.

3) 사회복지행정의 필요성

오늘날 사회복지행정가의 전문적인 역할에 대한 관심이 증가하고 있다. 사회복지현장에서는 사회복지행정에 대한 지식, 능력 및 기술을 갖추어야 유능한 사회복지행정가가 될 수 있음을 강조하고 있다(Skidmore, 1994). 이에 학교현장의 교육자와 학생들도 재학 중에 사회복지행정에 대한 기본적인 지식과 기술을 습득하기 위해 노력하고 있다.

사회복지행정의 필요성은 복지행정의 개념을 보다 명확하게 이해하는 지름길이다. 그 필요성은 사회복지 거시적 환경의 변화와 현대 사회복지의 특성을 바탕으로 나타난다. 사회복지환경 변화로 나타나는 다양한 복지욕구 충족을 위해서는 조직적 활동을 통해 목적달성에 기여할 수 있도록 노력해야 한다. 또한 현대사회의 복지서비스는 대부분 공식적인 복지기관이나 단체에 의해 수행되므로 복지활동 과정에서 행정이 없을 경우 발생하는 문제를 극복하지 못하면 효과적인 사회복지서비스는 불가능하다. 사회복지행정은 복지서비스의 충실한 이용을 위해서 필수적이다(신복기 외, 2020: 12).

미국사회복지교육협의회(CSWE)는 사회복지행정에 대한 학교교육은 다음의 3가지 목표를 지향해야 한다고 규정하고 있다(Gummer, 1975).

① 사회복지학과 학생은 일선 사회복지사로서의 실무에 필요한 행정에 대한 지식을 갖추어야 한다.

② 사회복지학과 학생은 일선 사회복지사에서 관리행정직으로 이동할 때 활용할 수 있도록 관리행정가에게 필요한 행정에 대한 지식을 충분히 갖추어야

한다.

③ 사회복지행정을 실무적으로 전공하려는 사회복지학과 학생은 실제 행정을 담당할 수 있도록 충분한 지식과 기술을 갖추어야 한다.

사회복지행정이 필요한 이유는 무엇인가? 사회복지행정의 필요성을 좀 더 쉽게 이해하기 위해 사회복지행정이 없다면 기관에서 무슨 일이 일어날지 상상해 볼 필요가 있다(Weinbach, 1993).

① 클라이언트와 직원들은 즉흥적으로 행동할 것이다.
② 직원들은 무계획적으로 업무를 시작하고, 각자의 업무는 다른 직원들의 활동과는 유기적인 관련이 없을 것이다.
③ 자신의 업무나 다른 사람의 업무에 대해 책임을 지지 않을 것이다.
④ 다른 사람의 업무, 프로그램 및 서비스를 평가하지 않을 것이다.
⑤ 지역사회에서의 조직의 현재 역할에 대해 알지 못할 것이고, 조직의 미래에 대한 관심도 없을 것이다.
⑥ 다른 직원과 정보를 공유하려 하지 않을 것이다.
⑦ 확실한 지도자가 없고, 직원들에 대한 분명한 역할기대도 없을 것이다. 각자가 자신의 업무에 대해 일방적으로 결정할 것이다.
⑧ 직원들의 활동을 지도할 목표나 사명이 없을 것이다. 직원들은 각자 판단해 활동할 것이다.
⑨ 조직에는 직원들의 지식과 기술 향상을 지원할 수단이 없을 것이다.
⑩ 과업의 위임이 이루어지지 않을 것이다.

위와 같은 10가지 사례들은 사회복지조직에서 사회복지행정의 역할이 실종되면 나타날 수 있는 상황을 예로 든 것이다. 사회복지조직에서는 사회복지행정의 역할이 존재하지 않을 때 일대 혼란이 발생할 것이고, 사실상 조직의 목표 달성과 관련된 기본적인 과업조차 착수하지 못하게 될 것이다. ①, ②, ⑦, ⑧ 및 ⑩의 현상은 목적과 목표의 설정, 그에 따른 조직활동의 기획 및 업무할당의 조직화가 결여되면 발생할 수 있다. ③, ④ 및 ⑨는 사회복지기관의 인적자원관리가 잘못될 때 대표적으로 나타날 수 있는 책임과 평가의 부재현상이다. 또한 ②와 ⑥은 사회복지행정가의 조정역량이 결여되면 나타나는 협조체제의 부족현상이다. ⑤는 사회복지조직의 지역사회에서의 역할을 설정하고 조직의 미래에 대한 비전을 제시하는 전략적 기획과 리더십의 필요성을 암시한다(심상용, 2017: 18).

사회복지행정의 필요성이 대두된 이유는 다음과 같다(고재욱 외, 2016: 22).

첫째, 복잡한 현대사회와 사회문제의 대두이다. 산업화로 인한 사회변동은 빈곤, 의료, 주택 등의 다양한 사회문제를 야기하였고, 이에 따라 사회 전체에 사회복지제도와 정책적 개입이 필요하게 되었다.

둘째, 사회체계와 인간의 상관성이다. 인간은 사회적 체계와 관계 속에서 존재하고 있으며, 혼자 존재할 수 없다는 점에 따라 지역사회 내 인적 · 물적 자원의 효율적인 활용은 합리적 행정과정을 통해서 달성될 수 있다.

셋째, 사회복지행정의 효과성과 효율성 활용이다. 사회복지조직에 있어 무엇보다도 인적 · 물적 자원의 적절한 획득과 활용이 매우 중요하다. 이러한 사회복지의 유한한 인적 · 물적 자원을 효과적 · 효율적으로 활용하여 클라이언트에게 필요한 서비스를 적절히 제공하고, 서비스의 효율성과 효과성을 높이는데 사회복지행정 과정과 기술은 필수적이다.

사회복지행정의 일반적인 필요성은 다음과 같이 정리할 수 있다.

첫째, 사회복지행정은 사회복지조직이 사회로부터 위임받은 역할을 책임 있게 수행하기 위해 필요하다. 사회는 사회복지기관이 사회가 위임한 대로 클라이언트의 복지를 보호하고 향상시키는 역할기대를 충족시킬 것을 바라고 있다(Hasenfeld, 1982). 그런데 조직은 하나의 유기체이고 체계적인 활동을 통해 과업을 달성하기 때문에 사회복지기관의 책임성은 사회복지행정의 기능을 통해 나타난다. 사회는 개별구성원이 아니라, 기관 자체의 역할과 책임성에 대한 기대를 바탕으로 권한을 위임해 준 것이다. 이처럼 사회복지행정의 필요성의 원천은 사회복지조직이 사회로부터 권한을 위임받고 있다는 데에 있다.

둘째, 사회복지행정은 전문화된 분업체제에 의존하는 사회복지조직을 관리해 사회복지서비스의 질을 제고하기 위해 필요하다. 상의하달식의 명령과 통제체제에 의해 운영되는 일반 관료제와는 달리, 사회복지기관은 일선 사회복지사들의 전문화된 분업체계에 의존하고 표준적인 업무통제가 어려운 측면이 있다. 따라서, 사회복지조직이 목적과 목표를 달성하기 위해서는 사회복지행정이 업무의 조정, 협조체제 유지, 상호작용 등의 적극적인 역할을 수행해야 한다(Patti, 1983). 전문화된 분업체계에 의존하는 사회복지조직의 특징에 부합하는 사회복지행정의 역할은 사회복지서비스의 질을 개선하는 효과로 나타난다. 사회복지조직의 운영과 기능을 개선하면 서비스의 효과성과 효율성이 증진될 수 있기 때문이다.

2. 사회복지행정의 과정

사회복지행정의 과정은 기본적으로 기획, 조직, 인사, 지시, 조정, 보고, 재정, 평가 등으로 전개된다. 사회복지행정의 과정은 다음과 같다(오종희 외, 2021: 53-57 ; 임정문 외, 2020: 34-35).

1) 기획

기획(Planning)은 행정가에 의해 수행되는 최초의 과정으로서 ① 목표설정, ② 과업활동, ③ 방법결정 등을 말한다. 사회복지기관의 목적에서 공공기관은 그 목적이 해당법령에 기술되고, 사적기관은 그것이 정관에 기술된다. 사회복지기관의 목표에 관한 일반적인 진술은 기관활동에 따라 분명해진다. 또한 과업수행을 위하여 필요한 방법은 변화하는 목표에 따라 달라질 수 있다. 따라서, 행정가는 변화하는 목표에 따라 과업을 계획하고 목표달성을 위해 필요한 방법을 선정해야 한다.

2) 조직

조직(Organization)은 작업활동이 규정되고 조정되는 공식적인 조직의 설정을 필요로 한다. 사회복지기관의 구조는 일반적으로 정관의 규정이나 운영지침서에 기술되어 있다. 이에 조직에서 그 역할과 책임이 불분명할 경우, 구성원 간에 갈등이 초래되어 비효율적이고 비효과적인 결과가 나타난다. 따라서, 행정가는 효과적이고 생동력 있는 조직을 유지하기 위해 구성원들에게 조직의 목표를 명백하게 이해하도록 하고, 기관목표의 변화와 능력, 과업과 수행방법의 변화 등에 적응하고 보조를 맞추어야 한다.

3) 인사

인사(Staffing)는 세 가지 활동으로 제시되는데, ① 직원의 채용과 해고, ② 직원의 교육과 훈련, ③ 협력적인 활동조건의 유지 등이다. 일반적으로 사회복지기관에서 행정책임자는 공공기관의 경우에 행정기관의 장이 선정하고, 민간기관의 경우에 이사장 또는 회장이 선정한다. 행정책임자는 직원의 임명에 대해 책임을 지며, 그들의 교육 및 훈련, 분위기 조성 등에도 책임을 진다. 특히, 기관의 우호적인 분위기 조성을 위해서는 행정책임자가 조직 내 구성원 간에 개방적인 의사소통의 망을 유지하고, 대인 간의 갈등을 해소해야 한다.

4) 지시

사회복지기관의 행정책임자는 기관을 효과적으로 지시(Directing)하는 지도자로서 자신의 능력을 발휘해야 한다. 이에 행정책임자의 능력을 몇 가지 제시하면 다음과 같다. 즉, ① 사회복지기관과 관련된 모든 사실들을 면밀히 검토한 후, 합리적인 결정을 내리는 능력, ② 기관의 목적에 대한 적극적인 관심과 목표달성을 위한 헌신적인 능력, ③ 기관 내 구성원의 공헌에 칭찬하고 그들의 지위향상을 도와주는 능력, ④ 자신의 책임과 권한을 효과적으로 위임하는 능력, ⑤ 행정책임자로서 기관 내 개인과 집단의 창의성을 고취하는 능력 등이다.

5) 조정

조정(Coordinating)은 사회복지기관의 활동에서 다양한 부분들을 상호 연결시키는 중요한 기능이다. 즉, 행정책임자는 기관 내의 조정기능을 위해 여러 부서와 구성원들 간의 효과적인 의사소통의 통로를 마련해야 한다. 예를 들어, 의사소통의 통로는 현재 가장 광범위하게 사용되는 위원회(committee)의 발족과 활용을 말한다. 이에 위원회는 상설위원회나 특별위원회가 있는데, 전자는 사회복지 프로그램, 인사, 재정 등과 같은 활동에 관한 문제를 취급하고, 후자는 사회복지기관의 긴급한 과업이나 단기간 내에 수행 가능한 임시적인 활동을 다룬다.

6) 보고

행정책임자는 보고(Reporting)의 기능을 수행하기 위해 기관의 직원, 이사회, 지역사회, 여타 기관 등에 대하여 본 기관에서 일어나는 상황을 알려 주어야 한다. 특히, 사회복지기관의 보고기능을 위한 세 가지 주요 활동은 다음과 같다.

첫째, 기록유지는 인사기록, 위원회의 활동, 대상자의 케이스 기록 등 전반적인 기관활동의 보고를 말한다.

둘째, 정기적인 감사는 기관이 어떻게 기능하고 있는가를 살펴보고, 이에 따라 전반적인 이해를 얻어 새로이 요청되는 부분을 개선토록 한다.

셋째, 조사연구자는 기관의 서비스 수행여부, 현존 서비스의 필요성 여부, 새롭게 요구되는 서비스의 종류, 서비스 전달의 효과성 여부 등을 조사한다.

7) 재정

재정(Budgeting)은 사회복지기관의 운용에 있어 핵심적인 요소이다. 기관의 재정행정은 세 가지 요소로 구성되는데, 이는 ① 건전한 조직상의 계획, ② 재정계획, ③ 재정운영의 통제 등이다.

기관조직의 구조는 재정적 관점에서 건전해야 한다. 건전한 재정운용은 기관 내 모든 부서에서의 지출을 위한 권위와 책임의 기초를 분명하게 규정함으로써 목적을 달성할 수 있다. 기관의 재정계획은 장기적인 목표로서 예산정책에 기초하여 수립해야 한다. 이에 예산정책은 세가지 측면에서 제시될 수 있는데, 이는 ① 급여 스케줄, ② 수입확보의 방법, ③ 지출통제의 방법 등이다.

8) 평가

평가(Evaluation)는 사회복지기관의 목표에 따라 전반적인 활동결과를 사정하는 과정이다. 기관의 목표달성을 정확하게 평가하기 위해서는 다음의 두 가지 척도를 적용하게 된다.

첫째, 효과성의 척도로써 복지서비스에 대한 욕구에 관련하여 기관의 서비스가 수행된 정도를 평가한다.

둘째, 효율성의 척도로써 기관의 가용한 자원과 관련하여 기관의 서비스가 수행되는 정도를 평가한다. 따라서, 사회복지기관의 평가기능을 효과적으로 수행하기 위해서는 기관의 구성원들이 평가활동을 자유롭게 하도록 하며, 기관의 프로그램을 창의성을 갖고 제안하도록 분위기를 조성하는 노력이 필요하다.

3. 사회복지행정의 영역

사회복지행정의 영역은 수평적 영역과 수직적 영역으로 구분할 수 있다. 이는 각각 사회복지행정에 대한 광의와 협의의 정의에 해당하는 영역구분이라 할 수 있다.

수평적 영역이란 행정 및 관리에 속하는 활동들을 나열하고 이를 영역별로 구분하는 방식을 말한다. 사회복지행정에 대한 광의의 정의에 따르면, 사회복지행정은 사회복지조직을 중심으로 정책을 서비스로 전환시키는 과정으로서 관리자를 포함한 모든 구성원들의 역동적인 협력활동이다. 따라서, 사회복지행정가에 의해 수행되는 행정과정보다는 전체 조직구성원들에 의해 수행되는 관리과정의 성격이 강하다.

사회복지행정의 수평적 영역은 조직관리, 환경관리, 자원관리 및 프로그램관리로 구분해 볼 수 있다. 조직관리란 사회복지조직을 유지하고 발전시키기 위한 관리를 말한다. 조직관리에는 조직의 계층제 유지와 팀제 형성 등의 조직기술과 함께 클라이언트 관리, 조직문화 형성, 리더십의 적용이 포함된다.

환경관리는 사회복지조직에 영향을 끼치는 환경적 요소에 대한 관리를 말한다. 개방체계로서의 사회복지조직은 지역사회 내의 과업환경과의 적절한 상호작용을 통해 조직을 유지하고 발전시켜야 한다.

자원관리는 사회복지조직 내의 인적자원과 물적자원을 관리하는 일을 맡는다. 인적자원의 관리는 직원의 채용, 직원개발, 동기부여, 평가를 비롯한 직원유지를 포함한다. 물적자원의 관리는 크게 예산의 편성과 집행 등의 재정관리, 그리고 정보관리체계 개발과 운용을 말하는 정보관리로 나눌 수 있다.

프로그램관리는 사회복지조직이 수행하는 프로그램을 기획, 수행, 평가, 개선하는 일련의 관리활동을 말한다. 기관이 개인, 집단 및 지역사회를 대상으로 실시하는 프로그램을 관리하는 일은 주로 중간관리자의 과업에 해당한다.

수직적 영역이란 조직구성원들이 조직 내에서 차지하는 위계적 수준에 따라 행정 및 관리활동의 범위와 수준을 구분하는 방식이다. 사회복지행정에 대한 협의의 정의에 따르면, 사회복지행정은 사회복지조직의 목표를 달성하기 위해 조직의 인적 · 물적 자원을 관리하는 과정이다. 이는 기관의 관리자가 수행하는 과업인데, 조직운영을 개선함으로써 조직을 변화 · 발전시키는 사회복지실천의 개입방법이다. 따라서, 전체 조직구성원이 참여하는 관리과정을 포함시켰던 광의의 정의와는 달리, 최고관리자 및 중간관리자에 의해 수행되는 행정기능을 강조하는 측면이 있다.

사회복지행정의 수직적 영역은 정책 및 외부환경 관계영역, 관리영역, 서비스 영역으로 구분해 볼 수 있다(Kouzes & Mico, 1979).

첫째, 정책 및 외부환경 관계영역은 조직의 최고관리자가 주로 관여하는 활동 영역이다. 여기서 정책이란 기관의 장단기 구상을 수립하고, 인적 · 물적 자원을 동원해 전반적인 조직의 활동계획을 수립하는 활동을 말한다. 이때 전략적 기획은 기관정책을 수립하는 데 핵심적인 역할을 한다. 최고관리자는 정부의 법령과 정책, 지역사회의 환경, 조직 내부의 상황에 대한 평가 등을 기초로 조직의 강점과 약점, 위기와 기회에 대해 진단하고, 조직의 전망에 대한 장단기 전략을 수립한다. 조직의 최고관리자는 외부환경과의 관계를 개선하기 위한 활동을 주요 과업으로 설정한다. 이때 최고관리자는 중앙 및 지방 정부, 지역사회 등의 과업환경, 나아가 이사회와의 관계를 주요 개입영역으로 삼을 수 있다. 외부자원을 획득하고 기관에 대한 신뢰를 획득하며, 외부환경의 변화를 진단해 조직을 혁신하는 적응적 변화의 기회로 삼는다.

둘째, 관리영역은 조직의 중간관리자가 주로 관여하는 활동영역이다. 중간관리자는 설정된 조직의 목적과 목표를 효과적 · 효율적으로 달성하는 데 중요한 역할을 수행한다. 중간관리자는 클라이언트에게 질 높은 서비스를 제공하기 위해 조직의 인적 · 물적 자원을 계획적으로 활용할 수 있도록 조직의 제반 프로그램을 관리한다. 이때 중간관리자는 연결기능을 주로 사용한다. 조직의 최고관리층의 지침을 하부단위에 하달하고, 하부단위의 요구를 상부에 전달함으로써 수직적 통합에 기여해야 한다. 나아가 분업화된 조직단위들 간의 분절화 현상을 극복하고 협력을 강화하도록 해 수평적 통합을 달성하도록 노력한다. 수직적 · 수평적 통합을 위한 중간관리자의 기능은 조직의 목적과 목표달성에도 필수적이다.

셋째, 서비스영역은 조직의 일선관리자인 슈퍼바이저들이 주로 관여하는 활동영역이다. 슈퍼바이저에게는 자신이 관리하는 일선 사회복지사, 즉 슈퍼바이저들이 계획된 프로그램을 적절히 실시해 클라이언트에게 양질의 서비스를 제공하는지를 관리하는데 최우선의 과제가 주어진다. 조직의 일선관리자는 슈퍼비전을 제공하고, 슈퍼바이저들의 활동 및 소속된 조직단위의 운영과 관련된 문서와 기록을 관리하는 데 책임을 진다. 이때 슈퍼바이저는 행정적 · 교육적 · 지지적 슈퍼비전의 전문적 기능을 주로 적용한다. 즉, 행정적 슈퍼비전을 통해 슈퍼바이저들이 조직의 행정체계를 원활히 활용할 수 있도록 지원한다. 교육적 슈퍼비전으로 사회복지전문직의 정체성을 내면화하고 기관의 기대수준대로 전문적 역량을 발휘할 수 있도록 돕는다. 지지적 슈퍼비전은 일선 사회복지사들의 소진을 예방하고 사기를 진작시켜 정서적 안정감을 갖도록 하는데 기여한다.

사회복지행정의 수직적 영역에 따른 관리자의 활동은 주요 관리기술을 중심으로 설명할 수 있다. 최고관리자, 중간관리자 및 일선관리자는 각각 개념적 기술, 인간관계 기술, 기능적 기술을 주로 적용한다고 볼 수 있다(Hersey & Blanchard, 1998). 물론 이 기술들은 모든 수준의 관리자들에게 공통적으로 요구된다는 점을 잊어서는 안 된다. 특히, 인간관계기술은 클라이언트, 슈퍼바이저, 기관동료, 기관의 상부 및 하부, 과업환경과 관계하는 모든 수준의 사회복지사들에게 필수적으로 요구되는 기술이다.

개념적 기술이란 조직의 최고관리자가 주로 적용하는 기술이다. 최고관리자는 정책 및 외부환경 관계영역에 주로 관여하기 때문에 고도로 추상적인 개념적 기술을 적용할 필요가 있다. 조직의 중 · 장기정책을 수립하기 위해서는 전략적 기획을 통해 조직발전을 위한 장 · 단기 전망을 수립할 필요가 있다. 외부환경과의 관계를 개선하고 우호적인 관계를 유지하기 위해서는 조직의 문제를 개선하고 변화와 혁신을 이끌 수 있어야 한다. 따라서, 최고관리자가 되기 위해 준비하는 사람들은 개념적 기술을 갖추기 위해 노력해야 한다.

인간관계기술이란 조직의 중간관리자에게 중요시되는 기술이다. 중간관리자는 조직의 목적과 목표를 달성하기 위해 조직의 관리영역에 주로 관여하기 때문이다. 중간관리자는 분업화된 조직의 단위들이 계획된 프로그램을 운영해 클라이언트에게 질 높은 서비스를 제공하도록 인적 · 물적 자원을 동원하고 분절된 조직단위들 간의 협력을 이끌기 위해 노력한다. 이때 조직의 수직적 · 수평적 통합을 이루기 위해서는 인간관계기술을 갖추고 조직운영에 적용할 수 있어야 한다. 또한 중간관리자는 인간관계기술을 사용해 조직구성원 개개인이 조직의 정체성을 내면화하고 조직의 목표와 개인의 기대 간 조화를 이룰 수 있도록 주력한다.

기능적 기술은 일선관리자가 주로 적용하는 기술이다. 일선관리자는 서비스영역에 주로 관여한다. 따라서, 사회복지전문가로서의 일선관리자는 전문적인 기능적 기술을 갖추어야 한다. 슈퍼바이저가 클라이언트에게 양질의 서비스를 제공하기 위해서는 슈퍼바이저의 기능적 기술이 필수적이기 때문이다. 또한 전문적으로 유능한 슈퍼바이저는 슈퍼바이지가 사회복지 전문직의 정체성을 내면화하고 조직의 기대수준에 부합하는 전문가로 성장할 수 있도록 하는데 크게 기여한다. 일선관리자가 되려는 사회복지사는 행정적 · 교육적 · 지지적 슈퍼비전에 대한 자신의 기술수준을 점검해 객관화하고 역량을 강화하도록 힘써야 한다.

4. 일반행정과 사회복지행정의 비교

행정복지센터

일반행정과 사회복지행정이 공존하는 최일선 행정조직(옛 동사무소, 주민센터)

◀경기 동두천시 소요동 행정복지센터

일반행정이라고 하면 정부조직에서 이루어지는 공공행정을 일컫지만, 정부조직뿐 아니라, 기업이나 병원 또는 학교의 조직에서도 모두 행정이 존재하고 있다. 기업조직의 행정은 기업행정, 학교조직의 행정은 교육행정, 병원조직의 행정은 보건행정이라고 한다.

사회복지행정은 일반행정과는 다른 독특한 특성이 있어서 서로의 공통점과 차이점에 대해서 논란이 있어 왔다. 사람에 따라, 시대에 따라, 지역에 따라 일반행정의 개념이 다르고 한계가 명확하게 규정되어 있지 않다. 일반행정이 최고관리자 밑에 각 부서의 담당자들이 있는 수직적인 조직을 이루는 것을 말한다면, 사회복지행정은 사회복지의 개념과 행정의 개념이 복합적으로 더해진 개념으로 인간이 사회생활을 하는 데 필요한 기본적인 욕구를 충족시키려는 것이다. 좁은 의미의 사회복지행정은 클라이언트의 욕구를 충족시켜주는 사회복지시설의 행정을 의미하지만, 넓은 의미의 사회복지행정이란 추상적인 사회복지정책을 구체적인 사회복지서비스로 전환시켜서 서비스가 필요한 클라이언트에게 전달하는 것이다.

사회복지사는 단순히 서비스를 제공하는 데만 그치는 것이 아니라, 클라이언트의 입장에서 옹호하고 대변하는 대변자 역할도 하므로 최고관리자는 일방적인 지시와 통제보다는 일선의 사회복지사들과 협력하여 업무를 진행해야 한다. 일반행정과 사회복지행정의 공통점과 차이점은 다음과 같다(이종복 외, 2015: 25-31).

1) 공통점

① 기본적으로 문제해결 과정이다.

일반행정은 발생한 문제에 대한 해결과정이며 방법인 것처럼 사회복지행정도 사회복지조직이 당면한 인력, 재정, 프로그램 및 서비스 전달상의 문제를 규명하고 대안을 모색하고 선택해서 해결하는 과정이다.

② 조력의 과정을 공통적으로 요구한다.

행정은 조직 내의 개인과 집단이 조직의 목표를 달성하기 위해서 서로 격려하며 돕는 과정이 필요하다. 따라서, 사회복지조직의 관리자는 사회복지사들의 능력을 최대한 발휘해서 클라이언트에게 최고의 서비스를 제공할 수 있도록 격려하고 동기부여하고 또 사회복지사의 직무에 만족할 수 있도록 조력자의 역할을 잘 수행해야 한다.

③ 인적 · 물적 자원을 동원하고 조직화하는 기능을 갖는다.

행정의 기본은 최적의 제품을 생산하거나 최적의 서비스를 생산할 수 있도록 인적 · 물적 자원을 조직화하는 것이다. 사회복지행정에도 마찬가지로 클라이언트에게 효과적이고 효율적인 서비스를 제공할 수 있도록 부서의 전문화와 인력배치와 프로그램 수행에 필요한 예산에 대해 관리하는 과정이다.

④ 공공의 의지를 실현시키는 것과 관련된다.
사회복지기관은 주로 비영리 민간법인에 의해 운영되지만, 정부의 사업을 대행하는 것이고, 정부 지원금에 의존하기 때문에 준공공적인 성격을 가진다.

⑤ 미래의 바람직한 상태를 구현하는 창의적인 활동이다.

⑥ 관리운영의 객관화와 인력자원 활용 시에 균형을 유지한다.

⑦ 행정의 주요 영역은 의사소통, 조직구성원 간의 상호작용, 행정에 적극적 · 능동적인 참여이다.

일반행정과 사회복지행정의 공통점을 행정조직의 구성과 행정활동으로 나누어 살펴보면 다음과 같다.

〈표 1-2〉 일반행정과 사회복지행정의 공통점

행정조직 구성	행정활동
· 서로 관련되고 상호작용하는 부분들이 모여 이루어진 체계 · 집단이나 개인이 효과적으로 기능할 수 있도록 원조하는 체계 · 미래의 바람직한 상태를 구현 · 인적 · 물적 자원인 프로그램, 서비스, 조직원들을 조직화 · 관리운영의 객관화와 인적자원 활용 간에 적절한 균형 유지 · 조직원 개인의 지위와 인정에 관심을 갖고, 조직의 목표, 가치 및 방법에 조직원들이 일체감 조성	· 최적의 효율성을 추구하는 프로그램의 기획, 생산, 유통 · 행정은 기본적으로 문제를 확인하고 연구하여 해결 가능한 계획을 개발 · 집행하고 효과성을 평가하는 일련의 문제해결의 과정 · 공공의지를 실현하는 활동 · 지식과 기술을 통한 창의적인 활용 · 행정의 주요 영역은 의사소통, 조직구성원 간의 상호작용, 행정에 적극적 · 능동적인 참여

자료: 한신애 외(2018: 24) 재인용.

2) 차이점

① 사회복지조직이 산출하는 서비스는 독특한 성격을 갖는 사회복지서비스이다. 사회복지조직에 의해 제공되는 서비스는 세 가지로 구분할 수 있는데, 첫째, 손상된 사회적 기능의 회복, 둘째, 좀 더 효과적인 사회적 기능을 위해 사회에 적합하도록 개인적으로 필요한 자원을 공급, 셋째, 사회적 역기능의 예방 등이 있다.

② 사회복지서비스는 무형의 즉시성과 소멸성을 가지므로 일반적인 행정관리와는 다르다. 예를 들어, 상담서비스의 경우 클라이언트가 원할 때 즉시 상담을 해주어야 하므로 저장하거나 보관할 수가 없다.

③ 사회복지행정은 일반행정과 관리에 관한 지식을 초월하는 범위를 가진다. 일반행정은 조직 내부의 관리와 문제만을 해결하는 데 반해, 사회복지행정은 조직내부의 관리와 문제에 더불어 지역사회의 각종 사회문제와 지역주민의 욕구충족 문제도 해결해야 하므로 조직내부, 지역사회 정치 · 경제 등의 모든 변화에 이르기까지 관리의 범위가 넓어진다. 따라서, 다양한 지식과 관리기술이 더 요구된다.

④ 사회복지행정은 행정가 또는 관리자에 의해서만 이루어지는 것이 아니다. 일반적인 행정은 최고관리자에 의해 수행되지만, 사회복지행정에서는 일반직원이 상당한 재량권을 가지고, 클라이언트를 직접 만나서 프로그램과 서비스도 제공하고 클라이언트의 입장에서 사례관리도 하는 등 업무를 수행한다. 최고관리자를 포함한 모든 구성원들이 다 같이 행정에 참여하는 것이다.

⑤ 사회복지조직 크기, 범위, 구조 및 프로그램의 형태는 일반행정보다 광범위하고 다양하다.

⑥ 사회복지행정의 성패는 전문사회복지사의 직무수행에 크게 의존하고 있다. 사회복지조직의 핵심 구성원은 전문성과 자율성을 가지고 클라이언트에게 직접 서비스를 제공하는 사회복지사이다. 사회복지사의 업무수행 능력이나 자질에 따라 사회복지행정의 성패를 좌우하며, 지역사회와 유기적으로 관련

시켜야 한다. 지역사회를 대표하는 이사회가 존재한다.

⑦ 사회복지조직은 조직의 생존을 위하여 자원의 적자운영을 피해야 한다. 조직의 최적 기능을 창출하고, 유지하며 보호할 주요한 책임은 사회복지행정가에게 있다.

⑧ 사회복지자원을 효율적으로 사용하기 위해서는 사회복지행정가의 계속적인 선택이 필요하다.

〈표 1-3〉 일반행정과 사회복지행정의 특징

구 분	일반행정	사회복지행정
행정의 대상	전체 국민의 욕구충족	지역사회 내 취약계층의 인지된 욕구충족
서비스의 종류	· 국가 또는 지자체 유지 · 공공정책 입안 및 집행 · 대민업무활동	· 손상된 사회적 기능의 회복 · 클라이언트의 욕구와 필요에 맞는 사회적 · 개인적 자원의 제공 · 사회적 역기능 예방
행정의 집행	해당 부서에서 집행	사회복지법인이나 조직의 이사회 의결로 집행
행정가의 책임	국민이나 지역주민에 대한 책임	클라이언트, 지역사회와 연계 책임
조직의 크기, 범위, 구조	사회복지행정보다 소규모	일반행정보다 광범위
프로그램의 형태	법적인 제약이 커서 법령에 따른 정해진 업무만 처리	법령에 위반되지 않는 범위에서 다양하고 광범위하게 서비스 제공
자원 활용	법령에 정해진 부분에 한해서 사용	사례관리를 통해 공공자원과 민간자원을 다양하게 활용
서비스 내용	공공서비스 내용(교통, 주택, 국방, 치안문제 등)	사회복지와 사회사업에 관한 내용
행정참여도	직위에 따라 차별된 참여	사회복지시설의 모든 직원이 의사결정에 관여(최고관리자와 사회복지사의 협력이 중요)
재정문제	법령에 따라 적자예산 가능	조직의 생존을 위해 적자 운영을 지양
클라이언트	모든 국민이 대상	사회취약계층(아동, 청소년, 노인, 장애인 등)

자료: 한신애 외(2018: 26) 재인용.

5. 사회복지행정의 과제와 전망

1) 사회복지행정의 과제

『사회복지관리핸드북』
(2000년 출판)

패티(Rino J. Patti)는 2000년 그의 저서 『사회복지관리핸드북』*(The Handbook of Social Welfare Management)*에서, 사회복지행정의 과제에 대해 다음과 같이 주장한다.

첫째, 사회복지행정은 다양한 가치갈등에 직면할 때, 사회가 수용할 수 있는 결정을 내려야 한다.

행정에서는 상충하는 사회적 가치로 인해 거시적 영역에서부터 프로그램이나 서비스영역에 이르기까지 가치선택을 해야 하는 딜레마에 처한다. 사회복지행정도 예외가 아니다. 특히, 사회복지기관은 과업환경의 중요한 이해관계자들 간의 가치가 상충될 때, 이들의 선호를 모두 충족시키기 어려운 딜레마에 봉착한다. 일반적으로 사회복지행정은 기회주의적이거나 기관의 이익을 우선시하거나 일관되지 않은 결정을 배제하고 명백한 윤리적 기준에 입각해 의사결정을 해야 한다. 그런데 사회복지조직은 소비자, 협력자, 후원자들의 광범위한 지지를 바탕으로 운영된다. 따라서, 장기적인 조직적 성공을 위해서는 이해관계자들 간의 상호 신뢰를 조성하고 이들이 기관에 의해 공평하게 처우받는 느낌을 갖도록 할 필요가 있다.

둘째, 사회복지행정은 과업환경의 이해관계자들을 중재하고 조정하는 기술이 필요하고, 이들의 선호와 기대를 충족시켜야 한다.

사회복지조직은 외부환경으로부터 자원을 획득해 필요한 활동을 전개한다. 클라이언트 또는 소비자, 중앙 및 지방 정부, 주요 재정자원제공자, 기부자들은 주요 과업환경이다. 사회복지행정가는 과업환경의 이해관계자들 간에 기관에 대한 기대의 충돌이 발생해 기관의 외부자원이 감소하지 않도록 할 필요가 있다. 따라서, 과업환경의 이해관계자들의 지지를 얻고 그들로부터 협조를 얻기 위해 노력해야 한다. 한편, 클라이언트와 주요 자원제공자 간에 기관에 대한 기대의 충돌이 발생할 수 있다. 클라이언트는 사회복지기관의 서비스를 소비하기 때문에 개인적인 욕구충족에 관심을 갖지만, 주요 자원제공자들은 서비스가 공공의 목표를 달성하는 데 기여하는지에 주로 관심을 갖는다. 공공의료서비스의 경우, 정부는 입원율의 감소를 기관에 대한 기대목표로 삼을 수 있지만, 클라이언트는 입원치료를 포함해 자신의 증상과 문제를 안전하게 관리해 주기 바란다.

셋째, 사회복지행정은 소외계층에 대한 공공의 관심을 유도하고, 소외계층을 위한 자원을 동원하기 위해 노력해야 한다.

사회복지분야는 인간에 대한 서비스를 제공하는 다양한 공급주체들 중의 한 영역이라고 할 수 있다. 인간에 대한 서비스공급자는 자기 분야의 클라이언트를 향한 낙인적인 사회의 시선을 교정하고, 이들에 대한 공공의 관심과 지원이 증가되기를 기대하기 마련이다. 그런데 사회복지행정가는 특별히 사회복지 분야의 클라이언트의 취약성에 주목해 이들의 권익을 향상시키기 위해 노력할 필요가 있다.

넷째, 사회복지행정은 직원과 자원봉사자들의 순응을 이끌고 후원자들의 지지를 얻기 위해 기관의 가치와 목적을 분명히 제시해야 한다.

사회복지조직은 사회로부터 위임받은 책임을 이행해야 할 의무가 있다. 직원, 자원봉사자, 후원자들은 기관이 명확한 가치와 목적을 제시해 사회적 책임성을 이행하리라는 기대를 갖고 있다. 사회복지조직에서는 구성원들이 기관의 가치와 목적을 내면화하고 순응해야 클라이언트에게 최선의 서비스를 제공할 수 있다는 점을 중시해야 한다. 이와 관련해 사회복지조직은 일반 관료제와는 다른 특수성을 갖고 있다는 점을 이해할 필요가 있다. 사회복지조직은 조직구성원들에게 조직활동의 성취목표, 서비스기술의 효과를 명확히 제시하기 어려운 경우가 많다. 또 클라이언트에 대한 일선 사회복지사들의 판단과 개입은 조직의 목표달성에 중요한 요소이기 때문에 직원들의 권한이 큰 편이다. 일선 직원들의 활동은 관찰하거나 모니터링하기 어려워 관료적 통제가 쉽지 않다. 따라서, 조직활동의 성공을 위해서는 조직의 가치와 목적에 대한 구성원들의 순응이 필수적이다.

다섯째, 사회복지행정은 책임성에 대한 요구에 부응해 성과를 도출하면서도 클라이언트의 선택권을 보장하기 위해 노력해야 한다.

사회복지조직은 서비스결과를 평가할 수 있는 명확한 척도를 갖고 있지 않지만, 점점 더 책임성을 구체적으로 입증하라는 요구를 받고 있다. 이를테면, 아동복지 분야의 경우 시설아동의 수 · 학대아동 및 방임아동의 비율 등이 적용될 수 있다. 사회복지행정은 재정지원자나 정부의 요구에 따라 성취목표를 정하고, 이를 달성할 수 있는 방향으로 서비스의 내용과 기술을 적용하게 된다. 서비스평가를 위한 노력은 부작용을 동반할 수 있다. 가장 중요한 측면은, 클라이언트가 소비자로서의 권한을 행사하지 못하고, 이미 결정된 기관서비스의 대상자로 선정되면서 수혜자로 머물게 된다는 점이다. 기관은 클라이언트의 욕구충족과 문제해결을 위해 충분한 서비스를 제공하기보다는 성공 가능성을 높이기 위해 특정한 서비스의 내용과 기술만 적용하는 경향(creaming)이 생긴다. 사회복지행정가는 서비스 성과에 대한 평가를 요구받는 환경에서도 클라이언트의 선택권을 보장하기 위한 방법을 개발할 필요가 있다.

여섯째, 사회복지행정은 기관에 대한 구성원들의 신뢰를 증진시키고, 기관의 존립 기반을 확충하기 위해 노력해야 한다.

사회복지조직의 목표달성을 위해서는 조직구성원들이 기관의 가치와 목적을 내면화해 순응할 수 있도록 해야 한다. 나아가 사회복지행정은 구성원들의 순응이 단기적인 과정으로 끝나지 않게 하기 위해 인적자원관리를 강화해야 한다. 사회복지조직에서는 일반행정보다 인적자원관리의 중요성이 더욱 강조될 필요가 있다. 직원개발, 동기부여, 평가 등의 직원유지는 조직구성원들의 지속적인 순응을 확보하는 데 영향을 준다. 사회복지행정의 인적자원관리가 비효과적이면 상당한 부작용을 낳을 수 있다. 조직구성원들은 클라이언트에 대한 정서적 관여를 철회하거나 클라이언트를 비인격적으로 처우하거나, 그 밖의 조직문화에 부정적인 영향을 끼치는 등의 문제를 야기할 수 있다. 사회복지행정은 기관 서비스의 질과 수준의 하락을 방지하기 위해 조직구성원들의 만족을 증진시키고, 그들에게 동기부여를 하기 위해 노력해야 한다.

일곱째, 사회복지행정은 조직구성원들이 운영하는 프로그램에 대해 통제력을 행사해야한다.

사회복지조직의 서비스는 일선 사회복지사와 클라이언트 간의 상호작용에 크게 의존한다. 따라서, 사회복지서비스가 클라이언트의 욕구충족과 문제해결에 기여하기 위해서는 기관이 일선 사회복지사의 전문성을 향상시키기 위해 훈련을 제공해야 한다. 나아가 서비스제공에 대한 기관의 규정을 준수하고, 전문적 가치와 규범을 이행하도록 하기 위해서는 일상적인 슈퍼비전을 통해 어느 정도의 통제력을 행사해야 한다. 사회복지행정가와 조직구성원들은 기관 차원의 통제력 행사에 책임 있게 참여해야 한다. 기관의 최고관리자, 중간관리자 및 일선관리자는 자신의 조직단위에 대해 책임을 져야 한다. 구성원들과 조직단위의 성취수준이 기관의 기준과 외부의 기대치에 미달할 때 이를 개선할 수 있는 방안을 강구해야 한다. 기관에 의한 통제력 행사의 목적은 클라이언트에 대한 서비스를 개선하는 데 있다는 점을 잊어서는 안 된다.

여덟째, 사회복지행정은 클라이언트가 목표와 실천방법을 결정할 때, 소비자로서의 선택권을 행사할 수 있는지 면밀히 검토해야 한다.

사회복지조직은 과업환경에 대한 의존도가 높고, 정당성과 재정을 지원하는 이해관계자의 요구에 순응하는 경향이 있다. 반면, 클라이언트는 자원의 소비자이기 때문에 기관과의 관계에서 열등한 위치에 있다. 이에 따라, 기관에서는 클라이언트의 이해를 무시하거나, 서비스 절차를 이행하는 데 이들이 소비자로서 기여하고 있음을 망각하는 경우가 많다. 최근 클라이언트의 참여가 서비스전달과 기관운영의 혁신에 기여하고, 취약계층이 관련된 사회문제를 해결하는 데 결정적으로 중요하다는 점이 강조되고 있다. 그러나 클라이언트는 권리행사의 역량과 경험이 부족하고 권리를 요구하는 데 필요한 정치적·행정적 기술을 갖추지 못한 경우가 많다. 사회복지행정가는 클라이언트의 역량을 강화하고, 선택권을 보장하기 위해 기관의 운영절차를 개선할 필요가 있다. 기관의 조직문화가 소비자주의에 대해 수용적인지 점검하고, 클라이언트가 소비자로서의 선택권과 영향력을 행사할 수 있도록 서비스 절차를 확립해야 한다.

2) 사회복지행정의 전망

사회복지행정은 사회복지서비스 조직을 중심으로 복지정책과 복지서비스를 이어주는 가교 구실을 한다. 그래서 사회복지행정은 때로는 복지정책의 수립과 집행에 영향을 줄 수 있고, 사회복지서비스의 제공방법과 질을 결정하기도 한다. 이러한 측면에서 사회복지행정은 사회복지실천의 전 영역을 망라하는 광범위한 범위로 확대될 수도 있다. 그러나 사회복지행정학의 일차적인 관심영역은 사회복지서비스조직을 중심으로 하는 행정 및 관리활동이므로 연구활동의 범위는 크게 변화되지 않을 전망이다.

사회복지서비스조직의 팽창과 더불어 경쟁력의 강화가 요구되고, 평가로 인한 책임성이 중요시되어 기관관리 및 운영의 과학화가 이루어져야 하고, 근로환경의 변화에 따른 직원의 근로조건 향상과 생산적 조직문화의 형성이라는 중차대한 과제를 안고 있는 오늘날 한국 사회복지서비스조직은 이러한 당면과제를 합리적으로 해결하기 위해서는 사회복지행정에 관한 지식과 기술이 필수불가결하다. 이러한 관점에서 향후 한국 사회복지서비스조직의 사회복지행정학에 대한 의존도는 더욱 증대하리라 예상된다.

미국의 사례를 중심으로 사회복지행정과 관련된 앞으로의 전망은 다음과 같다(이종복 외, 2015: 368).

① 경쟁성 강화 : 사회복지기관 사이의 관계는 전통적으로 협조적 관계였지만, 앞으로는 기금, 프로그램, 고객유지 등에서 협조보다는 경쟁적인 분위기가 주도하게 될 것이다.

② 민영화 경향 : 부수적이고 정부의 개입이 억제되는 분위기가 지배적이므로 계약, 보조금, 이용권(Vouchers) 공동생산, 자원봉사자활용 등과 같은 '민영화'의 기법을 사용하지 않을 수 없을 것이다.

③ 재구조화 경향 : 경쟁이 심화되고 민형화가 지속적으로 진행되면서 동시에 정보기술이 비약적으로 발전하게 되면 사회복지기관의 재구조화는 필연적일 것이다.

④ 마케팅 활성화 : 전통적인 사회계획이나 욕구사정 같은 기법은 더 이상 통용될 수 없고, 클라이언트와 기금주들의 관심을 유발할 수 있는 프로그램 구성과 포장, 그리고 서비스의 제공이 더 중요한 문제가 될 것이다.

⑤ 기업경영적 행정 강화 : 사회복지 시스템의 분권화, 민영화가 촉진되기 시작하면 연방 · 주 정부의 기금을 확보하기 위해서는 규격화되고 획일적인 프로그램의 구성과 포장으로는 불충분하게 된다. 따라서, 새롭고 창조적인 것을 추구하는 기업가적 경영이 더욱 필요하게 될 것이다.

⑥ 품질관리 강화 : 과거 사회복지 분야에서 사회복지전문가가 서비스의 질을 결정하는 접근방법이 사용되어 왔다면, 앞으로는 고객과 클라이언트 중심의 서비스를 제공하는 서비스품질관리 접근법이 필요하게 될 것이다.

⑦ 결과에 대한 강조 : 앞으로의 사회복지는 과정보다는 결과를 중시하게 될 것이므로 성과측정, 성과할당 등의 분야에 보다 많은 노력을 기울여야 할 것이다.

⑧ 전략적 기획 강화 : 사회복지는 주변 여건이나 환경에 대한 보다 체계적인 분석을 통하여 외부환경이 클라이언트, 프로그램, 기관 등에 미칠 영향을 면밀하게 분석하여 적응할 것은 적응하고, 피할 것은 피하는 등의 전략적인 대처가 필요할 것이다.

이와 같은 내용들은 모두 경영학에서 이전부터 사용되던 개념이라는 점에서 앞으로 사회복지행정의 나아갈 방향과 관련해 매우 시사적이라고 보고 있다. 그동안 비영리조직은 기업과는 달리 영리를 추구하지 않는 조직으로 이해해 왔고, 그래서 기업과는 다른 운영원리가 적용되어야 한다고 생각하였다. 사회복지조직은 주로 외부로부터 재원을 지원받아 사용하는 비영리조직이며, 그 조직의 사명을 위해 존재하는 조직이다. 영리단체의 경우는 자기들의 자원을 자기들의 목적을 위해서 임의대로 쓸 수 있지만, 사회복지조직은 그 기관을 믿고 그 기관에서 봉사하며 재정적으로 기부해 주는 조직이라고 할 수 있다. 따라서, 사회복지조직의 경우 영리조직보다 자원을 효율적으로 활용해야 할 책임이 훨씬 크며, 재원의 사용에 더욱 신중해야 할 책임이 있다.

사회복지행정과 관련하여 환경변화의 두드러진 점은 서비스 기대수준 제고와 복지수요의 증가이다. 즉, 교육수준의 향상 및 소득의 증가에 따라 시민의 복지행정서비스에 대한 기대수준이 높아지는 것과 함께 소득격차 및 노령층 인구의 확대에 따라 복지수요가 크게 증가하고 있다. 따라서, 사회복지행정은 이와 같은 사회변화에 적절히 대처해 나가야 한다. 우선 소득격차의 확대 및 노령층의 증가에 맞추어 볼 때 새로운 복지서비스의 획기적 확대가 요구된다. 이를 위해 일차적 노력은 중앙정부의 복지지출을 확대하는 것이다. 또한 소득수준에 걸맞은 보다 양질의 복지행정서비스를 제공해야 한다. 한편, 사회복지조직들은 한정된 재원의 효율적 사용을 통해 서비스의 우선순위 조정, 복지행정 생산성의 제고, 구조조정, 사용자 부담 등 효율화를 위한 다각적 방안의 검토와 적용이 요구된다.

〈연 습 문 제〉

1. 다음 중 사회복지조직의 특성이 아닌 것은?
① 원료가 도덕적 가치를 지닌 인간이다.
② 목표가 분명하다.
③ 기술이 불확실하다.
④ 전문성을 갖고 있는 직원에게 의존한다.
⑤ 핵심적 활동은 직원과 서비스이용자 관계로 구성된다.

2. 다음 중 사회복지행정이념으로 적당하지 않은 것은?
① 효율성　② 효과성　③ 수익성
④ 접근성　⑤ 책임성

3. 사회복지행정의 특성에 관한 설명으로 옳지 않은 것은?
① 조직들 간의 통합과 연계를 중시한다.
② 지역사회 욕구를 충족시키기 위한 조직관리의 기술을 필요로 한다.
③ 조직 내 모든 구성원들이 조직운영에 참여하며 조직의 일정 부문에 영향을 미친다.
④ 사회복지조직 내부의 부서 간에 관료적이고 위계적인 조직관리의 기술이 필요하다.
⑤ 사회복지조직의 관리자는 조직의 운영을 지역사회와 연관시킬 책임을 지닌다.

4. 사회복지행정에 관한 설명으로 옳지 않은 것은?
① 사회복지사 등 서비스 제공자의 전문적 판단과 기술에 대한 의존도가 높다.
② 명확한 목표 설정을 바탕으로 하기 때문에 성과관리가 용이하다.
③ 조직의 가치와 직원들의 신념이 통합될 수 있는 관리전략이 필요하다.
④ 조직의 목표를 달성하기 위해 인적 · 물적 자원을 동원하는 활동이다.
⑤ 지역사회 내 네트워크를 통한 연계 · 협력이 강조되고 있다.

5. 사회복지행정의 성격과 거리가 먼 것은?
① 서비스행정　② 휴먼서비스행정　③ 규제행정
④ 지원행정　⑤ 재분배 행정

정답 1. ② 2. ③ 3. ④ 4. ② 5. ③

Chapter 2

사회복지행정의 발전

개 요

사회복지행정은 산업화와 자본주의의 발달, 의학기술의 발달 등으로 인한 인간의 질병, 사망, 실업 등 사회문제를 해결하기 위하여 출현한 것이다. 따라서, 사회복지행정이 어떠한 사회문화적 배경 속에서 발달되어 왔는가를 알아보는 것은 앞으로 다양한 사회문제를 해결하기 위하여 나타날 사회복지행정을 이해하고 해석하는 데 많은 도움이 될 것이다. 여기에서는 각국 사회복지행정의 발전에 대해 학습하고자 한다.

학습목표

1. 영국과 미국의 일반 역사 참조
2. 각국에 대한 기승전결식 학습
3. 미래에 대한 전망 예측

학습내용

1. 영국 사회복지행정의 발전
2. 미국 사회복지행정의 발전
3. 한국 사회복지행정의 발전

Chapter 02
사회복지행정의 발전

사회복지행정은 산업화와 자본주의의 발달, 의학기술의 발달 등으로 인한 인간의 질병, 사망, 실업 등 사회문제를 해결하기 위하여 출현한 것이다. 사회복지제도가 행정의 관계로 존재할 때, 국가와 국민 사이의 사회복지에 관한 권리 · 의무 관계가 형성될 수 있다. 마찬가지로, 국가의 행정이 있어야 비로소 공식적 제도가 존재할 수 있다. 따라서, 사회복지행정이 어떠한 사회문화적 배경 속에서 발달되어 왔는가를 알아보는 것은 앞으로 다양한 사회문제를 해결하기 위하여 나타날 사회복지행정을 이해하고 해석하는 데 많은 도움이 될 것이다(박종팔 외, 2020: 41). 사회복지행정의 역사는 다음과 같다.

1. 영국 사회복지행정의 발전

영국의 사회복지행정은 오늘날에도 복지행정의 수립에 많은 부분 영향을 미치고 있다. 영국의 사회복지행정은 정책적으로 구빈정책에 기반하고 있다. 1601년 엘리자베스의 「빈민법(The Elizabeth Poor Law)」으로부터 시작하여 1662년 「정주법(The Settlement Act)」, 1692년 「작업장법(the workhouse act)」, 1722년 「작업장 테스트법(Workhouse Test Act)」에 이르기까지 빈민의 원내구호의 방식으로 사회복지행정에 관련한 법안이 실시되었다. 이후 최초의 인도주의적인 법률로 「길버트법(Guilbert Act)」이 1782년 실시되었고, 1795년 「스핀햄랜드법(The speenhamland Act)」, 1834년 「신빈민법(구빈민수정법, New

Poor Law)」에 이어서, 근대의 사회보험에 영향을 크게 미친 1942년 '베버리지 보고서(Beveridge Report)' 이래 현재에 이르고 있다. 영국의 사회복지는 윈스턴 처칠의 '요람에서 무덤까지'라는 복지의 정부담당에서 복지의 규모를 삭감하고, 신자유주의의 개념을 출범시킨 보수당 대처(Margaret Thatcher, 1925-2013) 수상의 노선과 토니 블레어(Tony Blair) 노동당 정부의 '제3의 길(The Third Way)', 그리고 현재의 거버넌스 및 협치의 개념에 이르기까지 사회복지행정은 새로운 모습으로 변모해가고 있다(곽미정 외, 2017: 23). 영국 사회복지행정의 역사는 다음과 같다.

1) 실험기

영국 사회복지행정의 실험기는 1920년 이전으로 볼 수 있는데, 영국 사회복지행정의 역사는 1349년 에드워드 3세가 '노동자 조례(The Statute of Labourer)'를 만들어 구빈에 대하여 관여한 시기까지 거슬러 올라간다. 이 조례는 교회의 자선사업 대상자 중에서 노동능력이 있는 자는 구걸하지 못하게 한 것이다. 이후 빈민구호에 대한 행정의 관여는 노동능력이 있는 걸인의 방랑을 금지하는 한편, 노동능력이 없는 자는 정부의 재정을 통하여 생활을 지원하는 방향으로 나아갔다.

영국에서 공공부조제도를 처음으로 법제화한 것은 엘리자베스 왕조의 「빈법(The Poor Law, 1601)」이다(원석조, 2019: 48). 그리고 이 법의 시행과 행정업무를 처리하기 위하여 빈민감독관도 임명되었다. 이 빈민법의 현대적 의미를 살펴보면, ① 구빈의 책임이 국가에 있음을 인식하고, ② 그 책임을 다하기 위해 법률로 제도화하며, ③ 그 실행을 위하여 중앙정부로부터 지방의 치안판사와 구빈감독에 이르기까지 통일적 구빈행정기구를 설립하고, ④ 구빈재원을 확보하기 위하여 구빈세를 징수하여 국가의 재원으로 충당했으며, ⑤ 종전과 같은 무차별적 자선 또는 징벌을 피하고 빈민을 구분하여 적절한 구제를 실시하였다는 것이다.

1782년에는 자활능력이 없는 빈민을 취업알선 및 구호하는 「빈민구호 및 고용

개선법(An Act for the Better Relief and Employment)」이 제정되어 복지행정의 합리성이 증가되는 일면을 보이기도 하였다.

1800년대 초에는 공업화가 급속하게 이루어지면서 구제 빈민과 더불어 노동자의 생활이 어렵게 되자 노동규제법을 제정 · 시행하였다. 그러나 이들의 불만이 고조되자 빈민법의 집행실태를 조사할 목적으로 중앙정부에 처음으로 구빈행정기관에 해당하는 왕립위원회(Royal Commission)를 설치하였다. 그리고 빈민을 구분처리하고, 중앙구빈위원회를 설치하며, 임금보조제도를 폐지하는 것을 내용으로 하는 이 위원회의 보고서에 따라 1834년 「신빈민법(The New Poor Law)」을 제정하였다. 이 법에 의하여 1847년 빈민청(Poor Law Board)이 설치되고, 구빈행정의 최고결정권이 구빈위원에게 부여되었다.(원석조, 2019: 66-68)

1869년 민간자선조직협회(The Organization Society, COS)가 창설되어 자선조직화 운동이 전개되었다. 이 조직은 구호행정의 중복과 경쟁을 피하도록 여러 자선단체들의 활동을 조정하고 그 기구와 기술을 발전시키고자 하는 데 목적이 있었다. 그리고 이와 같은 목적을 실현하기 위해서 활동하는 사람들은 주로 우애방문단(friendly visitor)이었는데, 이들은 빈민의 탈빈곤동기를 강화시켜 줌으로써 자력으로 빈곤으로부터 벗어날 수 있다고 보고, 빈민에 대한 우애방문(friendly visiting)으로 이러한 노력을 시도하였다.

1900년대에 접어들면서 노동자 및 극빈자에 대한 정부의 책임의식이 더욱 강화되었다. 그 결과, 1908년 70세 이상을 수혜대상으로 하는 「노령연금법(The Old Age Pension Act)」이 제정되고, 1911년 「국민보험법(The National Insurance Act)」이 제정되어 영국의 사회보장은 사회부조 중심에서 사회보험방식으로 전환되는 움직임을 보이기 시작하였다(박진화, 2020: 137).

이상과 같이 상당한 기간에 걸쳐 전개된 사회복지제도와 시행을 위한 사회복지행정은 시대적 필요에 따라 사회복지법규를 제정하고, 사회경제적 상황에 따라 이를 수정하거나 보완하여 가는 일종의 사회복지정책실험의 연속과정으로 볼 수 있다.

2) 정립기

정립기는 1920년에서 1945년까지로 볼 수 있다. 이 시기에는 두 차례의 세계대전과 사상 유례가 없는 대공황이 발생하여 국민의 생활이 매우 어려운 상황이 되었으며, 이와 같은 상황은 국민생활에 대한 정부의 개입과 지원을 더욱 강화시켰다. 예컨대, 1932년에는 실업률이 13.1%로 높아지자 보험급여원칙을 무시하고 잠정적으로 연장급여를 실시하였고, 사회부조방식에 의존하던 노령연금제도를 미망인 · 고아 · 노인에게까지 의료보험과 같이 사회보험방식을 도입하도록 하였다. 그리고 1934년 「실업법(The Unemployment Act)」을 제정하여 장기실업자에 대하여 사회보장의 일환으로 실업수당을 지급토록 하였다.

영국의 근대적 복지제도의 토대는 1942년 '베버리지 보고서(Beveridge Report)'이다. 이 보고서는 베버리지(William Henry Beveridge, 1879-1963)가 위원장을 맡은 사회보험 및 관련 서비스에 관한 부처 간 조정위원회가 사회보장제도의 실태를 파악한 것을 토대로 사회보장의 개혁에 관한 청사진을 제시한 것이었다. 이 보고서의 핵심은 사회발전을 위한 5대 사회악, 즉 빈곤(want), 질병(disease), 무지(ignorance), 불결(squalor), 나태(idleness) 등을 제거해야 한다고 전제하고, 이 중 빈곤을 제거하기 위하여 사회보장의 방법을 혁신적으로 바꾸어야 한다고 주장하면서 사회보장의 방법을 세 가지로 구분하였다. ① 전 국민의 기본적 욕구충족을 위한 사회보험, ② 소득보장을 위한 공공부조, ③ 기본적 욕구 이상의 문제를 해결하기 위한 자발적 보험이다(박진화, 2020: 165-168).

이와 같은 보고서는 당시의 영국 행정부에게는 다소 파격적이어서 위원장인 베버리지 한 사람만 서명하고 다른 위원들은 서명조차 하지 않았다. 그 결과, 처칠(Winston Churchill, 1874-1965)의 보수당 정부에서는 베버리지 보고서가 정부의 행정적 · 재정적 부담을 과중하게 한다는 이유로 제도화되지 못하였다.

3) 확장기

확장기는 1945년에서 1975년까지로 볼 수 있다. 1945년 총선에서 승리한 노동당 정부는 사회보장제도를 한 단계 발전시킨 베버리지 보고서를 적극적으로 입법화하였다. 그 구체적 산물은 1945년 「가족수당법(Family Allowance Act)」, 1946년 「국민보험법(National Insurance Act)」 및 「국민보건서비스법(National Health Service Act)」, 그리고 1948년 「국민부조법(National Assistance Act)」으로 나타났다. 이런 법적 제도를 통하여 영국의 복지제도는 사회보험을 중핵으로 하고 공공부조를 보조적인 것으로 하면서 전 국민에 대하여 무료건강서비스를 제공하는 시스템을 갖춤으로써 다양하고도 풍부한 사회서비스를 제공하는 복지국가의 기틀을 마련하였다.

그리고 사회복지행정체제에 있어서도 다소간의 변화가 생겼다. 즉, 국민보험부와 국민부조청으로 이원화되어 있던 행정기구를 1966년 「사회보장부법(The Ministry of Social Security Act)」에 의하여 사회보장부로 통합시켰다. 그러나 여전히 사회보장부 장관은 국무위원의 자격을 지니지 못하여 사회보장정책의 위상이 높지 못하였다. 1968년에 보건부와 사회보장부를 다시 통합하여 보건사회보장성(The Department of Health and Social Security)을 탄생시켰다.

이상과 같이 복지제도의 확장기에 나타난 특징은 지속적 성장과 풍부한 재정경제적 기반을 토대로 하는 복지제도의 포괄성, 복지수혜자의 보편성, 복지혜택의 적절성, 그리고 복지행정기구의 확대개편 등이라고 할 수 있다.

4) 위기기

위기기는 1975년 이후로 볼 수 있다. 1973년과 1979년의 두 차례에 걸쳐 발생한 유류파동은 성장가도를 달리던 선진국가의 복지체제를 근본적으로 재검토하는 계기가 되었다. 성장의 쇠퇴와 높은 실업, 이로 인한 복지부담의 과중과 국제경쟁력의 저하는 영국 경제의 국제경제적 지위를 급락하게 만들었다.

1979년 5월 집권한 보수당의 대처(Margaret Thatcher) 정권은 이와 같은 경제쇠퇴를 초래한 영국병의 근본적 원인을 노동조합의 잦은 파업과 과도한 사회복지에서 찾았다. 그래서 보수당 정권은 노동조합의 면책특권을 엄격히 제한하여 불법파업을 철저히 봉쇄하고, 사회복지비를 과감하게 감축하는 제도적 대책을 감행하였다. 즉, 주택, 교육, 의료, 실업수당, 공공부조, 연금, 기타 이전지출에 대하여 대대적 삭감을 시도한 것이다. 대처로부터 정권을 이어 받은 메이저(John Major) 수상도 "국민부담을 줄이기 위하여 대대적 사회보장비 축소를 단행하겠다."는 성명을 발표하면서 여전히 강경 보수주의에 뿌리를 두고 있는 대처리즘(Thatcherism)을 답습하였다(박진화, 2020: 208-216).

그러나 복지국가의 위기기라고 하는 이 기간 동안에도 복지비의 증가비율이 과거의 복지확대기보다 상대적으로 둔화되었을 뿐 복지비의 절대금액이 감소되지는 않았다. 다른 OECD 국가와 같이 영국도 복지비의 증가가 경제성장률을 앞질렀다. 여기에는 나름의 원인이 있었다. 실업률의 증가에 따라 실업수당과 공공부조비가 증가하고 인플레이션이 심화되면서 물가에 연계된 노령연금도 이에 따라서, 크게 증가하고 있었기 때문이다. 또한 선거를 통하여 정권을 획득해야 하는 정치구조상 복지비의 삭감에는 복지비의 삭감정책에 한계가 있을 수밖에 없는 정치적 이유도 존재하였다.

그럼에도 불구하고, 영국은 제2차 세계대전 이후 형성된 성장기의 복지정책에 대하여 복지비의 비율뿐만 아니라, 복지비의 구조에 이르기까지 일대 수정을 가하고 있었다는 사실은 부인할 수 없다. 이런 경향은 노동당 블레어 정권의 복지정책에서도 여전히 나타나고 있었다.

보수당의 20여 년간에 걸친 복지국가의 개혁은, 1997년 토니 블레어(Tony Blair) 수상의 노동당이 집권함으로써 새로운 국면을 맞이하게 되었다. 블레어 정부가 내건 슬로건은 이른바 '제3의 길*(The Third Way)*'로서 사회학자 기든스(Anthony Giddens, 1938-)가 이론적 토대를 제공한 것이다. 이는 '고복지, 고부담, 저효율'로 요약되는 사회민주주의적 복지국가노선(제1의 길)도 아니고, '고효율, 저부담, 불평등'으로 정리되는 신자유주의적 시장경제노선(제2의길)

도 아닌 새로운 노선이라는 뜻이다(원석조, 2019: 318~341). 제3의 길에서 내세우는 적극적 복지전략은 다음과 같다(Giddens, 1998).

① 사회투자국가 : 국민들에게 경제적 급여를 직접 제공하기보다는 인적자원에 투자한다. 노동참여의 전략을 강조한다.

② 복지다원주의(welfare pluralism) : 중앙정부 중심의 복지공급을 지양하고, 지방정부, 비영리부문(제3섹터), 기업 등으로 복지공급의 주체를 다원화한다.

③ 의식전환 : 복지국가의 기조는 물자나 자원을 제공하는 것 자체보다는 위험을 공동체적 방식으로 부담하자는 것이다. 일을 통해 개인들이 독립성과 진취성을 높여서 도덕적 해이를 막고, 국가에 대한 경제적 의존을 줄인다.

블레어 복지개혁의 핵심은 '근로연계복지(welfare to work)'에 있었다. 이는 의존형 복지로부터 자립형 복지로의 전환을 의도하였다. 노동당 정부는 보수당 정부 아래 추진해 왔던 신자유주의적 조치, 즉 민영화, 시장화, 정부개혁 등을 근원적으로 부정하지는 않는다. 과거 복지국가 시절에 비대해진 정부조직을 개혁하는 과제는 계속 추진하고 있다.

이처럼 1970년대 이래 지속되어 왔던 영국의 복지국가 개편 정책의 영향으로, 사회복지행정체계도 영향을 받았다. 이는 크게 두 가지 단계로 구분할 수 있다(Spicker, 2008).

첫째 단계는 1960년대와 1970년대에 이루어진 복지행정의 체계개편이다. 사회복지 재정운용에 탑다운(top-down) 방식이 도입되는 개혁이 있었다. 재무부가 정부부서들에 자원을 할당하고, 정부부서는 다시 개별 서비스들에 자원을 할당하는 식이다. 이 개혁의 목적은 기획과 관리의 효율성을 확보하기 위한 것이었다.

둘째 단계는 1980년대와 1990년대에 있었던 공공서비스와 복지행정을 재구조화 하는 것이었다.

사회복지와 관련된 신노동당의 정책에서 특별히 강조되는 것은 지방정부의 위상과 보건, 공공부조, 교육서비스 등이 지역별로 성립되었을 때, 그러한 서비스들의 전달 책임을 맡은 지방정부의 기능과 권한도 커져왔다. 그러다 영국의 지방정부는 제1 · 2차 세계대전을 거치면서, 중앙집중식 복지국가의 등장과 함께 건강, 사회복지, 공공서비스 등에서 많은 권한을 상실하였다. 그리고 그 이후 점차 영향력이 감소되어 왔다.

영국은 현재까지도 전반적으로는 중앙집중화된 정부시스템을 가지고 있다. 지방정부의 파워는 여전히 한정적이다. 즉, 중앙정부는 지방정부의 법 제정 권한에 대한 제한, 각종 지침의 시달, 감사제도의 동원, 각종 교부금이나 보조금에 대한 통제 등을 통해 지방정부의 활동을 다양하게 제어할 수 있다. 이 가운데에서도 건강서비스와 사회복지서비스 분야에서는 지방정부의 기능을 강화하는 노력이 진행되고 있다. 중앙정부가 지방정부에 대해 지방교부세나 보조금 등을 지급하고, 이를 직접 통제하고 관리하기보다는 성과관리방식의 수행성과 측정으로 전환하는 것도 그러한 노력의 일환이다.

2. 미국 사회복지행정의 발전

미국 사회복지제도의 발달은 영국과 상당한 차이를 보인다. 비록 영미권 공동의 문화적 맥락을 가지고는 있지만, 국가 발전의 역사적 맥락에서 미국은 영국과 현저하게 다르다. 전통사회에서부터 산업혁명을 통해 자본주의 사회로 이행했던 영국이 직면했던 사회문제와 대응방식은, 이민자들에 의해 개척주의 방식으로 국가를 건설했던 미국에 적용되기 힘들었다. 미국은 사회복지에 대해 국가 차원의 접근을 가급적 기피하고, 지역이나 민간에 의한 이른바 '자발적 접근'을 일찍부터 강조해왔다.

그 결과, 미국에서는 오랫동안 사회복지행정에 대한 관심이 그다지 높지 않았었다. 미국 사회복지행정의 역사는 한마디로 '현실적 요구에 대한 지체된 발달' 가정으로 규정된다. 거시적 사회환경은 점차 사회복지 실행에서 조직적 개입의 필요성을 높여왔지만, 미국의 사회복지 발전은 이를 따라오지 못하였다. 그러다 1970~1990

년대에 비로소 사회복지행정에 대한 관심이 본격적으로 높아지게 된다.

1) 형성기

사회복지는 산업혁명 이후 사회적 환경변화에 따른 다양한 사회적 문제가 출현한 19세기 중반에 나타났지만, 사회복지행정에 대한 관심이 최초로 이루어진 것은 19세기 말엽이라고 볼 수 있다. 그 시기에 미국 사회개혁가(American social reformer)라고 할 수 있는 아담스(Jane Adams, 1860-1935), 리치몬드(Mary Richmond, 1861-1925), 홉킨스(Johns Hopkins, 1795-1873), 라스롭(Julia Lathrop, 1858-1932) 등의 학자들이 사회복지 프로그램의 개발과 관리 분야에 노력한 결과들이 나타나기 시작했기 때문이다. 그러나 사회복지행정에 관한 것은 전혀 존재하지 않았으며, 사회복지행정은 20세기에 들어와서 시작되었다.

20세기 초반은 미국 사회복지의 역사에 있어서 전문화의 시대였으며, 전문직업으로서 사회복지의 독자적 영역이 형성되고, 전문직 실천의 지배적이고 독특한 방법으로서 '케이스워크(case work)'가 확립되는 시기였다. 이 시기에 사회복지의 모든 이론, 지식, 기술, 사회복지교육까지도 전부 케이스워크에 초점을 두고 있었으므로 케이스워크가 전체 사회사업 전문직을 대표하는 것으로 생각되었다. 그러나 이에 대한 비판과 반성이 몇몇 학자들 그리고 전문직 협회 및 관계문헌들에서 나타나기 시작했는데, 이것이 사회복지행정에 대한 인식의 시초라고 할 수 있다.

사회복지전문가들은 빈민들의 사회적 조건을 개선하고, 과거부터 내려오는 사회사업기관들의 실천을 합리적으로 관리할 책임이 있었고, 또한 사회사업전문가들의 활동이 직접 또는 간접으로 불가피하게 행정과 관련되어 있기 때문에 행정에 무관심하기는 어려웠다(Lubove, 1965). 따라서, 사회복지기관들을 합리적으로 관리하고 그것의 효율성을 높일 수 있는 전문적 방법의 필요성을 인식하게 되었던 것이다. 그리고 실용주의자(pragmatist)인 애보트(Francis Ellingwood Abbort)를 비롯하여 던햄(Dunham), 해거티(Hagerty) 등은 케이스워크가 사회적 서비스의 목적, 조직, 그리고 전달에 영향을 미치는 하나의 전문직으로서는 너무 좁은 영역이므로 보다 광범위한 접근을 하는 전문직을 강조해야 한다고 주장하였다(Patti, 1983).

사회사업대학의 교과과정에 최초로 행정이 나타난 것은 1914년이었지만, 구체적인 내용은 제시하지 않았다(Skidmore, 1994). 따라서, 사회사업대학의 교과과정의 행정에 관한 인식은 1929년의 밀포드(Milford)회의 이후로 볼 수 있다. 이 회의에서는 전문직 사회사업교육기관은 사회사업가 양성을 위하여 케이스워크, 그룹워크, 지역사회조직, 사회사업조사 그리고 행정을 망라하는 하나의 교과과정을 제안하였다. 이 제안에는 사회복지기관에 필요한 조직구조의 틀과 기준, 효과적인 서비스전달체계, 조직을 언급하고 있다. 이 회의의 결과로, 전문적 사회복지교육의 영역에 사회복지행정이 포함되어야 한다는 인식을 가져다 준 계기가 되었다. 전문직의 실천형태로 인정받지 못하다가 조직구성원들도 점차 사회복지전문가로 충원되기 시작하면서 사회복지행정가의 역할이 강조되기 시작하였다. 미국사회에서 본격적으로 케이스워크를 중심으로 한 사회사업의 전문화가 이루어지는 시기로 볼 수 있다. 그러나 당시 사회사업실천가나 교육을 담당하는 사람들은 사회복지행정의 필요성을 인식하면서도 행정업무나 행정가의 역할 등 구체적 내용은 정립하지 못했던 것으로 보인다.

이 시기에는 미국 사회복지행정이 대도시를 중심으로 각종 사회문제를 효과적으로 대처하는 하나의 방법으로 지역의 실업인이 주축이 되어 형성된 자선조직화 운동(Charity Organization Society, COS)과 공동모금회, 지역사회복지협의회의 창립과 운영을 중심으로 사회복지행정이 시작된 시기로 볼 수 있으며, 사회복지행정에 대한 특별한 인식과 관심이 미약한 시기이다.

2) 정립기

초기 사회복지행정의 인식을 바탕으로 사회사업가들이 행정 지식과 기술적 요구를 이해하려는 노력과 당시 대공황의 문제해결을 위해 수립된 공공복지정책의 실현과 연계가 이루어지면서 사회복지행정의 개념과 이론의 기초가 정립되는 시기였다.

대공황(The Great Contraction, 1929-1933)으로 인한 실업자와 경제적 파탄자를 위한 연방정부가 관여하여 1934년 연방 긴급구호청(Federal Emergency Relief Administration, FERA)을 설립하고, 1935년는 「사회보장법(Social Security Act)」을 제정하여 연방정부와 주정부의 공적부조제도를 창설함에 따라 형성되었다. 연방긴급구호청의 설립으로 각 주 및 지방에는 공공구제기관이 설치되어 그 기관에서 업무를 행할 많은 직원이 필요하였고, 또한 이러한 직원들의 업무를 용이하게 하고, 효과적인 구제를 하기 위한 많은 관리자가 필요하였다.

주와 지방이 공공복지부를 창설하게 하거나 기존의 조직을 확장시키는 데 공헌하였다. 이러한 제도들의 창설 및 확장은 연방에서 위임된 사회적 서비스를 계획하고 조직하며, 관리하고 감독할 많은 훈련된 직원을 필요로 하였다. 이 같이 행정적 훈련을 받은 직원의 수요가 급증한다는 것은 사회복지행정의 실천영역이 형성되어 행정발전의 기초가 형성되었음을 의미한다.(원석조, 2019: 130-131)

이러한 사회적 변화에 따라 사회사업대학들은 케이스워크를 중심으로 한 직접적 실천가를 양성하는 데서부터 공공복지행정에 속하는 하나 또는 그 이상의 과정을 두고 공공행정의 봉사자를 양성하는 방향으로 교과과정을 개정하였다.

제2차 세계대전을 전후로 한 1950년대에 들어서 행정학의 발전의 가속화와 더불어 사회복지행정의 개념 및 이론은 학자들과 사회사업대학에서 행정에 관한 집중적 · 전문적 교육을 받은 실천가들이 협력하여, 의도적으로 사회복지행정을 사회복지의 핵심적 지식, 가치, 기술과 체계적으로 관련되는 하나의 실천방법으로 정립하려고 노력하는 과정에서 사회복지행정은 일반행정과는 차별이 가능하였다.

3) 정체기

사회복지행정은 실천 영역 및 이론적 기초 정립을 바탕으로 1960년대 초반에는 상당한 발달이 기대되었다.

첫째, 1960년대 초 사회사업가협회(National Association of Social Workers, NASW)의 후원 아래, 사회복지조직 및 행정에 이용할 수 있는 많은 이론이 연구되었고, 또한 행정발달에 대한 건의안이 발표되었고, 사회복지협의회(National Council of Social Welfare, NCSW)는 사회복지행정에 관한 논문발표에 기여하였다.

둘째, 1961년 사회사업교육협회(Council on Social Work Education, CSWE)는 사회사업대학의 교과과정에 사회복지행정을 포함시키고 있었다(Skidmore, 1983). 또한 사회복지행정 영역에서 일하려는 실천가들을 위한 연구과정의 필요성이 주장되었고, 이러한 주장에 따라 사회사업교육협회는 개별 대학들이 사회복지행정 교육을 강화하는 교과과정을 인정하였다.

셋째, 위와 같은 사회사업행정에 대한 전문적 관심의 증대와 사회사업대학에서의 행정교육 강조의 영향으로 1963년 NASW 산하에 사회사업행정위원회가 창설되었다.

이러한 중요한 사실에 입각하여 1960년대는 사회복지행정의 주요한 발전이 이루어질 것으로 생각하였으나, 기대는 충족되지 못하였다. 그 원인으로는 빈곤투쟁(War on Poverty)정책 수행에 따른 커다란 사회적 변화 요구에 사회복지기관들이 적절히 대처하지 못한 데 대한 국민들의 불신과 사회복지행정의 대안으로 지역사회 조직사업이 급격히 발달하였기 때문이다.

이러한 국민들의 비판은 사회복지조직 및 기관의 사회복지행정가에 대한 불신으로 이어져 행정가의 결함 때문이라고 인식하는 계기가 되어 사회복지행정의 발달을 정체시키는 결과를 가져왔던 것이다. 반면에, 지역사회 조직사업은 사회변화의 욕구에 맞는 인권운동과 인종차별 방지운동 및 도시재개발운동 등 많은 사회문제 해결에 직접 개입하여 전문적 활동이 미국 국민들에게 긍정적인 인식을 갖게 되어 지역사회조직사업은 급격하게 발전하였으나, 상대적으로 사회복지행정 발달을 정체시키는 결과를 가져왔다.

4) 발달기

1960년대는 사회복지행정의 발전이 정체가 있었지만, 지역사회조직의 발달로 인한사회복지기관 및 프로그램들의 개발은 사회복지행정 발달을 위한 여건을 마련해 주었다. 이러한 토대를 마련한 계기가 된 것은 1970년대에 들어와서 베트남전쟁으로 인한 경제악화와 인플레이션, 사회복지에 대한 정부책임의 증가에 따른 비용증가 등으로 심각한 도전에 직면하게 되면서 기존의 사회복지 프로그램 중에서 사회문제 해결에 필수적이면서 효과성과 생산성이 큰 프로그램을 선택해야만 하는 상황이기 때문이다.

이러한 이유로 정책결정자들은 사회복지 프로그램을 선택하는 데 전문적 정보를 제공해 줄 수 있는 사회복지행정가가 필요하게 되었다. 사회복지행정가에게 어떠한 프로그램을 선택하고 실시해야 할 것이며, 그 비용은 얼마가 소요되고 어떠한 효과가 있을 것인가에 대한 정보를 요구하였다. 이러한 요구에 부응하기 위해서 사회복지행정가의 관심과 임무는 프로그램의 유지 · 확장에서 프로그램의 해석, 선택, 통제 그리고 평가로 변하게 되면 사회복지조직들은 새로운 행정 지식 및 기술 영역의 개발에 노력을 하게 되었다.

사회사업 전문직과 대학 그리고 사회복지조직들도 새로운 시대의 요구에 부응하기 위한 지식과 기술의 발전은 물론, 이러한 지식과 기술을 겸비한 행정가들을 양성하기 위한 적극적 노력을 하게 되었다. 이러한 과정에서 경영학에서 관리기법인 계획예산제도(Planning Programming Budgeting System, PPBS)와 과업평가계획기법의 개념(Program Evaluation and Review Technique, PERT) 등 비용효과분석, 자원동원들이 사회복지 영역에 도입되면서 행정은 효과적이고 효율적인 사회서비스의 계획, 유지, 관리, 평가의 고유한 방법으로 발전되었다.

지식과 기술을 겸비한 행정가들을 양성하기 위한 사회적 요청을 충족시키기 위해 1975년까지 미국 84개 사회사업대학들 중에서 19개 대학이 사회복지행정이란 과목으로 교육을 실시했으며, 그 외 많은 대학도 명칭은 다르지만 기획, 조직 그리고 행정이라는 내용들을 학생들에게 교육하고 있었다.

1970년대 이후 사회복지행정교육의 확산은 행정실천방법에 대한 학문적 관심을 증가시켜 CSWE, NASW, NCSW 등에서도 행정 실천에 관한 논문을 게재하여 발전적인 토론의 장을 마련해 주었으며, 그 외에 사회복지 관련 저널에도 행정 및 관리에 대한 논문들이 급격하게 증가하였다. 또한 사회복지행정에 관한 전문적 문헌과 잡지가 출현하게 되었는데, 대표 문헌으로는 『사회사업행정(*Social Work Administration: A Resource Book*)』과 『사회사업행정사례집(*A Casebook in Social Work Administration*)』이다(Skidmore, 1983).

1976년 복지행정에 지대한 공헌을 한 최초의 저널로 『사회사업행정』(*Administration in Social Work*)이 출간되어 지금까지 가장 영향력 있는 학술지로 간주되고 있다. 이 시기에는 사회복지행정 이론에 관한 전문적 논의를 용이하게 하였고, 행정 연구를 위한 자료를 제공해 주었을 뿐만 아니라, 행정실천을 위한 지식과 기술을 검증하는 데 공헌하였다. 그 결과, 사회복지행정의 원칙, 이론, 역할 등에 관한 다양한 사례 및 모델이 정립되었다.

5) 도전과 응전기

이후 대표적 신자유주의자 레이건(Ronald Reagon, 1911-2004 : 제33대) 대통령의 행정부에 의해 가속화된 연방정부의 사회복지 역할축소정책과 함께 1990년 이후 급변하는 사회복지환경에 따라 사회복지행정에 있어서도 변화가 나타났다. 1990년대 사회복지환경의 변화는 첫째, 기획에서 서비스전달까지 직접 담당했던 거대 공공 관료조직들의 퇴조, 둘째, 계약이나 서비스구입 등의 방법을 통한 민간부문의 직접서비스전달에서의 역할 증대, 셋째, 민간과 공공의 엄격한 조직적 구분의 퇴조, 넷째, 서비스 목적 실현을 위해서는 느슨하게 연결되어 있는 다양한 서비스조직들을 연계할 서비스 전달체계의 통합이 필요하다는 인식의 확산, 다섯째, 사회복지서비스의 책임성에 대한 구체적인 행정 실천 등이다. 이러한 사회복지환경의 변화는 사회복지행정을 통한 효율성과 효과성의 강화를 요구하는 도전이기 때문에 이러한 도전에 대응하기 위한 시도가 나타나게 되었다(박진화, 2020: 222).

사회복지서비스의 제공 및 전달체계를 민영화하는 것에서 시작하였다. 민영화는 정부의 부담을 줄이면서도 서비스의 다양성과 범위를 확보할 수 있도록 하기 위해 정부재원으로 공공복지조직을 운영하는 대신, 민간사회복지 프로그램에 대해 정부가 보조금을 지급하거나, 민간서비스 구입계약을 체결하는 방법으로 민간부문을 적극 참여시키는 것이었다. 그 결과, 서비스를 판매하거나 정부보조금에 의해 운영되는 많은 민간복지기관이 설립되었고, 이윤추구를 목적으로 하는 기업들까지 사회서비스 조직 및 프로그램에의 참여가 가속화되어 결과적으로 이를 효율적으로 관리할 행정적 전문지식과 기술을 겸비한 행정가를 요구하게 되었다. 또한 사회복지서비스를 제공하는 조직에서 전통적으로 공공·민간 서비스기관의 중심된 조직형태에 제3섹터조직의 형태가 나타나게 되었고, 이들 조직은 계약을 통해 서비스를 구입하여 제공하였다.

최근에는 사회복지조직의 환경변화는 기존의 조직구조 전통적인 관료조직의 변화를 가져오게 했으며, 조직의 리더십과 경쟁력 있는 조직을 위한 경쟁우위전략 등이 사회복지조직에 가시적 현상으로 나타나고 있다. 즉, 21세기에는 이러한 환경변화를 정확히 예측하고, 효율적으로 대응하기 위해서 새로운 경영 철학과 기법이 사회복지행정에도 도입·적용되고 있다.

3. 한국 사회복지행정의 발전

우리나라는 예로부터 두레나 계(契) 등 민간 차원의 상부상조의 전통이 강하였으며, 어려운 사람들에 대한 구휼행정이 일찍부터 전개되었다. 조선시대까지의 사회복지행정은 대체로 이러한 구빈 중심의 전통이 이어져 내려왔다. 그 후, 일제강점기 및 미군정시대를 거치면서 사회복지행정이란 미인식의 단계에 머물렀으나, 1960년대에 이르러 사회복지행정을 인식하고 오늘날의 사회복지행정체계가 시작되었다고 할 수 있다. 또한 1997년 말 국민의 정부가 들어서면서 본격적인 사회복지행정체계가 확립되었고, 2017년 문재인 정부가 들어서면서 사회복지에 대한 본격적인 이념논쟁이 벌어져 사회복지행정의 한 단계 상향조정이 이루어지고 있다.

한국 사회복지행정의 역사는 매우 짧다고 볼 수 있지만, 그럼에도 불구하고 많은 발전을 거듭하고 있다. 상황 변화에 따른 인식이 학자들 간에 결코 같을 수는 없으나, 대체로 연대기식 구분을 선호하고 있는 연구가 가장 많다.

1) 일제강점기의 사회복지행정

우리나라에서 사회복지는 일제강점기 이전에는 공적 조직의 시혜적 활동이 대부분이었다. 삼국시대의 창제와 진대법, 고려시대의 창제, 의창, 상평창, 조선시대의 창제도, 환곡제도, 계, 두레, 향약 등 전통적으로 다양한 구제제도가 있었다. 하지만 1910년 일제강점기가 되면서 조선시대에 운영하던 공적 조직의 시혜적 활동은 종료됐다.

일제강점기에는 조선총독부의 내무부 지방국 지방과에서 구휼 및 자선 사업을 담당하게 하다가 1921년에 조선총독부 내무부 지방국 내에 사회과를 설치하였다. 사회과는 사회복지사업을 지도 및 통제하는 역할을 맡았는데, 처음부터 주로 공적인 시혜활동을 총괄하였다. 이어 1932년에는 학무국 사회과에서 사회복지 업무를 총괄하였다. 일제강점기에는 우리 민족의 순응을 이끌기 위한 정치적 목적에서 식민통치의 일부로 공적인 시혜활동을 전개했던 것이다.

일제는 일본과 식민지 조선에서 상반된 정책을 폈다. 일본에서는 1874년 제정된 휼구규칙을 1929년에 폐지하고 「구호법」을 제정해 현대적인 형태의 제도적인 구빈행정을 폈다. 그러나 조선에 대해서는 이 법을 적용하지 않고 비제도적인 형태의 시혜활동만 전개하였다.

1944년에 이르러서는 노동불능자에 대한 공적 구호방안을 담은 「조선구호령」을 공포하였다. 즉, 65세 이상의 노인, 13세 이하의 아동, 임산부, 장애인, 폐질, 질병, 상이, 기타 정신 또는 신체의 장애로 노동이 어려운 자의 빈곤, 장해, 폐질 등에 대처하기 위해 생활부조, 의료부조, 조산부조, 생업부조의 4대 생활구호를 실시할 것을 규정했고, 특별한 경우 매장구호도 제공하도록 하였다. 구호절차에 대해서는 신청주의를 채택하고 자산조사를 거치도록 하였다. 구호방법은 거택구호와 수용구호로 구분했지만, 거택구호를 원칙으로 하였다. 거택구호가 불가능할 경우 구호시설 수용 또는 개인 및 시설위탁을 할 수 있도록 하였다.

그러나 「조선구호령」이 실제 제대로 작동했는지에 대해서는 회의적이다. 「조선구호령」은 일제가 조선의 저항을 무마하기 위해 제정한 형식적이고 명목적인 규정에 불과했기 때문이다. 한편, 「조선구호령」은 이후 미군정기의 공적 구호활동과 건국후 「생활보호법」을 제정하는 데 기초가 된 것으로 알려져 있다.

19세기 말부터 선교활동의 일환으로 외국인 선교사에 의해 아동양육활동 등이 전개된 바 있다. 1905년에는 유학자 이필화에 의해 경성고아원이 설립됐다. 1906년 미국 감리교 선교단체에 의해 원산에 반열방이 설치됐는데, 민간이 운영한 최초의 사회복지관으로 알려져 있다. 반열방은 인보관과 유사한 성격이었다. 1921년 미국 감리교 선교부는 서울 인사동에 태화여자관을 설치하였다(이방현 외, 2018: 378-383). 이어 1926년과 1930년에 각각 원산과 서울에 인보관이 설치됐다. 이 밖에도 외국종교기관의 선교활동의 일환으로 인보관, 사회관, 아동시설 등이 설립됐다.

일제는 1927년 이후 방면위원제도를 운영했는데, 1927년에 경성을 필두로 1933년에는 부산에서도 실시됐다. 방면위원회는 빈민의 생활 개선 및 향상을 위한 빈민조사기관이라는 명분을 내세웠으나, 사실 빈민을 관리하고, 통제하려는 식민통지의 일환이었다. 1930년대에 조선총독부는 서울의 종로, 왕십리, 마포, 영등포 등에 사회복지관을 설치하였다. 그러나 이는 공공구제기관의 성격을 갖고 있었기 때문에 민간의 자발적인 복지관 활동으로 보기는 어렵다

한편, 1921년에 조선사회사업연구회가 조직됐다. 이 조직은 민간사회복지조직들의 상호 교류와 사회복지사업에 대한 조사 · 연구를 목적으로 삼았다. 1929년에는 재단법인 조선사회사업협회로 확대 개편됐다.

2) 미군정의 사회복지행정

1945년 8월 15일 광복은 우리 국민에게 새로운 국가건설과 국민적 합의를 위한 기회를 제공하였다. 그러나 미군 진주에 의해 독자적인 정부를 수립하지 못하고 미군정은 1945년 10월 27일 군정법령 제18호로 3년간 미군정이 실시됐다. 미군정은 일제 때의 관계법을 계승하면서도 군정법령과 업무처리준칙들에 입각해 행정을 폈다. 미군정은 제도적인 복지가 아니라, 월남 피난민과 기존에 국내에 거주하던 빈민에 대해 식량, 임시주택, 긴급의료를 제공하는 등 긴급구호활동을 주로 전개하였다.

미군정은 1945년 10월 27일 보건후생국을 설립했고, 보건후생국은 1946년 3월 2일 보건후생부로 승격하게 된다. 보건후생국은 1946년 1월 12일 『후생국보 3호』를 발표한 데 이어 9월 18일에는 「후생국보 3A호」와 「후생국보 3C호」 등 일련의 구호준칙을 마련하고, 일제가 1944년 공포한 「조선구호령」과 함께 시행하였다.

「후행국보 3A호」는 재해민과 피난민에 대한 구호계획을 담고 있었다. 이 준칙은 식량, 의류, 연료, 긴급의료, 매장, 치료 등의 편의를 제공하는 방침을 담은 것이었다. 「후생국보 3C호」는 빈민 및 실업자구호계획에 관한 것이었다. 노동불능자에 대한 공적 구호인 「조선구호령」을 바탕으로, 65세 이상 노인, 6세 이하 아동을 양육하는 어머니, 13세 이하의 아동, 폐질자, 분만 시 도움이 필요한 자, 정신적 · 육체적 결함이 있는 자를 구호대상자로 삼았다. 식량, 주택, 연료, 의료, 매장 등의 구호를 받으려면 가족이나 친척의 보호를 받을 수 없는 자로서 구호시설에 수용돼 있지 않아야 하였다.

그러나 미군정의 구호행정은 군정의 특성상 일시적인 구호책에 불과하였다. 구호 수주 또한 요구호자의 욕구를 충족시키기에는 매우 불충분한 수준이었다. 구호의 범위도 포괄적이지 않았다. 이처럼 미군정의 구호행정은 일방적이며 포괄적인 책임성이 부족한 것이었다.

미군정은 1946년 9월 18일 법령 제112호로 「아동노동법」을 공포하였고,

1947년 5월 16일 과도정부 법령 제4호로 「미성년자 노동보호법」을 공포하였다. 이 법은 선진국처럼 아동 및 미성년자의 노동을 보호하는 취지를 담고 있었다. 그러나 현실에서는 구호행정을 벗어나지 못하고 있었고, 당시 만연해 있던 아동 및 청소년 노동에 대해 실효적인 규제력을 발휘하지는 못하였다.

한편, 미군정 시기에는 구호행정이 주로 이루어졌기 때문에 전문적인 사회복지 실천현장은 존재하지 않았다고 볼 수 있다. 왜냐하면 긴급구호 이외에 공공과 민간의 전문적인 사회복지조직은 거의 없었기 때문에 전문적인 사회복지행정도 존재하지 않았다. 따라서, 미군정기에는 사회복지행정에 대한 교육의 필요성과 욕구를 느끼지 못한 시기였다.

1947년에 이화여자대학교에 기독교사회사업학과가 설치됐다. 이에 대해서는 사회복지현장의 수요는 없었지만, 기독교의 교육이념을 바탕으로 한 교과과정의 일환으로 미국식 사회복지교육을 도입한 것으로 평가할 수 있다(한신애 외, 2018: 41).

3) 제1 · 2공화국의 사회복지행정

제1 · 2공화국의 사회복지행정은 먼저 당시 정부의 사회복지행정직제 개편 내용을 통해 살펴볼 수 있다. 제1공화국은 정부수립과 함께 미군점령기에 있었던 보건후생부와 노동부를 병합하여 사회부로 개칭하고 보건, 위생, 노동, 부녀 행정을 관장하게 하였다. 그 후 1955년 2월 보건부와 사회부를 통합하여 우리나라의 사회 · 복지 · 보건 · 부녀 행정을 총괄하는 중심 부서로 보건사회부를 창설하였다.

제헌헌법 제19조에 근거하여 공적 복지행정 담당조직을 신설하였으나, 그 사회복지활동은 월남피난민과 전쟁고아 및 피해자의 긴급구호에 급급한 상황이었기 때문에 현대적 사회복지 개념에 입각한 행정은 이루어지지 못하였다. 그러나 사회부는 당시 매우 열악하였던 육아시설의 설비를 충실히 하고, 그 운영의 강화 및 적정을 기하기 위하여 1950년 2월 27일 '후생시설설치기준령'을 제정하였고, 1952년 10월 4일에는 격증한 전쟁고아 수용보호시설을 비롯하여, 전란으로 인해 혼란에 빠진 기존 각종 구호시설들의 운영과 지도 · 감독의 준칙인 '후생시설 운영요령'(전문 7장 33조)을 제정하였다.

이와 같은 훈령을 제정 · 공포한 것을 보면, 사회부는 긴급구호활동에 급급한 가운데서도 구호시설의 설치와 운영 그리고 그 지도 · 감독에 대한 필요성을 절감하고 있었던 것으로 보인다. 물론 이러한 훈령이 근대적 사회복지의 이념으로 제정되었다고 보기는 어려우나, 각종 시설의 설치 및 운영과 지도 · 감독의 준거를 정부 차원에서 마련하였다는 것은, 공공 사회복지행정의 역사에 하나의 주춧돌을 놓은 것으로 평가받을 수 있다.

한국전쟁 이후 급증한 전쟁피해자들을 위한 외국의 원조기관들이 들어오면서 현대적인 민간사회복지기관들이 설립되어 사회복지행정실천의 장이 마련되었다. 그러나 이러한 외국원조기관들의 활동은 전쟁피해자인 고아, 미망인, 무의탁노인, 빈민들에 대한 긴급구호 위주였기 때문에 조직적인 원조활동과 전문적 사회복지활동을 수행할 수 없는 상태였다. 따라서, 민간사회복지행정도 단순한 시설 · 기관 운영 외에 체계적으로 집행되지는 못하였다.

1952년 2월 한국사회사업연합회가 창립해 1954년 2월에 사단법인으로 인가됐다. 이 단체는 사회복지사업에 종사하는 회원 및 관련 단체 간의 협력과 사회복지사업의 지도를 주 업무로 하고, 정부에 대해서도 사회복지시책을 건의하려는 취지를 갖고 있다.

그러나 제1공화국 시기의 실천현장에서는 전문적인 사회복지교육의 요구가 나타나지 않았음에도 불구하고, 1953년 현재 강남대학교의 전신인 중앙신학교에 사회사업학과가 설치되었고, 1956년에는 사회복지 인력 단기 양성소인 '국립중앙사회사업종사자훈련소'(후에 국립중앙사회복지연수원으로 개칭됨)가 창설되었다. 1953년에 서울대학교 대학원에 사회사업학과가 설치되었으며, 다음해인 서울대학교 학부에 사회사업학과가 설치되었다.

이 당시 사회사업학과 교과과정에 필수 또는 선택으로라도 사회사업(복지)행정이 있었는지는 정확하지 않다. 다만, 1954년 키드네이(Kidneigh) 박사가 서울대학교에 사회사업학과 설치를 건의하면서 제안한 교과과정에는 사회사업행정이 포함되어 있었고, 서울대학교는 개설 이래 사회사업행정을 교과목으로 개설해 오고 있다.

이와 같은 사실로 미루어 보면 제1 · 2공화국의 사회복지행정은 초기에 두 훈령 제정한 것과 그 당시 풍부했던 외국원조의 신속하고도 공정한 배분에 총력을 기울인 것 외에는 별다른 발전이 없었다. 특히, 사회사업교육이 처음 시작되었음에도 불구하고, 사회복지행정은 단순히 일부 대학의 교과과정에 포함되어 있었다는 것 이외에 그 중요성이나 필요성에 대한 언급은 없었다.

4) 3 · 4공화국의 사회복지행정

1961년 5 · 16 쿠데타(coup d' Etat)를 계기로 1년 7개월간 군정이 실시됐다. 이어 1963년 12월 17일 제3공화국이 출범하였다. 군정과 제3공화국은 1962년부터 '경제개발 5개년계획'을 실시하였다. 이 계획은 외자를 도입해 정부 주도 아래 수출주도형 공업화를 달성하기 위한 것이었다. 이를 위해서는 국가적인 자원을 수출부문에 집중하고, 사회간접자본을 확충하는 데 집중할 필요가 있었다. 이에 따라, 저임금 · 저곡가 정책을 유지하고 경제개발을 우선시하는 정책을 폈다. 그 결과, 산업화와 도시화가 이루어지고 급속한 경제성장을 이룰 수 있었다(박주현, 2048: 299-300).

제3공화국은 급속한 경제성장 추진과 관련이 없는 지출은 최대한 억제하였다. '선성장 후분배'의 기조에 따라 사회복지정책은 정책 우선순위에서 배제된 것이다. 그러나 사회복지제도에도 진전이 있었다. 체제의 정당성을 강화하거나, 경제활동에 기여할 수 있는 제도를 위주로 추진했던 것이다.

제3공화국의 사회복지시책은 다음의 몇 가지로 정리할 수 있다(심상용, 2017: 63-64).

첫째, 군정은 국가를 위해 헌신한 희생자들과 재해피해자들에 대한 지원책을 신속히 마련하였다. 1961년 11월 「군사원호보상법」이 제정됐다. 1962년 3월 「재해구호법」, 4월 「국가유공자 및 월남귀순자보호법」이 제정됐다.

둘째, 1961년 12월 「생활보호법」이 제정됐다. 이 법은 근로능력이 없는 저소득층에 대한 최초의 제도적인 공적부조라고 할 수 있다. 65세 이상 노인, 18세 미만 아동, 장애인 등에게 생계보호를 제공하고자 하였다. 그러나 18세 이상 65세 미만의 근로능력자들에 대해서는 생계보호를 실시하지 않았다. 단, 근로능력이 있지만 자립생활을 하지 못하는 가구에 대해서는 1964년부터 미국의 구호양곡을 제공하였다. 미국은 자국의 농산물가격 유지, 농산물수출 진흥, 저개발국의 식량부족 완화를 위해 1954년 「농업수출진흥및원조법(Agricultural Trade Development and Assistance Act)」, 즉 「미공법(U.S. Public Law) 480호」(PL 480)를 법제화해 잉여농산물을 원조하였다. 1968년 7월 「자활지도사업임시조치법」을 제정해 근로능력이 있는 빈곤층에 대해서는 자조근로사업을 실시하기도 하였다.

셋째, 사회보험을 도입하기 위한 시도가 있었다. 1963년 1월 「군인연금법」을 제정하였다. 이는 1960년 1월에 제정된 「공무원연금법」과 마찬가지로 국가 엘리트의 충성에 대해 국가가 보상하는 의미도 있었다. 1963년 11월에는 보편적인 사회보험제도로는 최초로 「산재보험법」이 제정됐다. 이 법은 다른 나라와 마찬가지로, 산업화 초기에 집중적으로 발생하는 산업재해로부터 핵심노동력을 보호하려는 취지를 반영하였다. 500명 이상의 광업 및 제조업 분야에 한정해 적용한 것이 이를 입증한다. 1963년에는 의료보험제도를 도입하려는 시도가 있었으나, 국가재건최고회의의 거부로 강제보험으로 제도화되지 못했고, 12월에 임의보험 형태로 「의료보험법」이 제정됐다.

넷째, 사회복지 분야에 대한 법률들이 1961년에 제정됐다. 8월 「고아의 후견직무에 관한 법률」, 9월 「고아입양특례법」, 11월 「윤락행위 등 방지법」, 12월 「아동복리법」이 제정됐다. 그러나 요보호자에 대한 시설보호에 치중하였고 실효성 있는 사회복지서비스는 제공되지 않았다.

다섯째, 1963년 11월 「사회보장에 관한 법률」이 제정됐다. 이 법은 사회보장에 관한 국민의 권리와 국가 및 지방자치단체의 책무를 정하고, 사회보장제도에 관한 기본적인 사항을 정해 국민의 복지증진에 기여하려는 취지를 갖고 있다. 이

법은 전문 7조로 구성돼 있고, 사회보장심의위원회 구성 이외에는 추상적인 내용을 담고 있다는 한계가 지적되어 왔다.

여섯째, 1970년 1월 「사회복지사업법」이 제정됐다. 이 법은 사회복지사업의 범위, 공급주체, 시설기준, 국가 및 지방자치단체의 보조 등에 대한 기준을 정하려는 취지를 담고 있다. 사단법인이나 재단법인으로 존재하는 사회복지조직들에 대해 보건사회부의 허가로 사회복지법인의 자격을 취득하도록 했으며, 시 · 도지사가 시설에 대한 설치를 허가할 수 있도록 하였다. 사회복지공동모금회 설립 규정을 마련하였다. 또한 국가 및 지방자치단체가 사회복지법인에 대해 보조금을 지급하고, 사회복지법인과 시설에 대해 지도 · 감독할 수 있도록 하였다.

유신헌법의 제정으로 1972년 12월 27일 제4공화국이 출범하였다. 제4공화국은 제3공화국의 수출지향적 고도성장과 '선성장 후분배'의 기조를 이어받았다. 그러나 이전과는 다른 환경이 생겨나고 있었다. 급속한 고도성장의 결과 산업구조가 현대화되고 도시화가 이루어져 도시산업 인구가 형성됐다. 또한 산재보험 이외에는 질병, 노령, 실업 등의 사회적 위험에 대한 대처가 부족하게 되자, 사회문제 해결을 바라는 국민의 요구가 증가하였다.

제4공화국의 사회복지시책은 다음의 몇 가지로 정리할 수 있다(심상용, 2017: 64-65).

첫째, 취약계층을 보호하고 필요한 서비스를 제공하는 입법이 몇 가지 이루어졌다. 1976년 9월 「입양특례법」이 제정되었다. 1977년에는 12월 「특수교육진흥법」이 제정됐다. 같은 달 「의료보호법」이 제정됐다. 이 법은 1961년 12월 제정된 「생활보호법」에 명시된 대로 보건소와 공립병원이 생활보호자들에게 의료보호사업을 실시하도록 명문화한 것이었다.

둘째, 이 시기에는 사회보험 도입이 정책적 이슈로 제기됐다. 국민연금제도를 도입해야 한다는 주장이 제기돼 1973년 「국민복지연금법」의 입법이 추진됐으나 무산됐다. 이 제도를 도입하려는 취지는 산업근로자의 노후생활을 보호하기 위한 것이었지만, 연금기금을 조성해 중화학공업화에 필요한 대규모 자본을 동원하기 위한 의도도 있었다. 1973년 「사립교원연금법」이 제정됐다. 이 제도 역시 공무원연금이나 군인연금과 유사하게 국가의 교육엘리트에 대한 보상의 취지를 반영하는 것이었다. 임의가입 형식이었던 「의료보험법」은 1976년 12월 전문개정돼, 1977년 7월 조합주의방식의 의료보험제도가 500명 이상 사업장부터 강제 적용되기 시작하였다. 이 법은 노사갈등이 심한 상황에서 산업평화에 기여하고, 노동자복지에 대한 기업의 부담을 완화하기 위한 취지를 갖고 있었다.

제3 · 4공화국시대에는 산재보험과 의료보험이 보편적인 사회보험제도로 도입되기 시작했고, 생활보호제도가 정비돼 노동능력이 없는 저소득층에 대한 제도적 보호를 시작하였다. 또 「사회복지사업법」이 제정돼 향후 민간사회복지조직활동의 토대를 구축하였다. 그러나 사회복지서비스 분야에서는 「아동복리법」 등 법제의 도입에도 불구하고, 일부 취약계층에 대한 시설보호에 치중할 뿐이었다. 사회복지사업은 시설보호와 구호활동 등 민간사회복지조직들의 자발적인 활동에 크게 의존할 수밖에 없었다.

1960년대에는 이전 시기와 마찬가지로 123개 외국원조기관인 민간복지기관이 저소득층을 원조한 것이 주종이었다. 1960년대 말 본격적인 경제개발과 함께 외국원조단체들이 본국으로 철수하기 시작하였다. 그러나 1970년 1월 「사회복지사업법」 제정에도 불구하고, 사회복지법인 및 시설의 설립은 저조한 실적을 보였다. 이에 따라, 1970년대에도 역시 사회복지조직의 주류는 외국원조기관이었다고 볼 수 있다. 1980년 당시 외국원조기관은 87개가 등록돼 있었지만, 실질적으로 사업을 종결하고 철수를 준비하고 있는 단체도 7-8개에 이르렀다. 국적별로는 미국이 48개(55%), 독일과 이탈리아가 각 7개(16%), 영국과 스위스가 각 4개(10%), 캐나다, 아일랜드, 스웨덴이 각 3개(11%), 기타 8개(1CW)였다. 한편, 1976년 22개 사회복지관이 참여한 가운데 한국사회복지관연합회가 설립됐다.

이 시기 공적 사회복지에서의 행정의 역할은 「생활보호법」 등 법령에 따른 시행계획 수립과 법정급여 제공에 국한될 뿐, 개별화된 서비스는 전혀 고려하지 않았다. 민간 사회복지현장에서도 여전히 시설보호와 비전문적인 구호활동이 대부분이었다. 공공 및 민간 영역에서 모두 전문적인 사회복지서비스가 제공되지 않았기 때문에 사회복지행정에 대한 수요도 존재하지 않았다고 볼 수 있다. 외국원조기관 중 일부는 케이스워크 등 전문화된 서비스를 제공하려 시도하고 다양한 프로그램을 개발하기도 하였다. 그러나 효과적 · 효율적 서비스 제공을 위해 사회복지행정의 지식과 기술을 활용하려는 인식은 저조하였다고 한다.

1952년 2월 창립한 한국사회사업연합회는 1961년 사단법인 한국사회복지사업연합회로 개칭하였다. 이 단체는 1977년에 사단법인이 됐다. 1965년 한국사회사업학교협의회(현재의 한국사회복지대학교육협의회)가 창립됐고, 1967년 한국사회사업가협회(현재의 한국사회복지사협회)가 결성됐다.

한편, 1960년대에는 10개 대학에서 사회사업학과를 운영하였다. 1970년대에는 사회사업학과를 운영하는 대학이 13개로 늘어났다. 사회복지행정과목은 절반 정도의 대학에서는 전공필수로 채택했지만, 나머지 대학에서는 전공선택과목이었다. 당시에는 사회복지행정을 전공한 학자가 전무했고 관련 연구도 없었다. 이 시기의 사회복지행정은 대학의 교과목으로는 명목상 인정됐지만, 실제 사회복지 현장에서는 필요성과 중요성이 인식되지 못한 상태였다(한신애 외, 2018: 46).

5) 5 · 6공화국의 사회복지행정

제5공화국의 출범은 과거 성장 위주의 정책에 따른 소득분배상의 불균형문제, 소득격차, 상대적 빈곤, 지역 간 격차, 도시화에 따른 각종 사회문제, 광주민주화운동, 재야 세력의 반정부 민주화 투쟁, 정부의 불신 등 많은 부담을 내포하고 있었다.

그리하여 제5공화국 정부는 복지사회 구현을 사회목표로 설정하였기 때문에 건국 이래 사회복지에 대한 논의가 가장 고조되었던 시기였다. 즉, 복지사회의 건설은 민주주의의 토착화, 정의사회구현, 교육혁신 및 문화창달과 더불어, 제5공화국의 국정지표가 되었던 것이다. 제5공화국은 유신체제의 잔재를 청산하고, 사회정의와 기회균등에 입각하여 전 국민의 행복이 보장되는 복지이념을 천명하면서 제5차 경제사회발전계획에서 경제와 사회의 균형적 발전을 기본 목표로 삼았다.

제5공화국은 헌법에서 "국가는 사회보장 · 사회복지의 증진에 노력할 의무를 진다."고 하여 제3 · 4공화국에 비해 사회복지에 대한 국가의 책임을 분명히 하였다. 이러한 국가책임의 원리에 입각하여 정부는 사회보장정책과 함께 당시 심각한 국민욕구로 표출되었던 아동, 노인 및 장애인 등에 대한 사회복지서비스 정책을 중시하고, 이를 위해 국가와 지방자치단체의 책임을 강화하는 조치를 시행함으로써 사회복지행정의 범위를 보다 확장시켰다. 또한 생활보호급여에 교육보호와 자활보호를 추가함으로써 공공부조행정의 범위도 종래의 생계보호중심 행정뿐만 아니라 자활중심의 행정까지 확대되었다.

이와 같이 제5공화국의 사회복지행정은 이전과 비교하여 진일보한 측면을 보이고 있으나, 다양한 사회복지욕구를 가진 국민의 인간다운 생활보장 목적을 달성하는 데는 한계가 있었다. 당시 심화되었던 국민생활의 불안정과 계층 간의 갈등해소 및 융화에는 큰 공헌을 하지 못하였다. 다만, 그 당시까지 사회복지행정에서 주목받지 못하였던 사회복지서비스행정에 대한 관심을 환기시키고, 범위를 확대시켰다는 데 특징이 있다.

제6공화국은 제5공화국 청산이라는 과제를 안고 6 · 29 민주화 선언, 88 올림픽개최 등 일련의 정치적 · 경제적 · 사회적 변화를 거치고 있었다. 이러한 상황에서 사회복지 전문요원은 1987년부터 저소득층 밀집지역을 중심으로 읍 · 면 · 동 단위에 사회복지 전문요원을 배치함으로써 전문직에 의한 공공사회복지행정의 토대를 마련하였다. 물론 초기에는 법적 근거 없이 배치되었으나, 1991년 「사회복지사업법」 개정에서 사회복지전담공무원과 복지전담기구를 설치할 수 있는 법적 근거가 마련되고, 1992년 지방공무원 임용령 개정에서 사회복지 관련 공무원의 전문화를 위해 사회복지 직렬을 5급까지 설치하면서 점차 전문직에 의한 공공복지행정 수행의 기초를 마련하였다(원석조, 2019: 420).

이 당시 심각한 사회복지 욕구와 문제에 대처하기 위해서는 다양한 사회복지정책 및 프로그램 관리와 공공복지행정의 확대가 요구되고 있었다. 신자유주의 이념의 영향으로 오히려 사회복지에의 민간참여 또는 사회복지에의 민간이양이 강조되어 많은 공공사회복지기관이 사회복지법인 또는 단체에 위탁되어 운영되거나 사회복지법인이 사회복지관을 중심으로 민간사회복지관을 설립 · 운영함으로써 민간사회복지행정의 중요성이 강조되었다.

1990년에는 공공사회복지와 민간사회복지를 감독하는 중앙정부의 사회국과 가정복지국을 통합하여 사회복지정책실로 개편하였다. 이러한 개편은 2000년대의 증대하는 선진 복지행정의 수요와 사회복지 욕구에 효과적으로 대처하기 위한 사회복지 정책 기능과 증가된 민간복지사업의 감독기능을 강화하기 위한 발전적 조치였다.

제6공화국의 사회복지제도 발전의 특징은, 1988년 장애자 올림픽 이후 장애인에 대한 종합대책을 수립하였으며, 이어 「장애인고용촉진법 등에 관한 법률」을 제정하여 장애인복지에 대한 큰 변화를 시도하였다. 또한 재가복지를 중시하여 재가복지봉사센터가 급격히 증가했고, 사회복지 전문요원을 영세민 밀집지역의 동사무소(주민행정보지센터)에 배치하기 시작하였다.

6) 문민정부의 사회복지행정

1993년 출범한 문민정부는 신경제5개년계획의 사회복지 부문에서 제7차 경제사회발전 5개년계획 복지정책의 기본 방향을 국가발전 수준에 부응하는 사회복지제도의 내실화에 두고 국민복지를 증진시킬 것을 제시하였다. 그럼에도 불구하고, 1995년 초 비로소 성장 위주의 정책에서 벗어나 삶의 질과 생산적 국민복지에 적극적 관심을 갖게 되었다.

문민정부 이후 국민의 정부에 걸친 사회복지제도의 획기적 변화는 다음과 같다(전해황 외, 2016: 49-50).

첫째, 사회보험제도의 정비이다. 1988년 11월 제1차 사회보장 장기발전계획을 발표하여 1999년부터 향후 5년간에 대하여 인구의 고령화, 가족구조의 변화, 산업화의 가속화 등에 따라 국민복지수요가 급증할 것을 예상하였다. 특히, IMF 외환위기 이후 어려운 경제난에 따른 대량 실업자 발생 등으로 소득분배의 악화,

가족해체 등 과거에 없던 새로운 사회복지 수요 발생 등 국민생활의 질적 개선을 위한 다양한 복지욕구가 표출되어 소외계층의 사회보장욕구가 심화될 것을 예측하였다. 21세기 국민복지의 비전을 전 국민 사회보험 실현과 최저생활보장 및 삶의 질 제고를 복지서비스 확충에 두고 이에 대한 실천을 계획하였다. 이에 전 국민을 대상으로 하는 국민연금제도 확대 실시와 전 사업장에 대한 고용보험제도의 적용, 의료보험 통합으로 국민건강보험제도의 출발 등으로 기존의 산재보험제도를 포함한 4대 보험이 제도적으로 정착되어 오늘날에 이르기까지 발전 · 유지되고 있다.

둘째, 공공부조제도로서 2000년 10월 시행된 국민기초생활보장제도의 도입이다. 국민기초생활보장제도는 사회보장 발전의 기본 이념을 사회적 권리로서의 국민복지 기본선의 보장과 생산적 복지에 두고, 근로능력이 없어 보호가 필요한 모든 국민에 대해 최소한 먹고 입는 문제와 자녀교육 및 의료의 책임을 국가가 부담한다는 추진전략에 따라 국가의 도움이 필요한 빈곤한 국민에게 기본적 생활을 제도적으로 보장하는 취지로 확대 · 시행되었다.

셋째, 사회복지서비스 관련법의 제정 및 개정으로 각종 사회복지서비스가 지속적으로 확대 · 발전되고 있으며, 노인복지관 및 사회복지관 등의 서비스 전달체계를 통하여 시설보호를 탈피하고 일반 대중을 대상으로 하는 재가복지서비스를 확대하여 서비스 제공방법을 변화시키고 있다. 또한 사회복지수요 증가에 대응한 복지 인프라 구축이 정부의 중점추진과제로 제시되고 있는 가운데 민간자본이 사회복지 시장에 참여하도록 개방화시켜 노인장기요양보험제도 도입 등의 사회복지 환경에 민간 사회복지조직의 급증과 함께 민간 사회복지의 자율성이 강화되고 있다.

1990년대에는 지방자치제도가 실시되었고, 이에 따라 사회복지서비스 전달체계의 개편에 대한 관심과 노력이 증가하였다. 사회복지서비스의 기획과 전달, 평가의 제반 전달체계 과정이 중앙정부의 일원적 구조에서부터 다층적 구조(중앙정부－시 · 도－시 · 군 · 구)로 바뀌어야 했고, 그에 따른 복잡성이 증가하였다. 공공부문이 사회복지서비스에 대한 개입을 확대하면서, 전통적으로 민간부문의 조직과 프로그램들 위주로 구축된 전달체계가 공공부문의 체계와 섞여야 하는 불가피함도 발생하였다. 이런 이유로 인해 개별 사회복지조직들로서도 전달체계에 대한 관심이 증가될 수밖에 없었다.

1980년대 이후 전개되었던 이 같은 환경의 변화는 사회복지조직들에게 전문적이고 합리적인 행정 지식과 기술에 대한 필요성을 널리 인식시키는 계기가 되었다. 이는 사회복지 전문직 인력에 대한 현장 수요를 확대시켰고, 그 결과 대학 교육의 수요와 공급도 크게 증가하였다. 1980년대에만 전국적으로 30개 대학에서 사회복지(사업)학과가 신설되었다. 이러한 추세는 1990년대에 들어서도 계속되었으며, 1997년 기준으로 한국사회복지(사회사업)대학협의회에 등록된 대학만 해도 50개가 넘어섰다. 이에 따라, 사회복지 전문직 인력의 초과 공급 현상에 대한 우려까지도 이 시기에 이미 등장할 정도였다.

사회복지전문직의 교육에서 사회복지행정이 차지하는 비중도 커졌다. 제한된 자원을 두고 사회복지조직들 간 경쟁이 심화되고, 다원화되고 복잡해지는 전달체계의 환경에서, 사회복지조직 현장이 요구하는 이전과 다른 차원의 지식과 방법은 사회복지학의 제반 분야들 중 사회복지행정과 가장 부합되는 점이 있었다. 사회복지전문직 교육에서 조직의 전략적 기획과 관리, 프로그램 개발과 평가, 자원개발과 전달체계, 서비스 활용 전략 등이 중요하게 다루어지게 된 것도 이러한 까닭이었다.

7) 2000년 이후

2000년대를 전후한 시기에 한국의 사회복지 환경은 급격히 변화한다. 한국사회는 1997년의 외환위기를 겪고 난 이후에 사회구조적 취약성에 대한 인식이 높아졌다. 이에 따라, 국가적 복지체계의 기본 골격을 강화해야 할 필요성이 제기되었다. 그러나 한편으로는, 1980년대 이래 서구사회에서 진행되어 왔던 신자유주의적 사조가 유입되면서 '복지국가'적 요구와는 갈등적인 역학도 발생하고 있다. 국민의 정부와 참여정부에서 있었던 사회민주주의적 사회복지제도는 보수정권의 연이은 집권으로, 국가의 경제정책 기조는 여전히 신자유주의 공급경제학의 논리에 바탕을 두고 있다(박주현, 2018: 309-310). 기업활동에 대한 감세와 고용 유연성을 강화하면 고용과 소비력이 늘어나서 경제가 활성화되고, 그것이 곧 자연스러운 복지증진으로 귀결된다는 것이다. 신자유주의는 시장경제를 강조하는 과정에서 국가의 역할을 축소하려는 지향을 보인다. 그 가운데서 특히 소비지출로 인식되기 쉬운 국가적 사회복지 기능은 축소의 주요 표적이 되기 쉬웠다.

이 같은 신자유주의적 국가정책의 기조는 2000년대 후반에 들어 숱한 문제를 드러내고 있다. 자유주의적 고용정책은 한시적 비정규직과 같은 불안정한 노동자 계층을 양산하고, 빈부 격차의 심화, 사회적 양극화 등의 문제를 초래해 왔다. 그로 인해 국민 다수의 안정적 고용을 전제로 설계된 공적연금이나 건강보험, 고용보험 등과 같은 보편적 사회보험제도가 건강성을 위협받고 있다. 사회적 양극화(bipolarization)의 현상은 단순히 빈부격차의 불평등 문제를 넘어서서, 사회의 존립 자체를 위협하는 것이 되고 있다.

이러한 문제들에 더해 2000년대 들어서는 인구사회구조의 파괴적 위험성이 본격적으로 드러나기 시작한다. 저출산 · 고령화로 인한 인구구조의 위축과 왜곡은 한국사회의 공동체적 지속 가능성을 치명적으로 위협하는 것이 되었다. 당장은 여성과 가족 기능의 변화로 말미암아 아동과 노인, 장애인 등에 대한 사회적 양육과 돌봄 기능이 시급한 제도적 대책을 필요로 하고 있다. 탈북자나 결혼이주민, 이주노동자 등의 증가로 이들에 대한 사회적 통합의 과제도 만만치 않은 수준으로 등장하고 있다.

이와 같은 경제적 및 인구사회적 구조의 변화에 따른 이른바 '신사회적 위험(new social risks)'에 대한 대응으로, 2000년대 이후 한국의 사회복지정책은 패러다임적 변화에 대한 논의가 증가해 왔다. 신자유주의 경제로 인한 빈부격차의 확대와 인구사회적 구조와 성격 변화의 문제들은 빈곤-사후지원 위주의 기존 사회보장제도로는 더 이상 감당하기 어려운 것이다. 이에 대처하려면 새로운 사회복지 전략이 모색되어야 하고, 예방적 사회투자(social investment) 개념의 사회서비스 정책에 대한 주창도 그런 맥락에서 나타났다.

이명박 정부와 박근혜 정부는 성장 위주의 신자유주의 정책을 유지함으로써 2000년대 이후 한국의 사회복지에서는 제도 자체의 근본적인 틀에서 큰 변화가 없었다. 2007년 제정된 「노인장기요양보험법」이 사회보험에 추가되거나, 2014년 기초연금제도의 시행, 국민연금과 공무원연금의 급여액 조정 등과 같은 정책변화 정도가 계속해서 있어 왔다. 대부분의 변화는 제도와 서비스에 대한 운용방식과 관련되어 있었는데, 이들이 사회복지행정의 지식과 방법 측면에서는 상당한 대응과제를 제시해 왔다(원석조, 2019: 423).

그러나 2017년 박근혜 정부의 몰락으로 문재인 정부가 집권함에 따라 보편적 사회복지정책의 추구로 사회복지행정에 있어서 근본적인 변화가 일어나고 있다. 즉, 신자유주의에서 사회민주주의의 요소를 추가하는 방향으로 정책기조가 변경됨으로써 사회복지 각 분야에서 획기적인 전환이 이루어지고 있다.

2010년대의 사회복지행정의 주요 복지제도를 살펴보면 다음과 같다(이정서, 2021: 53-54).

첫째, 장애로 인하여 생활이 어려운 중증장애인에게 장애인연금을 지급함으로써 생활안정지원과 복지증진 및 사회통합을 도모하기 위하여 2010년 7월 1일부터 「장애인연금법」을 시행하였다.

둘째, 신체적 · 정신적 장애 등의 사유로 혼자서 일상생활과 사회생활을 하기 어려운 장애인에게 활동지원금에 관한 사항을 규정, 장애인의 삶의 질을 높이기 위하여 2012년 6월 8일부터 「노숙인 등의 복지 및 자립지원에 관한 법률」을 시행하였다.

셋째, 노인세대를 위한 안정적인 공적연금제도를 마련하여 65세 이상의 노인 중 소득기반이 취약한 70%의 노인에게 기초연금을 지급함으로써 빈곤노인 문제를 해소하고, 노인의 생활안정과 복지증진을 위하여 기존의 「기초노령연금법」을 폐지하고 2014년 7월 1일부터 「기초연금법」을 시행하고 있다.

넷째, 증가하는 복지예산과 서비스의 다양화에도 불구하고, 현행 복지전달체계가 중앙행정기관. 지방자치단체별로 분절 운영되어 서비스의 효율적 연계를 기대하기가 어렵고, 같은 대상자에게 복지혜택이 중복되거나 생활고로 자살하는 등 도움이 절실한 계층을 위하여 2015년 7월 1일부터 「사회보장급여의 이용 제공 및 수급권자 발굴에 관한 법률」을 시행하고 있다.

다섯째, 생활이 어려워지는 위기가 닥쳤을 때, 국민 누구에게나 최저생활을 보장하고, 다시 일어설 수 있도록 돕기 위해 2015년 7월 1일부터 '맞춤형 기초생활보장제도'를 실시하고 있다.

〈연 습 문 제〉

1. 우리나라 사회복지행정의 역사적 사실로 틀린 것은?
   ① 사회복지사 1급 시험은 2003년에 처음으로 시행되었다.
   ② 사회복지행정이 별도의 교육과정으로 설치된 것은 1960년대 들어서이다.
   ③ 한국사회사업가협회는 1967년에 창립되었다.
   ④ 사회복지공동모금회는 1998년 설립되었다.
   ⑤ 사회복지전담공무원의 법적 근거는 2000년대에 들어 마련되었다.

2. 자선조직협회가 처음으로 시작된 국가는?
   ① 영국 ② 프랑스 ③ 미국
   ④ 한국 ⑤ 독일

3. 사회보험에 있어서 베버리지가 제시한 여섯 가지 원칙에 포함되지 않는 것은?
   ① 가입대상의 계층화 ② 최저생활비의 보장 ③ 급여의 충분성
   ④ 보험금 갹출에 있어서의 균일 ⑤ 사회보험 운영관리의 통합

4. 미국 사회복지행정의 발달단계에 있어서 1990년대 이후 경향으로 볼 수 없는 것은?
   ① 기회에서 서비스 전달까지 직접 담당하는 거대 공공관료조직들의 확대
   ② 계약이나 서비스의 구입 등의 방법을 통한 민간부문의 직접 서비스 전달에서의 역할 증대
   ③ 민간과 공공의 엄격한 조직적 구분의 퇴조
   ④ 서비스의 목적 실현을 위해서는 느슨하게 연결되어 있는 다양한 서비스 조직들을 연계할 서비스의 전달체계의 통합이 필요하다는 인식 확산
   ⑤ 사회복지서비스의 책임성에 대한 구체적인 행정실천 등으로 사회복지행정에 대한 필요성들의 증대

정답 1. ⑤ 2. ① 3. ⑤ 4. ①

Chapter 3

사회복지행정이론

개 요

사회복지행정가는 사회복지행정의 조직관리이론을 잘 인식하고 이해하고 있어야 한다. 사회복지행정가가 어떠한 이론적 관점을 가지고 조직을 관리하느냐에 따라서 사회복지조직을 설계하고 직원들에게 동기부여를 하는 방법이 달라진다. 여기에서는 다양한 사회복지행정이론을 학습하고자 한다.

학습목표

1. 다양한 이론에 대한 이해
2. 특정이론의 사례연구
3. 현실과의 접목

학습내용

1. 고전이론
2. 인간관계이론
3. 체계이론
4. 조직환경이론
5. 현대조직이론

Chapter 03
사회복지행정이론

사회복지행정가는 사회복지행정의 조직관리이론을 잘 인식하고 이해하고 있어야 한다. 사회복지행정가가 어떠한 이론적 관점을 가지고 조직을 관리하느냐에 따라서 사회복지조직을 설계하고 직원들에게 동기부여를 하는 방법이 달라진다(이종복 외, 2015: 53).

조직관리이론을 전통적 이론과 현대적 이론으로 나누어 보면 전통적 이론에는 과학적 관리조직을 어떻게 이해하는지는 조직을 보는 관점과 시각에 따라 달라진다. 지금까지 여러 학자에 의해서 다양한 조직이론이 제시되고 있지만, 실제로 그 어떤 이론과 시각도 완전히 복잡다양한 조직의 본성과 활동을 통합적으로 설명하는 데에는 실패하고 있다. 그것은 각 이론 또는 관점마다 조직의 특정한 활동과 측면을 강조하거나, 다른 측면을 소홀히 다루거나, 간과하는 데서 비롯된 것이다. 사회복지조직과 관련한 조직이론 역시 여러 가지가 있다. 조직이론가인 스코트(Scott, 1987)는 다양한 조직이론을 크게 세 가지의 체계적 시각 또는 관점으로 수렴할 수 있다고 보았다. 첫째, 과학적 관리론과 관료제의 합리체계관점, 둘째, 인간관계이론과 제도적 접근의 자연체계관점, 셋째, 상황이론과 조직이론의 개방체계관점으로 분류하였다.

1. 고전이론

고전이론에 속하는 관료제이론과 과학적 관리론은 기본적으로 이론적 전제에서 다음과 같은 공통점이 있다. 우선, 조직의 공식적 목표를 중요시하고 개인의 목표와 조직의 목표는 일치된다고 본다. 그리고 조직은 합리적인 체계로 기계와 같이 설계되면 효율성과 효과성을 높일 수 있다고 보는 시각에서 일치하고 있다. 고전이론은 다음과 같다.

1) 과학적 관리론

과학적 관리론(scientific management)은 19세기 말 이후 주로 미국에서 발전된 산업경영 및 관리의 합리화와 능률화를 위한 지식과 기술적인 방법을 활용한 관리를 의미한다. 생산성 증가에 관심이 있는 경영자들은 산업환경의 변화를 고려하지 않고 단지 능률을 향상시켜서 기업의 이익을 최대화하는 것이 목적이었다.

과학적 관리론은 1911년 테일러(Frederick Winslow Taylor, 1856-1915)의 저서 『과학적 관리의 원칙들(*The Principles of Scientific Management*)』에서 조직의 능률성을 극대화시킬 수 있는 최선의 방법을 탐색하였다. 그는 일에 대한 '시간과 동작의 연구'에 기초해서 '과학적 관리의 원리'를 발전시켰다. 그는 조직의 능률과 생산성 향상을 위한 작업에 대한 과학적 분석과 연구가 미흡하다고 판단하여 작업방법의 과학적 원리를 적용하게 되었다. 과학적 관리법은 조직의 능률 향상의 일환으로 시간 및 동작연구를 실시하고 작업과정의 합리화와 작업의 물리적 환경조건을 개선하고, 직무배치에 과학적 방법을 동원하였다. 과학적 관리의 핵심적 기법은 시간 및 동작 연구, 과업 관리법과 성과급제, 작업의 표준화, 경제적 보상 등이 있다. 이에 그를 '과학적 관리론의 아버지'라고 부르거나, 과학적 관리론을 '테일러시스템'이라고 칭하기도 한다.

테일러는 과학적 관리의 핵심은 관리에 대한 새로운 태도를 갖는 것이 중요하다는 점을 강조하였는데, 과학적 관리를 위한 기본 원리는 다음과 같다(김혜숙 외, 2017: 19).

① 작업자가 과업을 완수한 경우, 성공에 대한 높은 임금을 지불하여야 한다.
② 작업자가 과업을 완수하지 못하고 실패한 경우, 손실을 부담시켜야 한다.
③ 과업은 초일류의 노동자만이 달성할 수 있게 충분한 것이어야 한다.

이와 같은 과업관리의 4대 원칙으로는 ① 1일의 공정한 작업량(a fair day's work)으로서의 매일 매일의 최대작업(a large daily work), ② 작업 제조건의 표준적 조건(standard conditions), ③ 성공에 대한 우대(high pay for success), ④ 실패했을 경우, 작업자의 손실부담(loss in case of failure)이라는 원리가 적용되는 과학적 관리법은 종래의 방임관리와 조직적 태업을 제거하고 많은 성과를 얻음으로써 기업경영에 크나큰 영향을 주게 되었다.

테일러의 경영이념은 고임금과 저노무비(high wage, low labor cost)로 노동자를 '경제인 가설(hypothesis of economic man)'로 보아 고임금을 지급해야 능률을 올릴 수 있다고 보았고, 기업은 능률을 올려 저노무비를 실현해야만이 노동자도 유익하고 기업도 유익하다고 하는 것이다. 이것은 노사가 나누어 먹을 '파이'를 크게 함으로써 문제를 해결할 수 있다고 하는 것이다. 이것이 바로 신자유주의의 원리인 '선성장 후분배'의 개념이다(박양근 외, 2015: 23).

그러나 많은 공헌을 했던 과학적 관리법도 1910년대 후반과 1920년대에 들어 인간노동의 기계화 또는 비인간화라는 비판을 받게 되었고, 지나친 합리화를 강조함으로써 노조와 노동자들로부터 많은 저항과 배격을 받기 시작하였다. 과학적 관리론은 노동자를 최선의 방법으로 생산과정에 활용하기 위한 기술과 지식을 체계화하는 기초를 확립하였다는 데에 그 의의가 있다. 인간의 생산활동을 시간연구와 동작연구를 통해서 정확하게 분석, 측정할 수 있으며, 이를 통하여 과학적 관리가 가능하다는 것이다. 실제로 과학적 관리법은 미국의 산업경영에 널리 보급되어 생산 능률을 향상시켰다.

사회복지조직에서 과학적 관리의 적용은 업무분담과 과업분석의 영역에 속한다. 예컨대, 업무분담이 많은 사회복지기관에서 직원능력, 과업기대, 보상체계를 검토해 보는 것은 효과가 있을 수 있다. 그러나 사회복지조직에서 금전적 보수의 중요성이 일반적으로 과소평가되고 있는 점도 부인할 수 없다. 그렇지만 과학적 관리이론에서 제기되고 있는 시간연구, 동작연구, 표준화, 목표설정, 동기요소로서의 금전적 보상, 직원의 과학적 선발, 휴식시간의 조절 등과 같은 과학적 의사결정의 원칙들은 본질적으로 정당할 뿐만 아니라, 널리 수용되고 있다. 그러나 과학적 관리론은 조직의 능률과 생산성을 강조한 나머지 조직구성원을 단지 기계의 부품처럼 취급하여 인간적인 면의 접근을 소홀히 하였으며, 작업환경의 잠정적 요소를 무시함으로써 인간을 기계시하여 하나의 생산수단의 부품으로 전락하게 만드는 오류를 범하였다(김형수 외, 2018: 66).

그럼에도 불구하고, 과학적 관리론은 20세기 초 산업사회에서 생산조직이 추구하는 목표를 분명히 인식하고, 과학적이고 체계적인 지식을 활용하여 조직의 효율성과 생산성을 극대화하려는 관리과학의 효시로서 자리매김을 하고 있으며, 오늘날까지 지대한 영향을 미치고 있다.

〈표 3-1〉 과학적 관리론의 사회복지조직에의 적용

구분	내용 예시	과학적 관리법	사회복지조직
시간 · 동작 연구	직원 1인이 볼트, 너트 조립에 1분 소요	적용	적용
과업관리	1일 8시간 근무기준으로 480개 생산	적용	적용 가능하나, 서비스 질, 효과 면에서 문제점 있음.
직장제도	효율적 업무수행 위한 교육	적용	적용
이율임금제	목표달성하면 정한 임금 지급, 미달 시 임금 삭감	적용	과소평가되는 경향이 있으나, 검토 가능함.

자료: 신복기 외(2020: 72) 재인용.

과학적 관리의 핵심적 기법은 다음과 같다(신복기 외, 2020: 71).

① 시간 및 동작 연구(time and motion study)

연구하고자 하는 과업에 특히 숙련된 사람을 10-15명 정도 찾아내서 이들에게 작업을 시킨 다음 각각의 기본적인 동작을 행하는 데 요하는 시간을 스톱워치로 측정한다. 이때 잘못된 운동, 느린 운동 및 쓸모없는 운동을 모두 제거하여 가장 빠르고 가장 좋은 작업방법을 골라내어 이를 기준으로 표준시간과 표준동작을 정한다.

② 작업도구의 표준화(standardization of tools)

종래의 주먹구구식으로 만들어진 다양한 공구를 하나하나 상세히 조사하고, 각 공구를 사용해서 낼 수 있는 스피드에 대해 시간연구를 행하여 그중에서 좋은 점만을 발췌해서 하나의 표준공구를 만들어 낸다. 이 표준공구를 사용하면 보다 빠르고 편안하게 일을 할 수 있게 된다.

③ 과업관리(task management)와 이율(異率) 성과급제

과업이란 한 사람당 1일 표준 작업량을 말한다. 여기서 표준이란 시간과 동작연구를 통해서 각 근로자에 대해 매일의 과업을 정밀하게 계산해서 부여하는 것이다. 그리하여 표준을 넘는 근로자에게는 높은 임률(賃率, 단위당 임금)을, 표준에 미치지 못한 근로자에게는 낮은 임률를 적용한다. 이와 같이 일정한 과업과 성과급제 임금을 조합시킨 것을 과업관리(task management)라고 한다. 테일러는 이 차별적 성과급 제도가 근로자들에게 직접적이고 신속한 동기부여를 한다고 생각하였다.

④ 지도표(instruction card)와 기능적 직장제도(functional foreman system)

앞의 '표준' 대로 생산시키기 위해 '지도표' 를 작성한다. 이것은 현대의 '수순표' 에 해당하는데, 여기에서 공정별 작업내용, 사용 기계나 공구, 표준시간 등을 정하는 것이다. 게다가 이와 같은 공장 노동자 교육 수단에는 '기능적 직장제' 가 있다. 이 기능적 직장들은 그들의 지식과 그 사람 특유의 숙련으로 인해 선발된 자이므로 작업원에게 지휘를 할 수 있을 뿐만 아니라, 필요에 따라 시범을 보여줌으로써 가장 우수하고 가장 빠른 방법을 제시할 수가 있는 것이다.

2) 관료제이론

관료제(bureaucracy)란 베버(Max Weber, 1864-1920)가 산업혁명 이후 서구 자본주의 사회의 지배적 형태로 제시한 조직의 유형으로, 조직구성원들 간의 권력관계를 연구하여 조직의 권한구조이론을 정립하였다. 일반적으로 관료제는 거대한 정부조직을 의미할 때도 있고, 조직의 병폐를 의미하는 용어로 사용되는 경우도 있으나, 본래 관료제는 계층적 조직구조를 가지고 있으며, 합리적인 지배가 제도화된 조직형태를 의미한다고 할 수 있다.

베버는 관료제를 구조적 측면에서 파악하여 '특정한 형태의 조직'으로 정의하였다. 관료제는 많은 분량의 업무를 법령에 따라 비정의적으로 처리하기 위하여 구성된 대규모의 분업체계를 의미한다. 관료제에서는 합법적이고 합리적인 지배가 제도화되어 안정성 · 규율의 엄격성 · 신뢰성 등을 확보할 수 있어서 다른 어떤 조직형태보다 우위에 있고 최고의 능률을 올릴 수 있다고 주장한다. 관료제의 특징은 명확한 권한, 합법적이고 합리적인 규칙과 규정, 권위의 위계구조인 계층제, 문서주의, 비정의성이며 비인격적 조직체계, 기술적 자격에 의한 충원, 전문지식, 능률성 강조, 권력지향성, 공사의 분리 등이 있다. 베버는 행정의 관료화가 완전히 성취될 경우, 권력관계의 형태는 확고부동하게 확립된다고 하였다. 관료제의 속성은 합법적이고 합리적인 규칙과 최대한의 효율성 추구에서 찾아볼 수 있다. 정부조직을 의미할 때도 있고, 조직의 병폐를 의미하는 용어로 사용되는 경우도 있으나, 일반적으로 계층적 조직구조를 갖고 합리적이고도 합법적인 규칙에 의해서 효율성을 극대화할 수 있는 제도화된 조직행태를 의미한다(김형수 외, 2018: 67).

베버에 따르면, 조직이 바탕으로 삼는 권위(authority)의 유형을 세 가지로 나누었는데, 전통적(traditional) 권위, 카리스마적(charistimatic) 권위, 그리고 합법적(legal) 권위에 의해 조직이 유지되어 왔다(전해왕 외, 2021: 69 재인용).

첫째, 전통적 권위는 족장이나 군주에 대한 존경과 순종이 세습적으로 승계되는 것처럼 전통적 관례에 따라 하급자가 상사의 명령을 정당한 권위로 받아들이는 것이다.

둘째, 카리스마적 권위는 시대적 영웅호걸에서 나타나는 것처럼 주술적인 힘, 계시와 같은 초인적인 힘이 있다고 인정된 특정 인물의 권위를 받아들이는 것으로 상사의 비범한 특성과 자질에 기초하여 하급자가 상사의 명령을 정감적으로 수용하는 것이다.

셋째, 합법적 권위는 인간적 지배가 아니라, 법과 규정에 의한 지배만이 인정되는 것으로 조직이 지닌 법적 지위 내에서 행사하는 것을 당연한 명령으로 인정한다.

사회복지행정에서도 관료제는 적용될 수 있는 하나의 조직관리 방법이다. 오늘날 사회복지는 사회복지행정가의 목표와 방법을 다스리는 제 규칙, 규정, 전문화와 위계질서의 구조 속에서 운영되고 있기 때문이다. 사회사복지행정에서는 두 가지 측면에서 관료제에 관심을 두어 왔다(Smith, 1970).

첫째, 조직의 관료제와 전문직 사이의 갈등이다. 조직의 관료제와 전문직은 모든 면에서 상반되는 것은 아니다. 양자는 몇 가지 면에서 공통적인 요소를 띠고 있다. 그러나 이 두 모델 사이의 근본적인 차이는 관료제와 전문직의 통제에 있어서 위계 간의 차이에 있다. 전문직의 위계는 오직 자문적 관계로서 이루어지고 있으며, 규율의 기본적인 원천은 전문직의 훈련과 동료집단의 규범에서 도출된 스스로 부과된 기준에 입각해 있다. 그러나 관료제의 위계는 매우 엄격한 통제체계를 이루고 있다. 따라서, 그에게는 자유재량권이 거의 없고 상관의 규칙해석에 따라야 한다. 사회사업 조직에도 전문직 조직과 관료제 조직 사이의 갈등이 일어나고 있다.

둘째, 관료제는 조직구성원의 퍼스낼리티에 미치는 영향에 대하여 관심이 있다. 머튼(Robert King Merton)에 의하면 관료제의 성원들은 관료제 조직에 적합한 퍼스낼리티 특성을 지닌다. 톰슨(Thompson)은 이러한 개인적 행동양식을 언급하고 있는 바, 관료제 조직의 특징적 성격을 관료병리(bureaupathology)란 말로써 과장하고 있다. 즉, 관료적 병리는 ① 규칙에 대한 의존을 과장하는 행동, ② 관계에 있어 비인격성을 과장하는 행동, ③ 업무에서 사소한 권리나 특권을 주장하는 행동, ④ 변화에 반대하는 행동 등이다. 물론 관료병리는 전형적인 관료제 행정에만 한정된 것은 아니며, 전문직 사회사업가들도 역시 관료병리적 행동을 나타낼 수 있다.

이러한 관료제의 특성이 사회복지조직 내에서 작용할 경우, 사회복지조직에 종사하는 실천가들은 규칙과 규제에 지나친 의존, 서비스 전달과정에서 직원과 클라이언트의 비인간화, 클라이언트에게 효과적 서비스를 전달하는 데 필요한 융통성의 결여, 그리고 직원들의 자질평가과정에서 비인격적이고 무감각한 성과측정방법에의 의존현상 등이 나타날 수 있다. 그럼에도 불구하고, 사회복지조직에서도 관료제적 조직양상이 일정한 정도로 나타날 수밖에 없다. 그렇지만 이것이 사회복지조직의 관료제화를 정당화할 수 있는 근거는 될 수 없고, 이와 관련한 문제를 극복하기 위한 대안의 모색이 사회복지행정의 주요 관심사로 다루어져 왔다.

그러나 관료제는 순기능도 있지만, 그 자체의 특성을 유지하다 보면 기대하지 않았던 부작용이 나타나고 합리성을 높이기는커녕 오히려 해를 끼치는 역기능을 가져온다는 비판이 있다. 즉, 권위의 위계질서는 엄격한 지시이행과 조정이 가능하지만 하위 직원의 의사소통을 저해하는 역기능이 나타날 수 있다. 또한 규칙과 규정은 업무의 지속성과 통일을 확보해 주는 반면, 조직의 규칙이 너무 엄격하면 업무수행이 경직되고 목표전치현상이 발생할 수 있다는 것이다. 이외에도 관료제 병리현상으로 비인간화, 할거주의, 형식주의, 무사안일주의, 번문욕례(red-tape) 등의 폐단이 지적되고 있다.

관료제의 순기능과 역기능을 비교하면 〈표 3-2〉와 같다.

〈표 3-2〉 관료제의 순기능과 역기능을 비교

관료제의 순기능	관료제의 역기능
· 계층제의 승진제도는 인간본성인 상승욕구 충족 수단 · 정실주의 배제 · 수직적 권한 계층을 통한 책임 수행 용이 · 갈등의 제도적 조정 · 고도의 합리주의와 실적, 능력에 의한 충원제도 · 종신 재직권을 허용함으로써 고용의 안정성 제공	· 관료의 특권계층화 · Merton의 동조과잉현상과 목표전치 · Selznick의 조직 내 파벌의식 · 할거주의 현상 초래 · 서면주의 · 형식주의, 신속한 결정의 지연 · Bennis와 Blau의 지적으로서 변화에 대한 저항과 경직성(비융통성) · 지나친 공사분리로 인한 인간의 몰주관성 · 비인격성 강요 · Laski의 지적으로서 선례주의, 무사안일주의와 상급자의 권위에 의존 · 크리밍(creaming) 현상의 발생

자료: 신복기 외(2020: 75).

2. 인간관계이론

인간관계이론(Human Relationship Theory)의 기본적인 가정은 사람은 기본적으로 착하고, 변화가 가능하고, 완벽을 추구할 수 있고, 조직의 목표와 개인적 이해는 양립 가능하다는 것이다(Kaplan & Taisky, 1977). 인간관계이론에 따르면, 조직의 구조와 과정이 구성원들의 자아실현에 기여할 수 있다면, 조직의 효과성과 생산성을 극대화할 수 있다. 개인은 조직 내에서 자신의 배경, 가치, 바람, 기대가 지지된다고 느끼고 자신의 성장이 가능하고 개인적인 중요성이 유지된다고 생각할 수 있어야 한다. 조직구성원들의 자아실현의 바탕 위에서 리더십과 조직과정은 조직 내 상호작용과 관계를 극대화할 수 있도록 초점을 맞추어야 한다(Likert, 1961).

1920년대 후반 테일러시스템과 포드시스템은 여러 가지 비판과 노조의 강력한 반발로 작업자들의 능률이 떨어지게 됨으로써 이를 시정하고 개선하기 위해서 새로운 연구가 진행되지 않으면 안 되게 되었다. 그 새로운 연구에 의해서 나온 것이 인간관계이론이다.

과학적 관리론은 조직의 효과성을 증진시키는 데 타당성과 적용성이 부족한 것으로 나타났다. 호손(Hawthorne)공장에서의 실험은 근로조건과 근로자의 실적 간의 관계를 규명해 과학적 관리이론의 타당성을 규명하려는 의도에서 시도됐다. 그런데 연구결과 작업의 물질적 특성보다는 근로자의 태도와 감정, 상호작용 유형, 업무집단의 구조와 문화가 근로자의 실적에 크게 영향을 끼치는 것으로 나타났다(Roethlisberger & Dickson, 1939).

인간관계이론은 1927년부터 1932년까지 하버드대학의 교수인 메이요(E. Mayo)와 뢰스리스버거(F. Roethlisberger) 등이 미국 GEC(General Electric Company)의 전화기 조립공장인 호손공장(Hawthorne Works)에서 실험했기 때문에 이를 '호손실험(Hawthorne Experiment)'이라고 한다. 호손실험은 다음과 같다(박양근 외, 2015: 26-29).

제1차 실험 : 조명실험

조명실험은 작업장 내의 조명도(illumination)와 작업능률 사이에는 어떤 상관관계가 있는가에 대한 연구이다. 이 실험을 위하여 작업자를 5명씩 실험집단(test group)과 통제집단(control group)이라는 2개의 집단으로 나누어 실험집단은 조명도를 변동시키고 통제집단은 조명도를 고정시켜 두 집단 간의 능률차이를 비교하였다.

그러나 두 집단 간에 능률차이는 거의 없었고, 계속 능률이 상승하는 편이었으며, 조명을 태양광선 정도에서부터 월광 정도(0.06촉광)로 낮추어도 생산수준은 여전하였다. 이로써 조명이 작업능률에는 아무런 영향을 주지 못한다는 결론을 얻게 되었다. 따라서, 조명과 작업능률과는 거의 상관관계가 없다는 결론을 얻게 되었다. 그래서 또 다른 실험을 하게 되었는데, 그것이 바로 휴식실험인 것이다.

제2차 실험 : 휴식실험

휴식실험은 원래 계전기 조립작업실험이라고 하는데, 이는 휴식시간의 연장과 간식 제공, 작업시간과 작업일 단축이 작업능률과 어떤 상관관계가 있는가에 대한 실험이다. 실험은 13회에 걸쳐서 휴식시간을 여러 번씩 나누기도 하고 줄이기도 하면서 중간에 간식을 주기도 하고 안 주기도 했으며, 작업시간 단축과 토요일 휴무 등의 방법으로 실험한 결과 생산능률에는 큰 차이가 없었다.

그러므로 휴식제도가 능률에는 영향이 없다는 것이고, 다만 이런 작업에 대한 직접적인 효과, 즉 물적 작업조건보다는 인간의 안정감, 책임감과 같은 심리적인 만족이 더 중요하다는 것을 알게 되었다. 따라서, 1차 실험과 2차 실험에서 조명과 휴식과 같은 물적 조건은 작업능률에 직접적인 영향을 주지 않는다는 결론을 얻게 되었다.

제3차 실험 : 면접실험

면접실험은 면접을 통해서 종업원의 불평불만, 고충(grievances)에 대한 의견을 알아보기 위한 실험이었다. 면접실험을 하기 위하여 숙련된 면접요원을 양성하여 종업원 21,000명에 대해 면접한 결과, 작업자들은 면접을 통해서 자기의 불평불만을 토로할 수 있는 좋은 기회가 되었고, 그들의 심리적인 안정에 의하여 불평불만이 해소되고 능률은 향상될 수 있었다는 것이다.

그러므로 면접은 자기 의견이 상사에게 반영되거나 또는 불평을 토로함으로써 정서순화가 이루어지게 되어, 종업원들의 사기를 향상시키고 능률을 올리는 데 영향을 줄 수 있다는 결론을 얻게 되었다.

제4차 실험 : 자생조직실험

자생조직실험은 원래 배전기 권선작업실험이라고 했는데, 이것은 배전기 권선작업을 하는 남공 14명을 대상으로 그들 사이에 대면관계(face-to-face relations)를 고찰한 것으로, 그 결과 자연발생적으로 형성된 자생조직 또는 비공식조직(informal group)이 집단분위기와 작업성과에 커다란 영향을 미친다는 것을 알게 되었다. 그 자생조직은 스스로 내부에 집단규범 또는 어떤 불문율이 생기는데, 그 집단규범은 ① 어느 정도 이상으로 작업하지 말라, 그러면 그는 임률(wage rate)파괴자이다. ② 어느 정도 이하로 작업하지 말라, 그러면 그는 사기꾼이다. ③ 감독자에게 동료를 고자질하지 말라, 그러면 그는 배신자이다. ④ 남의 일에 지나치게 참견하지 말라, 만일 감독자라 해도 감독자인 체해서는 안 된다. 그러므로 공식조직보다는 자연발생적으로 생겨난 비공식조직을 중요시해야 된다는 것이다. 뢰스리스버거는 조직의 논리를 ① 비용의 논리(logic of cost), ② 능률의 논리(logic of efficiency), ③ 감정의 논리(logic of sentiment)로 구분하고, 경영자는 비용의 논리와 능률의 논리에 근거하여 행동하지만, 작업자들은 주로 감정의 논리에 의하여 행동하기 때문에 비공식조직이 중요하다는 것이다.

테일러는 인간을 보는 인간관이 인간은 돈이나 경제적 욕구에 의하여 행동하기 때문에 경제적 욕구만 충족시키면 인간이 기계와 같이 일할 수 있다는 경제인 가설(hypothesis of economi man)로 인식하였으나, 메이요와 뢰스리스버거의 인간관계이론에서는 인간은 경제적 욕구보다는 인간의 감정이나 사회적 욕구에 의하여 행동한다는 '사회인 가설(hypothesis of social man)'로 인식하고 있는 차이점이 있다.

그러나 인간관계론도 인간을 사회제도적인 차원에서 파헤치지 못했고, 공식조직을 너무 경시하고 노동조합 측면을 인식하지 못했으며, 인간의 심리적 · 감정적 욕구만을 중시하고 인간의 경제적 욕구(경제인 가설)를 너무나 경시하였다는 비판을 면치 못하고 있다.

테일러시대에는 경제적 욕구와 합리성을 지나치게 강조하였고, 메이요시대에는 경제적 욕구와 합리성을 경시하고 인간성을 지나치게 중시하였다. 그러나 합리성과 인간성은 원래 이율배반적 성격을 띠고 있다. 즉, 합리성을 강조하면 인간성이 약화되고, 반대로 인간성을 중시하면 합리성이 경시되게 되어 있다. 이러한 문제를 해결하고 합리성과 인간성을 동시에 중시하려는 연구가 1950년대에 행동과학에 의하여 실현하려고 했던 것이다.

3. 체계이론

기존의 고전이론들이 조직을 폐쇄적으로 보았으나, 사회학의 구조기능주의와 일반체계이론이 조직에 적용되기 시작하면서부터 개방적인 체계로 인식하기 시작하였다.

체계(systems)란 상호작용하는 부분들로 구성된 전체, 즉 부분들 간에 관계를 맺고 있는 일련의 단위들로 정의된다. 또한 체계는 서로 상호작용하는 여러 하위체계들의 요소에 의하여 통일된 전체를 형성하고 있다.

체계이론(Systems theory)은 조직을 다양한 역동성과 메커니즘에 기초를 둔 구체적 기능을 수행하는 많은 하위체계로 구성된 복합체로 보고 있다. 즉, 조직의 각 하위체계들이 어떤 기능, 역동성, 기제 등을 수행하는가의 표준을 제시함으로써 조직의 성과를 비교 · 평가할 수 있는 이론이다.

기본적으로 이 이론은 각 하위체계들이 생존과 발전을 위한 경쟁의 역동성 때문에 부단히 활동하며 하위체계 간의 갈등과 모순은 불가피하고, 조직이 최적으로 기능하기 위해서는 조직의 목표에 따라 모든 하위체계가 기능하도록 해야 한다는 가정을 설정한다.

『휴먼서비스의 조직, 정책, 실천』
(2012년 출판)

뉴게보렌과 슬래빈(Bernard Neugeboren and Simon Slavin)은 2012년 그들의 저서 『휴먼서비스의 조직, 정책, 실천(*Organization, Policy, and Practice in the Human Services*)』에서, 체계이론을 다섯 가지 하위체계로 구성된 복합체로 보고 있다. 그 내용은 다음과 같다.

첫째, 생산하위체계(Production Subsystem)는 조직의 생산품(제품, 서비스)을 생산하는 기능을 갖고 있으므로 고전이론에서 주장하고 있는 업무의 숙련정도와 전문화 원리가 중요하게 취급된다. 사회복지조직 측면에서 이 체계는 클라이언트에게 서비스를 제공하는 것이다. 이 체계는 모든 사회복지조직의 기본적 역할이라고 본다.

둘째, 유지하위체계(Maintenance Subsystem)는 조직의 욕구에 개인의 욕구를 통합하는 데 강조를 두고 있는 인간관계 모형으로부터 나온 것으로 조직의 현재 상태대로 조직의 계속성을 확보하는 체계를 말한다. 이를 위해서는 공식적 조직활동 구축, 보상체계 확립, 새로운 구성원의 사회화, 직원선발과 훈련 등의 메커니즘이 사용된다.

셋째, 경계하위체계(Boundary Subsystem)는 조직이 주위환경에 영향을 미치기 위한 체계의미로서 구조주의 모형과 관련한 가정에 기초를 두고 있다. 사회복지조직의 외부환경에 대한 의존도를 고려한다면 경계하위체계는 사회복지조직의 생존과 발전을 위해 필요한 체계가 된다. 특히, 외부환경의 변화에 대한 적절한 반응과 대응은 조직의 목표달성과 조직의 유지를 위해 필요하다.

넷째, 적응하위체계(Adaptive Subsystem)는 연구와 계획을 강조한다는 점에서 합리성과 숙련을 강조하는 고전이론에 기초를 두고 있으며 환경을 강조한다는 점에서 구조주의 모형에 기초를 두고 있다. 이 체계는 조직의 연구와 기획의 기능을 담당하여 업무수행능력을 평가하고 외부환경의 요구에 대응하여 조직의 변화 방향을 제시한다. 따라서, 프로그램의 효율성 · 효과성을 정확히 파악하고, 클라이언트의 변화된 요구나 자금조달 문제를 경쟁에서 뒤지지 않도록 가능한 한 빨리 해결하고자 한다.

다섯째, 관리하위체계(Managerial Subsystem)는 통제를 강조한다는 점에서 고전이론의 특징을 가지고 있으며, 외부환경을 강조한다는 점에서는 구조주의 모형의 특징을 가지고 있고, 타협을 강조한다는 점에서는 인간관계이론의 특징을 가지고 있다. 이 체계는 조직구성원 간 또는 부서 간의 갈등 해결과 조정, 적절한 업무환경의 제공, 외부환경의 영향에 대한 조직의 대응책을 모색하기 위한 노력 등의 방법을 사용한다.

체계이론에서 각각의 하위체계는 생존과 발전을 위한 경쟁의 역동성 때문에 부단히활동하고 있으며, 하위체계 간의 갈등과 모순은 불가피하다는 것을 가정하고 있다. 결과적으로 이 이론은 조직 외부의 환경과 교환관계를 강조하고, 조직을 형성하고 있는 다양한 구성체와 단위 간의 상호의존성을 통해 생존과 성장을 꾀하는 것이다. 그러나 이 이론은 조직 내의 상호의존성을 너무 강조하여 자율성과 독자성을 저해할 우려가 있으며, 통합성을 강조하여 조직 내의 갈등과 불화 등에 대해서 소홀할 수 있다는 한계가 있다.

4. 조직환경이론

1) 상황이론

상황(개연성)이론(Contingency Theory)은 하나의 사건은 다른 사건에 의존되어 있어 모든 조직에 공통으로 적용되는 유일무이한 관리법칙은 없다는 전제에서 출발한다. 고전이론이 최선의 조직화 방법을 통제절차, 계층구조, 분업화 등에서 찾고자 하였다면, 인간관계이론은 비공식조직의 활용과 조직구성원의 심리사회적 욕구나 동기를 통한 최적의 방법을 발견하고자 하면서 합리적이고 유일한 조직관리방법이 있다고 주장하였다. 그러나 상황이론은 조직이 처한 상황에 적합할 때 그 조직관리방법이 가장 효과적이며, 조직의 상황에 따라 올바른 조직관리방법이 달라진다(김희성 외, 2017: 66).

상황이론의 대표적 학자인 로렌스와 로쉬(Lawrence & Lorsch)는 조직을 외부상황과 상호작용하는 개방체계로 파악하고 외부의 변화를 수용할 수 있는 구조로 조직을 변화시켜야 한다고 주장하였다. 이러한 이들의 주장은 두 가지 상황이론의 주요 이론적 전제를 제시하였는데, 환경으로부터의 욕구가 조직구조의 변화를 결정한다는 것과 조직기술의 속성에 따라 부서의 구조가 결정된다는 것이다(한신애 외, 2018: 84).

상황이론에 따르면, 조직환경 변화와 조직이 사용하는 기술, 조직의 크기라는 상황요소에 따라 조직 내부구조의 집권화와 공식화 정도, 조정의 필요 여부가 달라진다고 보았다. 즉, 안정적 환경 속에서는 분권화와 공식화가 높은 조직구조가 가능하지만, 환경이 불안하고 변화의 폭이 클 경우에는 조직구조를 집권화하고 공식적 절차를 낮추어 신속한 대응을 할 수 있도록 해야 한다는 것이다. 그리고 조직이 대규모일 경우에는 공식화를 높여 직위체계를 여러 단계로 세분화하여도 되지만, 소규모 조직일 경우에는 공식화의 정도가 높아 결재의 단계가 많다면 비효율적이 될 것이다. 또한 복잡하고 전문적인 기술을 사용하는 조직일 경우에는 전문분야별로 분권화를 높이는 것이 효율적이고, 이러한 분화조직에는 조직 간의 조정의 필요성이 높아질 것이다.

[표 3-3] 상황이론

상황(context)		구성(structure)
환 경 기 술 크 기	⇒ Fit ⇐	집권화 공식화 조 정

자료: 김희성(2017: 67) 재인용.

사회복지조직에서 관리자가 상황이론을 활용할 경우, 가장 우선적으로 고려해야 할 사항은 자신이 운영하는 사회복지조직의 특성과 요구를 분명히 파악하는 것이며, 그 다음은 환경적 특성을 잘 이해하는 것이다(Lewis et al., 2011). 이 이론은 사회복지조직의 특성을 잘 설명하고 상황과 환경의 중요성을 강조한다는 점에서 시사하는 바가 크다. 실제로 사회복지조직은 환경 변화에 영향을 받기 때문에 이론적 타당성은 충분하다(김형수 외, 2018: 75).

기존의 조직이론이 조직과 환경과의 관계를 무시했던 반면에, 상황이론은 상황과 환경을 중요시하였다는 점에서 큰 의미를 가진다. 특히, 주변 상황의 변화에 매우 큰 영향을 받는 사회복지조직의 경우는 상황에 따라 조직내부의 구조를 변화시켜야 한다는 상황이론의 적용이 많은 기여를 할 수 있으리라 보인다.

그러나 이후 상황이론은 상황변수의 설정과 측정방법을 조작화하는 데 타당성이 없다는 비판을 받게 되면서 이론을 과학적으로 검증하고 현실에 적용하는 데에 문제점을 나타내고 있다. 즉, 특정한 상황에는 특정한 조직이 효과적이라는 일정 법칙을 제시하는 데 실패하여 조직관리의 실용원리로서 가치가 떨어진다고 볼 수 있다. 또한 조직형태를 결정하는 데에는 환경이나 상황의 영향과 함께 조직 내의 의사결정자의 가치관, 의도, 조직 설립의 목적 등도 영향을 미치는데, 이러한 제반 요소의 영향은 간과하고 있다는 한계도 드러내고 있다(김희성 외, 2017: 68).

2) 정치경제이론

정치경제이론(Political Economy Theory)은 상황이론처럼 조직과 환경의 상호작용에 초점을 두고 있지만 자원과 권력관계를 중심으로 전개되는 역동적 상호작용의 역할관계에 따라 조직의 성패가 좌우된다는 점을 유달리 강조하는 이론이다.

상황이론과 체계이론이 환경과 상황에 대한 중요성을 인식하기 시작하였다면, 정치경제이론은 조직과 환경과의 관계를 보다 능동적이고 유기적으로 폭넓게 보고 있다는 특징을 갖는다. 이 이론은 조직과 환경의 상호작용에 초점을 두고는 있지만, 그러한 상호작용이 조직내부의 역학관계에 따라 조직의 성패가 좌우된다고 강조한다.

정치경제이론에 의하면, 조직의 생존과 발전에는 두 가지 기본적 자원이 필수불가결하다. 하나는 합법성과 권력 같은 정치적 자원이고, 다른 하나는 서비스에 요구되는 경제적 자원이다. 조직에서 합법성은 조직의 설립 기반과 모든 활동의 근거가 되는 중요한 요소이며, 권력과 같은 정치적 자원은 조직의 목표달성 및 생존에 지대한 영향력을 행사하는 요인이다. 또한 재원, 클라이언트, 인력과 같은 생산과 서비스를 위한 경제적 자원이 확보되지 않는다면 조직은 정상적으로 가동될 수 없다.

정치경제이론은 조직이 서비스 전달체계를 형성하는 데 있어서 환경의 중요성, 특히 과업환경(task environment)의 중요성, 과업환경에서의 재원을 둘러싼 권력관계를 부각시킨다(Hasenfeld, 2018). 과업환경이란 조직에 직접적으로 영향을 미치는 환경으로 대개 지역사회 내의 다른 조직과 클라이언트 집단을 포함한다. 이러한 과업환경의 요소들은 조직이 필요로 하는 중요한 자원(합법성, 재원, 클라이언트)을 통제하고 있고 조직을 통해서 자신들의 목적을 실현시키려 하기 때문에 밀접한 이해관계를 형성하고 있다.

정치경제이론은 사회복지조직의 내 · 외부 정치경제적 관계가 조직의 서비스 전달체계에 어떤 영향을 미치는지를 현실적 차원에서 너무도 생생하게 잘 설명해 주기 때문에 이론적으로 기여하는 바가 크다(Hasenfeld, 2018). 특히, 사회복지 조직이 외부환경에 크게 의존하고 있다는 사실을 강조하고 환경의존성을 탈피하려는 조직의 적응전략을 사용했을 때, 어떤 영향이 나타나는가를 명확히 설명해 준다는 점에서 사회복지조직에의 적용성은 매우 높다고 평가된다.

그러나 정치경제이론은 설명에 동원되는 변수들이 복잡하고 경험적으로 나타내기도 쉽지 않아 현실적 예측에 필요한 계량적 모델로 쓰기에는 적합하지 않다. 또한 조직의 행태를 설명하는 데 있어 돈이나 힘과 같은 정치경제적 자원변수들로만 한정하고 있다는 한계를 갖는다. 사회복지조직 또한 다른 조직과 같이 정치적·경제적 자원이 중요한 역할을 하지만, 조직을 이끌어 가는 데 무형의 가치와 이념 또한 중요한 역할을 하고 있음에도 불구하고, 이를 간과하였다는 단점을 갖는다(김희성 외, 2017: 73).

5. 현대조직이론

1) 목표관리이론

목표관리이론(Management By Objectives, MBO)은 참여의 과정을 통해 조직 단위와 구성원들이 맡아야 할 생산활동의 단기적 목표를 명확하고 체계 있게 설정하고, 그에 따라 생산활동을 수행하도록 하며 활동의 결과를 평가·환류시키는 체계이다. 드러커(Peter Ferdinand Drucker, 1909-2005)에 의해 1953년에 최초로 제창되고, 맥그리거(Duglas McGregor)가 1957년에 소개한 것이다.

목표관리이론은 기본적으로 목표설정, 참여 그리고 환류로 구성되는데, 먼저 목표설정은 주로 측정 가능하고 비교적 단기적인 생산목표를 의미하는 것으로서, 목표관리이론이 목표설정을 통해 관리한다는 것은 목표추구에 있어서 재량권이 있다는 것으로, 이는 목표가 설정된 다음에 이를 실현하는 사람이 그 수단을 선택하는 데 있어서 자율성을 누린다는 것이다. 그리고 이 이론에서는 참여의 과정을 통해 목표설정을 강조하는데, 부하직원이 수행할 목표는 상관과 부하의 협의를 거쳐 설정하는 것이라고 할 수 있는 것이다. 마지막으로 환류는 이 이론에서 활동과 결과를 평가하고, 이를 참고가 될 수 있도록 반영하는 행태로 이 이론에서 환류를 중요시하는 이유는 명확한 환류가 집단의 문제능력을 증진시키고 개인의 직무수행능력을 향상시킨다고 보기 때문이다. 이러한 목표관리이론의 구성요소를 근거로 기본적 과정을 살펴보면 목표설정과 행동계획의 입안, 시행과 중간평가 그리고 최종평가와 환류의 과정을 거치게 되는 것이다(양승일, 2018: 108–109).

이러한 목표관리의 의의는 ① 공식적 목표를 실체화하는 과정이며, ② 명확한 목표설정과 책임한계의 규정, ③ 참여와 상하협조, ④ 환류의 개선을 통한 관리계획의 개선, ⑤ 조직참여자의 동기유발, ⑥ 업적평가의 개선을 도모하고, ⑦ 궁극적으로 조직의 효율성을 증진시키려는 것이다(신복기 외, 2020: 81~82).

목표관리의 장점은 조직의 목표를 명확히 하고, 그러한 목표에 조직활동을 집중시킴으로써 조직을 효율적으로 관리하며, 조직구성원의 의사결정 참여 확대로 사기를 높여 주는 효과가 있음으로써 관료제의 단점을 보완시킬 수 있다는 점이다. 그러나 폐쇄체계를 가정하고 있으므로 환경요인을 무시한다. 그리고 측정 가능한 목표설정이 쉽지 않으며, 상황 자체가 불확실한 경우에는 의도된 목표를 달성하기가 쉽지 않다. 또한 실현 가능성에 맞춘 단기적 · 양적 목표에 치중함으로써 장기적 · 질적 목표를 소홀히 하게 되는 단점이 나타나기도 한다.

사회복지조직에서 목표관리이론은 사회복지사들이 목적과 목표를 성취하기 위해 함께 일하는 공동작업을 구조화하고 실행하는 팀 개념을 가져다주었으며, 사회복지기관의 업무나 목적달성을 위한 정확한 업무수행 평가를 통하여 그들의 업무에 대해 더욱 높은 책임감을 가지도록 하였다. 또한 목적과 목표 설정에 업무자들의 참여를 장려함으로써 업무자들의 자발적인 동기를 증진시키고, 조직에 대한 개인별 성과를 확인할 수 있게 하였다.

사회복지조직에서 목표관리이론을 적용하는 데는 다음과 같은 한계점이 있다(신복기 외, 2020: 84).

① 목표와 성과의 측정이 어렵다.

② 단기적 목표와 계량적 측정이 쉬운 업무에만 주력하는 경향을 가져온다.
③ 목표관리를 도입하는 데 시간이 많이 걸리고 운영절차가 번잡하다.
④ 관리상황이 유동적이기 때문에 목표관리이론이 성과를 거두기 어렵다.

2) 임파워먼트

임파워먼트(Empowerment, 권한부여, 역량강화)는 관리자들이 지니고 있는 권한을 실무자들에게 이양하여 그들의 책임범위를 확대함으로써 직원들이 보유하고 있는 잠재능력과 창의력을 최대한 발휘하도록 하는 것이다. 이 개념은 1976년 솔로몬(B. Solomon)이 처음 사용했는데, 임파워먼트의 개념에 대해 클라이언트의 잠재력 및 자원을 인정하고 이들에게 건강한 삶을 결정할 수 있도록 권한 등을 부여하는 것이다. 즉, 조직 내의 하위계층에게 권력과 권한을 위임함으로써 하위계층이 좀 더 자유롭게 직무를 수행할 수 있도록 하는 것을 의미하며, 이는 조직구성원들의 동기부여에 긍정적으로 작용한다.

임파워먼트의 실행을 통한 조직의 효과를 살펴보면, 구성원의 보유능력을 최대한 발휘하도록 하여 그들의 직무몰입을 극대화할 수 있고, 시장대응에 있어 신속하고 탄력적인 수행이 가능하며, 업무수행상의 문제점과 그 해결방안을 가장 잘 알고 있는 실무자들이 고객들에게 적절한 대응을 하게 함으로써 품질과 서비스수준을 제고할 수 있게 할 수 있다. 그리고 지시, 점검, 감독, 감시, 연락, 조정 등에 필요한 노력과 비용도 줄어들 수 있다.

기본적으로 사회복지사들은 담당센터 업무를 보다 의미 있게 느끼고 자율적으로 조직에 헌신할 수 있도록 하는 것이 중요한 데, 이 이론을 통해 관리자들이 지니고 있는 권한을 실무자들에게 이양하여 그들의 책임범위를 확대시킴으로써 사회복지사들이 보유하고 있는 잠재능력 및 창의력을 최대한 발휘시킬 수 있다(양승일, 2018: 112).

사회복지기관에서 관리자가 직원들에게 임파워먼트를 하기 위해서는 관리자의 역할이 중요하다. 임파워먼트 실천을 위해 관리자가 유념해야 할 원칙은 다음과 같다(박종팔 외, 2020: 93).

첫째, 사회복지기관이 어려운 상황에 처한다 하더라도 자생력과 적응유연성이 있어서 이를 극복할 수 있다고 생각한다.

둘째, 아무리 무능한 직원이라도 기본적인 능력과 자질을 갖추고 있다고 생각한다.

셋째, 사회복지기관의 문제를 진단하는 데서 더 나아가 문제를 하나의 도전이라 생각하고 그 해결을 위해 노력한다.

넷째, 사회복지기관 내부의 의사결정은 직원들과의 대화와 상호 합의를 통해 한다.

임파워먼트의 장점은 사회복지사의 권한을 강화시켜 줌으로써 직무에 더욱 몰입할 수 있도록 만들어 주고, 창의성과 잠재능력을 개발해 준다. 그 결과, 클라이언트에게 제공하는 서비스의 질을 향상시킬 수 있으며, 하급자에 대한 상급자의 지시, 감독, 감시 등에 필요한 비용과 시간을 절약할 수 있다.

3) 애드호크라시이론

애드호크라시(Adhocracy)라는 용어는 토플러(Alvin Toffler, 1928–2016)의 저서 『미래의 충격(*Future Shock*, 1970)』에서 미래의 조직체를 설명하기 위하여 만든 조어이다. Adhocracy는 '당면한 문제에 한하여', '그때만의', '임시변통의', '특별한' 등의 의미를 지닌 단어인 adhoc와 '지배'를 의미하는 cracy의 합성어이다. Adhocracy란 웹스터 사전에 의하면, ① 그때그때의 일이나 상황에 유연하게 대응하는 주의로서 1968년경부터 미국에서 사용된 조어이며, ② 변동이 많은 현대 산업사회에서 명확한 선택안을 갖고 문제를 해결하려는 주의이고, ③ 종래의 관료제를 대신하여 특별위원회를 구성하고 소위원회마다 사회나 전문분야에 창조적으로 일을 해나가는 새로운 사회기구형이라고 한다. 그리하여 애드호크라시는 일반적으로 '특별임시위원회', '비관료적 고객기구', '변증법적 조직'으로 변역되는 개념으로서 제2차 세계대전 중 군의 특수임무를 수행했던 '기동타격대(task force)'에서 그 기원을 찾을 수 있다

애드호크라시 조직이론의 특징을 살펴보면 다음과 같다(신복기 외, 2020: 86).

① 전통적 조직구조에 비하여 수평적 분화가 높으며, 상대적으로 복잡성과 공식화가 낮다.

② 고도의 유기적 조직으로서 신축성 및 융통성이 높다. 관료제 조직을 아파트에 비유한다면 애드호크라시 조직은 텐트에 비유할 수 있다.

③ 기능별 집단과 목적별 집단이 공존한다. 즉, 조직구성원들은 조직 운영상 각자의 기능별 부서(예, 총무부, 판매부, 생산부 등)에 속해 있으면서 혁신업무를 위해 목적별 집단(예를 들어, 프로젝트팀)에 소속되어 있다.

④ 고도로 훈련된 전문가들에게 의존하고 있기 때문에 분권적 의사결정구조를 가지며, 영향력의 근거는 지위나 권한보다는 전문지식(전문성)에 있는 것이 특색이다.

애드호크라시 조직이론의 문제점을 살펴보면 다음과 같다(신복기 외, 2020: 86).

① 명백한 상하관계가 없고, 권한과 책임이 명확히 구분되어 있지 않음으로써 조직구성원의 역할이 모호하다.

② 상이한 전문적 기술을 가진 전문가들이 모여서 프로젝트 팀을 구성하므로 구성원 간의 갈등이 상존할 수 있다.

③ 관료제와 비교해 볼 때, 비효율적인 조직구조를 이루고 있으므로 관료제만큼의 정확성과 편의성을 기하기 힘든 경우가 많다.

이러한 특징을 가진 애드호크라시이론은 급변하는 환경에 노출되어 있는 사회복지조직에서 유용하게 활용해 볼 수 있는 이점이 있다. 예를 들어, 사회복지기관이 미리 매트릭스 조직구조로 편성해 놓았다가 외부의 프로그램 개발 및 평가시나 갑작스런 프로포절이나 프로젝트 제안에 대비하여 인적자원의 효율적 활용을 꾀할 수도 있을 것이다.

〈표 3-4〉 관료제와 애드호크라시의 비교

속 성		관료제	애드호크라시
조직구조의 기본변수	복잡성	높음	낮음
	공식성	높음	낮음
	집권성	높음	낮음
조직환경		정태적, 안정적	동태적, 불확실
조직기술		일상적	비일상적
조직인		경제적 인간	복잡인
조직규모		큼	작음
조직생명		반영구적	일시적, 잠정적

자료: 신복기 외(2020: 87).

그러나 애드호크라시는 아직 널리 사용되고 있지 않으며, 몇몇 소수의 기업체나 연구소 등에서만 활용되고, 관료제의 보조적 역할로서 활용하고 있을 뿐이다. 따라서, 조직의 기본 골격은 관료제 구조를 유지하면서 혁신이나 융통성을 요하는 업무에 대해서만 애드호크라시를 활용하는 것이다. 결국 현대조직에서는 관료제와 애드호크라시가 공존해야 하며, 이 두 조직이 효과적인 상호작용을 해야 할 것이다.

4) TQM

TQM(Total Quality Management)은 1980년대 초반 기업조직에서 처음으로 나타났다. 국제경쟁에서 일본기업에게 추월당하던 미국기업들이 일본기업조직이 보이는 경쟁력을 연구하는 과정에서, 일본기업조직은 최종 생산물을 중심으로 조직을 운영하기보다는 산출물의 결함을 제거하는 품질을 보다 중요시하는 조직관리를 한다는 것을 발견하게 된다. 이는 미국기업조직에서는 발견하기 어려운 관리기법이며, 이러한 일본식 품질경영의 중요성이 인식되어 미국기업에도 반영되기 시작하였다(Martin, 1993).

TQM은 품질향상을 위해 조직구성원의 능력신장과 동기유발을 기도하며, 합리적 관리체제를 채택하고, 과학적 품질관리기법을 활용하며, 전통적 조직문화의 개혁 등을 필요로 하는데, 다음과 같은 특징을 갖는다(양승일, 2018: 110).

첫째, 고객의 욕구에 부응하는 품질의 달성은 조직이 추구하는 최우선의 목표이며 조직의 산출에 대한 결정을 고객이 주도한다는 고객의 욕구존중, 실책과 결점을 용납하지 않으며, 결점이 없어질 때까지 개선활동을 되풀이하는 지속적 개선, 업무활동의 초점이 개인적 노력에서 탈피하려는 집단적 노력, 조직구성원들 사이에 개방적이고 신뢰하는 관계를 설정하는 신뢰관리, 사실자료에 기초하여 과학적 품질관리기법을 지향하는 과학적 방법지향, 조직 내 모든 구성원의 모든 업무에 적용하고 조직 내 여러 기능의 조정적 · 연대적 관리를 강조하는 총체적 적용, 조직구성원들에 대한 교육 훈련을 강조하고 그들에게 성장의 기회를 제공하는 인간존중, 재화 · 용역의 부가가치를 극대화하는 데 유리한 분권적 조직구조 그리고 장기적 시간관, 사전적 통제 등이 그것이다. 다시 말해서 TQM을 고객중심주의, 집단적 노력 등을 강조하는 통합주의, 조직구성원들의 자발성 및 창의성을 추구하는 인간주의, 조직활동 전체에 대해 적용하는 총체주의, 과학적 분석기법을 지향하는 합리주의, 그리고 불량률 0%에 도전하는 무결점주의 · 개혁주의 등으로 부연할 수 있는 것이다.

이러한 TQM은 누가 · 무엇을 · 언제 하는가 등을 기술하는 업무기술, 결함과 요인의 확인, 개선안의 시험실시, 개선안의 채택과 실시 그리고 반복의 기본적 과정을 거치게 된다.

TQM은 여타 이론과 일정부분 차이점을 보이는데, 먼저 MBO와 비교할 때, MBO는 조직단위별 통제와 성취에 역점을 두는 내향적 관심을 가지며, 상대적으로 수량적 목표와 단기적 시간관을 갖는 반면, TQM은 고객의 필요에 따라 목표를 설정하는 외향적 관심을 가지며, 상대적으로 질적 목표와 장기적 시간관을 특징으로 하고 있는 차이점 등이 나타난다.

〈표 3-5〉 TQM과 MBO의 비교

TQM	구 분	MBO
외향적 관심	관심의 초점	내향적 관심
질적 목표	목표의 양질	수량적 목표
장기족 시간관	시간관	단기적 시간관

출처: 양승일(2018: 111).

TQM은 고객 중심주의, 통합주의, 인간주의, 총체주의, 합리주의, 무결점주의 그리고 개혁주의 등을 특징으로 하고 있고, 이는 오늘날 조직사회에서 요청받는 것이라는 점에서 긍정적으로 평가할 수 있을 것이다. 반면, 결점발생을 두려워하여 조직구성원이 기피하는 문제 등은 한계로 작용한다.

비영리기관 특히 사회복지조직에서 TQM이 절실히 필요하다고 주장하는 근본적인 이유는 사회복지조직의 생존이 바로 기관에서 제공하는 서비스의 질에 달려있기 때문이며, 서비스 질의 향상에 있어서 물적 요소보다는 인적 요소(클라이언트의 만족이나 전문적 서비스를 제공할 수 있는 워커)가 더욱 중요하기 때문이다. 그러므로 사회복지조직은 최근의 복지환경의 변화에 대처하고 사회복지기관의 실정에 적합한 기관관리 모형으로서 TQM을 개발해 나갈 필요가 있다(신복기 외, 2020: 91).

5) 제도이론

제도이론(Institutional Theory)은 개방체계적 관점에서 조직에 대한 환경의 영향력을 강조하는 이론이다. 이 이론은 조직의 규범과 조직을 둘러싼 사회적 가치와 규범의 결집체인 제도적 환경이 조직의 특성과 형태를 좌우한다는 점에서 환경의 영향력을 강조하는 관점을 갖는다(오종희 외, 2021: 120).

메이어와 로완(Meyer & Rowan, 1977)은 현대사회 조직들에서는 조직의 위상, 정책, 프로그램, 사회적 여론, 주요 이해관계자의 시각, 교육과정에서 인정된 지식, 사회적 지위, 법률과 법원의 판결 등에 제도적 환경의 영향력에 의해서 규정된다고 보았다. 이와 같이 제도적 환경이 조직의 구조나 속성에 큰 영향을 미칠 수 있는데 사회복지조직의 주요 제도적 환경으로는 활동과 관련된 사회적 규범과 가치체계, 정부의 법과 정책, 여론 등을 들 수 있다.

하센필드(Yeheskel Hasenfeld)는 1992년 그의 저서 『복합조직으로서의 휴먼 서비스(*Human Services as Complex Organizations*)』에서, 사회복지서비스와 같은 유형의 조직들에서는 조직구조가 기술에 의해서 결정되는 것이 아니라, 제도적 환경에서부터 나오는 규칙들에 의해 결정된다고 보았다. 그는 제도적 환경개념을 소개하면서 제도적 규칙들의 핵심 원천으로 국가, 전문직, 여론 등을 들고 있다.

『복합조직으로서의 휴먼 서비스』
(2018년 출판)

특정 조직의 제도화된 규칙은 동일한 영역에서 활동하는 조직들의 네트워크나 개별 조직들의 성공적 실천사례에 대한 모방적 행동(mimetic behavior)에 의해서 만들어질 수 있다고 한다. 제도이론에서 조직의 제도적 환경이 요구하는 바와 같은 모습을 취하게 되는 과정을 첫째, 정부나 법률의 규정에 의한 강제적 과정, 둘째, 모방적 과정, 셋째, 전문직의 규범으로 자연스럽게 그 절차를 수용하게 되는 과정으로 나누어 설명하고 있다(DiMaggio & Powell, 1983).

제도이론은 도덕적 이념과 가치에 의해 정당성을 확보하고 정부와 전문직의 제도적 규범이 강한 영향을 미치는 우리나라의 사회복지조직을 이해하는 데 매우 유용한 이론이다. 그리고 불확정적 기술을 가진 다양한 사회복지조직들이 구조적 유사성을 보일 수 있는 이유를 설명한다. 특히, 법률에 의해 설립이 인가되고 조직운영의 많은 부분이 법률에 의해 규제되고 있는 준공공제적 성격이 강한 한국 사회복지기관을 가장 잘 설명할 수 있다. 이러한 점에서 제도이론은 한국사회에서 사회복지조직이 제도적 환경의 중요성을 깨닫고 나아가 정당성과 자원의 확보를 위해 제도적 환경을 어떻게 관리하고 대응해야 할지에 대한 방향을 제시해 줄 수 있다.

그러나 제도이론의 한계는 제도화 과정을 명확하게 기술하지 못하다는 점과, 제도화된 규칙을 적용한 결과에 대해서도 언급을 피하고 있다는 것이다. 이러한 한계 때문에 제도이론은 행정 실천을 위한 실제 이론으로 활용하기가 쉽지 않고, 조직형태의 이해와 설명에 머무르게 되었다(김형수 외, 2018: 74-75).

〈연 습 문 제〉

1. 총체적 품질관리(TQM)에 관한 설명으로 옳지 않은 것은?
 ① 서비스 품질은 마지막 단계에 고려한다.
 ② 지속적인 서비스 품질향상을 강조한다.
 ③ 고객중심관리를 한다.
 ④ 의사결정은 자료분석에 기반한다.
 ⑤ 품질향상은 모든 조직구성원들의 헌신을 필요로 한다.

2. 사회복지조직이론에 관한 설명으로 옳은 것은?
 ① Y이론 : 사람은 본래 일하는 것을 싫어하기 때문에 통제와 지시가 필수적이다.
 ② 자원의존이론 : 폐쇄체계적 관점에서 필요한 자원의 직접 소유를 강조한다.
 ③ 조직군 생태이론 : 적자생존의 원리에 따라 조직은 환경에 의해 선택된다.
 ④ 총체적 관리이론 : 최고관리자의 리더십이 중심이 되며 구성원의 참여는 제한된다.
 ⑤ 학습조직이론 : 지속적인 학습보다 단기적인 학습을 더 강조한다.

3. 체계이론에서 하위체계의 기능으로 옳지 않은 것은?
 ① 생산하위체계(production subsystem)는 생산과 관련된 업무를 수행한다.
 ② 유지하위체계(maintenance subsystem)는 조직의 계속성의 확보 · 안정성을 유지한다.
 ③ 경계하위체계(boundary subsystem)는 활동의 공식화, 보상체계의 확립, 새로운 구성원의 사회화, 직원의 선발과 훈련 등이 있다.
 ④ 적응하위체계(adaptive subsystem)는 조직의 목적 및 실천활동에 관한 연구, 계획, 집행, 평가와 관련되어 있다.
 ⑤ 관리하위체계(managerial subsystem)는 조직이 최적으로 목표를 달성하도록 조직의 목표에 모든 하위체계가 기능하도록 조정하고 통합하는 리더십을 제공하는 것이다.

정답 1. ① 2. ③ 3. ③

PART

Ⅱ

사회복지행정의 조직체계

Chapter 4. **사회복지조직과 환경**

Chapter 5. **사회복지서비스 전달체계**

Chapter 6. **기획, 의사소통, 의사결정**

Chapter 7. **리더십과 슈퍼비전**

Chapter 4

사회복지조직과 환경

개 요

조직은 복수의 직원이 모여서 목적달성을 위해 협동하는 구조이며, 조직기능을 다할 수 있도록 팀워크가 이루어져야 한다. 관리자는 조직 이념과 방침을 주지시키고 분명한 커뮤니케이션과 역할분담, 적절한 인재배치, 작업 사이의 상호연계가 가능한 체제를 만들어야 한다. 여기에서는 사회복지조직과 환경에 대하여 학습하고자 한다.

학습목표

1. 조직에 대한 기초이론
2. 사회복지조직의 특이성
3. 조직과 환경의 상관성

학습내용

1. 사회복지조직의 개념
2. 사회복지조직의 형태
3. 사회복지조직의 원리
4. 사회복지조직의 설계
5. 사회복지조직과 환경

Chapter 04
사회복지조직과 환경

1. 사회복지조직의 개념

1) 사회복지조직의 정의

조직은 복수의 직원이 모여서 목적달성을 위해 협동하는 구조이며, 조직기능을 다할 수 있도록 팀워크가 이루어져야 한다. 관리자는 조직 이념과 방침을 주지시키고 분명한 커뮤니케이션과 역할분담, 적절한 인재배치, 작업 사이의 상호연계가 가능한 체제를 만들어야 한다. 특히, 클라이언트 욕구에 맞는 서비스개선이 신속히 이루어지도록 현장의 사회복지사에게 적절하게 권한이 위임될 필요가 있다.

조직구조란 구성요소들 사이에 상호작용이 이루어지는 객관적인 유형으로서 조직을 구성하는 틀을 의미한다. 일반적으로 공식적 조직은 업무분화와 위계질서, 통제범위 같은 조직의 요소를 고려하여 틀을 구성하게 된다.

현대적 조직은 권한이 분산된 형태를 유지하므로 행정가와 직원 사이에 책임을 분담하고 협동적으로 일을 하며, 창의성과 동기를 유발하려고 한다. 권한 분산의 정도가 높을수록 조직 효과성은 높아질 것이다. 조직구조에 대한 개념을 명확히 함으로써 조직의 내부적 운영과정을 보다 깊이 이해하게 될 것이다.

2) 구성요소

조직구조를 구성하는 요소란 조직구조의 국면 또는 구조적 특성에 영향을 미치는 요인과 지표를 말한다. 여기에는 조직의 규모, 조직의 기술, 조직의 공식화, 집권화와 분권화가 포함된다. 그 내용은 다음과 같다(신복기 외, 2020: 102-104)

(1) 규모

조직의 규모를 나타내는 기준은 프로그램 이용자 수, 종사자 수, 건물 면적, 연간 예산, 보조금 규모 등을 들 수 있다. 조직 규모가 커지면 대체로 전문화가 지속되다가 일정한 수준에 도달하면 전문화의 진행정도가 떨어진다. 규모가 커질수록 공식화가 진행되고 분권화가 촉진된다. 최근 사회복지기관은 내부적으로는 팀 중심의 업무수행으로 조직화가 이루어지고 있다.

(2) 기술

조직기술이란 일하는 방법과 작업과정에 사용되는 지식을 말한다. 다시 말해서 조직이 목표달성을 위하여 투입물을 산출물로 변환시키는데 이용하는 지식이나 도구, 기법 등을 의미한다. 예를 들어, 자원봉사센터는 봉사자를 모집하여 그들의 활동을 필요로 하는 기관의 선호에 맞게 조정 · 배치하는 중개기법(mediating technology)이 주된 기술이 될 것이다.

(3) 공식화의 정도

조직 내의 직무 표준화의 정도를 뜻하며 종사자들이 언제, 무엇을, 어떻게 해야 할지를 규정한다. 즉, 공식화의 정도가 지나치게 높으면 사회복지사들이 전문적으로 판단할 수 있는 재량권은 매우 낮아지게 된다. 비숙련직일수록 공식화의 정도가 높고 고도로 전문화된 직종일수록 공식화의 정도는 낮다. 조직기술과 관련하여 일상적이고 단순화된 기술을 사용하는 조직은 공식화 경향이 높다. 지나친 공식화는 목표와 수단의 전도현상을 초래하며 갈등과 소외현상을 심화시킬 수 있다. 따라서, 사회복지사와 같은 전문직종의 경우 공식화 정도가 너무 높으면 전문적인 서비스 적용이 어려워지고 소진이 초래될 수 있다.

(4) 집권화와 분권화의 수준

집권화와 분권화는 조직 내의 권력배분과 위임수준에 따라 달라진다. 행정활동의 통일성을 확보하거나, 최고관리층이 일사불란한 결정이나 규칙 적용을 선호할 경우 집권화가 촉진될 것이다. 반면에, 조직의 사기를 높이거나 인적자원의 역량을 향상시키고 참여를 선호할 경우에는 분권화가 강조될 것이다. 만일 소규모 조직이나 강력한 리더십이 필요한 위급상황, 종사자의 능력이나 자질이 부족한 상황일 경우에는 집권화가 바람직하지만, 권위주의와 형식주의를 강화함으로써 창의성과 자발성이 저해될 수 있다. 분권화는 신속한 의사결정이 가능하고 업무를 감소시키며 책임감과 협조감을 증진시킬 수 있지만, 업무가 중복되고 행정역량이 분산되는 경향이 있다.

3) 사회복지조직의 구조적 특성

오늘날 조직이 대규모화되어 감에 따라 관리비용이 증가하고 조직의 경직성이 커지는 등 조직실패 현상이 심각해지고 있다. 따라서, 조직의 유연성과 활력의 부족, 고위직 증대 등의 문제를 해결하기 위해 학습하는 수평조직으로서 팀제조직의 도입이 가속화되고 있다. 수직적 계층조직을 팀 중심의 수평적 조직으로 전환함으로써 경직적인 고층구조인 부·과의 개념을 떠나 우연한 평면구조로의 전환이 이루어지며, 직급중심이 아니라 업무중심의 의사결정이 이루어지게 된다.

사회복지조직의 구조적 특성은 다음과 같다(김경우 외, 2013: 110).

① 사회복지조직의 목표가 인간의 복지로서 추상적이고 유동적이기 때문에 조직구조 자체가 보다 탄력성을 지니고 있다.

② 사회복지조직은 그의 목표 수행을 전문적인 지식과 기술에 의존하고 있다.

③ 사회복지행정은 사회 평균적 수요를 충족 받지 못하고 있는 특정 클라이언트에 대한 서비스를 내용으로 하기 때문에 클라이언트 지향성이 강한 조직이다.

2. 사회복지조직의 형태

조직은 조직을 구성할 수 있는 기본 골격이 있다. 이를 조직구조라고 한다. 조직의 구조를 만드는 것은 조직의 목표를 보다 효과적이고 효율적으로 달성하기 위한 것이다. 조직구조의 유형은 매우 다양하다. 조직의 형태는 다음과 같다(고재욱 외, 2016: 114-120; 고수현 외, 2016: 95-120).

1) 공식조직과 비공식조직

(1) 공식조직

공식조직(formal organization)이란 기관장(director), 부기관장(assistant director), 슈퍼바이저(supervisor), 실무자(practitioner)가 있는 조직이다. 여기에는 직원관계에서의 위계질서의 조직과 위원회, 이사회의 배열을 포함한다. 조직의 공식적 구조는 크게 두 가지 차원을 고려한다. 조직의 업무들이 분화된 정도를 나타내는 수평적 세분화와 권한이나 명령 계통을 나타내는 수직적 위계화의 차원이다.

① 업무의 세분화

업무의 세분화란 한 조직 내에서 업무들이 나누어져 있는 정도를 뜻하고, 단순하게는 구분 가능한 업무들의 수로 파악된다. 업무 단위와 그에 따른 직위 수가 많을수록 업무 세분화가 증가한 것으로 본다. 업무가 세분화될수록, 조직 전체의 분업은 더욱 복잡해지는 양상을 띤다. 조직의 업무 세분화는 나름대로의 장 · 단점을 갖고 있는데, 그 내용은 다음과 같다.

② 위계와 정형화

조직구조와 관련해서 업무 세분화가 조직단위들 간의 수평적인 분화를 나타내는 것이라면, 수직적 분화의 정도는 위계구조와 정형화 등으로 나타난다. 수직적 분화는 업무단위들 간 또는 업무자들 간에 권한은 어떻게 배분되고, 의사결정은 어떻게 이루어지고, 의사소통은 어떤 방식을 쓸 것인지 등에 관한 것이다. 조직구조의 결정에 있어서 이러한 측면은 보통 위계와 정형화의 정도로 나타낸다.

〈표 4-1〉 업무 세분화에 따른 장점 · 단점 비교

장 점	단 점
· 업무와 기술의 단순화 · 전문기술 개발의 용이 · 효율성 증대 · 관리와 감독의 용이	· 업무자의 매너리즘 · 클라이언트의 혼란 · 업무 조정에 따르는 비용 증대

자료: 고수현 외(2016: 96).

위계(hierarchy)는 한 조직의 권한 배분이나 의사결정방법 등과 주로 관련되어 있다. 권한(authority)이란 조직이 목표 수행에 필요한 의사결정이나 하급자들에 대한 행동 지휘, 자원 할당, 상벌 실시 등에 쓰는 합법적 권리를 말한다. 어떤 조직에서든 하급자의 순응이나 업무조정을 위해 권한을 적절히 배분하는 것은 매우 중요하다. 의사결정(decision making)이란 제반 업무수행의 과정에서 나타나는 여러 대안들 중 어떤 것을 선택하는 행위를 뜻한다. 사회복지조직에서는 조직의 방향이나 목적 설정에서부터 특정 서비스 기술을 선택하는 것에 이르기까지 다양한 성격의 의사결정이 필요하다.

조직구조의 수직적 위계 정도는 정형화와도 밀접하게 관련되어 있다. 정형화(formalization, 공식화)란 업무수행의 신뢰성과 일관성을 높일 목적으로 개별 업무자들의 재량이나 임의적인 행동반경을 축소하고, 의사결정 과정을 일상화(routinized)하려는 시도다. 한 조직의 정형화 정도는 사전에 설정된 규칙이나 절차들에 업무자들이 얼마나 의존하는지를 통해 파악된다. 업무자들의 행동이 각종 행정 규제나 절차, 업무처리의 문서화 등과 같은 명시적 수단을 통해 통제되는 경향이 많을수록, 그 조직은 정형화 정도가 높다고 한다.

(2) 비공식조직

비공식조직(informal organization)은 말 그대로 어떤 공식적인 절차를 통해서 형성된 조직이 아니다. 조직 내 빈번하게 접촉하는 구성원들 사이에서 자연적으로 발생하는 소규모 집단(자생집단)을 말한다. 공식조직을 제도적인 조직이라고 한다면, 비공식조직은 현실상의 조직이라고 할 수 있다. 비공식조직은 다음과 같은 효과적이고 적극적인 측면이 있다.

① 비공식조직은 의사소통의 통로(communication channel)로서 생각과 감정을 나눌 수 있는 기회를 제공한다.
② 행정가는 비공식적인 자리에서 직원들과 대화하고 그들의 제안과 건의를 받아들임으로써 조직의 응집력(cohensiveness)과 통합을 향상시킬 수 있다.
③ 비공식적인 자리에서 구성원들을 지지하고 인정함으로써 직원의 자아존중(self-esteem)을 향상시킬 수 있다.

그러나 비공식조직은 그 비중이 너무 클 경우 목적 도치의 현상이 초래되기 쉽고, 비합리적인 의사결정의 원인이 될 수 있으며, 공식조직의 분열을 초래할 수도 있는 역기능을 가져오기도 한다.

공식조직과 비공식조직 사이의 불협화음을 해결하기 위한 방법으로는 첫째, 소외의 원인 제거, 둘째, 관계자의 설득, 셋째, 공식조직으로의 유인, 넷째, 전보나 해고가 있다(Skidmore, 1994).

2) 집권적 조직과 분권적 조직

집권적 조직구조와 분권적 조직구조는 주로 권한위양의 조직구조 결정요소에 의하여 형성되는 조직구조 형태이다. 일반적으로 하위계층에 권한이 많이 위양될수록 분권적 조직이 형성되고, 반면에 권한위양이 제한되어 상위계층에 집중되어 있는 경우 집권적 조직이 형성된다. 이러한 권한의 수직적 계층에 의한 위양은 조직구조 설계에 있어 부문화 방법과 조직의 수직적 또는 수평적 조직구조 결정에 작용하는 관리한계와 밀접한 관계가 있다.

집권적 조직은 경영활동의 집중화로 일관된 의사결정을 할 수 있다는 장점이 있다. 반면에, 단점으로는 모든 의사결정권이 집중되어 명령체계가 너무 길어지므로 변화에 신속하고 탄력적으로 적응할 수 없고, 의사소통이 신속하게 이루어지지 않는다는 점이다.

3) 위원회 조직

위원회 조직은 분화된 각 담당자들이나 또는 부서 간의 협조와 조정을 통하여 전사적 입장에서 의사결정을 하기 위하여 구성되는 조직구조 형태이다.

위원회는 조직목표의 달성을 위하여 특별한 과업이나 문제를 해결하는 조직의 일상적인 업무를 수행하는 기구와는 별도로 구성한 전문가 또는 업무관계자들의 활동조직이다. 위원회는 두 유형으로 구분되는데, 조직에서 발생하는 특별업무를 처리하기 위한 인사위원회나 예산위원회와 같은 상임위원회와 특별한 업무를 처리하기 위하여 조직되는 임시위원회로 구성된다.

위원회의 장점으로는 각 전문 분야의 정보를 반영할 수 있기 때문에 합리적 의사결정을 할 수 있는 가능성이 높고, 결정과정이 민주적이고 구성원들의 창의력이 발휘될 수 있다는 점이다.

단점으로는 책임이 명확하지 못하거나 책임이 분산된다는 점과 회의과정에 시간적 낭비가 많다는 점, 위원들 상호 간에 논쟁으로 반목이 생기거나 타협적인 결정이 이루어져 최선의 결정이 되지 못한다는 점이다.

4) 기능조직

기능조직(직능부제 조직)이란 조직구조의 기본 변수(복잡성, 집권화, 공식화)를 상황(규모, 기술, 환경, 전략, 권력)에 따라 조절함으로써 조직을 설계한다. 기능조직에서는 구매 · 인사 · 회계 · 영업 등의 업무활동을 기능별로 분화하고, 기능관리자는 업무활동에 대한 제반사항을 최고경영층에 보고하도록 설계된다. 각 부서의 관리자는 해당 업무에 관련된 모든 사항을 책임지고 관리하게 된다.

이와 같은 조직구조는 업무가 표준화된 서비스를 위주로 하는 조직, 예를 들어 사회보험 관련 조직 또는 정신보건서비스 조직 등과 같은 데서 가능하다. 그러나 대부분의 사회복지서비스는 생산 일선에서의 완성품과 같이 서비스의 결과에 대해서 합의를 이루기 어렵기 때문에 사회복지 조직구조로서는 그리 흔하지 않다고 볼 수 있다. 이와 같은 조직구조가 효과적으로 되기 위해서는 서비스 검사 및 진단, 사정도구의 표준화가 이루어지고, 이를 네트워크로 공유하는 방향으로의 과학화가 훨씬 더 진전되어야 할 것이다.

기능조직의 장점 · 단점은 다음과 같다.

장점

① 규모의 경제 효과 : 유사한 업무를 결합하여 생기는 전문화의 이점을 기능별로 규모의 경제를 얻을 수 있으며, 동일한 장소의 업무수행으로서 자원과 노력의 낭비를 줄일 수 있다.

② 기능별 기술개방 용이 : 개인이 업무수행에 필요한 모든 기술을 소속부서 내에서 짧은 시간에 효과적으로 숙달하여 효과적인 기술 습득에 용이하다.

③ 조직분위기, 업무능률 향상 : 부서 동료들 사이에서 공통된 사고와 언어를 공유하게 되므로 조직분위기가 좋아지며, 업무능률을 최대로 향상시킨다.

단점

① 부문 간 상호 조정 곤란 : 부서 간의 상이한 목표는 부서 간의 상호 조정을 곤란하게 하여 조직 전체의 목표달성을 어렵게 할 수 있으며, 구성원은 부서 목표달성에 치중하여 조직 전체의 목표달성에는 제한된 시각을 갖는다.

② 책임소재 불분명 : 과업수행 결과에 대해 단일 기능부서가 전적인 책임을 질 수 없으므로 책임소재가 불분명하다.

③ 업무능률 감소 : 기능조직에서 야기되는 하위 부서 간 갈등은 목표와 수단의 전도되는 상황을 유발하여 업무 능률을 감소시킬 수 있다.

④ 환경적응과 혁신이 곤란 : 급변하는 환경에 대한 적응력이 매우 낮아 혁신이 늦어진다.

⑤ 최고경영자 양성 곤란 : 최고경영자 직무의 고유 특성인 통합적인 관리업무를 다루는 기술을 배우고 익힐 수 있는 직책의 부재로 조직 전반의 관리기술을 개발하기 어려워 별도의 훈련 계획이 필요하다.

5) 사업부제 조직

사업부제란 1차 조직구분에 제품별, 지역별, 고객별로 분할하여 독자적인 생산과정과 시장을 갖는 자기완결성이 높은 부문화를 이루고, 이익 책임을 갖는 경영단위를 말한다.

사업부제 조직구조는 대규모 조직에서 분권적인 조직원리를 이용하여 사업부단위로 조직을 편성하고, 각 사업부 단위의 독자적 생산과 마케팅, 관리 권한을 부여하는 구조이다. 그리고 제품별, 지역별, 시장별로 이익 중심점을 설정하여 독립채산제를 실시하고 각 사업부는 모든 과업의 계획과 집행, 성과의 분석까지 하나의 개별 조직처럼 운영되는 구조이다. 예를 들어, 모 화학회사의 경우 사업본부와 사업부로 구분된 18개 내부사업조직의 책임자가 모두 대표이사로 구성되어 있고, 6개월에 1회 보고만 하게 되어 있고 주주봉사실, 직원봉사실의 지원조직만 존재한다. 그리고 모 화학과 내부 사업조직은 계약관계를 맺는 구조로 되어 있다.

이와 같이 기업성장과 전략 다각화로 인하여 기업이 직능부제 조직의 한계를 넘어서서 기업수익을 향상시키고자 할 때에는 시장환경에 따른 혁신적이고 전략적인 의사결정으로만 가능하게 된다.

6) 동태적 조직

종래의 전통적 조직형태들은 지나치게 기능별로 전문화 · 부문화되고 경직화되어 있기 때문에 환경변화에 신속히 대응해서 증대되고 있는 각종 신제품 개발이나 신규 사업과제 등을 효과적으로 처리할 수 없는 문제점을 지닌다. 그래서 보다 환경변화에 유연하게 대처하기 위하여 신속하게 대응할 수 있는 동태적 조직이 요구되어 등장한 조직형태로 여기에는 프로젝트 조직과 매트릭스 조직이 있다.

〈표 4-2〉 매트릭스 · 프로젝트 조직의 비교

조직형태	장 점	단 점
매트릭스 조직	① 전문화의 원리(효율)와 시장적응의 동시 달성 ② 유동적인 인재의 이동활동이 용이 ③ 전문지식, 기술의 축적, 개발이 용이 ④ 지식, 기술의 전사적 이전, 활용이 용이	① 명령계통 간의 권력다툼이 발생하기 쉽다. ② 조정을 위한 의사결정이 지연되기 쉽다. ③ 책임, 권한이 애매하다. ④ 스트레스가 발생하기 쉽다.
프로젝트 조직	① 목적, 고객 지향의 증대 ② 분권화와 기동성의 촉진 ③ 책임, 평가의 명확성 ④ 후계자의 육성이 용이	① 자원중복 ② 분파주의 확대(인사의 경직화 등) ③ 단기적 성과지향 증가 ④ 스트레스가 발생하기 쉽다.

출처: 신복기 외(2020: 113).

7) 현대적 조직

오늘날 환경이 다양해지고 변화가 극심한 상황에 대처하기 위해 조직유형은 더욱 변형되고 있다. 이러한 환경에 대응하기 현대적 조직으로 모듈형 조직, 오케스트라 조직, 모래시계 조직, 꽃송이 조직 등이 있다.

(1) 모듈형 조직

버추얼(virtual) 조직의 첨단형태로서 조직의 설계 자체를 고정시키지 않고 필요한 경우에 즉흥적으로 짜 맞추어 조직을 만들어 사용하고 다시 헤쳐 모이기를 반복하는 조직이 모듈형(modular) 조직이다. 즉, 조직의 설계 자체를 고정화하지 않고 각 부서나 조직의 규정을 유연하게 해놓는 것이다. 이 조직의 장점으로는 전통을 유지하면서도 필요한 곳만 부분적으로 혁신이 가능하며, 환경의 신속한 인지와 환경감수성의 제고를 할 수 있으며, 창의적 해결책 모색이 가능하고, 부서 간 조정비용을 절약할 수 있으며, 각 부서의 정체성과 독립성을 유지할 수 있다.

(2) 오케스트라 조직

조직구조가 교향악단과 비슷해서 붙인 조직으로 음악을 연주하는 교향악단의 지휘자는 각기 다른 소리를 내는 여러 단원들에게 자율적으로 연주하도록 권한을 주고, 비전이나 경영방침에 비유되는 악보와 같은 가이드라인만 나누어 주고 지휘를 한다. 그럼에도 지휘자의 리더십은 어느 조직보다도 강조되며, 모든 단원의 행동은 지휘자를 중심으로 조화를 이룬다. 각 연주자들은 자기가 맡은 자리에서 자율적으로 코드에 맞추어 자기가 할 일만 하면 전체적으로 조화를 이루어 멋진 연주를 할 수 있다. 오케스트라(orchestra) 조직은 분권화되어 있고, 실무자가 많은 낮은 계층의 플랫(flat)한 조직, 그리고 조직의 최고 책임자 이외에 중간관리자의 수가 매우 적고 실무자의 수가 많다는 것이 장점이다.

(3) 모래시계 조직

전통적 조직에서는 조직의 상부의 지시사항을 중간관리층에 전달해 주고 지시하고 감독하고 평가하는 조직형태로 많은 중간관리층이 필요하게 되었다. 그러나 정보기술의 발달로 전체를 쉽게 관리할 수 있게 되면서 과거 상부에서 하부로 전달되는 시간과 필요 이상의 관리통제를 통한 실무자들의 창의력을 억압하는 등 단점이 있었으나, 이 조직은 모래시계처럼 상층과 하층으로만 되어 있어 하층 구성원들의 능력과 급여, 교육과 훈련을 통한 개인의 개발욕구를 충족시켜주는 장점이 있다. 그러나 단점은 조직의 상층과 하층의 사이의 갈등과 괴리를 조절하는 중간관리층이 없다는 것이다.

(4) 꽃송이 조직

이 조직은 조직의 가장 핵심이 되는 중앙부서가 맡고, 전체 연결망을 지휘하는 팀이 맡게 되며, 각각의 꽃잎들(부서)은 필요에 따라 만들고 없애는 것이다. 즉, 고객들이 한 곳에서 원스톱 서비스를 받을 수 있도록 하여 고객만족을 높일 수 있다는 것이 이 조직의 장점이다.

3. 사회복지조직의 원리

조직의 원리란 조직을 관리하는 데 준거해야 할 기준을 의미한다(임정문 외, 2020: 176-180).

1) 계층제의 원리

계층제(hierarchy)란 권한과 책임 및 의무의 등급화 정도에 따라 상하 간 계층을 설정(직무상 감독관계)하는 원리에 의해 등급화된 계층의 체계를 의미한다. 계층제의 특성은 일반적으로 조직의 규모와 전문화가 확대되어 업무의 다양성과 구성원이 증가하면 조직의 계층도 증가하게 되고, 단독제 형태로 단일의 의사결정 주체를 중심으로 운영한다는 점, 통솔범위의 원리와는 상반(반대)관계인 점, 계선조직의 일반 형태라는 점, 하위직은 정형적 업무를, 상위직은 비정형적 업무를 담당한다는 특성이 있다.

계층제의 장점으로는 통일성과 안정성의 유지, 권한과 책임한계의 설정기준, 명령, 의사소통, 권한위임의 통로, 상승욕구(승진)의 고취, 업무배분과 분쟁조정 수단 등이 있고, 단점으로는 조직 관리자의 독단화, 인간관계와 자아실현의 악화, 조직의 경직화와 할거주의의 대두 가능성, 비인간적 인간지배수단 등이 있다.

2) 통솔범위의 원리

통솔범위(span of control)의 원리란 한 사람의 상관이 부하를 관리하는 데에는 지휘의 한계가 있기 때문에 적정수의 부하나 하부조직을 가져야 한다는 원칙을 의미한다. 통솔범위는 그 조직의 여러 가지 조건에 따라 다르다. 직무의 성질, 감독자의 능력, 피감독자의 질, 지리적 분산도, 조직의 역사, 조직관리의 상태, 관리기술의 수준 등이 통솔범위에 영향을 미치는 요인이다.

3) 명령통일의 원리

명령통일(unity of command)의 원리는 오직 한 사람의 상관으로부터 명령을 받고 보고하여야 한다는 원리로, 이 원칙이 준수되어야 조직적인 활동과 의사전달의 능률성 및 책임성이 유지된다는 것이다. 명령통일의 원리는 누구에게 보고를 하고, 누구로부터 지시를 받아야 하는가를 알 수 있게 하여 지위의 안정감을 부여한다는 점, 조직책임자가 업무를 전체적으로 조명할 수 있고 통합할 수 있다는 점, 책임 소재가 명확하다는 점, 의사전달의 효용성이 확보된다는 점에서 장점을 지닌다. 그러나 업무의 상호 연관성이 높아지는 상황에서 이 원리만을 강조하면 수평적인 협력이 저하되어 오히려 비능률적일 수 있다는 점, 참모기관이 활성화되면서 상관과 참모기관 모두에게 보고해야 하는 문제가 발생한다는 점 등의 단점이 있다.

4) 분업 · 전문화의 원리

분업 · 전문화(division of work or specialization)의 원리는 조직에서 구성원 간의 업무를 분담시켜 일을 처리하는 것으로, 업무를 특성별로 구분해 가급적 한 사람에게 동일한 업무를 분담시키는 것이므로 분업이라고 부른다.

전문화의 유형에는 업무의 동일성을 기준으로 한 횡적 분업(기능적 분업, 수평적 분업), 업무의 특성에 의해 구분하는 종적 분업, 과학적 관리법의 시간 및 동작연구에 의한 상향적 분업, 최고 관리층의 POSDCRB 기능에 의해 발생하는 하향적 분업, 업무를 세분화하여 반복적 · 기계적으로 단순화함을 의미하는 일의 전문화, 교육훈련에 의해 이루어지는 사람의 전문화가 있다.

전문화의 장점으로는 조직의 능률성을 제고시키고, 조직능력을 향상시키는 효과도 있지만, 단점으로는 지나친 전문화는 업무의 동질화로 성원의 능력 발전을 저해하고 사기를 저하시키며, 조정의 비용이 증대되고, 전문화에 의한 무능이 발생한다.

5) 조정의 원리

조정(coordination)의 원리란 조직이 공동목적을 달성하기 위하여 행동의 통일을 기하도록 집단적 노력을 질서 있게 배열해야 한다는 원리이다. 조직이 대규모화 되고 복잡할수록 그 목적으로 효과적으로 달성하기 위해 조직 각 단위의 기능은 분업화, 전문화됨에 따라 각 단위가 목적을 상실하고 파편화되는 폐단을 초래하게 된다. 이러한 폐단을 방지하기 위해서 각 구성원의 개별적 노력을 통합화하는 기능이 필요하며, 이 통합화를 조정이라고 한다.

조정의 유형에는 대내적 조정과 대외적 조정, 통합적 조정과 비통합적 조정, 자율적 조정과 감독적 조정, 절차적 조정과 실체적 조정이 있다. 조정의 전략으로는 목표의 명확화, 의사전달의 촉진, 상위계층의 권위적 조정, 회의 · 위원회에 의한 조정, 조정기구의 설치, 아이디어에 의한 조정, 인사에 의한 조정, 계획과 환류에 의한 조정, 자율적 자기조정 등이 있다.

6) 부문화 부서화의 원리

부문화(departmentation)의 원리는 업무분화로 직무가 증가하여 업무의 효율성이 저해되고 갈등도 증가하므로 조직의 효율성을 위해 목적이나 기능에 따라 조직을 개편하는 것을 의미한다. 부문화의 방법은 동일한 역할자의 수, 시간, 기능, 지역, 서비스, 고객, 접근통로를 기준으로 한 7가지가 있다. 그 내용은 다음과 같다(Weinbach, 2014).

(1) 수 기준 부문화

수 기준 부문화는 한 슈퍼바이저 밑에 같은 역할을 수행하는 슈퍼바이저들을 소속시키는 방법이다. 그런데 이 기준만을 적용하면 개인의 능력 차이를 고려하지 못하게 된다. 이에 따라 다른 기준들과 같이 적용되는 경우가 많다.

(2) 시간 기준 부문화

시간 기준 부문화는 야간이나 주말에도 서비스를 제공해야 하는 경우 업무시간을 2교대 또는 3교대로 부문화하는 방법이다. 요양시설, 의료 및 보건서비스 조직 등 종일서비스를 제공해야 하는 조직에 적용하게 된다. 이 방법의 단점은 야간이나 주말 근무를 해야 하기 때문에 유능한 직원을 채용하기가 어렵다는 점, 야간 및 주말 서비스는 서비스의 질이 낮다고 인식되기 쉽다는 점, 교대하는 업무조 간에 활동상의 연결이 제대로 되지 않으면 조직의 기능이 단편화될 가능성이 있다는 점 등이다.

(3) 기능 기준 부문화

기능 기준 부문화는 조직구성원들의 능력, 선호도, 관심 등에 근거해 직무상 적성에 맞는 사람을 해당 분야에 배치하는 방법이다. 영업조직에서 생산, 판매, 경리 분야 등에 배치하는 방식과 유사하게, 사회복지조직에서도 직접적 서비스 전달, 홍보, 모금이나 자원배분 등의 기능을 기준으로 배치할 수 있다. 이 방법의 단점은 업무단위 간의 경쟁이 심해지면 협조 부족이나 부서 이기주의 등의 경향이 나타날 수 있다는 점이다.

(4) 지리적 영역 기준 부문화

지리적 영역 기준 부문화는 잠재적인 클라이언트들이 거주하는 지역에 따라 지리적 영역을 부문화해 서비스의 효율성을 높이고 고객에 대한 서비스의 책임 단위를 명확히 설정하고자 하는 방법이다. 이 방법의 단점은 서비스지역 간 업무량의 격차가 생기고, 클라이언트의 속성에 따른 가시적 성과의 차이, 지역사회의 관심의 차이, 동원 가능한 자원의 차이 등 때문에 고성과지역이 아닌 지역을 담당하는 업무 단위의 사기가 저하되며, 지리적 구분의 엄격성으로 인해 인근 지역임에도 업무 연계가 부족하게 돼 비효율성이 발생할 수 있다는 점이다.

(5) 서비스 기준 부문화

서비스 기준 부문화는 사회복지 실천방법에 따라 조직을 세분화해 서비스 제공의 전문화를 촉진하는 방법이다. 예를 들어, 케이스워크, 그룹워크, 지역복지 등에 따라 부문화하는 것이다. 이 방법은 복합적인 문제나 욕구를 가진 클라이언트에 대한 통합적인 서비스제공이 어렵다는 단점이 있다.

(6) 고객 기준 부문화

고객 기준 부문화는 클라이언트의 종류와 문제에 따라 고객 기준을 부문화함으로써 특정 문제에 특화하고 적정 업무량을 유지하게 하는 방법이다. 여기서는 한 명의 사회복지사가 복합적인 문제를 가진 클라이언트를 담당하게 된다. 클라이언트의 유형별로는 아동, 장애인, 노인, 여성 등으로 부문화할 수 있고, 문제별로는 비행문제, 가족문제, 학업문제, 고용문제, 경제적 문제 등으로 나눌 수 있다. 이 방법의 단점은 한 클라이언트의 문제가 복합적일 경우 한정된 지식과 기술을 가진 특정 서비스 제공자는 다양한 욕구에 대해 포괄적인 서비스를 효과적으로 제공할 수 없다는 점이다.

(7) 서비스 접근통로 기준 부문화

서비스 접근통로 기준 부문화는 클라이언트가 서비스에 접근할 수 있는 통로별로 업무를 부문화해 관리 업무를 특화함으로써 클라이언트의 접근성을 제고하도록 전문화하는 방법이다. 예를 들어, 병원과 알코올중독치료센터, 병원과 정신건강서비스센터 등 서비스에 따라 명확한 접근 통로가 있는 경우에 적용할 수 있다. 그런데 현재 대부분의 사회복지조직은 학교, 병원, 경로당, 대중매체 등 다양한 접근통로를 갖고 있어 적용성이 떨어지는 경우가 많다.

4. 사회복지조직의 설계

1) 사회복지조직의 모형

『관리자로서의 사회복지사』
(2014년 출판)

바인바흐(Robert W. Weinbach)는 1993년 그의 저서 『관리자로서의 사회복지사: 성공을 위한 실용적인 가이드(*The Social Worker as Manager: A Practical Guide to Success*)』에서, 사회복지조직은 조직활동의 성격에 맞게 조직모형을 선택할 필요가 있다고 주장한다. 그에 따르면, 사회복지조직의 모형에는 생산일선조직모형, 연계조직모형 및 고객서비스조직모형이 있다. 그 내용은 다음과 같다.

(1) 생산일선조직모형

생산일선조직모형은 조직 효과성을 추구하기 위해 조직과정을 고도로 합리화하는 방안이다. 이 모형은 표준화된 서비스를 전달하는 조직에 적용된다. 여기에서는 업무 단위는 중첩되지 않도록 세분화되고, 조직의 주요 기능은 업무단위별로 병렬 나열돼 수행된다. 사회보험관리조직을 예로 들 수 있다. 그러나 이 모델은 일선 조직구성원들의 전문적인 활동에 의존하는 대부분의 사회복지조직에 적용하기에는 한계가 있다. 사회복지조직들은 주로 적용하는 이론의 효과성을 측정하기 어렵고, 서비스 제공에 윤리 및 가치 판단이 개입되기 때문에 서비스 전달과정을 표준화할 여지가 크지 않다. 게다가 개입 결과의 바람직한 상태인 목표에 대한 합의 가능성이 높지 않기 때문에 조직활동의 합리성 수준을 판단할 기준을 마련하기 어렵다.

(2) 연계조직모형

연계조직모형은 조직의 일차적 기능이 중계자의 역할인 조직에 적용되는 모형이다. 연계조직은 사람과 서비스를 연결지어 주는 활동을 주된 업무로 삼는다. 입양기관과 사회복지서비스 안내 및 의뢰기관을 예로 들 수 있다. 이 조직의 세부적인 역할은 지역사회 자원에 대한 자료수집, 타 기관의 접수담당요원과의 연결체계의 구축, 개인과 서비스가 잘 연계되도록 하는 계약관계의 주선 등이다.

(3) 고객서비스조직모형

고객서비스조직모형은 서비스의 비표준화가 특징인 조직에 적용되는 모형이다. 많은 사회복지조직에 적용되는 모형으로 전문직관료제모형과 유사하다. 이 모형에서는 조직의 목표달성과 기능수행에 있어서 일선 조직구성원들의 개별화된 서비스의 비중이 절대적이다. 일선 조직구성원들의 전문적인 서비스 제공 활동에 크게 의존하기 때문에 이들은 전문적인 업무수행에 관해 상당한 자율성을 갖는다(심상용, 2017: 207-208).

2) 네트워크조직

최근에는 네트워크조직이 주목을 받고 있다. 네트워크(network)는 사전적으로는 그물망 또는 연계망을 뜻한다. 네트워크조직은 일반적으로는 특정 활동을 수행하기 위해 각 단위가 긴밀하게 연결돼 조직적이고 효율적으로 움직일 수 있도록 만든 조직활동의 체계를 의미한다. 이처럼 네트워크조직은 조직 간의 의사소통과 협력활동을 활성화하기 위한 조직운영방식이다. 애초에 네트워크조직은 외부 자원을 활용해 유연성을 확보하는 기업 간 네트워크를 지칭하는 의미로 사용됐다.

네트워크조직은 사회복지조직에도 유용하게 적용될 수 있다. 사회복지조직에서의 네트워크는 지역사회에서 상호 관련된 조직들의 협력체계로 이해될 수 있다.

네트워크조직의 필요성은 다음과 같다(Alter, 2000).

첫째, 자원 획득을 위해 필요하다. 한 조직만으로는 자원 획득이 어려운 경우 공동으로 자원획득을 시도할 수 있다.

둘째, 새로운 조직활동 영역을 확충하기 위해 필요하다. 보충적 서비스 제공 기관 간의 연계는 조직의 활동영역 확충에 기여한다.

셋째, 경쟁력 강화를 위해 필요하다. 비교열위의 조직들이 연계해 자원과 역량을 확충함으로써 과업환경 내에서 비교우위의 경쟁조직에 대해 경쟁력을 보충할 수 있다.

넷째, 변화하는 환경에 적응하기 위해 필요하다. 이를테면, 선도적인 사업을 시범적으로 시행하기 위해 인적자원을 공동으로 운영할 수 있다.

다섯째, 규모의 경제 실현과 비용 절감을 위해 필요하다. 같은 서비스 대상에게 상이한 서비스를 제공하는 조직들은 접수창구 등을 공동으로 운영할 수 있다.

네트워크조직은 조직군, 핵심 조직, 네트워크 유지 구조라는 3가지 요소로 이루어져 있다. 조직군은 특정한 네트워크에 속해 있는 모든 조직을 말한다. 여기에는 유사한 영역의 민간 및 공공, 행정 및 집행체계에 속해 있는 기관과 프로그램들이 포함된다. 핵심 조직은 조직군에서 핵심이 되는 조직이다. 이 조직은 네트워크를 구성하는 조직들 간의 다양한 교환관계에서 조정 역할을 수행하는데, 공식적 · 합법적으로 자원 및 활동을 통제하는 경우가 많다. 네트워크 유지 구조는 조직들 간의 네트워크를 개발하고 유지하는 데 필요한 구조를 말한다. 여기에는 비공식적인 모임, 공식적인 협의체, 기획기구 등이 있고, 네트워크 활동을 수행하기 위한 별도의 조직구조를 설계할 수도 있다(심상용, 2017: 210).

5. 사회복지조직과 환경

사회복지조직의 환경은 사회복지조직의 기능에 영향을 주는 내 · 외적 요소와 각종 인적 · 물적 · 문화적 · 사회적 자원 활용, 상호관계, 행정조치 및 사회복지 서비스 이용과 욕구충족 정도 등에 따라 구분할 수 있다. 그리고 현대 우리 사회의 고령화에 따른 노인복지의 질적 · 양적 향상과 장애인 · 부녀자 · 청소년 · 소외계층의 사회복지서비스를 효율적으로 추진할 수 있는 사회복지조직이 필요하다.

사회복지조직의 환경을 잘 조성하기 위해서는 사회복지조직의 재정적 안전성, 사회복지 전문가 육성과 사회복지조직원의 처우개선이 이루어져야 하고, 지역사회와 각종 유관기관 및 시민단체의 자율적 참여와 네트워크가 형성되어야 하며, 주민과 수요자가 질 높은 사회복지서비스를 받을 수 있는 인프라 구축과 프로그램 개발 그리고 정부와 지방자치단체장의 높은 관심이 요구된다.

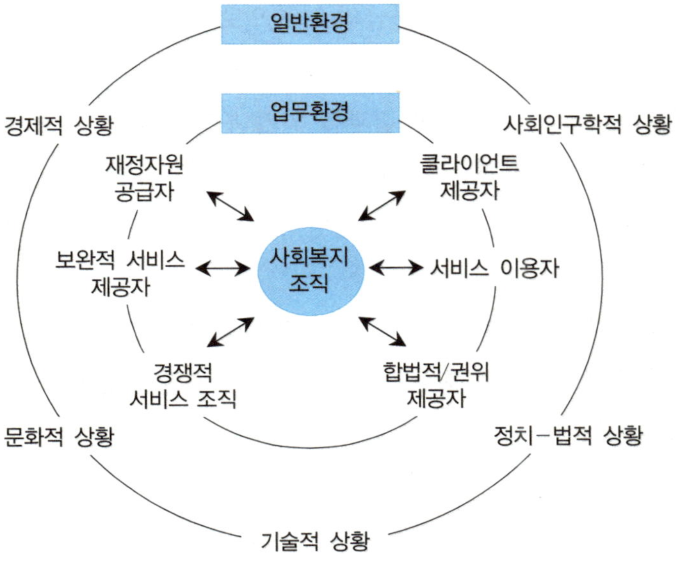

자료: 김영종(2017: 128).

[그림 4-1] 사회복지조직의 환경

1) 사회복지조직의 환경적 특성

사회복지조직은 공공성을 지니며, 그 목적을 달성하기 위한 인적 · 물적 변수의 효율적 조직이나 관리라는 점에서 공통의 일반조직과 같은 특성을 가진다. 특히, 인간을 대상으로 하는 고유의 특성이 있는 조직이므로 도덕적 가치, 목표가 모호하며, 환경과의 관계에 어려움이 예상되고, 사회복지조직의 지식과 기술이 불완전하며, 핵심활동이 사회복지 요원과 클라이언트의 관계로 구성되고, 조직을 측정할 표준척도가 부재하다. 그 내용은 다음과 같다(김형수 외, 2018: 85).

첫째, 조직의 구성원이 도덕적 가치를 부여받은 인간이며, 조직활동에 대부분 영향을 미친다. 사회복지서비스 기술이 도덕적으로 정당화되어야 하는 이유는 클라이언트와 관련된 모든 활동은 중대한 도덕적 결과를 초래하기 때문이다.

둘째, 사회복지조직의 목표가 모호하고 문제점을 가지며, 그 이유는 모든 사람이 갖는 가치관과 규범의 상호 합의가 어렵기 때문이다.

셋째, 사회복지조직은 환경과의 관계에서 많은 불확실성과 어려움이 있다. 사회복지조직의 운영과정에서 운영자금의 부족으로 인하여 조직 주변의 환경변화에 쉽게 영향을 받기 때문이다.

넷째, 사회복지조직은 바람직한 결과를 얻기 위한 지식과 기술이 불완전하다. 그 이유는 인간의 속성이 변동적이고 불안정하기 때문이며, 사람이 기능하는 기술과 변화방법의 지식이 단편적이고 불안하고, 사회복지관이 변화하고자 하는 속성의 관찰과 측정이 어렵기 때문이다.

다섯째, 사회복지조직의 효과성을 확실하고 타당하게 측정할 표준척도가 없다. 이는 조직목표의 다양성과 모호성, 서비스 기술의 불완전성, 인간 속성의 관찰과 측정의 어려움 때문이다.

그러므로 사회복지조직의 환경적 특성은 사회의 일반조직에 비하여 대부분의 업무와 서비스가 지역주민과 클라이언트를 대상으로 하기 때문에 사회복지조직의 요원이 도덕적으로 정당화되어야 하며, 사회복지조직의 목표를 좀 더 구체적이고 뚜렷하게 정하기 위한 조직환경을 개선해 나가야 하고, 사회복지환경을 원활히 하고 바람직한 결과를 얻기 위하여 복지자원을 많이 확보할 수 있는 방법과 함께 사회복지 전문요원의 지식, 기술, 방법, 프로그램을 개발하여 현장에 적용함을 게을리 해서는 안 된다. 그리고 사회복지조직의 효과성을 높이기 위하여 사회복지조직의 다양성과 뚜렷한 목표설정, 복지서비스 기술의 완전성 확보와 클라이언트와 주민의 만족도 측정과 점검을 통하여 언제나 서비스의 질을 향상시키는 데 주력하여야 한다.

2) 사회복지조직의 환경요소

사회복지조직은 외부환경과의 관계에서 환경으로부터 조직에 대한 지지 및 인적 · 물적 지원, 기술지원 등을 받을 수 있으나, 반대로 외부환경에 의해 목표나 활동이 제약받을 수 있는 특성이 있기 때문에 여러 다른 조직과는 다르게 환경과의 관계를 유지하고 있다. 이러한 관점에서 볼 때, 환경요소를 세밀하게 고찰한다면 현재와 미래에 있어서 환경이 조직에 미칠 영향을 파악할 수 있어 조직의 존립 · 유지에 필요한 세부목표의 변경, 활동전략의 수립, 상황에 맞는 프로그램 개발이 가능하므로 이러한 환경요소를 정확히 파악함은 복지조직에서 대단히 중요한 일이라 볼 수 있다.

사회복지조직의 환경요소는 일반환경과 업무환경으로 구별할 수 있다(Hasenfeld, 1982).

(1) 일반환경

일반환경(general environment)의 세부조건은 경제적 조건, 사회인구통계학적 조건, 문화적 조건, 정치적 · 법적 조건, 기술적 조건 등이 있다.

첫째, 경제적 조건, 즉 일반적 경제상태(경기호황 정도, 경제성장률, 실업률 등)는 사회복지조직에 직 · 간접적 영향을 미친다. 일반적 경제상황은 사회복지조직의 자원공급을 결정하며, 복지서비스 수요 결정의 주요 요인이 된다.

둘째, 사회 · 인구 · 통계학적 조건은 연령과 성별 분포, 가족구성형태, 인종, 거주지역 분포, 사회적 계층 구분은 사회문제와 욕구발생에 밀접한 관계가 있다. 청년실업이 증가하고 실업연령이 낮아지는 현상은 새로운 직업군을 개발하는 문제와 청년에 대한 복지조직의 역할도 생각해 보아야 함을 나타낸다.

셋째, 문화적 조건은 사회의 우세한 문화적 가치(노동윤리)에 민감하게 작용한다. 사회복지조직은 당시의 문화적 · 도덕적 체계를 반영하며, 이를 제도에 증진 · 강화 · 지지하여 규범적 체계에 의하여 다양한 조직이 발생된다.

넷째, 정치적 · 법적 조건은 복지조직이 사용하는 주요 부분이 공적으로 관할되고 정치적 과정에 의하여 결정된다. 정치적 조건은 '선성장 후분배'와 성장과 배분 균형 등의 정부정책기조이며, 법적 규제는 서비스 제공의 준수조건과 클라이언트의 통제를 들 수 있다. 법적 조건이란 국가나 지자체에서 만든 법률, 명령, 규칙, 조례 등이 복지조직의 활동을 제한한다.

다섯째, 기술적 조건은 의료, 정신건강, 교육, 사회계획 분야 등의 기술개발 정도이다.

(2) 업무(과업)환경

업무환경(과업환경, task environment)의 세부조건은 재정자원제공자, 합법성과 권위제공자, 클라이언트 제공자, 보충적 서비스 제공자, 조직의 산출물을 소비 · 인수하는 자, 복지조직과 경쟁하는 조직이 있다(오종희 외, 2021: 151-152).

첫째, 재정자원의 제공자이다. 이는 재정지원을 제공하는 중앙 및 지방정부, 기업체, 공동모금, 개인후원, 유료 클라이언트 등이 해당된다. 우리나라는 대부분 국가보조에 의존하고 있으며 앞으로 과제는 기부문화를 정착시키는 일이다.

둘째, 합법성과 권위제공자이다. 이는 사회복지조직에 대하여 사회적 지지와 정당성 및 권위를 제공하는 사람이다. 권위제공자는 정부, 공공사회복지 전달체계, 사회복지 관련 협의회, 의회, 운영법인, 시민단체이며, 정당성 확보와 사회적 승인은 지역사회와 수요자 집단, 전문가 집단에 의해서 인정된다.

셋째, 수요자 제공자이다. 이는 직접 서비스 대상이 개인과 주민 그리고 클라이언트를 의뢰하는 타 조직, 집단, 개인이 될 수 있으며 정부기관과 학교가 된다.
넷째, 보충적 서비스 제공자이다. 이는 사회복지조직이 모든 서비스를 다할 수 없기 때문에 기타 조직과 긴밀한 협조와 연계구축이 요구되며, 전문기관에 보충적 서비스를 의뢰하게 된다. 예를 들어, 알코올 치료와 자폐아 치료가 될 수 있다.

다섯째, 조직의 산출물을 소비 · 인수하는 자이다. 이는 수요자와 그 가족, 기관, 시설, 지역사회, 국가가 포함된다. 사회복지조직에서 문제가 있는 클라이언트를 치유한 후에는 일반인으로 받아들여(인수자) 활용할 조직(소비자)이 필요하다.

여섯째, 경쟁조직들이다. 조직은 클라이언트나 기타 자원들을 놓고 상호 간에 경쟁을 하게 되는데, 조직이 이에 대해 접근하는 데 영향을 미치는 조직을 경쟁조직이라 한다. 예를 들어, 가족복지기관은 클라이언트를 놓고 개인적인 가족치료자들이나 가족상담기관들과 경쟁할 수도 있다.

3) 사회복지조직과 환경의 관계

세계의 정치적 변화는 사회복지조직에 직접적 영향을 미친다. 이는 사회복지의 정책과 예산에 밀접하고 직접적인 관계가 있기 때문이다. 사회복지는 자유주의 규범 · 제도의 기반에서 발전을 시작하여, 역사적으로 구성 및 재구성되는 구성주의를 거치면서, 행위, 이슈, 활동공간의 복합주의로 발전하였다. 최근에는 네트워크주의가 발생하여 전략, 금융환경, 시민사회, 복지조직의 네트워크가 필요한 시대적 상황으로 변화하였다. 이는 작은 사회복지조직이 거미줄 조직의 영향을 적게 받으면서, 네트워크를 세부적으로 구성할 수 있기 때문이기도 하다.

사회복지조직의 환경을 잘 조성하기 위해서는 사회복지조직의 재정적 안전성, 사회복지 전문가 육성과 사회복지 조직원의 처우개선이 이루어져야 하고, 지역사회와 각종 유관기관 및 시민단체의 자율적 참여와 네트워크가 형성되어야 하며, 주민과 클라이언트가 질 높은 사회복지서비스를 받을 수 있는 인프라 구축과 프로그램 개발 그리고 정부와 지방자치단체장의 높은 관심이 요구된다. 구체적으로 살펴보면 다음과 같다(김형수 외, 2018: 93-94).

첫째, 사회복지조직의 재정적 안전성을 유지하기 위해서는 중앙정부 차원의 사회복지비가 증가하여야 하며, 사회복지조직도 스스로 자원봉사자 활용, 지역사회기관과 협력, 많은 시민이 참여할 수 있는 제도적 장치가 함께 이루어져야 한다. 그리고 후원자를 많이 개발할 수 있는 프로그램 개발과 이벤트 행사와 각종 평가대회, 우수사례 발표대회, 각종 T-Group(Training Group: 주민 스스로가 형성하는 다양한 민간조직) 육성을 많이 하여 재정확보와 조직활성화에 기여하여야 한다.

둘째, 사회복지전문가 육성과 사회복지사와 사회복지기관의 직원 처우개선을 통하여 사회복지사업과 서비스의 질을 높여야 한다.

셋째, 지역사회와 사회복지 유관기관 그리고 사회복지 관련 시민단체가 자율적으로 참여하여 함께 더불어 사는 지역사회의 생활공동체를 형성하여야 한다. 이를 위해서는 공공기관, 자활후견기관, 고용안정센터, 사회복지관, 보건소, 사회복지시설, 시민사회단체, NGO단체, NPO조직이 연계하는 사회복지 네트워크 형성과 통합서비스를 위한 전달체계가 갖추어져야 한다. 지역사회 생활공동체 형성을 위해서는 ① 주민공유의식 함양을 위하여 단합행사와 이웃 주민의 모임구성 및 봉사활동참여가 요구되고, ② 어려운 이웃과 협동정신 함양을 위해서는 어려운 이웃을 돕고 복지시설에 봉사활동을 하며 독거노인을 돕는다. ③ 주민공동프로그램으로 주민정보화 교육과 소득증대방안과 각종 정보를 획득하는 교육을 받으며, ④ 주민복지조직 간 협력방안으로 조직 상호 간 정체성을 존중하고 단합행사와 주민공동참여, ⑤ 주민참여를 위한 전략적 홍보와 행정기관의 협조와 지원, 주민 상호 간에 적극 참여하기가 필요한 것으로 나타났다.

넷째, 사회복지시설 및 인프라 구축과 각종 사회복지 프로그램 개발을 위한 재정적 · 행정적 지원이 요구된다. 물론 전자에서 지적한 정부의 예산을 증액시키면 되지만, 그 구체적이고 실질적인 복지인프라 구축을 위해선 단순한 몇 가지의 시설을 설치하는 일도 중요하지만, 노인봉양을 위한 자녀교육 및 평생교육에서의 경로효친사상을 전승하는 것도 매우 중요하다. 그리고 사회복지 프로그램 개발을 위해서는 각급 사회복지기관 및 복지시설마다 사회복지 프로그램 매뉴얼을 제작하여 보급하여야 한다. 각급 클라이언트별 사회복지시설 이용과 각종 정부 정책적 · 행정적 · 재정적 혜택방법을 제시해 놓으면, 누구나 편하고 쉽게 복지기관과 시설을 활용할 수 있을 것이다.

〈연 습 문 제〉

1. 사회복지기관의 효과적인 조직화를 위한 요건으로 적절하지 않은 것은?
   ① 위계체계는 되도록 간소화될 수 있어야 한다.
   ② 서비스 제공자의 관점이 우선시되어야 한다.
   ③ 환경변화에 대해 능동적으로 대처할 수 있도록 해야 한다.
   ④ 구성원의 전문성을 끌어내기 위해 자율성을 부여해야 한다.
   ⑤ 명확한 보고체계가 갖추어져야 한다.

2. 위원회와 이사회에 대한 설명으로 옳지 않은 것은?
   ① 위원회는 기관의 활동을 방해하는 문제 탐구, 문제해결을 위한 계획의 개발, 권고의 기능을 수행한다.
   ② 위원회 운영의 장점으로는 행정의 참여적 권리를 실현하여 지역주민의 참여를 독려할 수 있다는 점 등이다.
   ③ 이사회는 조직이 그 목표를 달성할 수 있도록 법률적 책임을 지고 있는 조직의 정책결정 기구이다.
   ④ 법률적 의미에서 이사회는 법인의 사무를 집행하며, 원칙적으로 법인을 대표하며, 법률행위를 하는 직무권한을 가지는 상설적 필요기관이다.
   ⑤ 이사회의 규정은 사회복지사업법과 사회보장법에서 규정한다.

3. 사회복지조직의 환경적 특성이 아닌 것은?
   ① 도덕적 가치 ② 모호한 목표 ③ 환경과 관계의 어려움 예상
   ④ 관료주의적 조직 ⑤ 조직을 측정할 표준척도 부재

4. 사회복지조직의 환경개선방법이 아닌 것은?
   ① 사회복지조직의 문제점과 결점을 해결
   ② 지역사회자원의 활용과 목적달성
   ③ 행정기관 및 사회복지관과 복지시설의 개혁방법·개발과 수행
   ④ 개혁의 장애요인제거와 개혁정책과 수행
   ⑤ 조직의 업무만 열심히 추진

정답 1. ② 2. ⑤ 3. ④ 4. ⑤

Chapter 5

사회복지서비스 전달체계

개 요

사회복지서비스의 전달체계는 사회복지서비스의 공급자와 클라이언트 간을 연결시키기 위한 '조직적 장치'이자 조직적 체계이다. 여기에서는 공공과 민간의 사회복지전달체계를 학습하고자 한다.

학습목표

1. 전달체계의 이해
2. 공공과 민간의 차이점
3. 현실적 적용과 사례연구

학습내용

1. 사회복지서비스 전달체계의 개념
2. 사회복지서비스 전달체계의 구분
3. 사회복지서비스 전달체계의 구성원칙
4. 공공사회복지서비스 전달체계
5. 민간사회복지서비스 전달체계

Chapter 05
사회복지서비스 전달체계

1. 사회복지서비스 전달체계의 개념

1) 사회복지서비스 전달체계의 정의

사회복지행정은 사회복지정책을 구체적인 사회복지서비스로 전환시켜 클라이언트에게 전달하는 과정에 관한 활동이다. 사회복지행정의 목적이 클라이언트의 복지증진을 위하여 효과적이고 효율적인 서비스의 제공에 있다면 이 서비스의 전달체계에 대한 이해는 중요하다. 사회복지서비스의 전달체계를 통해서 클라이언트의 선정에서부터 서비스 제공에 이르는 전반적인 활동이 이루어지기 때문에 전달체계의 구축의 문제와 전달체계의 현황을 검토하고 문제점을 분석하여 그 개선방안을 살펴보는 것이 필요하다(오종희 외, 2021: 165).

사회복지행정에 있어 전달체계는 급여 또는 서비스를 효율적으로 클라이언트에게 전달하기 위하여 어떠한 조직을 통해서 실천할 것인가의 전략을 선택하는 것이다. 공급자는 전달체계를 통하여 수요자에게 사회복지 급여나 서비스를 제공하고, 수요자는 전달체계를 통하여 원하는 급여나 서비스를 제공받는다. 즉, 사회복지서비스 전달체계란 지역사회 안에서 복지서비스 공급자들 사이에 그리고 복지서비스 공급자와 소비자들 사이에 존재하는 조직의 배열을 지칭하는 것이다. 따라서, 사회복지서비스의 전달체계(delivery system)는 사회복지서비스의 공급자와 클라이언트 간을 연결시키기 위한 '조직적 장치(organizational arrangements)'이자 조직적 체계라고 할 수 있다(Terrell, 2012). 즉, 사회복지서비스를 공급하는 자들 간의 조직적인 연계 및 공급자와 소비자 간의 조직적 연결이다. 사회복지서비스 전달체계는 공급자의 수요자 욕구 조사→공급자에게서 전달체계로→전달체계에서 수요자로→수요자의 피드백이 공급자로 이르는 과정을 반복하면서 전달체계의 사이클을 만들어 나가고, 전달체계가 수정되거나 보완되기도 한다(김형수 외, 2018: 285).

사회복지서비스가 원활히 제공되기 위해서는 사회복지정책에 의해 할당된 자원을 서비스로 전환해 제공할 때 전국 및 지역사회 차원에서 어떤 조직적인 관계를 활용할 것인가에 대해 합리적인 선택이 이루어져야 한다. 사회복지서비스 전달체계(delivery system)에 대한 선택은 서비스가 효과적 · 효율적으로 제공되는 데 영향을 줄 수밖에 없다. 따라서, 전달체계는 자원할당 시 수립된 사회적 목표를 달성하기 위해 서비스 공급자로부터 소비자에 이르는 서비스 전달과정에 대해 최적의 선택을 하도록 고안되어야 한다. 이때 서비스 전달의 전략(delivery strategy)은 서비스 전달체계의 전체적인 구조, 서비스를 전달하는 각 단계 단위들 간의 연결, 공급자의 지리적 위치, 서비스 전달을 담당할 인력의 자질과 능력 등에 대한 선택을 포함한다(Terrell, 2012).

그러므로 사회복지 전달체계란 사회복지서비스의 공급자와 소비자를 연결시키기 위한 조직적 장치로 정의할 수 있으며, 지역사회 내에 존재하는 사회복지서비스의 공급자 간을 연결시키기 위하여 또는 사회복지서비스의 공급자와 소비자를 연결시키기 위하여 만들어진 조직적 체계인 것이다.

2) 사회복지서비스 전달체계의 중요성

사회복지행정이란 사회복지정책을 구체적인 사회복지서비스로 옮기는 과정을 의미한다. 이러한 행정과정에는 인력과 재정을 바탕으로 한 조직구조와 관리운영이라는 두 가지 측면으로 이루어진다. 사회복지행정의 궁극적인 목적이 클라이언트의 복지권을 보장하는 효과적이고 효율적인 전달체계를 마련하여 클라이언트에게 적합한 서비스를 제공해 주는 것이라고 한다면, 사회복지서비스의 전달체계가 어떻게 구축되느냐 하는 것은 매우 중요하다. 왜냐하면 클라이언트의 선정, 수혜자격 요건의 설정, 서비스 내용과 방법에 관한 사회복지정책들이 실제로 나타나게 되는 것은 바로 사회복지서비스의 전달체계를 통해서 이루어지기 때문이다.

사회복지행정도 다른 사회복지서비스와 같이 사회복지정책이 구체적인 사회복지서비스로 전환되어 서비스를 필요로 하는 클라이언트에게 전달되어야 정책이 의도하는 바가 달성될 수 있다. 많은 학자들은 사회복지행정에서 전달체계의 중요성을 지적하고 있다. 사회복지에 있어서 전달체계란 급여 또는 서비스를 효율적으로 수혜자에게 전달하기 위하여 어떠한 조직을 통해서 실천할 것인가의 전략을 선택하는 것이다. 따라서, 사회복지서비스 전달체계는 사회복지서비스의 공급자인 공 · 사기관과 수혜자인 클라이언트를 연결시키기 위한 조직적 장치라고 말할 수 있을 것이다. 이와 같은 정의에 비추어 볼 때, 전달체계는 조직체인 모든 공 · 사기관들이 정부의 정책 또는 민간기관의 방침에 따라서 그 조직에 속해 있는 인력이 클라이언트에게 어떤 성질의 서비스를 제공하느냐를 결정 짓게 되는 것이므로, 사회복지행정을 효과적으로 실현하기 위해서는 전달체계의 활동이 필수적임을 알 수 있다.

사회복지서비스 전달체계의 이해를 위한 새로운 행정적 지식에 대한 필요성은 일차적으로 전체 사회(국가 또는 지역사회)의 복지증진에 있다. 한 사회가 사회복지의 문제해결을 위해 사회복지조직들에 자원을 위탁하는 이유는 이들 조직이 그 자원을 활용해서 전체사회의 복지증진에 기여할 것으로 믿기 때문이다. 따라서, 전체 사회가 자원을 위탁하고 서비스를 위임하는 방식이 개별 조직별로 이루어진다. 이런 경우에 분화된 개별 조직들이 각자 나름대로의 효과성과 책임성을 다하고 있어도 그것만으로 전체 사회의 목적이 실현되고 있다는 것과 반드시 연결되지는 않는다. 개별 조직들의 활동을 전체의 목적에 기여하도록 만들기 위해서는 다수의 조직들 간에 나타나는 상호작용의 과정이나 기능, 구조 등을 파악해서 개별 조직활동들을 조정하고 통합하는 역할이 필요한 것이다. 이를 위해서는 서비스 전달체계에 대한 이해가 반드시 필요하다.

사회복지전달체계의 모형을 그림으로 표현하면 다음과 같다.

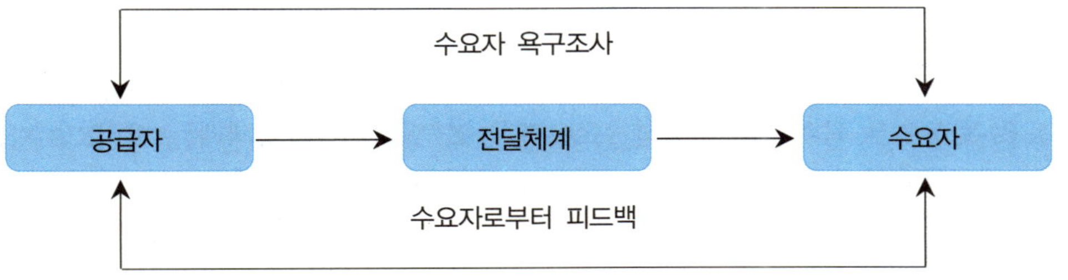

자료: 이종복 외(2015: 270).

[그림 5-1] 사회복지전달체계의 모형도

2. 사회복지서비스 전달체계의 구분

1) 구조 기능적 구분

사회복지서비스들이 기획되어 최종적으로 서비스 수급자들에 이르기까지의 구조와 과정을 서비스 전달체계라고 본다면, 구조 기능적 성격은 사회복지서비스를 공급하는 자들을 중심으로, 그들 간에 구조와 기능이 어떻게 분화되어 있는지를 살펴보는 것이다. 그 안에는 다수의 조직(정부, 기관, 시설, 단체, 개인 등)과 프로그램들이 각자의 분화된 기능들을 수행하고 있을 것이다.

사회복지서비스 전달체계는 간접적인 지원을 하는 행정체계와 집행체계로 다음과 같이 구분할 수 있다.

〈표 5-1〉 구조 · 기능 기준 분류

분류	내 용
행정체계	서비스전달을 기획 · 지원 및 관리하는 체계 (예, 보건복지부→특별시 · 광역시 · 도→시 · 군 · 구)
집행체계	전달자가 소비자와 상호접촉을 통해 서비스를 전달하는 체계 (예, 읍 · 면, 동→수혜대상자)

자료: 한국복지행정학회(2014) 재구성.

행정체계는 서비스 전달을 기획하고, 지시하고, 지원하고, 관리하는 행정기능들을 중심으로 묶여지는 조직과 프로그램들을 말하며, 집행체계는 서비스 수급자들과 직접적인 상호작용의 관계를 통해 서비스를 전달하는 과정에 있는 것들을 묶어 집행체계라 한다. 사회복지서비스를 클라이언트에게 직접 전달하는 대부분의 일선 사회복지조직들은 서비스 전달체계 내에서 집행기능을 갖춘 집행체계에 속해 있다.

이처럼 개별 조직이나 프로그램들을 각각의 역할과 기능들을 통해 파악하게 되면 서비스 전달체계의 책임성을 규명하는 데도 도움이 된다. 서비스 전달체계에서 책임성의 문제가 대두될 때, 그것이 행정체계에 기인하는 것인지 아니면 집행체계의 미비 때문인지를 분리해서 고려해야 하기 때문이다. 만약 이와 같은 분리-분석이 실패하게 되면, 많은 경우에 행정체계의 미비로 인한 문제들이 집행체계의 문제로 떠넘겨지는 경향도 이로 인해 나타나게 되는 것이다.

민간사회복지기관도 행정체계와 집행체계로 구분할 수 있다. 사회복지관의 경우 개인, 집단 및 지역사회를 대상으로 서비스를 제공하는 일선 부서들은 집행체계라고 할 수 있다. 반면, 관장을 비롯해 기획, 관리, 정책수립의 역할만을 담당하는 행정담당자들은 행정체계에 속한다. 일선 슈퍼바이저들은 슈퍼비전 업무와 직접적인 서비스제공업무까지 담당하기 때문에 행정기능과 집행기능을 함께 맡고 있고, 행정체계와 집행체계의 연결기능을 담당한다. 지역사회의 사회복지협의회의 경우, 민간사회복지기관들 간의 연합조직으로서 정보교류, 자원개발 및 배분, 연계 및 협력 등의 고유기능을 담당하는 행정체계라고 볼 수 있다. 그런데 직접적인 서비스 제공에도 참여한다면 집행체계의 성격 역시 갖는다(심상용, 2017: 153).

2) 운영주체별 구분

사회복지서비스 전달체계 내의 모든 조직과 프로그램들은 민간 또는 공공(공적) 조직에 의해 운영된다. 이에 따라, 운영주체의 성격을 기준으로 조직과 프로그램들은 민간체계와 공공체계로 나누어진다.

① **공공체계(공적 전달체계)** : 보건복지부를 중심으로 한 특별(광역)시 · 도, 시 · 군 · 구 등 정부조직 관련 부서들의 위계적인 체계망

② **민간체계(사적 전달체계)** : 복지재단, 자원봉사단체, 사회복지협의회, 이용 및 수용시설들, 단체, 개인 등 수평적인 체계망

〈표 5-2〉 운영주체 기준 분류

구분	담당	적용	특징
공공전달체계	정부, 공공기관	보건복지부→특별시 및 광역시 · 도→시 · 군 · 구→읍 · 면 · 동→지역주민	· 안정적인 재정 · 관료적이고 분업화된 체계 · 환경 변화에 둔감
민간전달체계	민간단체	복지재단, 자원봉사단체, 사회복지단체, 사회복지협의회 등	· 취약한 재정 · 융통적 · 창의적이고 유연한 체계 · 환경 변화에 민감

자료: 한신애 외(2018: 136) 재인용.

공공서비스 전달체계는 사회보험과 공공부조에 관련되는 서비스들을 제외한 대부분의 대인적 사회복지서비스들을 민간전달체계에 위탁하거나 의존하고 있다. 이러한 경우에 서비스 전달체계의 구조 기능적 구분과 결부시켜 보면, 공공체계는 행정체계로서, 민간체계는 집행체계로서의 기능들을 주로 담당하는 분화현상을 보인다.

공공과 민간은 서비스 전달을 위한 자원동원의 양식에서 우선 구분된다. 공공체계는 주로 강제적 세금 자원에 의해서 유지되고, 민간체계는 기부, 위탁, 후원, 자원봉사 등과 같은 자발적 자원들에 의해 유지된다. 이에 따라, 공공전달체계와 민간전달체계의 장점과 단점이 엇갈려서 나타난다.

공공전달체계를 통한 서비스 자원의 흐름을 보면, 세금 형태의 비교적 고정적

인 자원들이 관료제적 조직구조를 통해 전달되므로, 이러한 형태의 자원이나 서비스들은 일차적으로 안정성을 확보하는 데 유리하다. 공공전달체계에 의해 지원을 받는 개별 서비스 조직이나 서비스 수급자들로서 늘 이러한 공공전달체계가 제시하는 자원의 안정성은 매우 매력적이다. 반면에, 그러한 흐름이 관료제적 구조를 통해 전달되기 때문에 서비스의 경직성을 초래하기 쉽다. 급격하게 변화하는 사회복지서비스 환경들 속에서 관료제적 체제는 실천현장의 요구들에 민감하게 반응하여 무엇이 변화되기란 쉬운 일이 아니다.

민간전달체계는 공공전달체계와는 상반되는 장·단점들을 갖는다. 민간전달체계는 다수의 조직이나 프로그램, 단체, 개인들이 서비스 전달과 관련해서 나름대로의 역할과 기능들을 각자 수행하는 다양성을 기반으로 하고 있다. 또한 여기에 동원되는 자원들은 대부분 자발적인 성격을 띠고 있다. 따라서, 이 체계를 통해서 안정적이고 일관적인 서비스의 공급을 기대하기는 힘들다. 반면에, 민간전달체계에는 다양한 주체들이 존재하기 때문에 급변하는 환경에 탄력적으로 적응해 나가는 데는 보다 유리한 측면이 있다.

개별 사회복지조직이나 프로그램들을 단지 운영주체의 민간 및 공공 성격만으로 구분하여 보는 것은 서비스 전달체계를 이해하는 데 그다지 도움이 되지 않는다. 많은 경우에 공공과 민간을 엄격하게 구분하기 힘든 경우들도 많다. 특히, 최근 공공부문의 민영화와 함께 공공기관과 민간기관의 전형적인 구분이 애매해지는 현상이 발생하고 있다. 이에 따라, 공공전달체계와 민간전달체계로 명확히 구분할 수 없는 경우가 있다. 정부가 시설을 설립했지만 민간과 계약하고, 정부의 재정지원에 의해 민간이 운영하며, 공공전달체계의 일부인 경우 준공공기관으로 분류할 수 있기 때문이다. 예를 들어, 다문화가정지원센터는 정부가 설립하고 재정을 지원하지만 민간이 운영하는 방식이 적용된다. 이 경우 공공사회복지 전달체계에 편입되어 있기 때문에 전형적인 민간전달체계의 일부로 보기는 어렵고, 준공공기관에 속한다고 볼 수 있다(Gibelman, 2000).

3) 서비스별 네트워크에 의한 구분

서비스 전달체계는 서비스의 종류와 성격에 의해 구분될 수도 있다. 앞서 논의된 구조 기능적 구분이나 운영주체별 구분들은 서비스 제공들을 중심으로 한 분류이다. 서비스 전달제계에 대한 관심의 출발이 전달체계의 효과성이나 책임성 등에 있다면, 그것이 궁극적으로 의도하는 것은 서비스 수급자들에 대해 미치는 영향에 있다.

서비스 네트워크별 구분은 지역사회 내에서 이루어지는 제반 서비스의 수요자와 공급자들 간의 네트워크를 가상하는 것이다. 예를 들면 다음과 같다(이종복 외, 2015: 274).

① 아동복지서비스 전달체계 : 관련 공공기관, 보육시설, 학교급식, 일시보호 등
② 노인복지서비스 전달체계 : 관련 공공기관, 주간보호소, 양로원, 노인연금, 재가서비스 등
③ 정신장애인서비스 전달체계 : 관련 공공기관, 정신질환자가족협회, 정신병원, 요양병원 등
④ 생활보호서비스 전달체계 : 관련 공공기관의 위계 조직적 체계, 대상자 발굴기관, 의료관련 기관들

한 지역사회에서 클라이언트들(아동, 노인, 장애인 등)과 관련한 서비스들은 어느 한 기관이나 프로그램이 전적으로 담당할 수는 없다. 클라이언트들이 지역사회에서 살아가며 갖게 될 다양한 형태의 욕구들을 충족시키기 위해서는 다양한 유형의 서비스들이 필요하다.

그러한 서비스들은 하나의 통합된 기관이나 프로그램에서 수행되기 어려우며, 설령 물리적으로 가능하다 해도 그러한 조직적 전달체계가 더 효율적이라는 보장도 없다. 공통된 서비스 목적을 중심으로 다수의 독립적인 조직들이 존재하고 있을 때, 여기에는 서비스의 조정이나 연계, 또는 통합과 같은 문제들이 제기된다. 각각의 조직들이 발휘하는 서비스의 효과성이나 효율성은 서비스 전달체계

전체의 효과성이나 효율성과 반드시 일치하지는 않기 때문이다.

지역사회의 서비스 전달체계를 개별서비스 네트워크별로서 구분하여 이해한다는 것은, 곧 개별 기관이나 프로그램들의 기능 수행(그 효과성과 효율성 등)을 서비스 수급자들의 관점에서 파악하려는 것이다. 그러나 서비스 네트워크를 중심으로 전달체계를 분석하기란 그리 쉽지 않은 문제다. 그럼에도 불구하고, 지역사회의 서비스 조직들을 서비스별 네트워크 체계들로 구체화시켜야 하는 이유는, 사회복지서비스는 수급자로서의 클라이언트, 즉 서비스에 대한 수요자들의 욕구를 중심으로 이루어져야 하며, 각 서비스별로 이루어진 네트워크 전달체계를 통해서만 그러한 욕구들이 적절히 충족되고 있는지를 직접적으로 확인할 수 있기 때문이다.

〈표 5-3〉 서비스의 종류와 성격에 따른 분류

분 류	내 용
아동복지서비스 전달체계	관련 공공기관, 보육시설, 학교급식, 일시 보호
정신질환서비스 전달체계	관련 공공기관, 정신질환가족협회, 정신병원, 요양병원
노인복지서비스 전달체계	관련 공공기관, 주야간보호시설, 양로원, 요양원, 재가서비스
생활보호서비스 전달체계	공공기관의 위계 조직적 체계, 대상자 발굴기관, 의료관련 기관

자료: 한국복지행정학회(2014) 재구성.

3. 사회복지서비스 전달체계의 구성원칙

사회복지서비스 전달체계의 구성원칙은 다음과 같다(오종희 외, 2021: 169-173 ; 이정서, 2021: 180-183).

1) 전문성의 원칙

전문성(professionalization)의 원칙이란 사회복지서비스 제공 업무 중 핵심적인 주요 업무는 반드시 전문가가 담당해야 한다는 것을 말한다(Gates, 1980). 여기에서 전문가란 자격이 객관적으로 인정된 사람으로서 자신의 전문적 업무에 대한 권위, 자율적 결정권, 책임성을 지닌 사람을 말한다. 사회복지전문직의 구성원은 정규교육의 이수 및 전문적 지식과 기술의 획득, 전문적인 윤리의식 확립, 국가적인 자격 취득, 전문직 내의 사회화 등의 요소를 갖춘 사람이다.

여기서 전문가는 자격요건이 객관적으로 인정된 사람(국가 또는 전문 직업단체의 시험, 또는 기타 자격 심사에 의하여 자격증을 부여 받은 사람)이며 자신의 전문적 업무에 대한 권위와 자율적 책임성을 지닌 사람을 말한다. 사회복지 분야의 종사자는 업무 성격에 따라 전문가(professional), 준전문(para-professional), 비전문(non-professional)으로 구분되지만, 사회복지서비스의 효율성과 효과성을 달성하기 위해서는 전문성이 다소 낮은 업무는 준전문가가 담당하고, 비숙련 업무 및 일반적인 업무는 비전문가 또는 경우에 따라 자원봉사자가 담당하도록 해야 한다. 따라서, 사회복지서비스는 효과성과 효율성을 위해서도 전문성의 원칙은 반드시 지켜져야 한다.

그런데 전문성이 필요한 주요 업무 이외의 업무까지 사회복지전문직이 담당할 필요는 없을 것이다. 전문성과 관련성이 약한 업무는 반드시 전문직이 맡지 않을 수 있도록 하는 것이 사회복지서비스의 효율성 차원에서 바람직할 수 있다. 예를 들어, 업무의 특성상 전문성이 덜 필요한 단편적인 서비스 분야는 준전문가가 담당하고, 일반적인 행정 업무는 사회복지전문직이 아닌 행정직이 담당할 수 있다. 또 사회복지활동 중 전문적인 책임성을 필요로 하지 않는 많은 영역에서 자원봉사활동이 활발히 전개되고 있다.

2) 적절성의 원칙

적절성(충분성, comprehensiveness)의 원칙이란 사회복지서비스는 양과 제공기간 그리고 질이 클라이언트의 욕구충족과 서비스의 목표달성에 충분한 수준이어야 한다는 원칙이다. 사회복지서비스를 제공할 때에는 한 회의 서비스에 일정한 시간을 배정하고 서비스 제공기간에 대한 계획을 수립해야 한다. 이때 사회복지서비스의 양과 제공기간은 클라이언트의 욕구충족과 서비스의 목표달성에 충분한 정도여야 한다. 나아가 클라이언트의 욕구충족에 필수적인 전문적인 수준의 서비스를 제공해야 서비스의 목표를 달성할 수 있음을 고려해야 한다.

현실적으로 이와 같은 적절성의 원칙은 사회복지서비스의 재정이 축소되는 상황에서는 제대로 지켜지기 어려운 경우가 많다. 제2장에서 살펴본 미국의 공적부조제도의 전반적인 축소개혁이 그 예다. 이로 인해 공적부조의 제공기간이 축소되는 경향이 있다. 나아가 상담서비스 등 전문적인 핵심 서비스가 공적부조제도에서 삭제되어 서비스 제공이 생략되거나 비제도화되는 질적 후퇴를 겪어 왔다. 이는 공적부조제도에 의존하는 클라이언트의 욕구충족과 서비스의 목표달성이 어려워지고 있음을 의미한다.

3) 포괄성의 원칙

포괄성(inclusiveness)의 원칙이란 클라이언트의 다양하고 복합적인 욕구를 충족시키기 위해서는 다양한 서비스를 제공해야 한다는 원칙이다. 클라이언트가 복합적이고 다양한 욕구를 가진 경우가 많다. 이런 사례에서 단편적인 욕구충족만을 고려하게 되면 오히려 서비스 제공의 목표를 달성하지 못하게 될 수 있다. 예를 들어, 복합적인 문제를 겪고 있어 취약성에 노출된 양육모의 취업을 위해서는 고용서비스의 제공만으로는 소기의 목표를 달성하기 어렵다. 보육서비스, 건강서비스, 기타 가족기능강화 서비스 등이 포괄적으로 제공돼야 취약한 여성의 일-가정 양립이 가능해질 수 있기 때문이다. 사회복지서비스의 포괄성을 달성하기 위해서는 일반화 접근(generalist approach), 전문화 접근(specialist approach), 집단 접근(team approach), 사례관리(case management) 등을 적용할 수 있다.

일반화 접근방법은 전문가 한 명이 클라이언트의 여러 문제를 다루는 방법이다. 이 방법은 전문성이 부족한 문제에 대해서는 전문가적인 개입수준을 유지하기 어려운 단점이 있다. 전문화 접근방법은 여러 전문가가 클라이언트 각각의 문제를 다루는 방법이다. 이 방법은 문제 진단과 서비스를 연계하고 다양한 서비스를 조정하기 어려운 단점이 있다. 집단 접근방법은 여러 전문가가 팀을 이루어 클라이언트의 다양한 문제를 함께 다루는 방법이다. 이 방법은 전문가 간의 갈등이 발생할 때 대처가 부족하고 명확한 책임성을 부여하기 어려운 한계가 있다. 사례관리 방법은 한 전문가의 책임 아래 필요한 서비스와 전문가를 클라이언트와 연결시켜 주고, 클라이언트의 다양한 욕구를 충족시키고 문제를 해결하기 위해 체계적으로 관리하는 방법이다.

4) 지속성의 원칙

지속성(continuity)의 원칙이란 클라이언트의 욕구충족과 문제해결을 위해서는 서비스 간에 단절이 발생하지 않도록 필요한 서비스들이 연속적으로 제공돼야 하고, 개별서비스는 필요한 기간만큼 지속적으로 이용할 수 있어야 한다는 원칙이다. 앞의 예에서 복합적인 문제를 겪고 있어 취약성에 노출된 양육모의 취업을 위해서는 필요한 서비스 간에 단절이 발생하지 않아야 한다. 고용서비스를 제공해 직업능력을 향상시키기 위해서는 보육서비스가 동시에 제공돼야 한다. 필요한 경우 건강서비스가 보완되어야 직업능력을 향상시킬 수 있다. 또한 개별서비스는 필요한 만큼 지속적으로 제공될 필요가 있다. 보육서비스는 양육모가 취업활동을 할 수 있도록 이용 시간과 제공 기간 면에서 충분한 수준으로 제공돼야 한다.

서비스 제공의 지속성을 확보하기 위해서는 한 조직 내의 서비스와 프로그램 간에 상호협력이 잘 이루어져야 하고, 지역사회 내의 사회복지서비스 조직 간에도 유기적 연계가 형성돼야 한다. 지속성의 원칙이 잘 지켜지기 위해서는 사례관리 방법이 활용될 필요가 있다. 한 전문가의 책임 아래 클라이언트의 욕구와 문제를 포괄적으로 파악하고, 종합적인 계획에 따라 클라이언트에게 필요한 서비스와 전문가를 적시에 연결시키고 체계적으로 관리해야 한다. 반면, 일반화 접근방법, 전문화 접근방법, 집단 접근방법은 각각 전문성의 부족, 서비스 간의 연계 · 조정의 어려움, 책임성 있는 체계적인 서비스 계획 수립의 어려움 때문에 지속성의 원칙에 부합하지 않는 면이 있다.

5) 통합성의 원칙

통합성(비파편성/비단편성, unification)의 원칙이란 한 클라이언트의 다양한 욕구를 충족시키고 복합적인 문제를 해결하기 위해서는 필요한 서비스들을 연결시켜 체계적으로 제공해야 한다는 원칙이다. 클라이언트의 다양하고 복합적인 욕구를 충족시키기 위해 다양한 서비스를 포괄적으로 제공하되, 단편성(fragmentation)을 극복하기 위해서는 통합성의 원칙에 따라 서비스를 체계적으로 제공해야 계획한 목표를 효과적 · 효율적으로 달성할 수 있게 된다. 복합적인 문제를 겪고 있어 취약성에 노출된 양육모의 취업을 위해서는 필요한 서비스들이 체계적으로 제공돼야 한다. 이를 위해서는 일-가정 양립의 목표를 효과적 · 효율적으로 달성할 수 있도록 고용서비스, 보육서비스, 건강서비스, 기타 가족기능강화 서비스의 통합적인 제공에 대한 계획을 수립해야 한다.

서비스가 통합적으로 제공되기 위해서는 사례관리 방법에 따라 한 책임자의 계획하에 다양한 서비스를 체계적으로 제공할 수 있어야 한다. 한 기관에서 다양한 서비스와 프로그램을 포괄적으로 제공하면 체계적인 연계를 달성하는 데 유리하다. 여러 조직을 통해 서비스를 제공하는 경우에는 사회복지조직 간에 의뢰체계 등 유기적인 연계와 협조체제를 잘 갖추어야 하고, 서비스 제공장소가 서로 가까워 클라이언트의 지리적 접근성을 제약하지 않아야 하며, 사회복지조직들의 서비스가 적절히 전문화되고, 가급적 중복되지 않는 것이 좋다.

6) 평등성의 원칙

평등성(equity)의 원칙이란 성별, 연령, 소득, 지역, 종교, 지위 등에 관계없이 모든 국민에게 차별 없이 평등하게 사회복지서비스를 제공해야 한다는 원칙이다. 평등성의 원칙이 지켜지기 위해서는 보편주의의 원리에 따라 전체 사회구성원에게 사회적 시민권의 일환으로서 사회복지정책을 시행해야 한다. 사회복지서비스는 사회구성원들의 욕구충족을 위한 비물질적인 서비스로서 집합적이고 관계지향적인 성격을 갖고 있다. 최근 노인문제, 여성의 일-가정 양립문제, 청년실업문제 등 새로운 사회적 위험(New Social Risk, NSR)이 대두되면서 생애주기에 따라 사회구성원들이 집합적으로 직면하는 아동, 여성의 출산과 일-가정 양립, 청년, 노인 등의 욕구를 보편적으로 충족시킬 필요성이 커지고 있다.

그러나 현실적으로는 평등성의 원칙에 제한이 가해지는 경우가 많다. 공적부조는 빈곤층에 대한 보호대책이므로 최저생계비를 책정해 소득수준이 이에 미달하는 가구에 대해 지원한다. 사회보험은 보편주의 원리에 따라 제공되나 소득비례형사회보험이 확대되면서 기여수준과 급여를 엄격히 연계시키는 보험수리원칙(actuarial principle)이 적용된다. 사회복지서비스는 욕구를 기준으로 제공되지만, 자원의 부족 등 제약요인이 존재할 때 소득기준 등을 부가적으로 적용해 보편주의보다는 선별주의의 원리를 적용하는 경우가 있다.

7) 책임성의 원칙

책임성(accountability)의 원칙이란 사회복지조직은 국가 및 사회로부터 특정한 사회복지서비스를 전달하도록 위임받은 조직이므로 서비스 전달 시 위임된 책임을 다해야 한다는 원칙이다. 사회복지조직은 사회로부터 권한을 위임받고 있다. 사회복지조직의 정당성의 원천은 클라이언트의 복지를 보호하고 향상시키는 역할을 담당한다는 데 있다. 이처럼 사회는 사회복지기관이 사회가 위임한 대로 클라이언트의 복지를 보호하고 향상시키는 역할기대를 충족시킬 것이라고 기대한다.

사회복지조직은 외부환경으로부터 자원을 획득해 필요한 활동을 전개한다. 사회복지조직은 책임성을 이행해 과업환경의 이해관계자들의 지지를 얻고, 그들로부터 협조를 얻기 위해 노력해야 한다. 최근 사회복지조직은 책임성을 구체적으로 입증하라는 요구를 받고 있다. 클라이언트 또는 소비자, 중앙 및 지방 정부, 주요 재정자원 제공자, 기부자들은 사회복지조직의 책임성이 요구되는 주요 과업환경이라 할 수 있다. 사회복지조직이 책임져야 하는 주요 내용은 서비스가 클라이언트의 욕구에 적절히 대응하는가, 서비스 전달절차가 효율적인가, 서비스 전달과정에서의 소비자의 불평과 불만에 대한 수렴장치가 적합한가 등이다.

8) 접근성의 원칙

접근성(접근용이성, accessibility)의 원칙이란 사회복지서비스를 필요로 하는 클라이언트의 접근에 장애가 되는 요인들을 제거해 누구나 손쉽게 서비스를 제공받을 수 있도록 설계해야 한다는 원칙이다. 지금까지 거론한 적절성의 원칙, 포괄성의 원칙, 지속성의 원칙, 통합성의 원칙이 제대로 지켜지기 위해서는 접근용이성의 원칙이 구현될 필요가 있다. 따라서, 사회복지조직은 사회복지서비스를 설계할 때 클라이언트가 손쉽게 접근하는 데 장애가 되는 요인이 무엇인지 파악하고 이를 해소하기 위해 노력해야 한다. 클라이언트가 서비스에 접근하는 데 장애를 초래하는 요인은 정보의 부족, 지리적 장애, 심리적 장애, 선정절차의 장애, 자원의 부족 등으로 분류할 수 있다.

정보의 부족은 클라이언트에게 서비스에 관한 정보가 결여되거나 부족해 접근성의 제약을 받는 경우다. 지리적 장애는 지나치게 거리가 멀거나 교통이 불편해 클라이언트의 내방에 상당한 불편을 야기하는 경우다. 심리적 장애는 클라이언트가 자신의 문제를 노출하는 데 두려움을 갖거나 수치심을 느끼는 등 상당한 심리적 부담감을 갖는 경우다. 선정절차상의 장애는 엄격한 자산조사를 적용해 선정절차를 까다롭게 하고 과다한 서류나 개인 정보를 요구할 때, 또는 선정과 지원까지 상당한 시간이 소요될 때 발생한다. 자원의 부족은 지역사회와 사회복지기관의 자원이 적절한 수준에 이르지 못해 클라이언트의 욕구충족과 문제해결에 효과적으로 기여하지 못하거나, 전문가 및 서비스 제공 인력이 부족해 클라이언트의 접근에 제약이 초래되는 경우다.

4. 공공사회복지서비스 전달체계

1) 공공사회복지서비스 전달체계의 구조

공공사회복지서비스 전달체계는 국가 또는 지방자치단체에 의해 수립 · 운영되고 있는 체계를 말한다. 중앙집권국가에서 지방은 지방행정기관에 불과하지만, 지방자치를 실시하는 국가에서 지방은 자치권을 갖는다. 지방이 자치권을 가지면 중앙과 새로운 관계설정이 필요하고, 관계설정 향방에 따라 공공분야의 사회복지서비스 전달체계도 달라질 수밖에 없다. 이는 중앙과 지방의 관계를 정부 간 관계(intergovernmental relation, IBR)이론으로 정리할 수 있다.

현행 공공복지전달체계는 크게 사회보험, 공공부조 그리고 사회복지서비스로 구분하여 살펴볼 수 있다. 중앙정부 차원에서의 전달되고 있는 5대 사회보험 가운데 산업재해보상보험과 고용보험은 고용노동부 소관으로 되어 있는데, 실제적인 업무는 근로복지공단에 위탁하여, 각 지역단위별로 설치된 지부를 통해 체계적으로 운영되고 있다. 또한 국민연금과 국민건강보험, 노인장기요양보험 등의 사회보험 주무부서는 보건복지부인데, 역시 산하에 지역단위별로 각각 국민연금관리공단, 국민건강보험공단 지부가 설치되어 있어 관련 업무를 독자적으로 전달하고 있다.

공공부조와 사회복지서비스 전달체계는 중앙 및 지방자치단체에서 분담하는 형태를 취하고 있다. 소관 중앙부서는 보건복지부이지만, 지방에는 보건복지부 지부나 사무소가 별도로 설치되어 있지 않고 행정자치부 소속의 지방조직에 의해 전달되고 있어, 사회복지를 위한 별도의 전담기구를 갖추고 있지 않은 우리나라에서 지방정부는 공공사회복지서비스 전달체계로서 주요한 역할을 담당한다.

그러나 독자적인 사회복지 전달체계를 가지고 있지 않은 상황에서 나타난 문제점들, 즉 공공부문과 민간부문이 모두 공급자 중심으로 운영되고 있어, 상호 간 연계 · 협력체계 및 정보공유 없이 개별적인 서비스를 제공하면서 나타나는 비효율성 등에 대한 개선의 필요성이 꾸준히 제기되기 시작하였다. 특히, 1980년대 이후 사회복지서비스 종류가 급격히 증가함에 따라 사회복지전달체계의 모형이 여러 가지 제시되었는데, 이 중 2가지 모형을 정리해 보면 다음과 같다(전해황 외, 2021: 89).

① 행정자치부에서 독립하여 보건복지 산하에 사회복지사무소 등 별도의 사업소형태로 독자적 조직을 갖추는 모형

② 현재와 같이 행정자치부 행정체제를 유지하면서 시 · 군 · 구 단위에서 사회복지행정기관을 그대로 두고 사회복지전문요원을 보건소에 배치하여 보건업무와 사회복지업무를 접목시키는 보건복지사무소 모형

2) 공공사회복지서비스 전달체계의 문제점

우리나라 사회복지행정의 전달체계를 살펴보면 국가와 지방조직으로 크게 나뉘어 있으며, 지방조직 내에서도 본 청과 읍 · 면 · 동으로 계층화되어 있다.

이와 같이 일선 사회복지 업무가 일반 종합행정체계 내에서 획일적으로 수행됨에 따라 사회복지행정의 전달체계에서 나타난 문제점은 다음과 같다(이준영 외, 2019: 105-106).

첫째, 상의하달식의 수직적 체계로 인해 지역 특성과 욕구를 반영한 복지서비스를 제공할 여건이 마련되지 않았다. 즉, 전달체계의 경직적이고 획일적인 특성으로 지역사회에서 사회복지 문제를 종합적으로 총괄하고 자원을 동원하는 기능이 미흡하다.

둘째, 보건복지부와 여성가족부가 중앙에서 복지업무를 주로 관할하지만, 두 부처 외에도 교육부, 법무부, 고용노동부 등 여러 다른 부처가 복지 관련 업무를 가지고 있다. 그로 인해 분산된 전달체계의 모습을 보이고 있으며, 명령지휘체계가 통합되지 않아 서비스가 중복되는 현상이 발생되기도 한다. 또한 관련 부처들이 경쟁적으로 복지사업을 확대하고, 그 결과 지방에서는 업무가 과중하게 집중되고 있다.

셋째, 지방행정조직을 통해 사회복지 업무가 전달되기 때문에 일반행정체계의

지휘감독을 받게 됨으로써 사회복지 업무수행에서 전문성의 발휘가 제약을 받고 있다. 1988년부터 각 읍 · 면 · 동에 배치된 사회복지 전담공무원을 통해 사회복지 전달기능이 많이 개선되었지만, 일선행정체계의 특성인 획일성으로 인해 사회복지담당자가 전문성을 발휘하여 자율적으로 업무를 수행하기 어려운 것이 현실이다.

넷째, 구청 등 상급기관의 관리자가 일반 행정직 공무원으로 사회복지 분야에 대한 이해가 부족하여 전문적인 지도 · 감독을 할 수 없고, 동료 사회복지 전담공무원 간의 사례연구회의 등을 통한 업무의 질적 향상을 기대하기 어려운 실정이다.

다섯째, 취약계층의 자립 · 자활을 가능하게 하려면 상담 등의 전문적인 대인서비스가 필요하고 사후관리가 반드시 이루어져야 하나, 현재 배치된 사회복지 전담공무원들의 업무 과중과 주변 여건의 미비로 이를 실행하기는 어려운 형편이다. 사회복지 전담공무원은 1인당 평균 100가구를 담당하기 때문에 1년에 약 두 번 정도의 가정방문도 어려운 상황으로, 이러한 여건에서 클라이언트에게 다가가는 서비스를 제공하는 것은 불가능에 가깝다고 할 수 있다.

여섯째, 시 · 군 · 구 단위에서 사회복지행정 전달기능이 일반행정공무원에 의해 수행될 경우 잦은 전보로 인하여 전문성 · 지속성이 결여되는 문제를 낳고 있다. 그리고 동일한 업무를 2개 이상의 기관에서 중복적으로 처리하여 행정비용이 많이 소요되고 있다.

결론적으로 사회적 변화에 따라 복지욕구가 증가하고, 이는 복지업무를 증가시켰다. 이에 따라, 기존의 일반행정체계에서 수행되던 사회복지 관련업무가 더 이상 사회복지 전담공무원의 배치만으로는 해결하기 힘들어졌고, 독립적인 체계에서 수행되는 것이 바람직하다는 주장이 제기되어 왔다.

3) 공공사회복지서비스 전달체계의 개선전략

공공사회복지서비스 전달체계의 개선전략은 다음과 같다(이준영, 2019: 107-109).

(1) 통합성의 강화

① 명령지휘계통의 단일화

우리나라의 사회복지행정 전달체계에서는 전문성 제약, 중복성, 통합성 부재 등의 문제가 제기되었다. 이는 서비스의 단편성을 초래하게 되는데, 이를 극복하기 위해서는 명령지휘체계의 통합성이 확보되어야 한다. 일본과 영국 등 다른 여러 나라에서도 보건과 복지를 연계하려는 움직임이 나타나고 있으며, 우리나라도 예전에 '보건복지사무소 시범사업'을 추진하며 보건과 복지를 연계한 시도가 있었다. 지금까지 보건소는 의료인력을 중심으로 구성되어 복지에 대한 관심이 상대적으로 미약하고, 상호 연계가 어려운 실정이었다. 행정적으로 연계가 가능하기 위해서는 읍 · 면 · 동 단위에서 '복지센터'를 중심으로 지역의 복지업무를 재편하여야 한다. 최근 논의되고 있는 사례관리는 통합성을 강화하기 위한 시도로 이해할 수 있다.

② 연계와 협력의 강화

조직이 통합할 경우 복지업무를 수행하는 데 있어 행정적인 연계의 가능성을 갖게 되지만, 반드시 서비스의 연계로 이어지지 않을 수도 있다. 실제로 서비스를 제공하는 주체는 복지관을 비롯한 다양한 민간시설이며, 더욱 다양한 서비스 주체가 생겨날 것이기에 이들과의 연계가 쉽지 않기 때문이다. 클라이언트가 동 주민센터를 방문하여 상담한 후 서비스를 접수하면, 그 욕구에 따라 적절한 시설로 이관시켜 주도록 하여야 한다. 만약 해당 지역 내에 서비스제공시설이 없는 경우 다른 읍 · 면 · 동의 시설을 활용할 수 있어야 한다. 이를 통하여 일회방문처리(one stop service)가 가능해질 것이다. 이러한 서비스 연계에는 이른바 '사례관리(case management)' 기법이 적용될 수 있다. 이를 통하여 한 클라이언트의 의뢰과정을 지속적으로 추적하여 클라이언트가 여러 시설에서 중복으로 서비스를 받거나 서비스의 혜택으로부터 누락되는 것을 방지할 수 있다. 또한 읍 · 면 · 동에 배치될 전담공무원은 서비스대상자를 성명에 따라 구분하거나, 세대별로 담당하여 각종 복지서비스를 포괄적으로 지원하는 것이 적절하다. 이를 위해서는 서비스 대상자관리카드를 전산화하여 타 기관에 의뢰할 때 활용하는 것도 필요한데, 이것은 사회보장정보시스템으로 가능하게 되었다.

(2) 접근성 제고

우리나라의 경우 인종이나 신분상의 이유로 복지서비스의 접근을 제약받는 경우는 거의 없다. 그러나 서비스의 지리적 접근성을 향상시키기 위해 각 읍 · 면 · 동 단위에서 복지기능을 강화하고, 사회복지 전담공무원을 배치하여 각종 서비스를 지원하는 것은 바람직하다. 이는 시범사업으로 실시된 보건복지사무소의 단점이었던 접근성을 제고하기 위한 방안이다.

거동불편 등의 이유로 직접 방문하여 상담하기 어려운 사람에 대한 접근성을 제고하기 위해서 여러 가지 방안을 시도해 볼 수 있다.

첫째, 그 방안으로는 지역순환버스를 구청단위로 운영한다.

둘째, 대상자와의 화상통화 및 인터넷 등의 통신수단을 확보하여 접수와 기초적인 상담을 전산화한다.

셋째, 이미 실시되고 있는 방문간호서비스와 같은 방문서비스를 확대한다. 이를 위한 인력이 부족한 경우에는 지역 내의 자원봉사인력을 최대한 활용한다. 그리고 집 밖이나 심야시간에도 상담이나 접수가 가능하도록 하는 '사회복지 정보단말기(kiosk)'를 공공장소에 설치한다.

(3) 전문성 제고

책임성의 확보를 위해 서비스에 대한 불만을 클라이언트가 직접 토로할 수 있고 그 시정을 요구할 수 있어야 한다. 이를 위해서는 동복지의 실행을 위한 의사결정 과정에 민간의 참여가 가능하도록 하는 기제를 두어야 한다. 그리고 우리나라는 이를 위한 방안으로 동복지협의체를 구성하여 운영하도록 하고 있다. 이 협의체는 해당 지역의 사회복지 관련 전문가와 주민단체 대표들로 구성되며, 이들이 매년 동복지기능을 평가하여 다음기의 사업계획 및 예산배정에 반영하고 있다. 이 협의체는 해당 지역에서 민간의 참여를 촉진하고 자원을 동원할 수 있는 방안을 강구하며, 특히 최근에 활발히 전개되고 있는 자원봉사활동이나 시민단체들의 참여를 적극적으로 활용하고 있다.

클라이언트에 대한 책임성 기준은 서비스의 전문성을 가지고 판단할 수 있는데, 전문성의 확보를 위하여 중요한 것은 복지업무를 담당할 공무원과 운영직원은 사회복지에 대한 전문성을 갖춘 사람으로 충원되어야 한다는 것이다. 또한 각 동별로 사회복지 전담공무원을 일정한 수의 수급권자 수에 따라 배치하도록 하여야 한다. 동복지센터의 직원은 기존의 구청 및 동사무소의 직원을 단기간에 교육하여 사회복지 직렬로 전환하고, 신규채용의 경우는 사회복지 직렬의 일반공무원으로 해야 한다.

장기적으로 사회복지 전담공무원을 현재 수준보다 2배 이상 증원하여야 하지만, 이에 소요되는 예산을 확보하기에는 어려움이 있으므로 현직 사회복지공무원의 업무를 줄이거나, 수월하게 처리할 수 있도록 지원하여야 한다. 이에 대한 대안의 하나로 정보기술의 도입을 고려해 볼 수 있다. 문서 작성과 관리를 디지털화하여 반복적인 수작업을 줄이고, 이를 이용하여 보고하는 등 자료를 공동 활용할 수 있도록 하여야 한다.

근본적인 논의로서 사회복지전담공무원의 업무 중 사회복지 전문가가 반드시 담당해야 할 업무와 그렇지 않은 업무를 구분하여 사회복지직이 아닌 일반공무원도 사회복지 관련 업무를 담당하도록 하여 사회복지직 공무원의 업무부담을 경감시키는 방안이 모색되어야 한다.

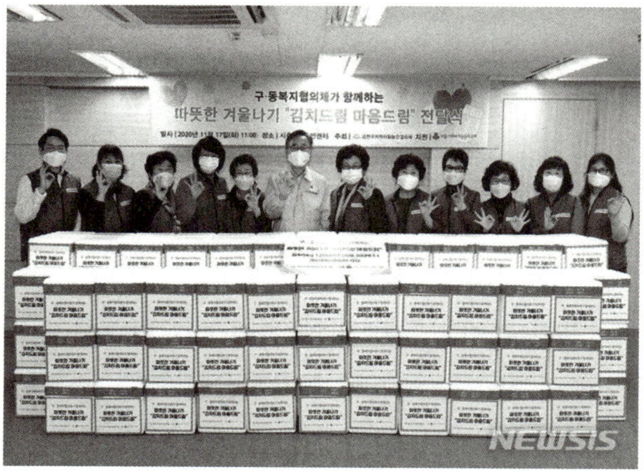

'김치드림 마음드림 전달식'을 진행하는 모습

◀ 서울 금천구 · 시흥3동 구 · 동복지협의체

5. 민간사회복지서비스 전달체계

1) 민간사회복지서비스 전달체계의 구조

사회복지서비스 전달체계는 공식적으로 조직된 정부의 공공전달체계 외에도 민간전달체계가 있다. 그러나 국가의 기능으로 제도화된 오늘날에도 여전히 민간적 사회복지서비스 전달체계에 의해 이루어지고 있다.

민간전달체계는 사회복지시설을 비롯해서 기업의 복지재단, 종교기관의 사회복지 담당자, 공익을 추구하는 시민사회단체 등을 포함한다. 각각의 기관 및 단체는 특성에 따라 기업의 이미지 제고나 사회의 환원 차원에서, 종교적 실천활동 차원에서, 복지의 여론화, 사회복지운동 차원에서 사회복지서비스를 전달하고 있다.

사회복지서비스 중 공식적으로 조직된 활동주체로서의 전달주체 또는 운영주체는 정부의 공적 전달체계 이외에도 민간사회복지서비스 전달체제도 있다.

민간사회복지서비스 전달체계의 필요성을 살펴보면 다음과 같다(이종복 외, 2015: 300).

① 정부제공서비스 담당자에 대한 서비스 제공
② 정부가 제공할 수 없는 서비스 제공
③ 동일한 종류의 서비스에 대한 선택의 기회 제공
④ 사회복지서비스의 선도적 개발 및 보급
⑤ 민간의 사회복지 참여 욕구 수렴
⑥ 정부의 사회복지활동에 대한 압력단체의 역할
⑦ 국가의 사회복지 비용 절약

사회복지기관은 여러 가지 기준에 의하여 분류될 수 있다.

① 조직에서 제공하는 서비스의 대상자에 따른 분류
② 제공하는 서비스가 클라이언트나 소비자에게 직접적으로 전달되느냐 아니면

서비스의 기획과 감독 등의 업무를 수행하여 간접적으로 전달하느냐에 따른 분류

③ 서비스를 제공하는 장소 이외의 다른 장소에 거주하면서 서비스를 제공하는 분류

④ 해결해야 할 문제나 욕구별 또는 문제나 욕구를 가지고 있는 대상인구집단에 따른 분류

⑤ 조직 설립주체의 성격에 따른 분류

이상에서 살펴본 바와 같이 민간사회복지서비스 전달체계는 다양하게 분류될 수 있고 또한 다루는 사회적 서비스도 다양하기 때문에 민간사회복지서비스 전달체계를 공공사회복지서비스 전달체계처럼 일률적으로 취급하기란 쉽지 않다.

공공전달체계는 보건복지부가 중심이지만, 민간전달체계는 사회복지협의회 또는 사회복지공동모금회 등이 중심을 이루고 있다.

2) 민간사회복지서비스 전달체계의 문제점

민간사회복지서비스 전달체계의 각 분야별 문제점은 다음과 같다(이종복 외, 2015: 307-308).

(1) 조직구조 측면

첫째, 대부분의 민간사회복지기관이나 시설들이 그 운영에 필요한 재정의 상당 부분을 정부의 보조에 크게 의존하고 그 운영에 있어서 지도 · 감독을 받아야 하는 것이 우리나라의 현실이다. 이러한 결과로 그들이 속해 있는 지역사회 클라이언트의 요구보다는 정부의 지시에 따르는 경향이 많아 민간부문의 장점인 자율성과 창의성이 크게 제약을 받고 있다.

둘째, 민간사회복지복지시설 가운데 생활시설은 아직도 정부의 지원수준이 낮고, 시설의 종별 · 지역별 분포가 불균형하며, 재정상태 및 전문인력 확보가 매

우 미비한 실정이다. 또한 저소득층 주민의 이용시설인 (종합)사회복지관의 경우에도 도시지역에 편중·분포되어 있으며, 전문인력의 부족과 재정의 취약성으로 말미암아 시범적이고, 포괄적인 프로그램을 지속적으로 제공하지 못하고, 몇몇 독창적인 프로그램들을 제외하고는 기관별 유사한 프로그램을 운영하고 있는 실정이다.

셋째, 민간사회복지조직 중 생활시설은 지역사회에 바탕을 두고 지역주민의 참여와 함께 시설의 개방화와 사회화가 이루어져야 함에도 불구하고, 그렇지 못한 것이 우리의 현실이다. 또한 시설과 지역사회의 서비스가 제대로 연계되지 않아 수용자가 통합적인 서비스를 받을 수 없는 것도 중요한 문제이다.

(2) 관리운영 측면

첫째, 사회복지조직의 협의기구들이 조정자로서의 역할과 기능이 미약하다. 즉, 생활시설협의회의 경우 사회복지시설의 이슈나 문제에 대하여 정부나 국민에게 사실을 홍보하고 정책 건의를 하는 데에는 많은 한계가 있다. 왜냐하면 생활시설이 재정적으로 정부 보조금에 의존하고 있기 때문이다. 이용시설의 경우, 기관들 간의 협의 조정체계가 구축되어 있지만, 실질적인 운영에 어려움이 있고, 서비스 간의 연계가 부족하며, 이러한 결과로 프로그램의 중복과 누락 현상도 발생하고 있다.

둘째, 생활시설의 경우 정부보조금이나 기부금 등에 의존하고 있기 때문에 서비스의 제공에 필요한 재원이 빈약하여 대부분 만성적인 재정난에 봉착되어 있으며, 특히 단순 수용보호사업만으로는 클라이언트의 건전한 인격 형성, 사회생활 적응능력의 배양, 자립, 자활 등과 같은 클라이언트의 복지 목표를 기대하기는 어려운 실정이다.

(3) 전달인력 측면

첫째, 생활시설의 경우 대부분의 시설이 빈약한 운영비 때문에 적합한 전문인력을 고용할 수 없거나, 고용공고를 내어도 근무여건의 열악성으로 인하여 전문사회복지사들이 취업을 기피하고 있어 전문적 프로그램의 제공에 어려움이 있다. 또한 이용시설의 경우에도 전문사회복지인력이 많은 복지관일수록 프로그램의 전문성이 나타나고 있으므로 전문사회복지사의 충원과 이를 위해 정부의 인건비 부담금 증액이 요청된다.

둘째, 민간 사회복지조직의 경우 직원의 인건비는 주로 정부의 보조에 의존하고 있는데, 그들의 처우가 일반 기업이나 전문종사자 직원들에 비해 낮을 뿐만 아니라, 장시간의 근무 등 열악한 근무환경으로 말미암아 그들에게 전달체계의 원칙인 전문성과 책임성을 추구하는 데에는 한계가 있다. 이러한 상황에서 사회복지시설의 근무를 평생직장으로 받아들이고 종사할 전문인력을 유지하고 확보하기란 매우 어려운 실정이다.

3) 민간사회복지서비스 전달체계의 발전방향

민간사회복지서비스 전달체계의 발전방향은 다음과 같다(신복기 외, 2020: 174-175).

(1) 공공 · 민간 협력체계 구축

공공-주민-학계-전문가 연계의 지역사회복지협의체의 육성 · 지원이 필요하다. 즉, 지역사회복지협의체는 지역의 사회복지에 관한 전반적인 사항을 다루는 복지거버넌스 실천기구이다. 그런데 지역사회복지협의체는 관 주도형으로 운영되고 있고, 아직은 협의체 회원들 간의 유기적인 협조도 미흡하며 실무협의체, 실무위원의 업무 이중성으로 업무가 과중 부담된다. 아울러 유급 간사의 미설치로 인해 책임감 있는 협의체 운영에 어려움이 있다. 따라서, 지역사회복지협의체의 개선방안으로 가장 우선적으로 협의체의 운영과 연락 조정에 필요한 유급 민간 전담인력의 채용과 공간의 마련이다. 그리고 지역사회복지협의체를 활성화하기 위한 서비스 연계 및 조직 간 협력에 대한 인센티브의 제공이 요망된다.

(2) 민간 · 민간 협력체계 구축

민간부문의 실질적 협의회 가동을 통한 민간기관 간 연계가 필요하다. 현재 개별분야별 네트워크가 미미하여 서비스 제공 대상 및 사업의 중복 또는 사각지대가 발생하고 있다. 복지영역의 경우, 복지부 지원을 중심적으로 받고 있는 각종 복지시설, 민간영역인 종교기관과 단체, 기업, 자원봉사단체, 각종 풀뿌리단체, 청소년단체 등 정부의 위탁을 받거나, 자체적인 재원확보를 통한 복지단체들의 연계부족으로 중복 또는 사각지대 등이 발생하고 있다.

(3) 민간부문의 권한 강화

직접(대민)서비스 체감도를 높이기 위한 민간부문의 권한 강화가 필요하다. 즉, 직접서비스 체감도는 제공주체인 민간기관, 단체, 개인 자원들이 수동적 상태에 있을 경우 이루어지지 않으므로 민간 서비스 공급자원이 급격히 늘어나는 추세를 반영하여 민간의 권한을 높이는 협력체계를 구축해야 민관협력이 효과적으로 이루어질 것이다.

〈연 습 문 제〉

1. 공공부문에 비해 민간부문이 갖는 취약성은 무엇인가?
   ① 서비스의 안정성　② 서비스의 탄력성
   ③ 서비스의 전문성　④ 서비스의 독창성
   ⑤ 서비스의 자율성

2. 사회복지서비스 전달체계의 원칙에 관한 설명으로 옳지 않은 것은?
   ① 서비스 이용비용을 높게 책정하는 것은 서비스 접근성의 방해 요인이 될 수 있다.
   ② 서비스의 지속성을 높이기 위해서는 유관기관과의 연계체계를 구축할 필요가 있다.
   ③ 통합성 및 포괄성을 향상시키기 위한 방법으로 사례관리를 도입할 수 있다.
   ④ 전문성을 높이기 위한 전략이 책임성을 향상시키는 효과가 있기도 한다.
   ⑤ 서비스 제공을 위한 비용은 최소한으로 책정하여 적절성을 확보해야 한다.

3. 다음 중 사회복지서비스 전달체계의 원칙과 거리가 먼 것은?
   ① 적절성의 원칙　② 지속성의 원칙
   ③ 통합성의 원칙　④ 포괄성의 원칙
   ⑤ 영구성의 원칙

4. 다음 중 중앙정부와 지방정부의 역할분담에서 사회복지서비스 업무분담의 원칙과 거리가 먼 것은?
   ① 분권성의 원칙　② 현실성의 원칙
   ③ 전문성의 원칙　④ 책임성의 원칙
   ⑤ 개별성의 원칙

5. 공공부문에 비해 민간부문이 갖는 취약성은 무엇인가?
   ① 서비스의 안정성　② 서비스의 탄력성
   ③ 서비스의 전문성　④ 서비스의 독창성
   ⑤ 서비스의 자율성

정답 1. ① 2. ⑤ 3. ⑤ 4. ⑤ ①

Chapter 6

기획, 의사소통, 의사결정

개 요

기획은 조직이 지향하는 미래목표설정에 부합하기 위하여 구체적인 실천방안과 행동계획 등을 수립해 가는 일련의 과정이다. 의사소통은 정보의 획득과 처리를 위해 필요한 조직활동이다. 의사결정은 조직의 목표달성을 위한 여러 대안 중에서 가장 바람직한 행동경로를 선택하는 과정이다. 여기에서는 기획, 의사소통, 의사결정 등에 관하여 학습하고자 한다.

학습목표

1. 각 주제어에 대한 기초이론
2. 조직에서의 적용사례연구
3. 사회복지사로서의 비교 검토

학습내용

1. 기획
2. 의사소통
3. 의사결정

Chapter 06
기획, 의사소통, 의사결정

1. 기획

1) 기획의 개념

(1) 기획의 정의

기획(planning)은 조직이 지향하는 미래목표설정에 부합하기 위하여 구체적인 실천방안과 행동계획 등을 수립해 가는 일련의 과정이다. 일반적으로 기획은 공공부문뿐만 아니라, 민간부문에 상관없이 조직 내에서 중요한 분야로서 기획이 어떻게 수립되느냐에 따라 조직의 성패에 영향을 미치게 된다. 기획의 핵심내용에는 미래에 대한 목표설정과 이를 달성하기 위한 최적의 접근선택 방법을 강조하고 있다. 기획의 궁극적 가치는 조직의 목표를 보다 효과적이고 효율적으로 성취하여 조직 책임성을 증진시키는 데 있다(김남수 외, 2020: 271).

기획은 최적의 수단을 가지고 목적을 성취하기 위해 지시된 미래의 행동을 준비하는 과정이다. 즉, 기획은 목적을 가지고 최적의 결과를 내기 위한 사업내용, 사업방법, 사업시기, 사업필요성, 책임자 등을 구체적으로 정하는 것이다. 선택할 수 있는 여러 가지 대안들 중 적절한 것을 가려내는 작업으로 어떠한 행동이 취해지기 전에 해야 할 일과 하는 방법을 결정하는 것을 말한다. 기획은 조직의 목표를 달성하기 위하여 최적의 수단을 통하여 미래의 행동에 대한 일단의 의사결정을 준비하는 과정이다(김성철 외, 2020: 141).

기획은 구체적인 달성 목표와 활동을 분명히 한 후에 이루어야 할 행동을 정한 것이므로 종사자의 동기를 높여야 한다. 애초 계획과 다른 상황이 될 경우를 대비하여 대안을 만들어 둘 필요도 있다. 기획의 실행은 성과를 지향하며 성과의 고저에 따라 평가된다. 따라서, 목표를 명확히 설정하고 그것을 달성하는 의의가 조직 전체적으로 공유되어야 한다. 또한 확실한 목표달성을 위하여 실행 중인 활동을 평가하고 평가에 근거하여 계획 · 전략 · 전술을 수정하는 게 중요하다(신복기 외, 2020: 180).

기획의 특징은 다음과 같다(Skidmore, 1994).

첫째, 기획의 시간성이다. 시간의식을 수량적 · 언어적으로 표현하는 것이 기획이며, 그 결과가 계획이다. 따라서, 기획은 과거, 현재, 미래 모두를 함께 포함하는 것이어야 한다.

둘째, 기획의 공간성이다. 기획은 일정한 구역을 전제로 하며, 유한한 공간적인 범위에서 이루어진다. 이러한 유한한 공간은 배타적으로 독립하여 존재하는 것이 아니라, 다른 공간의 상호의존적인 관계를 지닌다.

셋째, 기획의 종합성이다. 기획은 종합적인 것으로서 하나의 완결된 형태로 나타나게 된다.

넷째, 기획의 목적성이다. 기획은 목적성을 가지고 달성 가능한 목적을 설정하여 최대한의 효용성을 증대시키는 것이어야 한다.

기획(planning)은 계획(plan)이라는 용어와 혼용되고 있지만, 엄밀하게는 다른 개념이다. 기획은 계획을 수립해 가는 연속적인 행동이지만, 계획은 세부사업에 대한 연속적인 의사결정이며, 기획에서 결정된 행동노선이다(김남수 외, 2020: 271). 즉, 기획은 계획을 세워 가는 활동과 과정이자 동태적인 행동이라는 포괄적인 개념이며, 계획은 기획에서 도출된 결론, 즉 이미 결정된 행동노선을 가리키는 것으로, 정태적인 결과만의 상태로 이해된다. 기획을 좀 더 넓게 이해하면 계획의 수립, 실행, 평가 및 수정을 포함하는 총체적 개념이다(이준영, 2019: 264).

(2) 기획의 필요성

기획이 필요한 이유는 조직을 효과적이고 효율적으로 운영하는 기초를 세우며, 조직의 책임성과 합리성을 확보하고, 조직원의 사기진작을 바탕으로 조직목표의 불확실성을 감소시키는 데 필요하다. 즉, 기획은 질 높은 서비스전달과 외부환경에 적절한 대책을 세워 실행함으로써, 현대사회의 불확실성에 적절하게 대처할 수 있게 한다. 조직의 목표를 경제적으로 달성하며, 구체적 · 체계적 계획으로 시기적절한 목표를 실천하고, 사회적 인정과 책임성 확보로 조직원의 사기를 진작시켜 복지사회를 구현하는데 기획의 효과성이 있다.

스키드모어(Rex Austin Skidmore)는 1983년 그의 저서 『사회복지행정: 역동적 관리와 인간관계(*Social Work Administration: Dynamic Management and Human Relationship*)』에서 기획의 필요성을 다음과 같이 제시하고 있다.

『사회복지행정』
(1994년 출판)

① 기획은 조직의 효율성을 향상시키는 요소로 조직의 목적을 경제적으로 달성함이며, 조직은 언제나 인력과 재원이 한정되어 있기 때문에 효율적 운영이 필요하다.

② 기획은 조직의 효과성을 높이며, 조직이 설정한 목표의 달성 정도를 의미한다. 조직의 목표를 달성하기 위하여 치밀하고 면밀한 기획과정을 거치지 않은 조직은 소기의 목적을 달성하지 못한다.

③ 기획은 조직의 책임성을 확보는 조직의 활동에 대한 평가과정을 거쳐 확보될 수 있다. 조직평가는 국가, 지역사회, 수요자에 의해서 수행되며, 조직의 근본과제는 사회적으로 인정받을 만큼 좋은 서비스를 제공하는 것이다.

④ 기획은 조직구성원의 사기를 진작하며, 조직의 구성원은 직업에 대한 성취감이나 만족감을 가져야 한다. 이는 조직원들이 조직의 기획과정에 참여함으로써 획득될 수 있다.

2) 기획의 과정

기획의 과정은 다음과 같다(전해황 외, 2021: 175-178).

(1) 문제의 진단

의사결정과정과 마찬가지로 기획도 현재의 상태에 대한 일종의 불만에서 시작된다. 만일 아무런 문제가 없다면 어떤 행동을 취해야 할 필요가 없다. 문제의 진단은 바람직한 미래의 상태가 어떤 모습에 달려 있으며, 이것이 곧 논의의 출발점이 되는 것이다. 바람직한 미래상에 대한 이미지는 보다 세부적인 목표, 일반적 규범, 기준, 이념 그리고 이상향에 어떤 모습을 부여하는 것이다.

(2) 목표의 설정

기획에서 목표를 필요로 하는 이유는 기획에 대한 지침을 제공하며, 기획활동이나 존립에 대한 정당성의 근거를 제공하며, 기획의 성과 · 효과를 측정하는 기준을 제공한다. 즉, 목표가 기획활동 전체의 방향을 결정하는 데 있어서 기본적으로 구비해야 할 요건을 살펴보면 다음과 같다.

첫째, 목표는 기획활동을 통해서 달성할 수 있는 것이어야 한다.

둘째, 해결해야 할 문제점과 직접적 관련이 있어야 하며, 조직구성원이 원하는 것이어야 한다.

셋째, 측정이 가능해야 하며, 타당성과 일관성이 있어야 한다.

넷째, 목적과 수단의 연쇄적 체계가 확립되어야 한다.

다섯째, 실제 목표(real goal)와 표방된 목표(stated goal) 간에 차이가 있어서는 안 된다.

여섯째, 계획목표는 인적 · 물적 자원 등 여러 가지 제약조건에 비추어 현실가능한(feasible) 것이어야 한다.

일곱째, 목표는 주어진 기간 내 개량화될 수 있는 의도된 결과로 적합하고, 결과가 명시되며, 결과가 계량화되고, 결과를 얻기까지 시간이 명시되도록 서술됨

이 바람직하다.

(3) 가용자원의 파악과 대안모색

사회복지조직의 운영을 원활하게 하기 위해서는 조직 내의 자원과 조직 외적인 가용자원을 파악하여야 한다. 조직 내 자원파악은 개인과 집단의 기관이 대상이 되며, 개인조사는 노인과 빈민 그리고 장애인 등의 수와 특징을 알아보아야 하고, 집단조사는 비공식적 문화, 체육, 취미모임 등을 점검해 보아야 하며, 공식기관조사는 학교, 병원, 경찰, 복지기관의 특징과 예산, 인적 구성과 개인별 역할, 기관별 정책결정의 주요 핵심인물 등을 조사하여야 한다.

조직 외적 자원 파악은 핵심정보소유자와 정책결정자 파악, 문제제기자와 변화주도자 그리고 지지체계의 파악, 표적체계의 집단과 제도와 정책파악, 수혜집단이 원하는 변화체계, 행동체계는 행동변화의 주도자와 동의자 그리고 구성원을 포함한 행동체계구축이 필요하다. 파악된 자원을 사회복지조직에서 잘 활용하기 위해서는 쟁점을 잘 정리하여야 효율적 대안제시가 가능하며, 쟁점정리의 구체적 내용은 다음과 같다. ① 넓은 의미에서 정리되고, ② 조직원의 참여율을 높이는 방법을 모색하며, ③ 조직원의 인식을 넓히고, 실질적 도움이 되며, 인식을 새롭게 하는 계기가 되어야 하고, ④ 조직원의 변화가능성을 확신시켜 주어야 한다.

그러므로 대안제시는 지역주민과 서비스이용자의 근본적 문제와 욕구를 파악하여 그에 적절한 해결방법을 구체화하고, 실천의 문제를 구체화하여 목표설정 · 실천 · 평가 · 측정내용의 수치화를 통한 구체적 실천방법을 현실에 적절하게 해야 한다.

(4) 성공사례 검토와 기획

발전하는 우리 사회를 복지사회로 만들기 위해서는 1970년대의 한국의 눈부신 발전의 초석이 되었던 새마을운동과 새마을교육을 벤치마킹할 필요가 있다. 예를 들어, 시범적으로 사회유형별 성공한 마을을 발굴하여 성공한 사례를 분석하여 홍보함으로써 성공한 마을의 주민에게는 할 수 있다는 자신감을 배양시키며, 홍보를 통하여 다른 마을주민에게는 동기를 유발시키는 방법을 사용한다. 그리고 국내 사례는 물론 해외의 사회복지조직에서 성공한 사례도 함께 발굴하여 정책과 기획 그리고 계획을 세울 때 벤치마킹을 하여야 한다. 예를 들어, 스웨덴의 유아복지정책에서 88%의 유아교육비를 정부와 지방정부에서 지원하여 출산율을 높이는 방법, 일본의 개호복지를 통하여 노인이 자기집에서 노후를 보낼 수 있는 기회를 제공하는 정책, 한국의 자원봉사 마일리지 제도를 통한 전 국민 자원봉사 제도 등은 많은 교훈을 주고 있다.

이렇듯 국내외 선진 사례들을 적극적으로 발굴하여 많은 사람에게 홍보하며, 매뉴얼을 제작하여 사회복지조직원과 자원봉사자가 쉽고 효과적으로 기획하고 실천하여 평가를 잘할 수 있도록 계획을 결정하여야 한다.

(5) 구체적 기획 수립

기획과정에 있어서 대안을 비교 · 분석한 후 어느 하나를 선택하는 단계이다 이 과정은 목표를 달성하는 데 있어서 가장 바람직한 대안을 찾아내는 과정이다. 이러한 과정 속에는 가치판단에 관계되는 것이 작용한다. 공공부문의 선택과정은 계량적, 즉 가시적 측면에 의하여서만 이루어지는 것이 아니고, 비가시적 측면, 다시 말해서 질적 측면도 고려하여야 하는 단계이다. 이러한 제약점을 지니고 있는 공공부문에서 가장 바람직한 대안을 선택하여야 한다.

최종안을 선택하는 데 있어 개인과 조직의 가치 차이로 야기되는 가치판단의 문제와 선택 안이 내포하고 있는 불확실성, 즉 신뢰성이 떨어지는 자료파악과 불확실성을 줄일 수 있는 작업이 요구된다. 특히, 기획의 최종안은 사회복지조직의 가치와 직접적 관계가 있어야 하며, 양적 측면과 직접 눈에 보이지는 않지만, 질적 측면까지도 함께 이루어지도록 하여야 한다. 그리고 한 사람보다는 많은 사람들이 공통으로 복지의 혜택을 누릴 수 있어야 하며, 장애인이나 노인 그리고 노약자에게는 질 높은 개별적 서비스도 함께 이룰 수 있는 대안이 제시되어야 한다.

3) 기획의 유형

기획의 유형은 기획의 종합성 대상 및 기간을 중심으로 분류된다. 종합성에 따른 유형에는 개별적 프로그램에 대한 사업별(project-by-project)기획과 기관의 모든 프로그램과 서비스를 포함하는 종합기획이 있다. 대상에 따라서는 기관의 재정상태에 대한 기획을 의미하는 자원기획과 특정한 프로젝트에 대한 기획을 의미하는 프로젝트 기획으로 구분된다(임정문 외, 2020: 136-138).

(1) 조직의 위계수준에 따른 유형

위계수준은 실제 조직에서 기획이 필요한 위계수준에 따라 각 관리층으로 나누며, 각 관리층에 따른 기획의 유형을 할당한다.

〈표 6-1〉 조직의 위계수준에 따른 기획의 유형

위계수준	기획의 유형
최고관리층	목표, 정책, 장기적 계획, 조직 전체 영역
중간관리층	부문/부서별 기획, 운영기획, 할당, 사업계획. 보완적 목표, 정책
감독관리층	구체적 사업계획, 일정표, 단기목표, 운영기획
관리실무자	일상적 업무 및 사소한 절차에 국한

자료: 임정문(2020: 137).

(2) 시간에 따른 유형

기획은 기획의 기간에 따라 장기 및 단기 기획으로 분류할 수 있다. 장기기획은 대개 1년 이상 5년, 10년 이상의 기간 또는 그 이상의 기간에 걸친 기획을 의미하는데, 미래에 대한 예측성과 실현가능성이 낮은 반면, 미래에 대한 비전 을 제시하는 장점이 있다. 단기기획은 전략적 기획(Strategic planning)이라고도 하는데, 대개 1년 내외의 기간을 의미하기 때문에 현실성이 높고 변화하는 조직 외부환경에 대해 적극적 대처전략으로서의 가치를 갖는다.

(3) 대상에 따른 유형

대체로 전략기획은 장기기획, 운영기획은 단기기획에 해당한다. 전략기획은 조직의 상층부에서 조직의 전반적인 사항을 아우르는 기획이며, 운영기획은 프로그램의 세부적인 사항을 구체화하는 기획으로 볼 수 있다.

① 전략적 기획

전략기획은 조직의 상위 계층에서 이루어지는 정책적 차원의 기획으로, 조직의 구체적 목표의 설정 및 변경과 구체적 목표달성을 위한 자원 및 그 자원의 획득 방법, 사용, 분배를 결정하는 과정이다. 즉, 목표설정, 우선순위 결정, 자원획득과 분배, 가치판단의 문제가 포함된다.

② 운영기획

운영기획은 전략기획에서 설정된 목표를 구체적으로 실천하기 위해 조직의 중간계층 이하에서 작성하는 관리차원의 기획을 의미한다. 즉, 획득된 자원이 조직의 목표를 효과적으로 달성하기 위하여 사용되도록 하는 과정으로서 자원의 관리에 관한 것이다.

2. 의사소통

1) 의사소통의 개념

체계론적 관점에서 사회조직은 외부의 정보를 여과 · 선택하여 받아들이고, 또 이를 해석하여 조직행동으로 변환시켜 나가는 하나의 정보운영(information-processing)체계로 표현할 수 있다. 이와 같은 정보의 획득과 처리를 위해 필요한 조직활동이 의사소통이며, 이를 통해 합리적 의사결정을 꾀할 수 있다. 주위에서 흔히 볼 수 있는 사회조직의 조직도(organizational chart)는 기관의 의사소통을 좀 더 원활히 하기 위한 조직 차원의 노력이다.

커뮤니케이션(communication)은 통상 '의사전달' 또는 '의사소통'이라고 부른다. 일반적 의미의 의사소통은 의사전달자가 의사수신자의 행위를 변화시키기 위한 목적으로 의미를 전달하는 과정을 뜻한다(김형식 외, 2020: 131). 즉, 의사소통이란 상호교류과정으로서 전달자와 피전달자 간에 사실과 의견을 전달하여 인간에게 영향을 미치고 행동에 변화를 일으키는 것을 말한다. 현대의 모든 조직들은 정보의 정확한 전달과 원활한 교류에 의하며, 조직구성원들은 자기 조직의 목표를 명확하게 인식하게 되고, 조직 목표 달성을 위한 합리적인 협동행위를 할 수 있게 된다. 따라서, 의사소통은 의사전달자, 의사수신자, 메시지 및 매체 등의 기본 요소들로 구성된다.

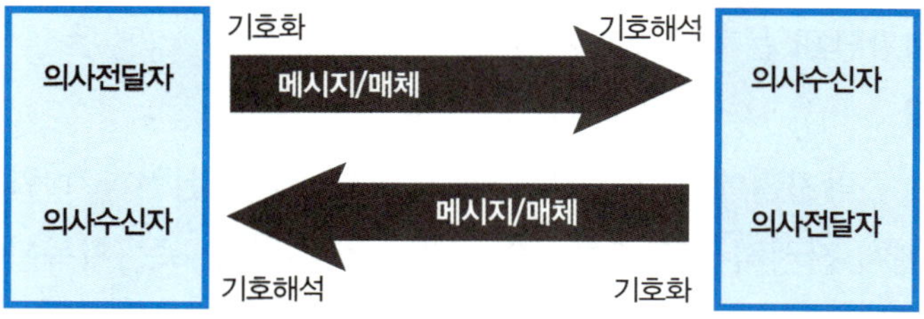

자료: Lewis(1987).

[그림 6-1] 의사소통의 기본요소

일반적 의미의 의사소통과는 달리, 사회조직 내에서의 의사소통은 고도의 구조적 특성과 함께 조직 외부환경과의 의사소통 과정까지를 포함한다. 따라서, 전략적 기획과정과 같이 환경변화에 대처하기 위한 사회조직의 노력이 증가할수록 외부로부터의 정보를 수용 · 처리하여 기관활동으로 전환시키는 과정으로서의 의사소통의 중요성이 커진다.

2) 의사소통의 원칙

레드필드(Charles E. Redfield)는 1953년 그의 저서 『의사소통관리(*Communication in Management)*』에서, 커뮤니케이션의 일반원칙을 다음과 같이 제시하고 있다.

『의사소통관리』
(1958년 출판)

(1) 명료성(clarity)의 원칙

이상적인 의사전달이 이루어지려면 전달자가 그 의도하는 바를 표현하면 피전달자는 그가 뜻하는 의미를 정확하게 이해하여야 한다. 그러기 위해서는 간결한 문장과 평이한 용어를 사용하여야 한다. 그리고 의사전달 내용의 구조가 체계화되어야 한다. 또한 내용표현에 있어서 각 어구의 정확성을 기하여야 한다.

(2) 일관성(consistency)의 원칙

의사전달은 일관성이 있어야 하며 처음의 명령과 나중의 명령이 모순되어서는 안 된다. 또한 어떤 명령이든 조직의 목표와 부합되는 것이어야 한다.

(3) 적기적시성(timing and timeliness)의 원칙

의사전달은 너무 이르거나 너무 늦어서는 안 되며, 알맞은 시기를 택하여 행해야 한다.

(4) 분포성(distribution)의 원칙

의사소통은 전달자로부터 명확하게 피전달자에게 전해져야 한다. 전달되지 않은 의사전달이나 다른 사람에게 전달된 정보는 아주 소용이 없거나, 행정이나 경영상에 혼란을 가져올 뿐이다. 피전달자가 누가 될 것인가에 따라 사용할 전달수단도 달라진다.

(5) 적당성(adequacy)의 원칙

의사전달은 적정량을 기해야 하며, 너무 많은 경우와 너무 적은 경우에는 피전달자의 이해를 방해한다.

(6) 적응성(adaptability)과 통일성(uniformity)의 원칙

적응성이란 의사전달의 융통성 · 개별성 · 현실합치성 등을 말하며, 통일성이란 각 의사전달이 전체로서 통일된 정책의 표현이 되게 하는 것이다. 관리자는 이 적응성과 통일성을 잘 조화시키기 위하여 노력해야 한다.

(7) 관심(interest)과 수용(acceptance)의 원칙

의사전달은 피전달자가 관심과 그것을 받아들일 수 있는 가능성이 있는 때에 비로소 능률적으로 이루어질 수 있다. 어떠한 의사전달도 적극적인 반응을 얻는데 그 목적이 있는 것이다.

3) 수신자의 청취태도

플리포(Edwin B Flippo)는 1961년 그의 저서 『인사관리원칙*(Principles of personnel management)*』에서, 그는 조직 내외의 효율적인 커뮤니케이션을 위해서는 무엇보다도 수신자의 올바른 청취방법 및 태도가 요구된다고 주장하면서, 청취방법을 다음과 같은 세 가지 유형으로 구분한다.

『인사관리원칙』
(2016년 출판)

(1) 주변적 청취방법

이는 말하는 사람에게 최소한의 주의를 기울여서 내용의 변두리만을 듣는 청취방법으로서 상대방에게 좋은 기분을 주지 못한다. 즉, 상대방이 무엇을 말하고 있는 동안 다른 생각을 하면서 듣는 관리자나 부하는 서로 트러블을 자초하는 것이다. 청취자가 청취자의 사정 때문에 주변적 청취를 할 수밖에 없는 경우에는 오히려 커뮤니케이션을 하지 않는 편이 좋다.

(2) 비판적 청취방법

이 방법은 상대방의 말에 전적인 주의를 기울이기는 하지만 상대방의 말을 이해하면서 듣는 것이 아니라, 그의 말을 자기 자신의 관점으로 평가하고 판단을 내리면서 듣는 방법이다. 이러한 방법은 상대방의 말이 끝나기도 전에 자기가 말할 수 있는 기회를 너무 서두르게 되기 때문에 항변적인 정신상태를 조성하므로 의사소통 과정에서 장애를 받게 되어 취하지 말아야 하는 청취방법이다.

(3) 역지사지적 청취방법

역지사지적 청취방법 또는 감정이입적 청취방법이란 청취자가 상대방의 말을 신중히 듣고 또한 그의 의도와 입장을 이해하려고 노력하는 참다운 커뮤니케이션 방법을 말한다. 청취자는 상대방의 말을 듣는 동안 마음속에서 비판한다든가, 시인한다든가 또는 시인하지 않는다든가 하는 심리적 경향을 의식적으로 회피하여야 하며, 그 자신을 말하는 사람의 입장으로 바꾸어 놓고 상대방의 관점을 진실로 이해하려고 노력해야 한다.

훌륭한 청취방법은 감정이입적 태도가 필요하다. 그러나 말하는 사람의 논지에 꼭 합치할 필요는 없고, 상대방의 태도나 의도를 이해하고자 노력할 필요는 있다. 결국 제도적 의사전달체계 또는 경로 속에 흐르고 있는 정보의 질은 상호간의 인간관계의 양호 여하에 따라 달라지는 것이므로 의사전달의 제도상 또는 공식상의 요건만 갖추었다고 해서 의사소통이 자동적으로 원활해지는 것은 아니라는 점을 인식해야 한다.

3) 의사전달의 유형

의사전달은 상황과 대상에 따라 구분될 수 있는데, 그 유형은 다음과 같다(전해황 외, 2021: 190-192).

(1) 공식적 의사소통과 비공식적 의사소통

공식적 의사소통(formal communication)은 공식조직 내에서의 통로와 수단을 통하여 이루어지며, 육하원칙에 의거하여 법제화, 공식화되어 의사를 전달한다. 전달자와 피전달자의 권한과 책임이 명확하여 의사소통이 확실하고 편리한 장점이 있으나, 융통성과 창의성이 없으며, 어려운 일이나 갈등이 있을 때 해결이 어려워 비공식적 의사소통이 가끔 필요하다는 단점도 있다. 비공식적 의사소통(informal communication)은 자생집단 내에서 비공식적으로 이루어지는 방법으로 구성원의 감정을 잘 나타내는 속성이 있어서 사회심리적 만족감과 조직에의 적응력을 높여 주기도 한다.

(2) 수직적 의사소통과 수평적 의사소통

수직적 의사소통(vertical communication)에는 상의하달식과 하의상달식 유형이 있다. 상의하달식 방법은 명령과 일반정보가 있는데, 명령은 대통령령 · 부령 · 훈련 · 지시 · 규칙 · 고시 등이 있으며, 주로 문서로 전달된다. 일반정보는 조직원에게 홍보나 공보의 기능으로 공고 · 편람 · 회람 · 방송 · 뉴스레터 등이 있다. 하의상달식 유형은 보고 · 면접 · 조사 · 제안제도를 들 수 있으며, 보고는 가장 기본적이고, 공식적이며, 하달한 명령에 대한 결과를 보고하는 수단이기도 하다. 면접은 조직원의 평소 욕구와 감정을 행정에 반영시키는 방법이며, 조사는 주로 질문지법이나 참여식 방법에 의하고, 제안제도는 구성원의 업무개선에 관한 의견이나 아이디어를 접수하여 유익한 것은 채택하여 실시하고, 이를 보상하는 제도이다.

수평적 의사소통(horizontal communication)은 동일계층의 조직원끼리 자연스럽게 이루어지는 의사소통형태이며, 의사소통방법은 청취 · 토론 · 자문 · 자체발표회 등을 많이 사용한다. 청취는 상대방의 의견을 깊이 있게 들어 보는 방법으로 매우 중요하며, 이때 욕구와 희망을 잘 파악하여야 한다. 토론은 서로의 생각을 말해 봄으로써 상대방을 이해하고, 현재 전체의 분위기나 흐름을 파악하며, 자문은 경험이 많은 선배나 전문가에게 구하여야 하고, 이때 중요한 것은 직접적이고 체계적이며 전문성 있는 내용의 자문을 얻어야 한다는 것이다.

(3) 언어적 의사소통과 비언어적 의사소통

언어적 의사소통(verbal communication)은 말과 글을 통하여 의사소통을 하는 방법으로 구체적 방법은 회의 · 위원회 · 면접 · 간담회를 통하여 이루어진다. 이때 고려하여야 할 내용은 자신의 감정보다는 조직운영에 필요한 정보나 사실을 전달하고, 그 의견을 취합하는 데 있으며, 각 분야별 활동으로 조직을 원활하고 기민하게 운영하는 데 기여하도록 유도하고, 면접과 간담회를 통하여 조직원의 사기를 진작시키고 개인별–부서별 애로사항과 문제를 파악하여, 이에 적절한 행정적 조치와 문제해결을 위한 직접적 의견을 개진하기도 한다.

비언어적 의사소통(nonverbal communication)은 주로 눈빛 · 몸짓 · 웃음 · 목소리 · 태도 · 얼굴빛 등으로 많이 표현되며, 웃음이 비웃음이 될 수도 있고, 칭찬이 유혹을 위한 칭찬일 수도 있기 때문에 상대방의 진심을 알기 위한 적극적이고 침착한 노력이 요구된다. 특히, 조직원 상호 간 한마디의 덕담과 서로 간의 칭찬 그리고 진솔한 마음과 행동은 언어적 의사소통보다 더욱 중요할 때도 있다.

그러므로 공식적 의사소통에서는 융통성과 창의성이 필요하고, 수직적 의사소통은 조직원의 욕구파악을 잘할 수 있는 질문지법과 사기와 동기유발에도 함께 관심을 갖는 일이 중요하고, 비언어적 의사소통에는 조직원 상호 간 서로 신뢰하는 마음을 바탕으로 하여 서로가 격려하고 좋은 인간관계를 가지고 사회복지서비스를 함으로써 사회복지서비스의 질을 향상시켜 나가야 한다.

3. 의사결정

1) 의사결정의 개념

사회복지조직은 조직을 둘러싸고 있는 과업환경과 일반환경에 의존적이며, 도덕성과 윤리성을 고려해야 하는 인간에게 서비스를 제공한다는 특수성 때문에 의사결정은 매우 중요하면서도 어려운 것이 사실이다. 그러나 변화하는 환경과 상황 속에서 사회복지조직이 생존하고 발전하기 위해서는 사회적 요구에 대처하고 장래의 방향을 예측하며, 신속하고도 적절한 의사결정을 하지 않으면 안 된다. 그러므로 사회복지조직을 운영·관리하는 행정가에게는 의사결정에 대한 특별한 지식과 기술이 필요하다.

의사결정(decision making)은 여러 가지 대안들(alternatives) 중에서 최선의 대안을 선택하는 것을 의미한다. 즉, 제기된 문제의 해결을 위하여 또는 설정된 목표를 달성하기 위하여 여러 가지의 대안을 탐색하고 분석·평가하여 그 중에서 최선의 것이라고 생각되는 것을 선택하는 것이 의사결정이다. 좁은 의미에서 본다면 특정한 문제해결을 위한 대안선택을 의미하지만, 좀 더 넓은 의미에서는 조직활동을 수행하기 위해 어떻게 조직을 구성하고, 어떤 인력을 어느 곳에 배치하며, 또 어떠한 통제 및 조정의 노력이 필요한가를 결정하는 총체적 관리과정으로 규정할 수 있다(Weihrich 1994). 이 같은 맥락에서 사이먼(Simon, 1971)은 의사결정을 조직관리를 위한 가장 기본적인 활동으로 규정하였고, 더 나아가 의사결정과정 자체를 경영(management)으로까지 표현하기도 하였다. 스키드모어(Skidmore, 1994)는 의사결정과정이 기관구성원의 사기와 밀접한 관계를 갖는다는 것을 지적하며, 이는 곧 사회복지조직의 서비스 전달의 효과성을 좌우할 수 있는 중요한 요인임을 강조하였다.

의사결정은 조직의 운영에 있어서 가장 핵심적인 부분이다. 사회복지조직에서는 대체로 전 직원이 참여한 수준에서 의사결정이 이루어지는 데, 행정책임자가 어떻게 의사결정을 하느냐에 따라 조직의 목표달성이 달라지므로 매우 중요하다. 따라서, 의사결정은 문제해결에 목적을 두고 있으며, 조직구성, 인력배치, 통제 및 조정의 노력이 필요한가를 결정하는 총체적 관리과정이라고 할 수 있다.

2) 의사결정의 방법

의사결정을 하는 방법에는 여러 가지가 있는데, 조직에서 의사결정을 하는 기본적인 방법은 다음과 같다(Carlisle, 1987).

(1) 직관적 결정

직관적 결정(Intuitive Decision)이란 합리성보다 영감(hunch)이나 감정(feeling)에 의존하여 결정을 하는 방법을 말한다. 즉, 결정자가 최선의 것이라고 느끼는 것, 또는 영감에 의해 결정이 이루어지는 것으로 직원의 채용, 해고와 같은 인사에 중요하게 역할을 한다. 일선 사회복지사가 현장에서 클라이언트를 만나 자신의 느낌과 자신이 갖고 있는 정보를 통해 결정하는 경우가 있는데, 이러한 의사결정을 직관적 의사결정이라고 한다.

(2) 판단적 결정

판단적 결정(Judgement Decision)이란 개인이 가지고 있는 지식과 경험에 의존하여 결정하는 방법으로 거의 대부분의 결정이 이 방식으로 이루어진다.

(3) 문제해결적 결정

문제해결적 결정(Problem solving)은 관련된 사항에 대한 정보수집, 연구, 분석과 같은 합리적이고 과학적인 절차를 밟아 이루어지는 결정이기 때문에 즉각적으로 해결해야 할 사항에 대해서는 적용할 수 없다. 사안이 중요하고 시간적인 여유가 있을 때는 이러한 방법으로 의사결정을 하는 것이 바람직하다.

3) 의사결정의 절차

의사결정의 절차는 다음과 같다(Abies & Murphy, 1981).

(1) 문제정의와 욕구확인

의사결정의 첫 번째 단계는 해결되어야 할 문제 혹은 욕구가 어떤 것인가를 명확히 규정하는 것이다. 많은 경우 문제의 심각성, 피해자, 문제를 해결하려는 직원과 직원의 욕구 등이 실제와 다르게 표현될 수 있기 때문에 문제에 관련된 환경과 심리적 · 사회적 · 문화적 요인 등은 물론 관련자들의 욕구도 파악해야 한다.

(2) 관련정보의 확보

문제 또는 욕구를 정확히 파악하고 나면, 문제와 관련된 자료와 정보를 수집하고 분석해야 한다. 관련정보 수집은 조직 내 외에서 수집될 수 있으며, 개인이나 동료, 관련자와의 면접, 전화, 기록된 자료 등에 의해 객관적으로 수집되어야 한다.

(3) 해결대안의 개발 및 평가

관련정보가 확보되면, 그 결과를 가지고 문제해결을 위한 여러 가지 해결대안을 모색해야 한다. 여기에는 창의력이 요구되는데, 각 대안은 장 · 단점과 현실가능성을 충분히 고려하여 개발하고 평가하여야 한다.

(4) 최선의 대안 선택

각 대안의 장 · 단점, 성공 가능성, 기대효과, 윤리적 측면 등을 비교하고 적절한 가중치를 두어 우선순위를 정하여 최선의 대안을 선택해야 한다. 대안이 선택되면, 조직 내 필요한 구성원 모두에게 알리고 이해시켜서 조직의 모든 구성원이 적극적으로 참여하여 실행되도록 지원해야 한다.

(5) 대안의 실행

대안이 선택되면, 조직 내 필요한 구성원 모두에게 알리고 이해시켜서 조직의 모든 구성원이 적극적으로 참여하여 실행되도록 지원해야 한다.

(6) 피드백

의사결정의 전 과정은 개방적인 태도와 유연성을 가져야 한다. 이미 결정된 대안도 그것이 실행되기 전에는 재검토가 될 수 있다는 태도를 가지고 의견을 받아들여야 한다. 의사결정의 과정과 실행의 결과에 대하여 문제가 없는지 등에 관해 의견을 들을 필요가 있고, 대안을 변경하거나 다음 의사결정에 반영할 수 있는 융통성도 가져야 한다.

4) 의사결정의 유형

의사결정의 유형은 다양하게 접근할 수 있으나, 여기에서는 의사결정의 주체에 따라 개인적 의사결정과 집단적 의사결정으로 분류할 수 있으며, 의사결정의 구조화 정도 즉 의사결정이 정해진 일정한 절차를 따르느냐 그렇지 않느냐에 따라 정형적 의사결정과 비정형적 의사결정으로 구분할 수 있다.

의사결정의 주체에 따른 유형

(1) 집단적 의사결정

집단적 의사결정(group decision-making)이란 최고책임자가 의사결정을 함에 있어 부하직원이나 전문가들의 의견을 종합하여 결정을 내리는 것인데, 상호작용집단기법, 명목집단기법 그리고 델파이기법 등이 그것이다.

① 상호작용집단기법

상호작용집단기법(face-to-face interacting group technique)은 가장 보편적인 형태의 집단의사결정의 방법이다. 자유스러운 분위기 속에서 공개적으로 여러 대안들에 대해 토론하고 논쟁하여 최선의 대안에 합의하는 의사결정기법이다. 다시 말해서 위원회집단이나 일반적인 회의집단들과 같이 다양한 사회적 배경(정보 · 지식 · 경험 · 아이디어 등)을 지닌 사람들로 구성된 집단에서, 특히 쟁점사안에 대한 최선의 의사결정안을 도출하기 위해 사용하는 전통적인 의사결정기법인 것이다.

이 기법은 여러 집단의사결정기법들 가운데 가장 구조화되지 않은 기법으로, 토론에 참여하는 사람들이 집단의사결정이나 타인들과의 상호작용에 있어서 상당한 경험과 지식을 소유하고 있을 때 적절하게 사용할 수 있다.

② 명목집단기법

명목집단기법(nominal group technique, NGT)은 의사결정의 사회심리학적 연구를 토대로 하여 사람들이 함께 아이디어를 제시하여 결정하는 방법이다.

명목집단기법의 운영절차는 다음과 같다(권육상 외, 2012: 155).

1단계 : 집단토론을 주제하는 리더는 칠판이나 플립차트(flip Chart)에 작성된 문구를 간략하게 정리하여 문제나 쟁점사항을 소개한다.

2단계 : 구성원들이 그 문구를 이해했으면, 보통 10분 내지 15분 동안 조용히 말을 하지 않으면서 서면으로 쟁점사항에 관한 아이디어를 창출해 낸다.

3단계 : 구성원들은 사발통문식(round-robin fashion)으로 돌아가면서 서로의 아이디어를 교환한다.

4단계 : 주로 아이디어를 명확하게 하는데 초점을 맞추면서 각 항목을 토론하도록 요구한다.

5단계 : 구성원들은 자신들이 가장 선호하는 5개의 해결책들을 단순히 배열하고, 색인카드(index card)에 자신의 선택안을 기입한다.

6단계 : 집단 의사결정안을 도출하기 위해 각 결정에 대한 빈도를 계산하여 순위를 결정하고 집단에게 그 결과를 알린다.

이 명목집단기법이 지니고 있는 주요 장점은 구성원의 독립적인 사고를 제약하지 않고 익명으로 아이디어를 충분히 개진할 수 있다는 것이다. 반면에, 아이디어의 중복성이 있을 수 있고, 칠판이나 플립차트 등의 준비물이 필요하다는 것과, 고도로 구조화된 형식을 따라야 하므로 불편함을 느낄 수 있다는 단점이 있다.

③ 델파이기법

델파이기법(Delphi technique)이란 합의적 의사결정에 도달하기 위하여 아이디어들을 익명으로 결정함으로써 창의성을 증진시키는 기법으로 원래 미국 군사·안보 싱크탱크인 랜드(RAND Corporaton, 1948년 설립)연구소의 의사결정자들에 의해서 개발되었다. 이 기법은 명목집단기법에 비해 보다 복잡하고 시간이 많이 소요되는 대안적 방법으로 집단구성원들의 출석을 요구하지 않는다는 점을 제외하고는 명목집단기법과 매우 유사하다. 즉, 본 기법은 전문가 또는 관련자들로부터 우편으로 의견이나 정보를 수집하여 그 결과를 분석한 후, 다시 응답자들에게 보내 의견을 묻는 방식으로 만족스러운 결과를 얻을 때까지 계속하여 어떤 불확실한 사항에 대한 전문가들의 합의를 얻으려고 할 때 적용될 수 있다.

델파이기법의 운영절차는 다음과 같다(권육상 외, 2012: 156-157).

1단계 : 문제를 확인하고 주의 깊게 설계된 일련의 설문지를 통하여 구성원들로 하여금 가능성 있는 해결책을 제시하도록 요구한다.

2단계 : 개개의 구성원들은 익명으로 그리고 독자적으로 첫 번째 설문지를 작성 완료한다.

3단계 : 첫 번째 설문의 결과는 중앙부서에서 수집하여 기록하고, 그것을 다시 문서화한다.

4단계 : 개개의 구성원들은 그 결과가 수록된 문서를 받아본다.

5단계 : 구성원들은 그 결과를 검토한 후 문제의 해결책을 다시 제시해 보도록 요구받는다. 그 결과, 전형적으로 새로운 해결책이 제기되며 본래의 견해에 변화가 일어난다.

6단계 : 합의에 도달할 때까지 4단계와 5단계가 필요한 만큼 빈번하게 되풀이되어 진행된다.

델파이기법의 장점으로는, 구성원들 간에 결코 대면하는 일이 없으므로 집단압력이 배제되는 가운데 전문가의 아이디어를 개진할 수 있다. 단점으로는, 설문지를 작성하고, 그것을 참가하는 구성원에게 배포하여 반응을 기다리고, 결과를 취합하는데, 상당히 많은 시간이 걸린다는 것이다

④ 브레인스토밍

브레인스토밍(brainstorming)은 집단토의의 일종으로 특정한 문제나 주제에 대하여 두뇌에서 폭풍이 몰아치듯 생각나는 아이디어를 가능한 한 많이 산출하도록 하는 방법이다. 1941년 오스번(Alex F. Osborn, 1988-1966)에 의해 제창되었고, 저서 『독창력을 신장하라*(Applied Imagination, 1953)*』로 널리 알려졌다.

브레인스토밍에서 중요한 것은 산출된 생각에 대하여 비판을 하거나 섣부른 결론을 내리지 않아야 하며, 여러 사람들이 자유롭게 제시한 창의적인 아이디어를 종합하여 합리적인 해결책을 모색해야 한다. 브레인스토밍의 변형된 형태로 브레인라이팅(brain writing)과 전자 브레인스토밍(electronic brainstorming)이 제안되고 있다.

브레인라이팅은 언어능력이 부족한 사람들로 하여금 자신의 생각을 자유롭게 글로 표현하도록 하는 방법이다.

전자 브레인스토밍은 동일한 장소에서 화면을 보면서 각자의 컴퓨터로 자신의 아이디어를 입력하거나 같은 장소에 모이지 않더라도, 네트워킹된 컴퓨터로 타인의 아이디어를 보면서 입력하도록 하는 것이다. 전자 브레인스토밍은 동일 시간에 한 장소에 모일 필요가 없고, 익명성이 보장되며, 저장과 인출이 자유로워 타인의 생각을 언제든지 확인할 수 있기 때문에 중복되는 아이디어를 생성하는데 소비되는 시간을 줄여 준다. 참가자 수에 제한이 없고, 평가에 대한 두려움 없이 집단구성원들 간의 상호작용이 원활하다는 장점이 있어서 창의적 사고를 촉진하는 기법으로 활용되고 있다.

브레인스토밍의 원리는 다음과 같다.

㉠ 한 사람보다 다수인 쪽이 제기되는 아이디어가 많다.

㉡ 아이디어 수가 많을수록 질적으로 우수한 아이디어가 나올 가능성이 많다.

㉢ 일반적으로 아이디어는 비판이 가해지지 않으면 많아진다.

그러므로 브레인스토밍에서는 어떠한 내용의 발언이라도 그에 대한 비판을 해서는 안 되며, 오히려 자유분방하고 엉뚱하기까지 한 의견을 출발점으로 해서 아이디어를 전개시켜 나가도록 하고 있다. 이를테면, 일종의 '자유연상법'이라고도 할 수 있다. 회의에는 리더를 두고, 구성원 수는 10명 내외를 한도로 한다.

(2) 개인적 의사결정

개인적 의사결정(individual decision-making)이란 최고책임자가 수집한 자료 · 정보 그리고 자신의 경험 · 판단에 의해 혼자 의사결정을 내리는 방법인데, 의사결정나무분석, 대안선택흐름도표 등이 그것이다.

① 의사결정나무분석

의사결정나무분석(decision tree analysis)은 개인이 가능한 여러 대안을 발견하여 나열하고, 선택했을 때와 그렇지 않았을 때의 결과를 그림으로 그려 생각하는 개인적 의사결정방법이다.

② 대안선택흐름도표

대안선택흐름도표(alternative choice flow chart)는 목표가 분명하고 예상 가능한 사항의 선택에 적용될 수 있는 것인데, 'yes'와 'no'로 답할 수 있는 질문을 연속적으로 만들어 예상되는 결과를 결정하도록 하는 개인적 의사결정방법이다.

전술한 집단적 의사결정과 개인적 의사결정을 비교하여 조명해 보면 다음과 같다.

〈표 6-2〉 집단적 의사결정과 개인적-의사결정의 비교

요 인	집 단	개 인
문제 및 과업의 유형	· 다양한 지식과 기술이 요구될 때 · 문제가 개별적으로 나뉘어져 언급될 수 있는 다차원적인 부분으로 이루어져 있을 때 · 문제를 평가해야 할 때	· 능률성이 요구될 때 · 비교적 단순한 지식과 기술이 요구될 때

결정사항에 관한 수용	· 집단구성원들에 의한 수용이 중요시될 때	· 수용이 중요하지 않을 때
해결책의 질	· 몇몇 조직구성원에 의해서 해결책이 도출될 수 있을 때	· 최선의 해결책을 제시할 수 있는 구성원을 파악할 수 있을 때
사람들의 특성	· 집단구성원들이 함께 일한 경험이 있을 때	· 사람들이 협력할 수 없을 때
의사결정 분위기	· 집단의 문제해결에 대해 우호적인 분위기일 때	· 경쟁적인 분위기일 때
시간 정도	· 비교적 많은 시간을 활용할 수 있을 때	· 비교적 활용할 수 있는 시간이 적을 때

자료: 권육상 외(2012: 156).

의사결정의 구조화에 따른 유형

의사결정의 구조화에 따른 유형은 정형적 의사결정과 비정형적 의사결정으로 나눌 수 있다. 그 내용은 다음과 같다(양승일, 2018: 213-214).

(1) 정형적 의사결정

정형적 의사결정(programmed decision making)이란 결정자가 일상적으로 반복되는 업무에 대한 것과 발생한 문제에 대한 대안과 방법이 사전에 미리 정해져 있는 결정을 행하는 것이다. 예를 들어, 인사규칙이나 조례 등 조직에 정해져 있는 특별한 절차에 의한 결정이다.

(2) 비정형적 의사결정

비정형적 의사결정(non-programmed decision-making)은 새로운 사태의 발생을 비롯하여 예측이 어려운 중대한 사건 등에 대처하기 위한 의사결정을 말한다. 환경에 크게 영향을 받고 의존하는 사회복지조직에서는 비정형적 의사결정사항이 많이 발생하게 되므로 사회복지조직의 행정책임자를 포함한 조직요원들은 특히 의사결정훈련이 크게 요구된다.

전술한 정형적 의사결정과 비정형적 의사결정을 전통적 기법과 현대적 기법을 적용하여 비교해보면 다음과 같다.

〈표 6-3〉 집단적 의사결정과 개인적 의사결정의 비교

구 분	기 법	
	전통적	현대적
정형적 의사결정 (일상적이고 반복적인 결정, 조직에서는 이러한 사항의 처리를 위하여 특별히 절차를 마련하고 있음.)	· 습관 · 일상적 사무규정 · 표준운영절차(내규)	· 오퍼레이션스 리서치 · 전자자료 처리
비정형적 의사결정 (일회적이고 비조직적인 새로운 정책결정, 문제해결적 절차로 처리함.)	· 판단, 직관, 창의성 · 경험에 의한 처리 · 책임자의 엄선 및 훈련	· 책임자의 엄선 및 훈련 · 의사결정절차의 훈련 · 자기발견적 컴퓨터 프로그램 제작

자료: Simon(1971).

5) 의사결정이론 모형

일반적으로 의사결정모형은 복잡한 사회현상 속에서 다양하게 나타나는 의사결정의 행태적 틀이라고 할 수 있다. 조직 내부의 과정에서 의사결정이 항시적으로 어떤 모습을 가지고 있는가의 문제, 즉 조직의 의사결정모형을 도출해 보는 것도 이론적 및 실천적 중요성을 가지고 있는 것이다. 조직의 의사결정모형이 이론적 관심의 초점이 되는 이유는, 조직의 의사결정이 항상 어떤 모형에 따라 이루어지고 있다는 지식이 있을 때 우리가 조직 내에서 이루어지는 다양한 활동들에 의사결정이 미치는 역할을 더욱 쉽게 이해할 수 있기 때문이다. 또한 의사결정모형을 이해하게 되면 무수히 많은 조직들로 이루어진 현대사회의 일반적 특성을 추론해 볼 수 있기 때문이다.

의사결정모형은 실천적 중요성도 가지고 있다. 조직적 의사결정의 일반적 패턴은 인간의 자유의지와 사회적 결정론에 대한 규범적 및 윤리적 질문에 대하여 우리가 찾아야 할 정당한 답변에 대하여 기초적인 자료를 제공한다. 왜냐하면 현대인은 일상 대부분의 시간을 조직과정 속에서의 상호작용을 통해서 영위하기 때문이다.

의사결정이론 모형은 다음과 같다.

(1) 합리모형

합리모형(rational model)은 문제해결을 위한 모든 대안들을 검토하고, 각 대안이 가져올 결과에 관한 정보를 최대한 수집 · 분석한 다음 대안들의 장 · 단점을 비교 평가함으로써 최선의 대안을 선택하는 모델이다. 이 모형에 의하면, 의사결정자는 이성과 고도의 합리성에 근거하여 결정하고 행동한다. 즉, 합리모형은 인간식 의사결정에 필요한 모든 지식과 정보를 파악 · 동원할 수 있다는 '전지의 가정(assumption of omniscience)' 하에서 목표달성을 위한 합리적 대안의 탐색 · 선택을 추구하는 규범적 · 이상적 접근방법이다.

합리모형은 의사결정자가 모든 정보를 체계적으로 수집하여 현실적인 제한점을 고려하지 않은 채, 문제와 욕구의 정의 및 해결을 위한 모든 대안을 개발하고 선택하는 것을 말한다. 즉, 의사결정과정에서 인간의 능력 · 정보 · 시간 및 비용의 제한성에 대한 고려가 이루어지지 않는다. 때문에 현실적으로 적용할 수 있는 가능성이 희박한 모형이며, 수량화할 수 있는 것만을 강조함으로써 제한된 부분에만 적용이 가능하다는 비판을 받고 있다.

이 모형의 특징은 다음과 같다(오종희 외, 2021: 270).

① 목표나 가치를 명확히 정의한다.

② 목표와 수단, 가치와 사실을 구분한다.

③ 설정한 목표에 가장 부합되는 결과를 가져올 대안을 선택한다.

④ 모든 요소를 종합적으로 고려한다.

(2) 만족모형

만족모형(satisfying model)은 합리모형의 한계점을 극복하기 위해 제시된 의사결정모형으로 합리모형에서와 같은 완전한 합리성이 아닌 제한된 합리성(bounded rationality)에 기초하고 있다. 이와 관련하여 인간은 지식 · 학습능력 · 기억능력 · 계산능력 등 각종 능력 면에서 제한을 받고 있기 때문에 최적의 대안을 선택할 수 없으며, 어느 정도 만족스러운 대안이 나오면 그 수준에서 결정하게 된다. 결정자가 어떤 결정을 하는 경우, 반드시 최적안을 추구하기 어렵기 때문에 현실적 · 주관적 관점에서 만족할 만한 대안을 선택하는 데 그치게 된다. 주로 비정형적 의사결정에 적용되는데, 이는 해결해야 할 문제가 새롭고 불분명하며 또 복잡하여 기존의 행정절차를 이용할 수 없을 때, 제한적 합리모형의 관점에서 의사결정을 하게 되는 경우가 많다. 때문에 만족모형은 실제 적용하기가 쉽고, 인간의 형태학적 특성을 고려하기가 용이하다. 그러나 만족모형은 다음과 같은 비판이 있다(김현진 외, 2017: 179-180).

① 최선의 대안이 아니라 만족할 만한 대안을 찾은 후에 대안 탐색을 중단하게 되면, 검토되지 않은 대안 중에 훨씬 더 중요한 대안이 있을지 모름에도 불구하고, 이를 간과하게 된다.

② 만족 여부는 의사결정자의 기대수준에 달려 있는데, 이 기대수준 자체가 극히 유동적이므로 어느 것이 만족할 만한 대안인지를 객관적으로 판단하기 어렵다.

③ 일상적이고 중요성이 떨어지는 의사결정에서는 무작위적으로 대안을 고려하고 만족할 만한 대안이 있으면, 대안의 탐색이 중단된다는 주장이 일리가 있지만, 예외적이고 중대한 의사결정에는 좀 더 분석적 결정이 이루어질 가능성이 크다.

(3) 연합모형

연합모형(coalition model)은 회사모형(firm model)이라고도 하며, 사이어트(Richard M. Cyert)와 마치(James G. March)가 개발하였다. 이 모형은 개인적

차원의 만족모형을 한층 더 발전시켜 그것을 조직의 의사결정 과정에 적용시킴으로써 만족모형으로 설명할 수 있는 현상의 범위를 넓혔다는 데 가장 큰 의의가 있다.

조직의 행대를 경제적 · 시장 중심적 시각을 벗어나 조직의 구조 · 목표의 변동이나 기대의 형성과 선택의 관점에서 파악하려고 하는 것이 바로 연합모형이다. 연합모형에서는 목표가 서로 충돌하여 상호 갈등적 관계에 놓여 있는 단위조직들 간의 갈등 해결이 의사결정이라고 본다.

이와 같은 연합모형의 특징을 살펴보면 다음과 같다(김현진 외, 2017: 180).

첫째, 불확실성을 회피하려는 경향이 있다. 조직을 둘러싸고 있는 환경은 유동적이므로 대안이 가져올 결과를 불확실한 것으로 보고, 조직은 단기적 전략을 사용하고 환경과 타협함으로써 불확실성을 회피하려는 경향을 갖는다고 본다.

둘째, 문제 중심적 탐색이다. 조직은 문제가 등장하였을 때에만 탐색을 시작하여 적절한 해결방안을 찾는다.

셋째, 표준운영절차(Standard Operating Procedure, SOP)를 중시한다. 대부분 조직의 의사결정은 조직이 존속해 오는 동안 경험적으로 터득한 학습된 행동규칙인 표준운영 절차를 따르고 있다.

이러한 연합모형은 다음과 같은 몇 가지 비판을 받고 있다(오종희 외, 2021: 272).

첫째, 이 모형은 이윤 추구를 목표로 하는 기업조직을 대상으로 하고 있기 때문에 공공부문의 의사결정에 적용하는 데는 한계가 있다.

둘째, 이 모형은 표준운영 절차에 따르는 결정방식을 채택하고 있다. 이는 상황이 안정적이라는 것을 전제하고 있는 것으로 급격한 변동상황에 직면한 경우에는 적합하지 않다.

셋째, 이 모형은 권한이 광범위하게 위임되어 있고, 자율성이 강한 조직을 전제로 하고 있으므로 권위주의적 조직의 의사결정에는 적용하는 데 제한이 있다.

(4) 점증모형

점증모형(incremental model)에서는 인간의 지적 능력의 한계와 의사결정 수단의 기술적 제약을 인정하고 의사결정을 할 때, 대안 선택이 종래의 정책이나 결정의 점진적 · 부분적 · 순차적 수정 내지 약간의 향상으로 이루어진다. 따라서, 의사결정 과정을 '그럭저럭 헤쳐 나가는(muddling through) 과정'으로 보고 있다(Lindblom, 1959). 점증모형은 기존의 의사결정을 토대로 하여 이전보다 조금 나은 대안을 마련하고 기존의 의사결정을 점증적으로 수정해 나가는 가지치기식 접근 모형이다. 점증모형은 이상 · 규범적 합리성보다는 정치적 합리성을 중시한다. 점증모형은 현상유지적 의사결정으로 기존의 정책, 전년도 예산, 전례, 관례 등에 기초하여 부분적으로 수정하거나, 결함을 개선하는 수준에서 결정된다. 점증모형은 과거의 대안을 기초로 차이가 있는 대안만을 검토하여 기존의 대안을 약간 수정한 수준에서 부분적인 수정이 이루어져 지나치게 보수적인 성격을 가진다.

결국 점증모형은 의사결정자가 모든 대안을 검토해서 하는 것이 아니라, 현재 상태와 크게 다르지 않은 극히 소수의 대안만을 검토해서 결정을 한다. 따라서, 현재상태보다 월등하게 다른 혁신적이고 창의적인 결정은 기대하기 어렵다는 것이다. 그러나 현재의 상황에 가장 적은 저항을 받으며 문제를 효율적으로 해결할 수 있다는 장점을 가지고 있으나, 현실유지적인 수준에서 문제를 해결하기 때문에 보수주의로 빠지기 쉽고, 상대적으로 안정되고 균형 잡힌 조직에서는 적응이 가능해도 급속한 환경의 변화에 점진적인 변화로 대응해야 하는 쇄신혁신이 요구되는 조직에서는 적응하기가 어렵다는 단점이 있다(최용민 외, 2019: 105).

점증모형의 특색은 다음과 같다(김형수 외, 2018: 152).

첫째, 점증모형은 부분적인 최적화를 추구한다. 관련된 모든 대안을 총체적으로 평가 · 분석하기보다는 현상을 유지하는 것도 하나의 대안이 된다고 본다. 현 대안에 비해 약간 향상된 대안에만 치중하여 한정된 수의 대안만을 평가한다. 즉, 문제의 현실적 · 부분적 · 제한적 · 불완전한 해결을 중시한다.

둘째, 점증모형은 의사결정자가 당면하는 문제를 끊임없이 재조정하므로 목표를 주어진 것으로 보지 않는다. 목적과 수단을 구분하여 분석하지 않으며, 양자를 상호 조정할 수 있다고 보고, 목표와 수단의 상호의존 및 연쇄관계(통합성)를 인정한다. 점증모형에서는 목표와 수단이 동시에 선택되거나, 수단을 먼저 고려한 후에 목표를 설정한다.

셋째, 점증모형은 만족모형의 제한된 합리성을 인정하고, 인지능력상 한계뿐 아니라, 정치현실적 제약까지도 고려하는 모형이다. 경제적 합리성보다는 참여자 간의 합의나 이해관계의 원만한 타협과 조정을 통한 정치적 합리성을 중시한다.

넷째, 점증모형은 소폭적이고 점진적인 변화를 추구한다. 완전무결한 의사결정이나 해결책은 존재하지 않는다고 본다. 계속적인 분석과 평가를 통하여 당면문제를 점진적으로 검토하면서 기존의 정책을 조금씩 변화시키면서 현재의 사회가 안고 있는 구체적인 결함을 경감시키는 연속적 · 점진적 · 개량주의적 이론이다.

(5) 최적모형

최적모형(optimal model)이란 경제적 합리성과 아울러 직관 · 판단력 · 창의력과 같은 초합리적인 요인을 고려하는 의사결정 모형으로 미국의 드로어(Yehezkel Dror, 1928-)가 제시하였다. 그는 점증모형에 불만을 표시하면서 특히 과거에 선례가 없는 문제이거나, 매우 중요한 문제의 해결을 위한 비정형적 결정 시에는 경제적 · 합리적 측면 이외에, 이러한 초합리성을 중요시해야 한다는 입장을 취하고 있다. 즉, 의사결정자가 자원의 제약, 불확실한 상황, 지식과 정보 부족 등으로 합리성의 정도를 높이는 데 제약이 따르므로 초합리적 요소가 개입되는데, 점증모형이나 행태이론이 이를 경시하는 것은 잘못이라는 것이다. 그에 따르면, 단순히 현실적으로 이루어지는 결정만을 연구할 것이 아니라, 언제나 이상을 갖고 가능성의 영역을 개척하기 위해, 의사결정방법은 물론 결정이 이루어진 후의 집행에 대한 평가 및 환류를 계속하게 되면 결정능력이 최적 수준까지 향상될 수 있다(Dror, 2017).

최적모형의 특징은 다음과 같다(오종희 외, 2021: 274).

① 최적모형은 양적모형이 아니라, 질적모형이다.

② 합리적 및 초합리적인 요소를 모두 포함하고 있다.
③ 여기서 합리성이라 함은 주로 경제적 합리성을 의미한다.
④ 정책지침을 포함한다.
⑤ 환류과정을 중시한다.

최적모형은 의사결정 과정의 쇄신과 가치관, 창의성 등의 초합리성을 강조한 이론모형으로서 관심을 끌고 있으나, 다음과 같은 비판도 있다(오종희 외, 2021: 274).

① 초합리성의 본질과 합리성과의 관계가 불분명하다.
② 초합리성이라는 것의 구체적인 달성방법이 명확하지 않으며, 오히려 지나치게 이상에만 치우친 모형이다.
③ 정책결정을 향상시키려는 노력의 부족, 직원이 고수하는 기득권으로 인한 보수성, 정보와 자료 부족, 목표의 불확실성, 평가와 시정조치의 경시 등이 있다.
④ 의사결정 시에 경제적 합리성을 지향하고 있으므로 사회적 과정에 대한 고찰이 미흡하다.

(6) 쓰레기통모형

쓰레기통모형(garbage can model)은 사회 내의 신념체계, 가치체계나 정치체제가 바뀌는 등의 좀 더 복잡하고 혼란한 상황, 즉 '조직화된 무정부 상태(organized anarchies)' 속에서 조직이 어떠한 결정 행태를 나타내는가를 설명하기 위한 모형이다. 쓰레기통모형은 극도로 불합리한 집단 결정에 대한 대표적인 이론 모형으로, 복잡하고 급격한 변화가 일어나는 상황을 설명하는 데 적합한 모형이라고 볼 수 있다. 쓰레기통 모형의 전제가 되는 조직화된 무정부 상태의 구체적 특성을 살펴보면 다음과 같다(Cohen et al., 1972).

첫째, 문제성 있는 선호로서, 결정에 참여하는 사람들 간에 무엇을 선택하는 것이 바람직한지에 대해 합의가 없다는 점과, 참여자 중에서 어느 개인 한 사람을 두고 보더라도 스스로 자신이 무엇을 좋아하는지조차 모르면서 결정에 참여하는 경우가 있다.

둘째, 불명확한 기술로서, 의사결정에서 달성하려는 목표와 이를 달성하기 위한 수단 사이에 존재하는 인과관계인 기술이 불명확하다는 것이다. 즉, 결정에 참여하는 사람이 목표를 명확히 알아도 무엇을 수단으로 선택해야 하는지 잘 모르는 경우가 많으며, 이 경우에는 시행착오를 통해 운영되는 것이 보통이다.

셋째, 일시적 참여자로서, 모든 결정과정에 참여하는 사람들은 그 자신의 시각적 제약 때문에 어떤 경우에는 결정에 참여하기도 하고, 어떤 경우에는 참여하지 않기도 한다.

쓰레기통모형은 조직 내의 많은 의사결정의 비체계성을 강조하는 모형으로, 목표가 불확실하고, 목표달성을 위한 수단이 불분명하며, 의사결정에 참여하는 사람들이 계속 바뀌는 조직에서는 문제해결을 위한 의사결정이 계획적이고 단계적인 문제해결활동에 의해서가 아니라, '우연하게' 이루어질 수 있다고 본다. 정책결정이 이루어지는 과정에 있어서 다양한 계층이 참여하게 함에 따라 여러 방면에서 영향을 받는 민주주의 행정의 경우, 이들의 선호와 문제를 정의하는 것이나 해결방법, 대안선택이 매우 다양하기 때문에 예측이 어렵다고 본다. 해결방안 · 의사결정 참여자 · 의사결정 순간이 서로 독립적으로 상호작용하면서 쓰레기통 속을 흘러 다니다가 어느 한 시점에서 우연히 만났을 때 의사결정이 이루어진다고 보기 때문에 기회 · 운 · 타이밍과 같은 변수가 의사결정의 주요 결정요인이라고 본다.

쓰레기통모형은 이와 같은 전제 아래 마치 여러 가지 쓰레기가 우연히 한 쓰레기통속에 모여지듯이 쓰레기통모형에서 전재로 하는 조직보다 훨씬 더 체계적인 것이며, 여러 가지 의사결정과 관련된 요소들이 무질서하게 쓰레기통 속에 들어가 있으면 언젠가는 의사결정으로 전환된다는 것은 가능성이 희박하다는 비판을 받는다(오종희 외, 2021: 275).

(7) 혼합주사모형

혼합주사모형(mixed-scanning model)은 에치오니(Etzioni, 1967)가 제창한 이론으로 합리모형과 점증모형을 혼합 절충한 제3의 모형이다. 이 모형은 새로운 것이 아니며, 단지 두 모형을 결합한 것에 불과하다(임정문 외, 160). 혼합주사모형은 합리모형의 이상주의적 성격에서 나오는 단점과 점증모형의 보수주의적 성격의 약점을 극복할 수 있는 전략으로 제시된 모형이다. 에치오니는 합리모형은 결정권한이 집중되어 있고, 통제 · 계획 지향적인 속성을 지니는 전체주의 사회에 적합하며, 점증모형은 다원주의적이고 합의중심적인 민주사회에 적합한 모형이라고 하면서 이 모형은 합리모형과 점증모형을 절충한 모형으로 활발한 행동적 사회에 적합한 모형이라고 하였다.

혼합주사모형의 특징은 다음과 같다(김형수 외, 2018: 156-157).

첫째, 종합적 합리성을 띤다. 의사결정에는 합리성만 작용하는 것도 아니며 비합리적인 결정만으로 이루어지는 것도 아니므로 결정의 범위에 따라 두 가지가 다 적용된다고 본다.

둘째, 결정과정을 기본적 결정과 세부적 결정으로 나눈다. 기본적 결정은 전체적이고 기본적인 방향을 설정하기 위해 중요한 대안을 탐색 후에 이루어지고, 세부적인 결정은 기본적 결정의 범위 속에서 점증적으로 구체화한다.

셋째, 활발한 행동적 사회의 조직원리이다. 결정형태에만 국한되는 것이 아니라, 에치오니가 언급한 활발한 행동적 사회에서의 조직원리로 발전시킬 수 있다고 주장한다.

혼합주사모형의 장점은 합리모형이 요구하는 지나치게 이상적인 합리성을 현실화시키는 동시에, 점증성이 갖는 보수성을 극복할 수 있다. 즉, 단기적 변화에 대처하면서, 동시에 장기적 안목을 가질 수 있다는 것이다. 그러나 혼합주사모형은 두 개의 대립되는 극단의 모형들을 혼합 절충한 것에 지나지 않으며, 현실적으로 그가 주장한 바와 같이 될 수 있겠는가에 대해서는 회의적이다.

(7) 공공선택모형

공공선택모형(public choice model)은 1986년도 노벨 경제학상을 받은 뷰캐넌(James M. Buchanan Jr., 1919–2013)이 주장한 이론으로 주로 정부재정부문의 정책결정에서 바람직한 민주적 의사결정이 어떻게 이루어져야 하는가를 주요 내용으로 다루고 있다.

공공선택 모형의 기본 전제에서 개인은 민간부문에서와 같이 공공부문에서도 자기 이익을 극대화시키려고 한다. 이러한 이기적인 개개인이 공동 참여하여 정책을 결정하는 것이며, 각자의 이익을 극대화시키고자 한다. 즉, 공공정책의 결정은 이에 참여하는 국민의 수가 많을수록 효율적이고 민주적이다. 따라서, 공공선택모형은 국민의 대표적 참여와 상황적응적인 행정구조를 강조하고 있다. 동시에, 공공선택모형은 합리 모형이 갖는 정책의 경직성과 비인간성의 난점을 극복할 수 있는 가능성을 제시하고 있다(임정문 외, 2020: 162).

공공선택모형은 모든 정치행위자들, 즉 유권자, 납세자, 정치가, 행정관료, 이익집단, 정부 등이 자신의 이익을 최대로 늘리고자 노력하는 가운데 어떠한 정책이 선택된다. 여기서 모든 인간은 자신의 효용을 극대화하려는 이기적이고 합리적인 존재라고 가정한다. 이 모형은 사회 · 정치 · 경제학적인 입장에서 공공재와 공공서비스의 공급을 합리적으로 수행하는 것이 중요하다는 전제하에 결정을 하게 된다. 따라서, 정책결정과정에서는 정책이 사회의 모든 부문에 미치는 파급효과를 중시하고 재화의 공공성을 강조한다.

이 모형은 정치가들의 중도적 성향을 설명하기에 적절하다. 정치가들의 가장 큰 관심사는 선거에서 승리하는 것이고, 정책방향도 최대한 많은 유권자들의 지지를 얻을 수 있는 쪽으로 만들어진다. 따라서, 정책들은 보수성향과 진보성향의 유권자들을 모두 포함하는 중도적 색깔을 갖는다.

이익집단의 경우, 자신들의 이익을 위해 정치적 영향력을 행사한다. 즉, 경쟁에서 승리한 특정 집단만이 공공정책의 이익을 갖게 된다는 것이다. 결국 이익집단은 자신들에게 유리한 정책이 입안되도록 정치가와 관료들을 대상으로 로비활동을 펼치는데 정치가들에게는 선거에서 표나 정치자금 제공 등으로, 관료들에게는 자신이 속한 부처에 예산이 증대된다는 명목으로 상호협력관계를 구축하게 된다.

그러므로 공공선택모형에서 정치가, 관료, 이익집단, 유권자 등 모든 이해관계자들은 자신의 이익을 고려하여 행동하게 된다.

〈연 습 문 제〉

1. 기획에 관한 설명으로 옳지 않은 것은?
   ① 연속적이며 동태적인 과업이다.
   ② 효율성 및 효과성 모두 관련이 있다.
   ③ 타당한 사업 추진을 위함이다.
   ④ 래의 환경변화에 대응하기 위한 의사결정과정이다.
   ⑤ 목표지향적이나 과정지향적이지는 않다.

2. 의사소통의 원칙으로 옳지 않은 것은?
   ① 명료성(clarity)은 피전달자가 쉽고 정확하게 이해할 수 있도록 간결한 문장과 평이한 용어를 사용해야 하고, 내용의 구조가 체계화되어 있어야 한다는 것이다.
   ② 적시성(timeliness)은 정보의 도달점이 피전달자가 정보를 받아들이는 준비성의 정도에 따라서, 적시에 정보를 전달하지 않으면 효과가 없다는 것이다.
   ③ 적정성(adequacy)은 전달내용이 그 양이나 규모에 있어서 너무 많아도 안 되고, 너무 적어도 곤란하다는 것이다.
   ④ 배포성(distribution)은 비밀사항이 아닌 이상 되도록 관계된 모든 사람들에게 알려져야 한다는 것이다. 공식적 의사전달일 경우 더욱 그러하다.
   ⑤ 적응성과 통일성(adaptability & uniformity)은 클라이언트가 구체적 상황에 따라 재량성을 발휘할 수 있도록 융통성과 신축성을 지녀야 한다는 것이다.

3. 의사결정 방법에 관한 설명으로 옳지 않은 것은?
   ① 최고관리자는 의사결정나무분석을 통해 단독으로 의사결정을 내릴 수 있다.
   ② 의견을 구하는 전문가들이 한 자리에 모이기 어려운 경우에는 델파이 방법을 활용한다.
   ③ 변증법적 토의는 사안의 찬성과 반대에 대한 이해를 토대로 한다.
   ④ 브레인스토밍 방식은 제시되는 아이디어의 질보다 양을 중시한다.
   ⑤ 명목집단 기법은 토론의 분위기에 따른 왜곡현상이 일어날 수 있다.

정답 1. ⑤ 2. ⑤ 3. ⑤

Chapter 7

리더십과 슈퍼비전

개 요

리더십은 특정한 상황 속에서 집단이 나아가야 할 방향을 제시하거나 목표를 설정해서 따르는 자들로 하여금 그 방향으로 나아갈 수 있도록 하는 능력과 관계가 있다. 여기에서는 리더십과 슈퍼비전을 학습하고자 한다.

학습목표

1. 리더십의 현실적 적용
2. 슈퍼비전의 기관별 이해
3. 사회복지사의 리더십 사례연구

학습내용

1. 리더십의 개념
2. 리더의 기술, 수준, 팔로워십
3. 리더십의 유형
4. 슈퍼비전
5. 사회복지행정가의 리더십

Chapter 07
리더십과 슈퍼비전

1. 리더십의 개념

1) 리더십의 정의

일반적으로 사용하는 리더십(leadership)이라는 단어의 뜻은 '지도자로서의 지위'를 일컫기도 하고, '지도자로서 갖추어야 할 덕목, 특성, 행동, 지도자상(像)'을 의미하기도 하며, 리더십, 지도성, 지휘력, 통치력, 선도력 등을 지칭하기도 한다.

사람들을 자신이 원하는 방향으로 이끌고 다른 사람들의 삶에 영향력을 미치는 리더십에 대한 관심은 어느 사회에나 존재했었다. 그러나 리더십에 대한 연구가 과학적인 방법을 통해 진행되기 시작한 것은 20세기에 들어와서의 일이다. 초기 리더십 연구는 집단 또는 조직의 목표달성 여부를 결정짓는 리더의 중심적 역할을 강조하였다. 따라서, 리더십의 정의는 조직의 리더가 구성원 또는 추종자에게 미치는 일방적 영향력에 있었다. 그러나 후기 리더십 연구는 리더의 일방적 영향력뿐만 아니라, 추종자가 리더에게 미치는 영향력을 새롭게 강조하는 상호 교환적 리더십을 강조한다. 아울러 조직이나 집단의 리더십은 리더, 구성원(추종자), 환경의 세 가지 요인이 서로 영향을 주고받는 역동적 과정임을 강조한다(김형식 외, 2020: 332).

리더십에 대한 정의는 리더십을 연구하는 수만큼이나 다양하다. 리더십의 정의가 복잡다단한 이유는 리더십이라는 개념이 모호하고 복잡하기 때문이다. 리더십을 과학이나 학문으로 보는 사람도 있지만 예술과 기술로 보는 사람도 있다(명성훈, 2002: 34). 초기의 리더십 연구들에 있어서는 리더십을 일반적으로 '집단의 목표를 달성하기 위하여 구성원을 동기화시키고, 그들에게 영향력을 행사하는 과정'으로 보았다(신응섭 외, 2002: 15).

리더십은 특정한 상황 속에서 한 집단 또는 조직의 목표를 달성하기 위해서 리더가 따르는 자들에게 영향력을 행사하는 과정이다. 이 정의에서 보면, 리더십은 리더, 따르는 자들, 그리고 상황이 맞물려서 상호작용을 하는 가운데 나타나는 현상이라고 볼 수 있다. 따라서, 리더십은 특정한 상황 속에서 집단이 나아가야 할 방향을 제시하거나, 목표를 설정해서 따르는 자들로 하여금 그 방향으로 나아갈 수 있도록 하는 능력과 관계가 있다. 특히, 변화를 일으키는 지도자는 다양한 가치를 안전하게 함으로써, 대의를 위하여 사리사욕을 넘어서도록 함으로써, 그리고 필요한 욕구를 기록한 목록표를 늘리게 함으로써, 기대하는 것보다 더 많은 일을 하도록 동기를 부여한다(Ford, 1991).

2) 리더십의 필요성

조직에서 리더의 역할은 매우 중요하며, 리더가 구사하는 리더십은 조직구성원뿐만 아니라, 조직성과에 지대한 영향을 미친다. 리더십의 필요성은 다음과 같다.

① 리더십을 통해 조직구성원에게 동기를 부여할 수 있다. 조직의 전문가의 자율에 대한 욕구와 조직의 통제 사이에 긴장으로 인해 구성원들은 리더십을 필요로 한다.

② 조직은 매우 빠르게 변화하고 있으며, 변화하는 환경적 외부 요구에 능동적으로 대처하기 위해서 리더십은 필요하다. 새로운 기술, 새로운 구조 도입 등 중요한 내부적 변화가 있을 때 이와 같은 변화가 조직에 통합될 수 있도록 리더십이 필요하다.

③ 구성원의 목표와 조직의 목표 사이에 가능한 많은 일치를 가져올 수 있도록

노력하는 데 리더십이 요구된다. 즉, 조직 통합을 위해서도 리더십이 요구된다.

3) 리더십의 특성

노스하우스(Peter G. Northouse)는 2001년 그의 저서 『리더십: 이론과 실제(*Leadership: Theory and Practice*)』에서 리더십의 특성에 대해 다음과 같이 주장한다.

「리더십」
(2021년 출판)

(1) 지능

지능(intelligence), 즉 지적 능력(intellectual ability)은 리더십과 정적인 관계를 가지고 있다. 강한 언어능력, 지각능력, 추리력을 가지고 있으면 보다 더 좋은 리더가 될 수 있다는 것이다. 비록 총명한 것이 좋기는 하지만, 연구에 의하면 리더의 지적 능력이 부하들(하위자들)의 지적 능력과 너무 차이가 나서는 안 된다는 것이다. 리더의 IQ가 부하들의 그것과 너무 차이가 날 경우, 그것이 리더십에 비생산적인 영향을 미치기 때문이다. 지나치게 높은 능력을 가진 리더는 부하들과 의사소통하는 데 어려움을 겪게 된다. 그들의 생각이 너무 앞서가고 있기 때문에 추종자들이 이해할 수 없기 때문이다.

(2) 자신감

자신감(self-confidence)은 그 개인을 리더가 되게 하는 데 도움을 주는 또 하나의 특성이다. 자신감은 자신의 유능성이나 기량(competencies and skill)을 확신하는 것이다. 거기에는 다음과 같은 것들이 포함된다. 즉, 자존감(a sense of self-esteem), 자신의 능력에 대한 신뢰(self-assurance), 해낼 수 있다는 믿음

등이 그것이다. 리더십은 다른 사람에게 영향을 미치는 과정이다. 자신감은 리더로 하여금 영향을 미치려는 그의 시도가 적정하고 옳다는 것을 확신하게 만든다.

(3) 결단력

많은 리더들이 역시 결단력도 보이고 있다. 결단력이란 일을 완성하겠다는 욕망을 가리키는 말이다. 거기에는 진취성, 지속성, 지배성, 추진력 등과 같은 특성이 포함된다. 결단력이 있는 사람들은 기꺼이 자기주장을 내세운다. 그들은 전향적(proactive)이고 장애에 직면하여도 굽힐 줄 모르고 참아내는 능력을 가지고 있다.

(4) 성실성

성실성은 또 하나의 중요한 리더십 특성이다. 성실성은 정직성과 신뢰성을 의미한다. 그리고 일련의 강력한 원칙을 지키고 자신들의 행동에 책임을 지는 사람들은 성실성을 보이고 있는 것이다. 성실성을 갖고 있는 사람들은 다른 사람들에게 신뢰를 갖게 한다. 그리고 그들은 충성스럽고 신뢰할 만하고(dependable) 속임수가 없는 사람들이다. 기본적으로 성실성은 리더를 신용하고 신뢰받을 수 있게 만든다.

(5) 사교성

리더들에게 중요한 마지막 특성은 사교성이다. 사교성이란 즐거운 사회적 관계를 추구하는 리더의 성향을 가리키는 말이다. 사교성의 성향을 보이고 있는 리더들은 친절하고 개방적이고 예의바르고 재치가 있으며 외교적이다. 그리고 그들은 다른 사람들의 필요(요구)에 민감하고, 다른 사람의 복지에 관심을 보인다. 그리고 사교적인 리더들은 좋은 대인기술(interpersonal skill)을 가지고 있으며, 추종자들과 협동적인 관계를 만들어 간다.

리더십 특성에 대한 논의가 다섯 가지의 주된 특성(지능, 자신감, 결단력, 성실성, 사교성)들에만 초점을 맞추고 있지만, 이 특성 목록이 모든 중요한 특성들을

다 포함하는 것은 아니다. 효과적인 리더십과 상관성이 있는 다른 특성들이 있다. 그러나 위의 다섯 개 특성들은 한 개인이 리더가 될 것인가의 여부에 실제로 크게 공헌하는 것들이다.

2. 리더의 기술, 수준, 팔로워십

리더가 적합한 성격 특성과 동기만 갖추었다고 해서 성공적이 될 것이라는 보장은 없다. 성공적인 리더가 되기 위해서는 직무 수행에 관련된 능력이나 기술(skill)을 또한 구비해야 한다. 성공적인 리더의 기술유형에 관한 연구가 많이 있었지만, 연구자들 간에 합의가 이루어진 것은 아직 없다.

1) 리더의 기술

리더의 기술을 분류하는 방법 중에서 가장 널리 알려진 것으로서 세 가지 기술유형론(three-skill taxonomy)이 있다. 이 유형론은 카츠(Katz, 1955)에 의해 처음 제안되었는데, 후에 만(Mann, 1965) 역시 비슷한 관점을 제시하였다. 그 세 가지 유형의 기술이란 전문적 기술, 대인관계 기술, 개념적 기술이다.

첫째, 전문적 기술(technical skill)은 전문화된 활동을 수행하는 데 필요한 방법, 과정 및 기법에 관한 지식과 그러한 활동을 하는 데 관련된 도구를 사용하고 장비를 조작하는 능력을 말한다. 전문적 기술은 교육기관에서의 교육이나 실무담당 경험을 통하여 습득하게 된다.

둘째, 대인관계기술(interpersonal skill)은 인간의 행동과 대인 상호작용 과정에 관한 지식, 타인의 언행을 보고 그의 감정, 태도 및 동기를 파악하는 능력(사회적 감각), 명확하고 효과적으로 의사소통하는 능력(언변, 설득력), 타인과의 효과적이고 협조적인 관계 형성 및 유지 능력(정치적, 외교적 감각) 등을 말한다.

셋째, 개념적 기술(conceptual skill)은 일반적 분석능력, 논리적 사고력, 복잡하고 애매한 관계성들 속에서 개념을 찾고, 이를 개념화하는 능력, 아이디어 생산과 문제해결에서의 창조성, 사건을 분석하여 추이를 파악하고 변화를 예측하며 호재와 악재를 발견해 내는 능력(귀납 및 연역적 추리 능력) 등을 말한다.

그러므로 기본적으로 전문적 기술은 사물에 관한 것이고, 대인관계기술은 사람에 관한 것이며, 개념적 기술은 아이디어와 개념에 관한 것이다. 리더로서의 역할을 수행하는 데는 이 세 가지 유형의 기술이 모두 요구된다(Bass, 1990a). 그러나 상황에 따라서 어떤 기술이 다른 것에 비해 상대적으로 더 중요해질 수 있다.

2) 상황에 따른 각 기술의 상대적 중요성

기술의 상대적 중요성에 영향을 미치는 상황적 요인 중의 하나가 조직위계 내에서의 직급의 수준이다(Katz, 1955 ; Mann, 1965). 최고 관리자의 주된 업무는 전략적 결정을 내리는 것인 경우가 많기 때문에, 이 직급의 관리자에게는 개념적 기술이 가장 중요한 것이 된다. 전략적 결정사항의 질적 수준은 궁극적으로 그 결정을 내린 사람의 개념적 기술수준에 의해 좌우된다(Katz & Kahn, 1978). 중간 직급의 관리자들이 하는 주요 역할은 기존의 구조를 잘 유지하고 상부에서 수립한 정책과 목표를 실행에 옮기는 방안을 발전시키는 것이다. 이들에게는 세 가지 기술이 동등하게 중요하다. 하위직의 관리자들은 정책을 실행에 옮기고, 기존의 조직구조 내에서 업무가 중단 없이 잘 가동되도록 할 책임을 맡고 있다. 따라서, 이들에게는 다른 기술보다 전문적 기술이 가장 중요한 것이 된다.

3) 계층별 리더십 수준

리더는 조직의 최고위층에게만 요구되는 것은 아니다. 소규모 조직이든 대규모 조직이든 모든 조직에는 역할에 부여되는 리더십이 존재한다. 조직의 계층에 따라 요구되는 리더십에 차이가 있지만, 모든 구성원은 업무를 수행하는 데 적합한 리더십이 다르다.

(1) 관리층에 적합한 리더십

최고관리층이란 조직운영에 전반적인 책임을 지고 있는 사람들로 조직 내에서 상층부에 해당한다. 최고관리층은 조직에서 두 가지 중요한 과업의 달성을 필요로 한다. 하나는 내부 운영을 지시 및 조정하고 환경의 관계를 확립하는 것이다. 다른 하나는 외부환경과의 관계를 확립하는 기술을 가져야 한다. 관리층에게 필요한 리더십 기술은 ① 조직의 기본적 임무의 설정, ② 임무를 수행하기 위한 서비스 기술의 선정, ③ 내부구조를 발전시키고 유지, ④ 변화를 주도하고 수행하는 것이다(김현진 외, 2017: 154).

(2) 중간관리층에 적합한 리더십

조직의 중간계층에 속하며, 중요한 프로그램 부서를 책임지고 있는 사람들을 말한다. 조직에서 중간관리층은 의사결정에의 보조 및 집행기능을 수행할 뿐 아니라, 최고관리층의 지시를 전달하고 하위관리층의 욕구나 관심사를 대변하는 중개역할을 해야 한다.

사회복지조직에서는 일선 직원들과 매일 정상적으로 접촉하는 슈퍼바이저를 포함한다. 프로그램을 감독하고 일선 직원들에게 업무를 위임 · 분담시키고 서비스가 제대로 제공되고 있는가를 검토한다. 케이스를 다루는 결정에 있어서 일선 직원을 상담하는 주요 책임을 맡고 있으며, 단위감독자, 조정자, 팀 리더의 역할을 수행한다. 이들은 다음과 같은 두 가지 종류의 기술을 필요로 한다.

첫째, 기술적 지식으로 슈퍼바이저가 직원과 자원을 효율적이고 효과적으로 활용하는 데 도움을 준다.

둘째, 형평에 대한 관심으로 업무수행에 대한 적절한 보상과 제재의 분배를 통해 공정성을 유지해야 한다.

3) 팔로워십

리더십을 잘 발휘하기 위해서는 팔로워의 역할이 중요하다. 팔로워십

(followership)은 리더와 효과적인 추종자들 간의 상호작용을 강조한다. 효과적인 추종자들이 그들의 행태면에서 적극적이고 책임적이며, 자율적이고 비판적인 사고를 한다. 팔로워십을 별개의 개념으로 생각하는 경향이 있지만, 실제 우리 주변의 조직을 살펴보면, 리더십과 팔로워십은 결코 다른 개념이 아닌 동전의 양면처럼 긴밀하게 공존하면서 지속적인 상호작용을 통해 존재를 지켜 나가는 것을 알 수 있다.

팔로워에 대해 노스하우스(Northouse, 2021)는 '리더십의 대상이 되고 있는 사람들(예, 부하, 하위자, 종업원 등)'이라고 부르고 있다. 리더십 이론에서 거의 관심을 두지 않는 부분이 팔로워(follower)에 대한 것이다. 이것은 리더는 가시적인 모습으로 존재하고 있으나, 상대적으로 팔로워는 동질적인 하나의 집단으로 간주해버리는 경향이 있기 때문이다. 그러나 리더십 과정을 리더, 팔로워, 상황 등의 상호작용으로 복잡하게 이루어지는 것으로 보는 상황적 리더십 이론에서는 특히 이 팔로워의 중요성이 강조되고 있으며, 리더십의 효과성을 결정하는 가장 결정적인 요인의 하나이기 때문에 팔로워에 대한 연구는 필수적이다. 예를 들어, 교회조직에는 목사인 리더와 성도인 팔로워들이 있다.

팔로워십의 형태는 다음과 같이 분류된다.

(1) 도제

도제(apprentice)는 팔로워 형태 중에서 가장 쉽게 확인할 수 있는 형태인데, 한마디로 '리더가 되고 싶어서 애태우는 사람'들이 선택하는 길이다. 왜냐하면 개인적으로 팔로워십을 경험해 봐야 리더가 될 수 있기 때문이다. 따라서, 이들은 일에 관해 완벽하게 배워야 하고, 의무를 충실히 수행하는 것이 필수불가결한 일임을 잘 알고 있으며, 팔로워의 위치에서 자신을 입증해 보임으로써 동료와 리더의 신임을 얻으려고 노력한다. 이들에게 있어서 팔로워의 기능이란 자기 자신을 언제든지 일에 착수할 수 있도록 유지하는 것을 의미한다. 도제로서의 팔로워십은 현재 군대조직과 대부분의 관료기구나 일본의 실업계에서 활용되고 있다. 이 도제제도는 고대 중국의 관리등용체계가 그 초기의 형태라고 할 수 있으며,

이러한 고대 중국의 관료체계는 영국과 로마 가톨릭에 이르기까지 광범위한 영향을 미쳤다.

(2) 신봉자

원래 신봉자(discipliner)라는 뜻의 영어는 그리스어에서 파생된 말로, 그 본래 의미는 '스승에게서 배우는 사람'이라는 뜻이다. 신봉자 또는 팔로워는 종교적 의미로서만이 아니라, 일련의 지식을 한 사람의 스승으로부터 일단의 제자에게 전수되는 것을 말한다. 멘토관계와 구별되는 것은 멘토는 1:1의 훈육방법으로 개인의 성숙까지도 포함되는 것임에 비해, 신봉자는 지적인 부분만 전달되고 감성적인 내용은 전달되지 않는 것이 다르다. 디사이플십(discipleship)에는 믿음과 복종이라는 두 가지 요소가 있으며, 약속된 새 삶을 위해 이제까지의 존재양식을 버려야 한다. 팔로워의 마음속에는 리더와 동일시되고자 하는 마음이 존재한다. 조직과 리더는 신봉자로서 따르는 사람들에게 주의를 기울여야 한다. 왜냐하면 그들은 조직 내에서 문화와 지식의 통로로서 아주 유용하며, 다른 사람들에게 메시지를 전하는 전령사로서 리더보다 더 효과적이기 때문이다.

(3) 멘티

세 번째 팔로워십의 형태는 멘티(mentee)인데, 스승과 제자 1:1의 관계라는 점에서 도제식 수업과는 다르며, 팔로워의 인간적 성숙을 돕는다는 점에서 신봉자와도 다르다. 또한 도제식 수업의 목표가 기능의 습득인데 비하여, 멘토링(mentoring)의 목표는 인간적이다. 멘토링 관계에서 이끌어 주는 리더를 '멘토(mentor)'라고 하고 팔로워를 멘티라고 한다. 개인이 어떤 형태의 팔로워십의 혜택을 얻기 위하여 심리적으로 얼마나 완전히 의탁하느냐에 달려 있다. 일반적으로 사람들은 자신의 이익을 위해 추종하지만 멘티의 경우에는 언제나 리더가 되기 위해 멘토링의 관계를 형성하는 것이 아니며, 단지 자신을 향상시키는 하나의 방법으로 간주되기도 한다. 도제와 마찬가지로 멘티도 자기의 개혁을 위하여 팔로워의 길을 택한 사람들이다. 따라서, 조직은 적절한 멘토를 연결시켜 주어야 한다. 멘토는 인간관계기술이 있어야 하며, 동시에 자신을 희생할 수 있는 마음도 있어야 한다.

(4) 동지

네 번째 팔로워들의 형태는 동지(comrado)인데, 이 경우에는 추종의 이유가 개인적인 성장, 승진, 또는 지적 발전이 아니며, 대신 서로 굳게 맺어지면서 생겨나는 친밀감이나 사회적 지지가 추종의 이유가 된다.

이러한 동지의 형태는 두 사람 이상의 노력과 재능이 필요한 활동 속에서 발견된다. 운동팀이라든가 오케스트라, 또는 프로젝트팀에서 흔히 나타나며, 강한 친밀감과 애정을 공유한다. 이들은 개인적 영예의 추구보다도 조직과 동료의 성공을 위해 팔로워가 되는 경향이 있다. 이런 유형의 팔로워들은 훌륭한 팀 플레이어가 될 수 있다.

(5) 충성파

다섯 번째 팔로워십의 형태는 충성파(loyalist)인데, 이는 개인적인 충성심에서 리더를 따르는 유형인데, 이들에게는 충성심이 존재의 의의가 되기도 한다. 충성심이라는 팔로워의 길은 동지의 길과 마찬가지로 다른 사람에 대한 감정의 몰두에서 생겨나는데, 동지의 관계와는 다르게 리더와 1대1 관계를 형성한다. 또한 멘토링의 관계와는 달리 팔로워의 인간적인 성숙은 이 관계의 주목적이 되지 못한다. 대신에 완전히 몰입하여 외부로부터 충격에도 흔들림 없이 기꺼이 희생한다. 이런 충성심을 확보할 수 있는 리더와 조직은 행운이며 엄청난 자산을 가지고 있는 것이다.

조직과 리더는 그들의 신뢰를 배신해서는 안 된다. 끊임없이 팔로워에게 열정을 불어넣어 주어야 하며 충성의 대가를 확인시켜 주어야 한다.

(6) 드리머

여섯 번째는 드리머(dreamer)인데, 최고인 팔로워 가운데는 어떤 특정의 리더보다는 자신의 꿈에 빠져 있는 사람이 많다. 이들은 꿈을 실현하는 것이 최대의 관심사이기 때문에 자신이 리더냐 팔로워냐 하는 것에 별로 개의하지 않는다. 이들이 리더를 따르는 이유는 리더가 누구냐가 아니라, 그 리더를 통해 구현되고 있는 이상이나 대의명분 때문이다. 따라서, 리더나 조직의 목표가 개인의 꿈과 같은 한, 심리적인 내면화에 의한 강력한 추종을 하게 된다. 그러나 이러한 꿈에 의해 유대가 깨질 때 그들은 팔로워의 역할을 거절하며 리더는 지배력을 잃게 된다. 이러한 팔로워를 활용하기 위해서 리더나 조직은 목표와 사명을 분명히 해야 한다. 또한 어떤 명령을 내릴 때도 그것이 목표와 어떤 관계가 있는지 설명해야 한다.

3. 리더십의 유형

1980년대에 들어오면서 리더십 분야의 연구자들은 추종자들의 입장에서 리더가 어떻게 보이는지에 관심을 가지기 시작하였다. 대표적으로 변혁적 리더십과 카리스마적 리더십 이론 등이 있다. 이러한 이론들은 합리적 과정보다는 감정과 가치관의 중요성을 강조하였다(Yukl, 2012). 합리적 과정이나 교환과정의 중요성을 강조하는 전통적 리더십과는 다르게, 현대적 리더십은 감정 및 가치관이나 상징적인 행태의 중요성과 어떠한 사건을 부하의 입장에서 볼 때, 의미 있게 만드는 리더의 역할을 강조한다(Yukl, 1999b). 리더십의 유형은 다음과 같다.

1) 카리스마적 리더십

베버가 처음으로 사용한 카리스마의 개념은 원래 '신이 부여한 은총의 선물'이라는 신학적 개념이었다. 그는 카리스마적 리더란 위기 시 사람들을 구원할 수 있는 해결책을 지니고 출현하는 신비스럽고, 자아도취적이며, 사람들을 끌어들이는 흡인력을 지닌 사람이라고 보았다. 베버는 조직에서 한 사람의 특출한 능력이 신 대신 동료나 하위자들에 의해 부여됨으로써, 조직이 형성되고 발전되어 나가는 것을 이해하기 위해 카리스마의 개념을 적용시켰던 것이다(Trice & Beyer,

1986). 하우스(House, 1977)에 따르면, 카리스마적 리더는 개인적인 능력에 의해 부하들에게 특별한 영향을 미칠 수 있는 리더이다. 카리스마적 리더의 특성은 뛰어난 비전, 개인적 위험의 감수, 관습에 얽매이지 않는 전략의 구사, 상황에 대한 정확한 평가, 부하들에 대한 계몽, 자신감의 전달, 개인적 권력의 활용 등이다(Conger & Kanungo, 1987).

그러나 카리스마의 특성에 대한 논란은 여전히 진행 중에 있다. 카리스마가 리더의 속성에 의해 발현되는 것인지, 상황 조건에 의해 발현되는 것인지, 아니면 리더와 추종자들 간의 영향력 행사과정에서 발현되는 것인지의 여부이다. 최근에는 초창기에 강조되는 카리스마적 리더의 특성과 행동보다는, 그러한 리더의 특성과 행동에 대한 추종자들의 지각이 카리스마적 리더십의 핵심 변수라는 쪽으로 비중이 모아지고 있다. 그러한 지각은 리더십이 발휘되는 상황적 맥락과 추종자의 개인적 · 집단적 욕구에 의해 영향을 받는 것으로 판단되고 있다. 이렇게 카리스마적 리더십 연구는 그 개념적 확장을 거듭해 왔다고 볼 수 있으며, 기존의 리더십 연구들을 종합할 수 있는 통합적 모형 구축의 가능성을 시사한다. 그 대표적인 것이 카리스마적 리더십의 자기개념이론이다.

이 같은 뚜렷한 성격적 특성을 보이는 것 이외에 카리스마적 리더는 특이한 유형의 행동을 나타내 보인다(Northouse, 2021).

첫째, 카리스마적 리더는 부하들이 받아들이기를 원하는 가치관과 신념의 확실한 역할모델(role model)이 된다. 예를 들어, 간디(Mahatma Gandhi, 1869-1948)는 비폭력을 옹호하면서 시민항쟁의 전형적인 비폭력의 역할모델이 되었다.

둘째, 카리스마적 리더는 부하에게 유능한 사람으로 비춰진다.

셋째, 그들은 도덕성을 함축하고 있는 이념적 목표를 알아들을 수 있도록 분명하게 말한다. 그 유명한 마틴 루터 킹(Martin Luther King Jr., 1929-1968) 목사의 연설 "나는 꿈이 있소.(I Have a Dream)"는 이러한 카리스마적 행동의 대표적 사례라 하겠다.

넷째, 카리스마적 리더는 부하들에게 높은 기대를 표시하고, 그 같은 기대에 부응할 수 있는 부하들의 능력에 대한 강한 신뢰를 나타내 보인다. 그리고 부하들 스스로가 해낼 수 있다는 강한 믿음을 갖게 한다. 이러한 행동은 부하들로 하여금 업무에 대한 자신감과 자기유능감(self-efficacy)을 증진시키고(Avolio & Gibbons, 1988), 그것은 결국 부하들의 업적 증진으로 이어진다.

다섯째, 카리스마적 리더는 부하들의 마음속에 내재되어 있는 협력(제휴), 권력 또는 자존감 등 과업과 관련된 동기요인을 일깨운다. 예를 들어, 케네디(John F. Kennedy) 대통령은 "나라가 당신을 위해 무엇을 할 수 있는가를 묻지 말고, 당신이 나라를 위해 무엇을 할 수 있는가를 물어보라."는 연설을 통해 미국 국민의 인간적 가치관에 호소하였다.

〈표 7-1〉 카리스마적 리더와 비카리스마적 리더의 행동 비교

	비카리스마적 리더	카리스마적 리더
현 상태에 대한 태도	현 상태에 집착하여 유지하려고 노력	현 상태를 변화시키려고 노력함.
미래의 목표	현 상태와 목표가 별 차이가 없음.	현 상태와 크게 다른 이상적인 목표 제시
호감을 얻는 원인	공통된 시각	공통된 시각과 더불어 이상적인 목표를 통해 부하들의 동일시와 모방의 대상이 됨.
신뢰성	설득과정에서 부하들의 지지에 무관심함.	개인적인 위험과 손실을 감수하더라도 부하들의 지지에 집착하지 않음.
전문성	정형화된 과정에 의한 목표수행에 있어서 사용되는 수단들에 대한 전문성	현존하는 과정을 초월하는 비전통적인 수단을 사용하는 데 대한 전문성
행동 기준	보수적이고 현존하는 규칙에 동조적임.	혁신적이거나 현재의 규칙에 배치됨.
환경에 대한 민감성	현상을 유지해야 하므로 덜 민감함.	현상을 변화시키기 위해서 민감성에 대한 욕구가 강함.
수사적 표현	목표와 동기 유발에 대한 약한 수사적 표현	미래의 이상과 동기 유발에 대한 강한 수사적 표현
권력 기반	직책 권력과 개인적 권력(보상, 전문성, 비슷한 친구에 대한 호감 등에 근거한)	개인적 권력(전문성, 존경, 영웅에 대한 경외심 등에 근거한)

리더-부하의 관계	· 평등주의, 합의를 추구, 지시적임. · 동일한 시각을 가지기 위해 부하들에게 명령하거나 넌지시 유도함.	엘리트주의, 사업가적, 모범적 급격한 변화에 찬성하도록 사람들을 변화시킴.

자료: Conger, J., & Kanungo, R.(1987) ; 신응섭 외(2002) 재인용.

2) 변혁적 리더십

변혁적 리더십 접근법(the transformational leadership approach)은 1980년대 초부터 많은 연구의 초점이 되고 있는 비교적 최근의 리더십 접근법들 중의 하나이며, '신리더십(the New Leadership)'의 일부이기도 하다. 그 이름이 의미하는 것처럼 변혁적 리더십은 부하의 가치관, 윤리, 행동규범 그리고 장기적 목표 등을 바꾸어줌으로써 개인을 변화시키고 변혁시키는 과정이다.

이 같은 변혁적 리더십의 과정에는 부하들의 동기를 평가하고 그들의 욕구를 충족시키며 부하들을 완전한 인격체로 대우하는 것이 포함된다. 또한 이 변혁적 접근법은 카리스마적(charismatic) 리더십과 비전적(visionary) 리더십의 개념을 포함하는 과정이기도 하다.

변혁적 리더십은 리더십의 폭넓은 범위(a wide range of leaderehip)를 설명하기 위해 사용될 수 있는 포괄적인 접근방법이다. 그래서 이 접근법은 부하에 대한 일대일 수준에서의 제한적인 영향력 행사의 시도에서부터 조직 전체 수준이나 문화 전체에 대한 영향력 행사의 매우 광범위한 시도에 이르기까지 리더십의 폭넓은 범위를 포괄하고 있다. 변화와 변혁을 촉진시키는 과정에서 중추적 역할을 하는 것은 변혁적 리더이지만, 변화의 실천과정에서 리더와 부하 간의 빈틈없는 결속이 항상 요구된다.

기업조직에서 볼 수 있는 변혁적 리더십의 예로는, 보다 더 높은 수준의 공정성과 윤리성이 경영의 관행에 반영되도록 하기 위해 회사의 기업 가치관을 스스로 변화시키려고 시도하는 경영자를 들 수 있다. 이러한 과정을 통해 경영자와 부하 모두는 보다 더 강력하고 보다 높은 수준의 도덕성은 갖게 될 것이다(Northouse, 2021).

사실 카리스마적인 리더십과 변혁적 리더십 사이의 구분은 아직 불분명하다(Yukl, 2012). 카리스마적인 지휘자는 극단적으로 존경을 받고, 부하들로 하여금 무조건적으로 복종하고 신뢰하게 하는 지휘자(House, 1977)인 반면에, 변혁적 지휘자는 부하로 하여금 더욱더 자율적, 자기 지시적, 자아실현적이고, 이타적이 되도록 하는 지휘자라고 할 수 있다(Burns, 1978 ; Bass, 1985), 이러한 차이로 인하여 두 가지 형태의 지휘자는 요구되는 상황이 각기 달라진다. 예컨대, 비정상적인 육체적 · 감정적 노력을 요구하는 상황이나 위기가 항상 존재하는 전투상황 같은 경우에는 독재적인 카리스마적 지휘자가 적합한 반면에, 급변하는 불확실한 상황에 대한 적응력과 업무에 대한 창의력이 요구되고, 부하들의 자발성과 책임감이 요구되는 상황에서는 변혁적 지휘자가 가장 적합할 수 있을 것이다. 그러나 아직까지의 연구결과는 이러한 구분을 입증해 주지 않고 있다. 즉, 어떤 학자들은 자존심이 높고 자율성에 대한 높은 욕구를 가진 사람은 그렇지 않은 사람들보다 카리스마에 덜 반응할 것이라고 주장하는 반면에, 부하들의 개인 특성에 무관하게, 리더십과 개인적 능력으로 부하와 카리스마적인 관계를 형성할 수 있는 리더도 있다고 주장하는 학자들도 있다(House & Singh, 1987).

하우스(House, 1977)는 카리스마적 리더십은 부하들의 과업이 중요한 이념적 요소를 갖고 있을 때 적절하다고 한다. 즉, 부하들의 노력이 이념적 목표와 가치의 실현을 지향하고 있거나 어떠한 사회적 선을 창조하거나 전파하는 데 있을 때는 고차원의 욕구와 개인적 가치보다는 집단적 가치에 호소하는 카리스마적 리더십이 부하들을 더 동기 부여시킬 것이기 때문이라는 것이다. 이러한 하우스(House)의 주장은 특히 군대 장면과 같은 경우에 중요한 시사점을 던져 준다. 어떤 군대 조직이건 간에 그 목표는 국가적인 이상과 목적을 수호 · 유지하고, 개인보다는 집단의 가치를 추구하며, 또한 임무완수에 있어서는 무조건적인 복종을 요구하게 된다. 따라서, 카리스마 리더십 이론은 군대에서의 이상적인 리더십 유형에 대한 하나의 이론적 배경을 제공해 준다고 볼 수 있을 것이다.

3) 서번트 리더십

서번트 리더십(servant leadership)은 인간 존중을 바탕으로 구성원들이 업무 수행에서 잠재력과 기량을 충분히 발휘할 수 있도록 도와주는 리더십으로서, 구성원들이 공동의 목표를 이루어 나갈 수 있도록 환경을 조성해 주고 섬기는 리더십이다. 서번트 리더십은 그린리프(Robert K. Greenleaf)의 에세이 제목인 『리더로서 서번트*(The Servant as Leader, 1977)*』에서 출발하였다.

서번트는 아랫사람의 의미를 가지고 있는 반면, 리더는 윗사람의 의미를 가지고 있다. 이와 같이 서로 상반되는 개념으로 이해되는 서번트와 리더의 역할을 한 명으로 통합할 수 있는가? 그린리프는 "그렇다."라고 대답한다. 그린리프에 의하면, 추종자들에 대한 봉사는 리더의 최우선적인 책임이며 윤리적 리더십의 핵심이다. 봉사란 부하들을 육성하고, 지지하고 위임하는 것을 포함한다. 따라서, 서번트 리더십은 다른 사람을 우선적으로 섬기고 싶다는 자연스러운 느낌에 기초하고 있어, 리더는 우선적으로 다른 사람에게 서번트가 되어야 한다.

서번트 리더십은 구성원의 인지 여부와는 상관없이 부하들을 지원하는 데 리더를 그룹 내에서 권력의 핵심에 두고 있지 않다(Smith et al., 2004). 스피어스(Spears, 1995)는 서번트 리더십을 모든 인간의 존엄성과 가치에 대한 믿음에서 출발하여 리더의 권위는 추종자로부터 기인한다는 민주적 원칙에 입각한 리더십이라고 표현하였다. 그린리프(Greenleaf, 1977)는 섬기는 자로서 리더는 존중, 봉사, 정의, 정직, 공동체 윤리 등 다섯 가지 원칙을 강조하였다. 서번트 리더십에서 리더의 목적은 섬김을 하는 것이다. 서번트 리더십과 앞서 설명한 변혁적 리더십은 많은 공통점이 있지만 역할과 도덕적 요소 등에서 차이가 있다.

서번트 리더십과 변혁적 리더십의 개념적 차이를 제시하면 다음과 같다(Barbuto & Wheeler, 2006).

〈표 7-2〉 서번트 리더십과 변혁적 리더십 이론의 비교

	서번트 리더십	변혁적 리더십
리더의 역할	구성원을 섬김.	규범적 조직 목표 추구를 위해 구성원을 영감적으로 고취시킴.
부하의 역할	더 현명하고 자유롭고 자율적이 됨.	조직의 목표를 추구하게 됨.
도덕적 요소	명시됨.	명시되지 않음.
기대되는 결과	구성원들의 만족, 개발, 서비스에 대한 몰입, 사회적 개선	목표 일치, 노력 증대, 만족, 생산성, 조직 이익
개인 수준	섬기려는 욕망	이끌려는 욕망
대인 간 수준	리더가 부하를 섬김.	리더가 부하를 고무시킴.
집단수준	리더는 구성원 욕구를 충족시키기 위해 집단을 섬김.	리더는 집단목표를 추구하기 위해 집단을 결합함.
조직 수준	리더는 조직이 공동체를 섬기도록 준비시킴.	리더는 조직목표를 추구하기 위해 구성원을 고취시킴
사회수준	리더는 사회의 개선을 위해 긍정적 유산을 남김.	리더는 명확한 목표를 추구하도록 국가나 사회를 고취시킴.

자료: Barbuto & Wheeler(2006), 김현진 외(2017: 151) 재인용.

4) 경쟁적 가치모델

경쟁적 가치모델(competing values model)은 리더십에서 통합적 관점을 유지하는 이론이다. 이 이론은 리더십의 초점을 외부지향-내부지향의 연속선과 유연-통제의 연속선이라는 두 가지 축을 바탕으로 리더십 기술영역을 제시하고 있다(Quinn & Cameron, 1988).

첫째, 외부지향-유연성에 근거한 경계잇기(boundary-spanning) 기술이다. 외부지향적인 동시에 조직활동의 유연성을 추구하는 리더십이다. 개방체제 모형

으로 환경의 변화에 대한 적응력, 위기대응력을 통해 조직의 성장을 이끌고 자원을 획득한다. 리더십 유형은 비전제시가이다.

둘째, 외부지향–통제에 근거한 지시(directing)이다. 합리성을 중시하는 모형으로 기획, 목표설정 등을 통해 생산성, 능률성을 강조하며, 목표달성가의 리더십 유형이다.

셋째, 내부지향–유연성에 근거한 인간관계(human relation)기술이다. 인간관계 모형으로 인적자원 개발에 투자하며, 구성원 간의 높은 신뢰도와 응집력을 토대로 효과성을 극대화한다. 리더십 유형은 동기부여자이다.

넷째, 내부지향–통제에 근거한 조정(coordinating)기술이다. 내부과정모형으로 조직 내 정보관리 및 의사소통을 통해 조직의 안정과 유지에 초점을 둔다. 리더십 유형은 분석가이다.

5) 윤리적 리더십

최근 기업의 사회적 책임과 윤리 경영의 중요성이 대두되면서 기업의 이익과 윤리에 대한 균형적인 사고의 틀이 강조되고 있다. 윤리적 리더십이 대외적으로 조직의 이미지와 신뢰도를 높여 고객 만족과 조직의 이익, 사회기여를 증가시킬 것이다.

윤리적 리더십은 리더의 행동과 대인관계상에 규범적으로 적합한 행동의 모범을 보이며, 상호 간 원활한 의사소통과 적절한 강화물의 제공을 통해 부하들로 하여금 적합한 행동을 하도록 촉진하는 것이다(Brown, 2005). 아리스토텔레스의 사상에 기반을 둔 윤리적 리더십은 타인을 존중하고, 타인을 섬기고, 공정성과 정의에 관심을 기울이고, 정직한 리더이다. 또한 공동체를 확립하는 리더이다.

윤리적 리더는 다른 사람들에게 도움을 주기 위해 자신의 카리스마를 건설적인 방법으로 이용한다. 최고경영자는 조직의 도덕적 분위기를 주도하기 때문에 높은 윤리적 기준을 세우고, 행동하고 타인의 성실을 격려하고 보상해 주어야 한다.

4. 슈퍼비전

1) 슈퍼비전의 개념

슈퍼비전(supervision)이라는 말의 어원은 "위에서 내려다보다", "감독하다", "통제하다"인데, 이 단어의 의미처럼 어떤 상급자와 하급자의 관계에서 상급자가 감독하고 지도하는 의미보다는 서비스를 효과적이고 효율적으로 전달하기 위하여 지식과 기술을 잘 사용할 수 있도록 도움을 주는 활동이다. 즉, 슈퍼비전이란 사회복지실천현장에서 활동하고 있는 종사자나 직원 또는 실습생이 우호적 인간관계를 형성하고 전문성과 능력을 발휘할 수 있도록 교육 · 훈련 · 지도 · 원조 · 지지 · 격려 · 촉진하는 활동을 말한다. 슈퍼비전은 리더십과는 다른 것으로, 잘 훈련되고 경험이 많고 능력이 있으며 전문지식과 기술을 갖춘 유능한 슈퍼바이저가 하급자인 사회복지사를 돕는 것이므로 전문직업인의 중심적 역할을 수행한다. 사회복지기관은 구성원의 관계가 전문적으로 이루어지므로 일선 사회복지 개발과 유지에 있어 '슈퍼바이저(supervisor)'의 역할이 매우 중요하다. 따라서, 사회복지기관에서 슈퍼바이저는 각 부서의 업무를 총괄하는 책임자(중간관리자)로서 부서 구성원의 효과적인 서비스 공급을 지도 · 감독하며, 다른 부서와의 연결관계 역할을 수행한다. 슈퍼바이저는 슈퍼비전에 대한 이론적 공부를 하고, 슈퍼비전 기술을 습득하며, 슈퍼비전 경험을 쌓아야 한다. 따라서, 좋은 슈퍼바이저가 되기 위해서는 전문지식을 구비해야 하며, 실천기술과 경험, 개방적 접근의 허용, 헌신적 사명감, 솔직한 태도, 감사와 칭찬으로 '슈퍼바이지(supervisee)'를 지지하고 또한 이들에게 용기를 북돋우어 주어야 한다.

2) 슈퍼비전의 기능과 슈퍼바이저의 조건

(1) 슈퍼비전의 기능

슈퍼비전의 기능은 사회복지사의 전문지식과 기술의 향상을 도모하고, 기관의 규정과 절차에 따라 서비스를 제공하는 것이다. 또한 사회복지사의 개별 욕구에 관심을 두며, 사회복지사의 동기와 사기를 진작시키고 불만족과 좌절을 해결함으로써 업무만족을 높이는 것이다. 즉, 사회복지에서 슈퍼비전은 슈퍼바이저가 사회복지사들의 기술개발과 개인의 전문적 성장을 도움으로써 업무를 효과적으로 수행하고 클라이언트에 대한 서비스의 질을 증진시키도록 하는 것으로 행정적 기능, 교육적 기능, 지지적 기능이 있다(Skidmore, 1994).

① 행정적 기능

행정적 기능은 기관의 행정규정에 대한 정확한 이해를 돕도록 하는 것이며, 사회복지사들로 하여금 기관의 정책과 절차를 정확하고 효과적이며 적절하게 수행하도록 하는 것이다. 그러므로 행정적 기능은 기관의 정책과 절차를 적절하게 수용하지 못하는 사회복지사들에게 작업환경의 구조화와 업무수행에 필요한 접근법을 제공해 줌으로써 효율적으로 이용할 수 있게 돕는 과정이라 할 수 있다.

② 교육적 기능

교육적 기능은 지식과 기술을 향상시키는 것이고, 업무능력을 개선하며 사회복지사의 지식, 일에 필요한 기술, 태도, 지식이 적절하도록 하는 것이다. 그래서 교육적 슈퍼비전에서는 이론과 지식의 습득, 방법론, 기술발전을 위한 원조, 전문적 발전의 기회제공 등이 이루어지게 된다. 이는 전문적 발전을 위해서 실무수행을 효율적으로 할 수 있도록 필요한 지식과 기술이 제공됨을 의미한다.

③ 지지적 기능

지지적 기능은 자신의 업무에 대해 편안하고 좋은 감정을 가지도록 도와주고, 스스로 업무를 할 수 있도록 용기를 주고 지지해 주는 것이다. 즉, 사회복지사의 일에 대한 만족감을 주어 사기의 진작, 기관에 대한 소속감과 직무수행에 있어 안정감을 느끼도록 돕는 과정이며, 감정적으로 소진된 사회복지사에게 사회적 지지를 제공하는 것이다.

(2) 슈퍼바이저의 조건

슈퍼바이저는 일선 사회복지사와 행정가의 사이에서 양쪽에 대해 책임을 지는 중간관리자다. 사회복지사를 통하여 클라이언트와 간접적으로 접촉을 하며, 일선 사회복지사가 클라이언트를 보다 잘 도울 수 있도록 원조한다. 행정가와 다르게 슈퍼바이저는 기관 내 업무환경과 기관에서 이루어져야 하는 업무 등과 관련되어 있다.

슈퍼바이저는 다음과 같은 조건을 갖추어야 한다.

첫째, 슈퍼바이저는 특정 서비스에 대한 전문적인 지식과 기관에 대한 종합적인 지식을 갖추어야 한다.

둘째, 슈퍼바이저는 자신이 클라이언트에 대해서 문제를 해결해 본 경험과 기술을 갖추고 있어야 한다.

셋째, 슈퍼바이저는 필요시 언제든지 하급자가 쉽게 접근하여 질문하고 어떤 지도를 받을 수 있는 기회를 마련해야 한다.

넷째, 슈퍼바이저는 기관, 하급자, 자신과의 역동적 관계에 대하여 진실하고 지속적인 관심을 가져야 한다.

다섯째, 슈퍼바이저는 하급자가 제기한 질문이나 문제해결에 대한 해답을 모르거나 제시할 수 없을 때는 자신의 입장을 솔직히 밝히고 또한 실수가 있을 때도 그것을 솔직히 인정할 수 있어야 한다.

여섯째, 사람은 인정받고 칭찬받기를 갈망하기 때문에 가능하면 감사와 칭찬의 태도를 가지고 하급자의 동기를 유발하고 전문성의 개발을 도모하여야 할 것이다.

3) 슈퍼비전의 모형

(1) 코울세드(V. Coulshed)의 모형

슈퍼바이저 1인이 몇 명에게 슈퍼비전을 주는가에 따라 개인 슈퍼비전 모형과 집단 슈퍼비전 모형으로 구분하며, 직접 슈퍼바이저를 만나는 것(직접)과 기록이나 실험을 통해 도움을 주는 것(간접)에 따라 직접 슈퍼비전 모형과 간접 슈퍼비전 모형으로 나눈다. 또한 준비되어 있는가에 따라 공식적 슈퍼비전과 비공식적 슈퍼비전 모형으로 구분한다.

(2) 왓슨(K. Watson)의 모형

동료집단 슈퍼비전은 특정한 슈퍼바이저의 지정 없이 모든 집단구성원이 동등한 자격으로 참여하고, 직렬 슈퍼비전은 두 업무자가 동등한 자격으로 슈퍼비전을 상호 제공하며, 팀 슈퍼비전은 다양한 성격을 가진 구성원으로 팀을 구성하여 상호작용한다. 또한 개인교습모델은 개인교사와 학생의 관계처럼 1 : 1의 관계로 슈퍼비전을 주고받고, 슈퍼비전 집단모델은 한 명의 슈퍼바이저와 한 집단의 슈퍼바이지로 구성하여 개인교습 모델의 확대가 이루어지고, 케이스 상담은 업무자와 상담인의 체계로 구성한다.

4) 사회복지조직에서의 슈퍼비전

(1) 직원에 대한 슈퍼비전

개별 슈퍼비전은 구성원의 학력, 실무 경력, 경험 등을 고려하여 슈퍼비전 횟수를 정하고, 슈퍼바이저의 성격적인 장 · 단점과 전문적 지식과 기술의 부족이 조직에 미치는 영향에 대해서 지도한다. 집단 슈퍼비전은 사례발표나 회의, 프로그램 계획과 수행평가에 대한 토론 등을 활용하여 동료 간 또는 집단 간의 경험을 상호 공유하면서 원활한 의사소통을 꾀하여 전문지식의 활용과 행정가적 또는 전문가적 태도를 습득하게 한다.

(2) 사회복지실습에 대한 슈퍼비전

사회복지현장실습은 학생 · 학교 · 실습기관의 차원에서 생각해 볼 수 있다(김형수 외, 2018: 129).

첫째, 학생의 입장에서 사회복지현장실습은 학교에서 배운 지식을 실천에 옮길 수 있는 기회를 제공한다. 또한 새로운 실천기술을 익히고 지역사회복지현장과 사회복지기관에 대한 지식을 습득하는 기회를 제공하며, 자신의 능력과 한계에 대해서 통찰력으로 사회복지전문직에 대해서 인식하고, 사회복지를 택하게 된 동기에 대해서 성찰하는 과정이 된다.

둘째, 학교차원에서 사회복지현장실습은 교육이론과 실천의 교량역할을 한다. 학생은 실습을 통해서 현장감을 갖게 되고, 교수는 학생과의 관계를 유지하며 지도·감독을 하고, 사회사업의 효율성에 대한 평가의 기초가 된다. 또한 학생들은 실습현장에서 다른 학생들과의 접촉으로 사회사업의 넓은 영역을 경험할 수 있게 된다.

셋째, 실습기관 차원에서는 사회복지서비스의 동향에 맞는 서비스영역을 개발할 수 있는 기회가 되며, 전문사회복지사의 양성을 위해서 이론적 지식과 기술향상을 도모할 수 있다.

5. 사회복지행정가의 리더십

사회복지행정가의 리더십은 다음과 같다(Menefee, 2000 ; 심상용, 2017: 32-37 재인용).

1) 의사소통가(communicator)

사회복지행정가는 사회복지조직 내부, 조직 간, 과업환경의 이해관계자들 간에 효과적으로 의사소통하는 능력을 갖추어야 한다. 보고서 작성, 메모, 뉴스레터, 외부에서의 공식적인 프레젠테이션 등 언어와 문서를 이용한 다양한 의사소통에 능통해야 한다. 지금은 팩시밀리, 전자메일, 음성우편(voice mail), 인터넷회의, 재택컴퓨터근무(telecommuting) 등의 행정기술도 일상화됐다.

2) 경계확장자(boundary spanner)

사회복지행정가는 과업환경으로부터 지지를 확보하고 재정자원을 제공받기 위해 네트워킹, 공동활동, 영향력 확보 등 정치계와 관계하는 능력을 갖추어야 한다. 사회복지조직의 생존을 위해서는 조직 간 관계 확립, 파트너십 개발, 서비스 전달체계의 통합이 필수적인 활동이다. 기관 내부에서도 끊임없이 변화하는 목표의 우선순위에 대해 조직구성원들의 지지를 확보할 수 있어야 한다. 이는 경계확장자로서의 활동으로 표현할 수 있는데, 상대방과의 관계의 관리, 네트워킹, 영향력 행사를 의미한다. 관계를 형성할 때에는 사회복지조직 내부 및 외부의 이해관계자들과 서로 이롭고 지지적인 관계가 되도록 해야 한다. 네트워킹을 할 때에는 조직구성원 및 외부 과업환경의 이해관계자들과의 연계를 창조하고 발전시켜야 한다. 영향력을 확보하기 위해서는 개인적 · 조직적 자원을 적절히 활용해 사회복지조직이 중시하는 특별한 접근법이나 행동에 대한 지지를 얻을 수 있어야 한다.

3) 미래지향자(futurist), 혁신가(innovator)

사회복지행정가는 외부환경의 추세를 예측하고 이에 대응해 대안적 · 혁신적 전략을 개발하는 능력을 갖추어야 한다. 사회복지조직을 둘러싼 환경은 매우 불확실하고 불안정해지고 있기 때문이다. 사회복지조직에 영향을 끼치는 중앙 및 지방 정부의 추세를 판단 · 해석해 조직의 구조, 절차, 과정을 변경할 수 있어야 한다. 게다가 조직의 전략적 계획을 구현하기 위해서는 과거의 관행에서 탈피해 적절하게 구조와 절차를 확립해야 한다. 이를 위해서는 창조적으로 구조를 변경하고 프로그램과 서비스를 관리하며 서비스의 질 향상에 기여하는 방안을 마련해야 한다. 한 마디로 사회복지행정가는 지금의 프로그램과 서비스의 효과성을 유지하는 한편, 미래진단법(futuring)을 적용할 줄 알아야 한다. 미래진단의 절차에서는 환경에 대한 진단, 전략적 기획, 혁신의 기술이 요구된다. 환경에 대한 진단에서는 중앙 및 지방 정부의 추세가 기관에 끼칠 영향을 판단한다. 전략적 기획에서는 조직의 비전과 목적을 창조하고, 이를 달성할 수 있는 조직활동의 방향을 제시한다. 혁신에서는 조직구성원들이 혁신과 변화를 추구하도록 방향을 제시하고 장려하는 역할을 맡는다.

4) 조직가(organizer)

사회복지행정가는 조직의 인적 · 물적 자원을 적절히 활용하기 위해 조직의 활동을 정비하고 구조화하는 능력을 갖추어야 한다. 변화하는 환경에 적응하려면 구조, 절차, 조건들을 변화시키는 등 조정이 필요하다. 조정은 조직화, 과업의 위임, 인적자원관리를 포함한다. 조직화에는 조직적 구조 확립, 직위 간의 공식적 업무관계 개발, 업무흐름(workflow) 결정, 개인과 집단들의 과업재설계가 반드시 포함돼야 한다. 과업의 위임에서는 업무담당자에게 공식적인 책임과 권한을 할당해 주어야 한다. 담당자가 맡을 업무를 명확히 이해하고 업무수행기준을 확인하도록 하며, 성취기준에 대한 책임성을 수용하도록 해야 한다. 인적자원관리는 모집, 채용, 오리엔테이션과 훈련, 보상, 규율 확립을 포함한다. 나아가 직무수행에 필요한 적절한 기술을 활용하는 고성과팀(high performance team)을 성공적으로 창조할 필요가 있다. 인적자원관리는 구성원들이 자신의 팀과 조직 전체에 대한 기여도를 극대화하는 데 필수적이다.

5) 자원관리자(resource administrator)

사회복지행정가는 사회복지조직 운영과 클라이언트에 대한 서비스제공에 필요한 자원을 확보하고 관리하는 능력을 갖추어야 한다. 인적자원, 재정자원, 정보자원, 물리적설비 등 제반 자원을 안정적으로 확보해야 한다. 확보한 자원은 효율적 · 효과적으로 관리되어야 한다.

재정자원에 대해서는 정부 및 민간재단으로부터의 재정수입을 확보하고 관리하는 등 재정흐름을 다변화해 특정 재정자원제공자에 대한 의존도를 감소시켜야 한다. 재정적 위기 때가 아니더라도 잠재적인 재정자원 제공자와의 관계형성, 네트워킹, 영향력 확보를 위해 노력해야 한다. 재정을 확보할 수 있는 기회를 찾고 활용해야 한다.

제공받는 재정을 적용할 활동에 대한 조사연구, 지원금 사용계획 작성(grantwriting), 기금모금(fund-raising), 마케팅 등의 기술이 필요하다. 또한 사회복지조직 자체를 지역사회와 광범위한 환경에 효과적으로 홍보하고, 공공기관과의 관계, 매스 미디어 캠페인을 활용할 줄 알아야 한다. 좋은 이미지를 유지해야 재정을 계속 지원받을 수 있다. 최근 재정자원제공자들은 지원금 사용 결과에 대한 실적 입증을 지원 지속의 조건으로 요구하고 있다. 지원금 사용 결과에 대한 실적보고의 타당도와 신뢰도는 재정자원 개발이나 기관행정에 필수적이다. 이를 위해서는 세련된 정보관리체계가 필요하다. 사회복지행정가는 조직활동에 필요한 물리적 설비를 적절히 갖추고 관리해야 한다. 여기에는 물품조달과 구매, 회계와 부기, 예산수립과 결산보고에 대한 기술이 필요하다. 이런 업무를 직접 담당하지 않더라도 손익분기점 분석, 원가계산, 대안선택분석(alternative choice analysis), 가격책정, 재정집행(operating budgeting), 재정보고서의 해석 등의 개념을 알고 있어야 한다. 특히, 최근 책임성에 대한 요구가 증가하고 있기 때문에 사회복지행정가는 기초적인 수준 이상의 재정관리 능력을 갖추어야 한다.

6) 평가자(evaluator)

사회복지행정가는 사회복지조직의 서비스가 클라이언트의 욕구충족에 기여하고 효과적으로 서비스를 제공하는지 평가하는 능력을 갖추어야 한다. 욕구평가는 클라이언트에 대한 욕구 판정, 프로그램 개발, 서비스제공체계 개선 등에 광범위하게 적용되고 있다. 프로그램평가는 개별 프로그램과 전체 서비스체계의 효과성 및 효율성을 평가하기 위해 이용되는데, 비용-효과분석, 프로그램의 안정화, 그 밖의 용도로도 적용될 수 있다. 욕구평가와 프로그램평가를 계획하고 시행하기 위해서는 세련된 기술이 필요하다. 여기에는 조사연구, 단일사례설계, 시계열설계, 현장연구 등의 양적 · 질적 방법이 포함되고, 설문조사, 통계작업, 통계분석, 보고서 작성도 필수적이다 사회복지행정가는 욕구평가와 프로그램평가의 설계 · 시행 · 해석 과정에서 최소한 이를 검토하고 필요 인력을 고용하며 참여할 줄 알아야 한다. 하지만 최근에는 이런 기초적인 평가능력만으로는 부족하다. 평가의 패러다임은 전형적인 연간분석에서 비용과 서비스수행의 질적 수준에 대한 계속분석으로 바뀌고 있다. 연간분석은 월별실적보고나 기획평가(ad hoc evaluation)로 대체되는 경향이 있는데, 이는 재정자원 제공자가 사회복지조직 활동의 실적과 재정집행을 평가하는 근거가 되고 있다.

7) 정책실천가(policy practitioner)

사회복지행정가는 중앙 및 지방 정부의 정책을 해석하고 준수하며, 나아가 개발하기 위해 정책실천의 능력을 갖추어야 한다. 중앙 및 지방 정부의 정책을 잘 알고 해석해 법규에 따라 사회복지조직의 구조, 절차, 활동을 적용해야 한다. 현재의 조직체계를 유지하거나 변경하면서 새로운 프로그램과 서비스를 설계하고 시행해야 한다. 조직구성원들에게는 정부정책을 알려 주고 조직체계와 서비스제공의 새로운 방향을 이해시켜야 한다. 사회복지행정가는 중앙 및 지방 정부의 정책형성과 행정에 적극 참여해야 한다. 사회복지조직, 행정가, 직원, 클라이언트들은 정부정책의 수용자이기 때문에, 사회복지행정가는 정책형성 단계에서 자신들이 관련된 사회문제에 관한 지식과 경험을 정책담당자에게 알려 주는 등 영향력을 행사해야 한다. 정부정책에 영향력을 행사하기 위해 공동체와 옹호자 집단을 조직해야 한다. 최종적으로는 정책집행분석(policy implementation analysis)을 실시해야 한다.

8) 옹호자(advocator)

사회복지행정가는 취약한 계층이 경제 및 정치 제도에서 정당하게 대표되도록 하기 위해 옹호자의 능력을 갖추어야 한다. 옹호란 주요 이해관계자에 대응해 취약계층의 역량을 증진시키는 활동이다. 조직의 내부와 외부 환경에서 사례 또는 계층수준의 옹호활동을 해야 한다. 사례수준과 계층수준의 활동은 각각 개인 및 집단의 권리를 대변하고 압력을 행사하는 활동을 말한다. 옹호활동에 필요한 기술은 사회복지조직을 대변하기, 사회복지행정가의 견해를 직원들에게 제시하고 직원들의 견해를 수렴하기, 지역 및 전국 차원에서 압력 행사하기, 입법가 및 정부관료를 검증하고 이들과 관계 확립하기 등이다. 사회복지행정가는 정책의 결정, 시행, 평가뿐만 아니라, 정책의 전제(premise)에도 영향을 끼칠 수 있도록 조직적이고 전제적인 접근을 더욱 확대할 필요가 있다.

9) 슈퍼바이저(supervisor)

사회복지행정가는 슈퍼바이저들의 사회정서적 욕구를 충족시키고 일상적인 서비스 제공을 지시하고 지침을 제공해 서비스의 효과성과 효율성을 극대화하기 위해 슈퍼비전 능력을 갖추어야 한다. 슈퍼비전은 임상적 실천의 초석이다. 슈퍼비전의 기능은 행정적 · 교육적 · 지지적 슈퍼비전으로 구분할 수 있는데, 슈퍼비전 과정에서는 조정, 지지, 자문 및 충고의 활동이 이루어진다. 효과적인 슈퍼비전을 위해서는 슈퍼바이저, 동기부여, 활동과 과업 조정, 목표와 한계 설정, 교정을 위한 피드백 제공, 활동과정 모니터링 및 개선, 교육과 자문, 활동성과 통제, 슈퍼바이저의 사회정서적 욕구충족이 이루어져야 한다. 슈퍼비전은 전통적인 형태에서 슈퍼바이저와 슈퍼바이저 간의 파트너십으로 변화하고 있다. 앞으로 자발적인(self-directed) 팀활동이 활성화되면 슈퍼비전 기능은 줄어들 것이라는 전망도 있다.

10) 촉진자(facilitator)

사회복지행정가는 조직의 목적을 달성하기 위해 구성원들에게 활동의 방향을 제시하고 과업을 수행할 수 있게 하는 촉진자의 능력을 갖추어야 한다. 촉진이란 조직의 비전, 임무, 목적을 달성하기 위해 구성원들이 적극적으로 활동하게 하는 전략을 말한다.

촉진에는 역량강화, 직원개발, 모델링이 포함된다. 역량강화에서는 기관운영,

프로그램, 서비스에 대한 구성원들의 영향력을 확대하기 위해 노력해야 한다. 역량강화가 이루어지면 구성원들의 업무능력이 향상되고 구성원들은 더욱 혁신적인 태도를 갖는다. 그 결과, 구성원들의 직무만족도가 향상되고 서비스의 효과성이 증대된다. 역량강화를 위해서는 협조적인 실천, 직원개발, 슈퍼비전이 필요하다. 직원개발에서는 교육 및 훈련의 기회를 제공해 업무수행 능력을 개선해야 한다. 직원들이 참여하는 가운데, 훈련욕구 사정, 직원개발의 우선순위 확인, 훈련프로그램 설계, 자원획득, 훈련착수, 결과평가의 과정을 수행해야 한다. 직원개발은 업무수행 능력 개선뿐 아니라, 공고한 조직화를 위해 활용된다. 모델링에서는 사회복지행정가는 모든 구성원들이 이상적이라고 생각하는 실천의 가치와 윤리의 모델이 되어야 한다. 이를 통해 구성원들은 바람직한 업무태도, 가치, 윤리를 배우고 내면할 수 있게 되며, 또한 건설적인 조직문화가 형성된다. 최근 사회복지조직의 구성이 다양화되고 있어서 긍정적인 조직문화를 형성하기 위한 능동적이고 의식적인 노력이 강조되고 있다.

11) 팀조직가로서의 지도자(team builder-leader)

사회복지행정가는 효과적인 조직운영과 서비스의 유용성 증진을 위해 연합, 팀조직의 능력을 갖추어야 한다. 기관의 과업을 수행하기 위해서는 기관내부와 지역사회에서 관리자그룹과 임상그룹을 활용해야 한다. 팀은 기관 간, 분야 내, 분야 간에서 형성할 수 있다. 사회복지행정가는 기관의 업무와 관련된 문제를 확인 · 분석 · 해결하기 위해, 창조성과 혁신을 증진시키기 위해, 분야 간 서비스전달팀의 방향을 제시하고 훈련시키기 위해, 그 밖에 다른 목적을 달성하기 위해 팀을 구성한다. 고성과팀을 구성하는 일은 결코 쉽지 않다. 사회복지행정가는 집단절차에 정통해야 하고, 집단이 각 발전단계에서 겪는 과업을 달성하도록 도와야 한다. 이를 위해서는 집단행동뿐 아니라, 사회정서적 문제를 다룰 줄 알아야 하고, 관리자그룹과 임상그룹의 모임을 계획하고 관리해야 한다. 의제의 준비와 전파, 모임장소 마련, 참여 고지, 모임목표 설정, 완전하고 균형 있는 참여 보장,

과업에 대한 집단초점 유지, 의도한 성과달성, 모임 결정사항의 이행 등도 필요하다. 이 기술들은 연합에도 적용될 수 있다. 연합은 시민의 권리를 획득하기 위해 이루어진다. 팀조직과 연합은 21세기에도 여전히 조직과 지역사회의 변화를 달성하는 주요한 수단이다.

〈연 습 문 제〉

1. 리더십의 속성이 아닌 것은?
① 신체적 특성 ② 사회적 배경 ③ 개인적 배경
④ 성격 ⑤ 과제 관련 특성

2. 일반적 리더십 규정방법을 잘못 설명한 것은?
① 집단행동에 의한 관찰법 : 집단을 실제적으로 이끌어가는 리더 발굴
② 동료에 의한 선택 및 추천 : 동료관계를 도식화하여 사회적 도표 작성
③ 리더 직위에 있는사람에 대한 평가법 :개인적 자질 분석 · 평가
④ 리더의 경력분석법: 교육과정, 행동, 자질, 성장 중 특성의 본질
⑤ 주요 리더 특성기술법 : 리더십 발휘할 때 가장 중요한 내용 기술

3. 슈퍼비전의 기능을 모두 고른 것은?
① 행정적 기능 ② 교육적 기능
③ 지지적 기능 ④ 통합적 기능

4. 다음 중 사회복지조직에서 리더가 갖추어야 할 능력과 거리가 먼 것은?
① 목표달성을 위한 기술과 직원의 능력개발이 요구된다.
② 정책개발 시 직원의 의사결정 참여확대로 직원이 만족감을 높이도록 한다.
③ 리더는 솔선수범으로 목표 정당화, 후원자와 정부로부터 협력을 얻을 수 있다.
④ 리더는 문제해결능력과 조직의 관련 부서와 협력을 얻을 수 있다.
⑤ 리더는 각종 위기로부터 조직을 보호하기 위한 예측은 없어도 된다.

5. 사회복지기관 리더십의 특성을 가장 적절하게 표현한 것은?
① 공공정책의 일관적 집행 강조
② 기관에서 생산되는 산출물의 양에 의해 리더십 평가
③ 기관관리와 정책개발 참여의 이중적 역할에 대한 균형적 수행
④ 수입과 지출의 균형 추구
⑤ 소속기관의 독보적 우위 확보

정답 1. ③ 2. ③ 3. ④ 4. ⑤ 5. ③

PART

III

사회복지행정의 관리

Chapter 8

인적자원관리

개 요

인적자원관리는 조직의 직무수행에 필요한 인적자원의 효율적 관리와 관련된 활동을 의미한다. 또한 조직의 목표를 달성하기 위해 직원을 채용하고, 교육 및 훈련, 동기부여, 사기진작 등으로 조직구성원을 유지하고 관리하는 활동이다. 여기에서는 인적자원관리에 대하여 학습하고자 한다.

학습목표

1. 가장 효과적인 인적자원관리 방안 강구
2. 직무분석에 대한 이해
3. 동기부여 방안 수립

학습내용

1. 인적자원관리의 개념
2. 인적자원관리의 업무
3. 직무분석
4. 동기부여

Chapter 08 인적자원관리

1. 인적자원관리의 개념

1) 인적자원관리의 정의

일반적으로 정부의 인사기능을 인사행정이라고 하며, 일반 영리조직의 인사기능을 인사관리라고 한다. 인적자원관리는 조직의 직무수행에 필요한 인적자원의 효율적 관리와 관련된 활동을 의미한다. 또한 조직의 목표를 달성하기 위해 직원을 채용하고, 교육 및 훈련, 동기부여, 사기진작 등으로 조직구성원을 유지하고 관리하는 활동이다. 특히, 지식정보화 사회에서는 조직구성원을 단순한 노동력이 아닌, 조직의 생존과 발전에 핵심적인 역할을 하는 인적자원으로 인식한다. 따라서, 단순한 인사관리의 차원을 넘어서 직무분석에서부터 채용 및 교육, 평가 등 인적자원에 대한 철저한 계획수립과 실행을 통한 인적자원관리 개념이 요구된다(김남수 외, 2020: 184).

인적자원관리(Human Resource Management)는 조직의 성장과 유지라는 양대 목적을 달성하기 위하여 필요한 자원 중 인적자원(HR)에 대한 관리(Management)라는 의미가 있다. 즉, '인적자원'과 '관리'라는 두 용어의 합성어로서 인적자원은 사회 · 경제적 가치를 생산 · 분배하는 투입요소를 뜻하고 관리는 하나의 제도(institution)나 방식(rule)으로 볼 수 있다. 따라서, 인적자원관리의 의미는 조직에 필요한 인적자원(인력)의 수요와 공급을 계획하는 인적자원계획(Human Resource Planning)에서부터 일단 충원된 인적자원이 조직 내에서 업무수행을 개선할 수 있도록 지식, 기술, 역량을 증진시키는 인적자원개발(Human Resource Development), 그리고 배치, 이동, 평가관리 등의 인적자원 활용(Human Resource Utilization)에 이르기까지의 다양한 측면의 활동이라고 정의할 수 있다. 이렇게 볼 때, 공공조직이나 민간조직에서의 인적자원관리는 종래의 '인사관리'나 '인사행정'의 개념에 비하여 확대된 개념이다. 왜냐하면 인적자원관리는 조직의 목적 달성을 위한 자원활용 차원에서 인적자원을 대상으로 획득 · 개발 · 평가에 관한 전반적 활동이기 때문이다(고수현 외, 2016: 156).

그러므로 인적자원관리는 인사관리라고도 하며 개인과 조직의 목표를 달성하기 위해 장 · 단기적인 인적자원을 계획(Planning)하고, 조직화(Organizing)하면서, 지도(Leading)하고 통제(controlling)하는 총체적 관리행위로써 정의될 수 있다. 즉, 기관의 운영목적을 달성하기 위하여 인적자원을 최대로 활용하기 위한 관리활동이라고 할 수 있다(한신애 외, 2018: 191).

2) 인적자원관리의 중요성 및 목적

조직의 모든 직무는 결국 기업의 전략적 계획의 방향과 밀접한 관계를 갖는다는 점이다. 그리고 조직의 모든 직무가 기업목적과 목표와 연결되지 않으면 목적달성은 불가능하다고 이해시키고 있다. 따라서, 전략적 인적자원계획의 중요성이 강조되고, 인적자원계획의 내용이 조직에서 중요한 것은 당연하다.

인적자원계획의 중요성은 다음과 같다(한신애 외, 2018: 191).

첫째, 인적자원계획의 내용인식이 중요하다. 이는 인적자원계획이 수립되어야 관리활동이 효율적으로 운영될 수 있다는 것을 관리원칙으로 인식하고, 계층별로 관리내용의 인식을 중요시해야 한다.

둘째, 인적자원계획의 유효성과 합리성을 인식하면서 동시에 제반 기업환경에 적응하는 것이 중요하다. 즉, 인적자원관리의 활동을 수행하는 기업환경에서 경제, 사회, 기술, 문화적 환경요소는 노동구조 변화에 직접적으로 영향을 미치고 있기 때문에 이러한 환경적 요소는 계획활동에 필수적으로 고려되어야 한다.

인적자원관리의 목적은 크게 조직의 성장과 유지라는 기본 목적으로 정리할 수 있지만, 이를 경제적 가치생산을 목적으로 하는 일반 조직과 사회적 가치생산을 목적으로 하는 사회서비스 조직으로 구분하여 제시하면 다음과 같다(고수현 외, 2016: 156~157).

첫째, 경제적 가치생산을 목적으로 하는 일반조직에서 인적자원관리의 목적은 조직의 생산성 향상이며, 조직 내의 직무수행의 질을 향상시키고 개선하기 위하여 인적자원을 대상으로 한 채용, 훈련, 평가, 통제 기능에 있다.

둘째, 사회적 가치생산에 목적을 둔 사회복지행정조직 등에서는 생산성 향상보다는 사회적 취약계층(clients)에게 주어지는 복지서비스를 향상시키고 개선하는데 필요한 인적자원을 대상으로 채용, 교육, 평가, 통제하는 기능이 주된 목적이 된다.

셋째, 경제적 가치생산과 사회적 가치생산 또는 분배가치실현을 복합적으로 가지고 있는 조직에서는 양대 가치실현의 목적의 비중이나 상황 변화에 따라 인적자원을 관리하는 활동의 측면이 다른 기능을 할 수도 있다.

3) 전략적 인적자원계획

전략적 인적자원계획은 성공적인 인적자원관리프로그램(human resource management program)에서 가장 중요한 요소의 하나로서, 인적자원을 계획하는 노력을 조직의 전략방향과 연결시키는 과정을 뜻한다. 이러한 계획은 단독으로 존재할 수 없고, 전반적인 조직의 전략과 연결되어 있다.

인적자원계획은 인적자원을 관리하려고 시도하는 노력을 조직의 목표와 연결시키는 과정이라고 할 수 있다. 인적자원계획은 생산, 재무, 시설 등의 계획과 함께 전체 사업의 종합적 분야로서 관리적 행위와 커뮤니케이션의 중앙집권적 형태를 갖게 된다.

인적자원계획은 기업의 사명과 목적과 목표, 전략, 구조, 사람 등으로 구성된다. 조직의 전략적 계획의 과정은 장기적이고 지속적인 특성을 갖고 있다. 그 내용은 다음과 같다.

첫 번째 단계는 기업의 사명 또는 이념을 들 수 있다. 여기서 조직이 강조하는 것은 어떤 사업에 조직과 종업원이 참여할 것인지를 결정한다.

두 번째 단계에서는 조직이 어느 사업에 참여하고, 누구를 고객으로 할 것이며, 그들을 위해 무엇을 준비할 것인지를 경영자는 뚜렷한 목적과 목표를 설정한다. 여기서 조직은 향후 5년에서 20년 동안의 기업목표를 정하고, 이를 정의하게 된다. 기업의 목표는 기업이 달성하고자 하는 목적을 폭넓게 설명한다.

세 번째 단계는 전략의 분석과 평가단계이다. 이 단계에서 기업의 자산여력과 종업원의 능력으로 목표를 달성할 수 있는지의 여부를 기초로 기업의 목표, 자사의 현재 전략, 외부환경, 자사의 약점과 강점, 기회, 위험 등을 분석한다. 일반적으로 SWOT분석을 활용하여 기업은 내부적으로 어떤 기술과 지식, 능력 등을 조달할 수 있고, 또 어떤 인적 기술과 설비가 부족한지를 확인한다.

네 번째는 조직화 · 구조화 단계이다. 여기서 기업은 전체적으로 어떤 직무를 수행하고, 어떤 유형의 능력을 소유한 종업원이 몇 명 필요할 것이고, 또 어느 지역에 배치할 것인지를 결정해야 한다. 이를 조직화 단계라고 한다. 조직화 단계에서 조직구조의 설정은 검토된 직무수행자의 지식과 기술 그리고 능력을 결정하는 데 도움을 준다. 이 시점에서 최적인력을 찾게 되고, 여기서 인적자원관리가 시작되며, 필요로 하는 기술이 무엇인가를 결정하기 위해 인적자원관리는 직무분석을 하게 된다.

인적자원계획의 절차와 기법으로서 인적자원관리의 내용과 절차를 효과적으로 수행하는 인적자원계획기법은 크게 하향적 인적자원계획기법과 상향적 인적자원계획기법으로 분류된다. 여기서 하향적 인적자원계획기법에는 추세분석기법과 전문가의 예측기법, 모형분석기법 등이 있다. 여기에서는 인력대체도와 승진경로를 명시한 조직도가 이용된다. 따라서, 인적자원계획의 기법은 계획의 세분화 또는 정례화, 불확실성을 최소화하려는 미래지향주의, 그리고 객관성을 확보하기 위한 행동과학적 사고에 따라 단계적으로 보완, 개발되어야 한다.

인적자원계획의 조직적 전략방법은 인적자원관리자는 전략적 인적자원계획에 참여하면서 현재와 미래에 필요한 근로자와 수요공급에 관한 요구사항을 결정한다. 이때에 전략적 인적자원계획은 노동의 수요와 공급을 일치시키고, 인적구성요소를 지원하게 된다.

이러한 내용을 효과적으로 달성하려면, ① 현재의 인적자원평가를 위한 인적자원관리시스템과 재배치도 확립, ② 노동력의 수요예측, ③ 미래공급의 보충, ④ 외적 공급의 변화 추정, ⑤ 수요와 공급에 관한 검토가 이루어져야 한다. 이들은 모두 인적자원계획의 필수요건이면서 조직적 전략과 연결되어 있는 전략적 방법이다. 그 밖에 인적자원계획의 기초자료로는 직무분석과 직무평가 및 직무설계와 재설계 등이 있으며, 이는 계획의 효율을 더욱 증대시킬 수 있다.

전략적 인적자원계획의 예상되는 문제는 전략적 인적자원 계획과정에서 공급이 수요를 초과하는 상황이 나타날 수 있다. 이 경우에 조직은 해고나 다운사이징을 고려하게 된다. 조직의 군살이나 거품을 빼기 위한 다운사이징(downsizing)은 효율적인 조직을 만드는 데에도 필요하지만 조직의 효율성만을 위한 감축은 적절하지 못하다. 오히려 숙련도, 지식, 그리고 능력을 갖춘 필요한 종업원을 정확하게 확보할 필요가 있다. 이를 '적정규모화'라고 하는데, 이는 다운사이징 이전에 고려해 볼 가치가 있다. 따라서, 종업원이 수행하는 직업의 다운사이징과 적정규모화가 전략적 인적자원계획의 문제점으로 대두되고 있다.

다운사이징의 문제점과 대책의 기술에서 인적자원계획 중에서 비용절감과 기업조직의 생존을 위한 정리해고나 조기정년퇴직, 일시해고 등의 방법은 단기적인 미봉책에 지나지 않고, 오히려 인력감축은 생산성 하락과 실업률의 증대로 고용정책에 차질을 빚을 수 있다. 그리고 전략적 기회와 목표의 상실, 미래지향적 성장성 상실 등의 경영기회와 장기적인 효율을 무시하는 결과가 될 수 있다. 따라서, 전략적 인적자원계획은 조직의 목표와 전략이 일치하는 데 초점을 맞추고 장·단기적인 관점에서 고용조정기법을 병행하는 방향으로 문제점을 해결하는 것이 바람직하다.

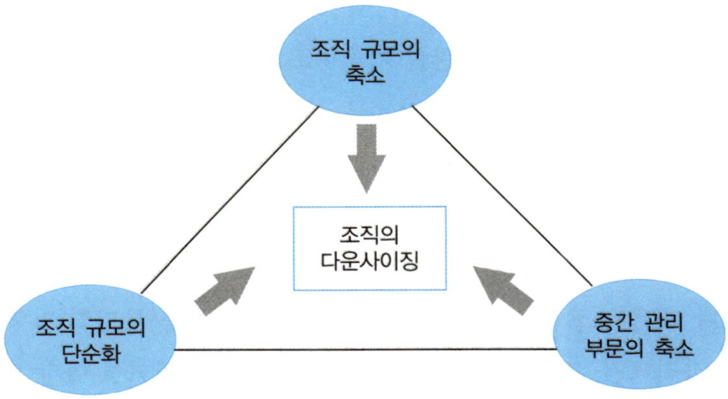

자료: 한신애 외(2018: 190) 재인용.

[그림 8-1] 다운사이징의 개념

2. 인적자원관리의 업무

1) 채용

(1) 모집

모집은 자격 있는 지원자들을 공석 중인 직위에 유치하는 과정이다. 모집의 목적은 전문적이고 유능하며 클라이언트 및 다른 직원들과 원만한 대인관계를 맺을 수 있는 능력을 지닌 직원을 고용하는 데 있다.

모집절차는 충원계획 수립, 직위에 대한 직무분석, 직무 종류 및 내용 등의 직무기술서와 직무명세서를 작성하는 것이다. 직무분석은 어떤 지위에서 어떠한 일을 하는가를 분석하고, 업무에 따른 의무와 자격을 명확히 하여 지원자가 그 업무에 적합한지를 판단하는 기준으로 쓰인다. 직무분석은 과학적 관리이론에서 주로 다루어지는 용이다.

직무기술서와 직무명세서는 직무분석이 이루어진 후에 작성되어야 한다. 직무기술서는 직무의 성격, 내용, 수행방법 및 직무에서 기대되는 결과 등을 간략히 정리해 놓은 문서다. 반면, 직무명세서는 특정한 직무를 만족스럽게 수행하는 데 필요한 수행자의 지식, 기능, 능력, 기타 특성 등을 명시해 놓은 문서를 말한다. 즉, 직무기술서는 직무 자체에 관한 기술이고, 직무명세서는 직무수행자의 요건과 관련된 사항이다.

다음으로 자격 있는 후보자들이 지원할 수 있도록 지방 및 전국적 수준의 일간지, 사회복지 신문, 사회복지와 관련된 각종 월간지 및 계간지 등에 모집 공고를 하거나 사회복지학과 및 대학의 취업정보센터 또는 개인적 접촉 등을 통하여 모집을 알린다. 모집공고에는 직무명, 직무분류 및 보수, 근무지역 및 직무부서, 직무명세서, 자격요건, 시험 및 면접 일시, 신청절차, 지원신청 마감 일시 등을 포함해야 한다.

(2) 선발

직원을 선발할 때는 첫째, 조직의 요구와 기대, 둘째, 채용될 사람의 요구를 고려해야 한다. 특히, 모집과정의 초기 단계에 직무에 대한 조직의 요구와 기대에 대한 세심한 배려가 있어야 하며, 이는 직무명세서에 나타나게 된다(Skidmore, 1994).

직원 선발의 방법으로서 시험이 부과된다. 시험과정은 객관도, 타당도 그리고 신뢰도가 있어야 한다. 표준화된 시험방법으로는 필기시험, 실기시험, 면접시험 등이 있다. 필기시험은 관리가 용이하고 시간과 경비를 절약할 수 있으며, 객관도와 타당도를 높일 수 있다는 점에서 많이 이용되고 있다. 필기시험은 주관식 시험과 객관식 시험으로 나눌 수 있다. 실기시험은 필기나 면접 이외의 방법으로 시험을 치르는 것으로 실제 근무하는 경우와 같은 조건으로 도구나 기구를 써서 일을 해 보는 것이다. 면접시험은 필기시험에서 알아보기 힘든 사람의 태도, 성격, 창의성, 협조성 등을 파악하기 위해 절대적으로 필요하다. 특히, 사회복지조직에서의 직원 선발은 개별적인 면접이 매우 중요하며, 무엇보다도 조직에서의 충성심을 포함하는 조직의 요구에 기초하여 이루어져야 한다. 뿐만 아니라, 전문적인 직원들과 원만한 인간관계를 맺을 수 있는 능력, 클라이언트 및 직원들을 보호할 수 있는 능력이 충분히 고려되어야 한다.

(3) 임명

사회복지조직에서의 직원 임명은 관리자에게 조직을 해석하고 설명할 기회를 제공한다. 직원에게 조직의 목표, 조직 구성, 조직의 직원들, 이사회 그리고 환경으로서의 지역사회에 관한 정보가 제공되어야 하며, 직원의 구체적인 직무와 책임, 보수(급여), 보수(급여) 지불 일자, 특별급여, 일하는 시간, 휴가정책, 직원모임, 여행규정, 위원회구조, 직원개발 계획, 다른 조직과의 관계, 서비스를 받는 지역사회 사람들과의 관계를 밝힐 필요가 있다.

임명과정에서는 중요한 사항은 다음과 같다(Pecore, 1998).

첫째, 채용후보자의 수를 충분하게 확보해야 선택의 기회를 넓힐 수 있다.

둘째, 자질 있고 적격이라고 생각하는 최선의 채용후보자의 정보에 대해 신중하게 평가해야 한다.

셋째, 채용후보자 중 최종적으로 임명되는 사람의 적격성에 대해 확신을 가질 수 있어야 한다.

넷째, 다른 응시자들의 실망감을 최소화시킬 수 있는 세심한 문구를 담아 응시에 대해 감사의 편지를 보내야 한다.

2) 인적자원의 개발과 훈련

직무수행 능력이 뛰어난 직원을 채용하고 적절한 보상체계를 구비하더라도, 그것만으로 조직과 직원의 목적에 부합되지는 않는다. 신입직원들은 새로운 직무환경에, 기존의 직원들은 변화되는 업무환경에 적응하는 것이 필요하다. 새로운 서비스가 개발되거나 기관의 정책과 절차가 변화하고, 업무자들의 직위가 이동되는 것들은 조직 내에서 늘 일어나는 일이다. 외부환경으로부터의 요구들도 계속해서 변화한다. 이로 인해 직원들은 인력 개발과 훈련이 지속적으로 필요하게 된다. 그 내용은 다음과 같다.

(1) 사정

사정(assessment)을 통해 업무자들의 직무수행에서 발전되어야 할 필요가 있는 부분을 감지해 낸다. 사정은 현재 수준과 바람직한 수준과의 격차를 찾아내는 작업으로, 다음과 같은 활동들로 이루어진다.

첫째, 일선 업무자들이 현재 기준에서 직무 요구를 어느 정도 충족시키고 있는지를 파악한다. 이를 위해 주기적인 내부 모니터링이나 외부평가, 결과 등과 같은 다양한 기준 자료들을 활용한다.

둘째, 해당 직무에 대한 이상적인 수행 기준이나 향후의 변화 요구 등을 고려하여, 어떤 내용의 지식이나 기술수준이 갖추어져야 할지를 파악해 낸다.

셋째, 업무자별로 현재의 직무수행 능력과 요구되는 수준과의 격차를 산출하고, 격차 극복을 위해 각 업무자마다 향상시켜야 할 지식과 기술의 정도, 환경적 변화의 필요 부분을 결정한다. 즉, 사정을 통해 인력 개발 프로그램이 추구할 변화 목표를 결정하는 것이다.

(2) 전략과 실행

사정을 통해 드러난 변화목표를 실행에 옮기는 최적의 전략을 수립하고, 실행한다. 먼저 행동목표들을 구체화시킨다. 예를 들어, '업무자가 사례관리의 특정기법을 운용하는 능력을 향상시킨다', '부서들 간 대인적 의사소통이 증진된다', '모든 직원이 SNS 등의 온라인 플랫폼의 활용능력을 향상시킨다' 등으로 구체적인 행동목표를 설정한다. 다음은 그에 가장 효과적이면서도 실천 가능한 실행전략을 찾는다. 공식 오리엔테이션, 보충교육, 업무자들 간의 모임, 케이스 컨퍼런스, 슈퍼비전, 서비스 참관, 조직개발 등이 대표적이다. 각 전략의 효과성은 구체적인 교육내용이나 방법, 교육대상자의 특성 등에 따라 다를 수 있으므로, 신중한 선택이 필요하다. 행정적 실천 가능성에 대한 검토도 반드시 함께 이루어져야 한다. 전략이 실행될 조직적 여건(예, 교육 인력 · 비용)이 가능한 범위 내에서 최대한 효과적인 전략을 선택해야 하는 것이다.

(3) 평가

인력개발 프로그램의 결과를 평가하는 이유는 피드백 정보를 얻기 위함이다. 직무 수행력의 향상에 교육 훈련이 얼마나 효과적이었는가, 추가로 필요한 부분들은 무엇인가, 어떤 전략과 방법이 유용한지에 관한 정보들이 평가에서 도출된다. 평가 정보는 몇 가지 차원으로 나뉜다. ① 반응(피훈련생이 프로그램에 대해 어떻게 생각하는지), ② 학습(피훈련생이 어떤 원칙이나 사실, 기법, 태도를 습득하게 되었는지), ③ 행동(직무 수행에서 행동 변화가 나타나는지), ④ 결과(직원의 사기 진작이나 클라이언트의 서비스 만족도 향상 등의 변화목표가 달성되었는지) 차원의 정보들이 있다. 비록 행동이나 결과 차원의 정보가 실질적으로 중요하지만, 이들은 측정이 여의치 않을 수 있다. 반응이나 학습 차원의 정보들은 설문지나 사전-사후 검사 등을 통해 비교적 수월하게 측정될 수 있다.

인력개발에서 직무환경에 대한 개선 노력은 자칫 간과되기 쉽다. 직원들의 업무수행력이 떨어지는 것은 직원들의 개인적 역량 부족의 문제도 있지만, 업무환경이 받쳐주지 못하는 탓도 있다. 그런데도 조직과 행정차원의 문제를 고려하지 않고, 개별 업무자의 능력 향상에만 인력개발의 초점을 맞추는 것은 문제다.

직무환경을 개선해서 업무자들의 직무 수행력을 향상시킬 수 있다면, 그것도 인력 개발의 중요한 방법이 된다. 부적절한 급여체계, 리더의 불명확하고 혼란스러운 지침 전달, 프로그램 자원의 축소, 과중한 행정업무 부담 등은 업무자들의 직무 태도와 행동에 크게 영향을 미친다. 따라서, 관리자는 전형적인 인력개발의 프로그램을 계획하기에 앞서, 조직 환경적 요인이 업무자들에게 어떤 영향을 주고 있는지, 직원교육에 투자될 비용을 오히려 그런 환경개선에 투자한다면 어떤 효과를 얻게 될지를 우선 검토해 볼 필요가 있다.

3. 직무분석

1) 직무분석의 개념

(1) 직무분석의 정의

직무분석(job analysis)은 효율적인 인적자원관리에 필요한 정보를 제공하기 위해 직무에 대한 광범위한 정보를 체계적으로 확보하는 활동이다. 그런 점에서 직무분석은 특정 직무의 내용과 직무수행에 필요한 직무수행자의 행동, 육체적 및 지적 능력을 밝히는 체계적인 활동으로 정의된다(심상용, 2017: 258).

조직에서는 구성원을 모집, 선발, 배치, 교육하고 인사 평가를 하기 위한 가장 기초적인 정보를 직무분석(job analysis)에서 얻는다. 직무분석은 직무에서 어떤 활동이 이루어지고, 직무를 수행할 때 사용되는 도구나 장비가 무엇이며, 어떠한 환경에서 작업을 하고, 직무 수행에 요구되는 인간적 능력이 어떤 것인지를 알 수 있도록 도와준다. 다시 말해서 어떤 일을 어떤 목적으로 어떤 방법에 의해 어떤 장소에서 수행하는지 알아내고, 직무를 수행하는 데 요구되는 지식, 능력, 기술, 경험, 책임 등이 무엇인지를 과학적이고 합리적으로 알아내는 것이 직무분석이다.

직무분석은 직무에서 수행하는 과제와 도구, 장비, 작업 요건과 같은 작업이 수행되는 상황, 그리고 작업 수행에 요구되는 인적 요건들에 관한 정보를 제공한다. 직무분석은 이와 같은 자료들을 통해 많은 인사 결정에 필요한 기본적 정보를 제공하기 때문에 조직 내의 인적자원 관리의 가장 핵심적인 기능이며, 출발점이라고 할 수 있다.

직무분석은 직무설계, 직원채용, 직원개발, 직원유지 등 인적자원관리의 과정에 활용할 수 있다.

첫째, 직무분석은 새로운 직무설계의 토대를 제공한다. 외부적인 환경 변화와 조직의 새로운 목표 설정 때 직무구조를 재설계하게 되는데, 이때 직무분석은 새로운 직무설계의 기반이 된다.

둘째, 직무분석은 직원채용에 활용될 수 있다. 조직의 인력수요를 산정하는 토대가 되고, 모집과 선발과정에서는 자격 요건의 기준으로 쓰이며, 최종 채용 시에는 직무와 채용후보자 간의 적합성을 판단하는 근거가 된다.

셋째, 직무분석은 직원개발에서도 유용하게 활용된다. 업무수행평가의 기준이 되고, 교육 훈련의 수요를 산정하는 근거가 되며, 조직구성원들의 경력개발활동의 방향을 제시한다.

넷째, 직무분석은 직원유지활동에 활용된다. 직무분석을 기초로 업무수행평가가 이루어져 목표달성 여부를 검증하고 합리적인 보상을 제공하는 근거가 되며, 직무수행 관련 위험도를 알 수 있기 때문에 안전사고 예방활동의 수요를 제공한다. 또한 직무구조 개선활동을 통해 유능한 조직구성원들의 이직을 방지할 수 있다

(2) 직무분석의 목적

직무분석의 목적은 사실상 직무기술서(job description)나 작업자명세서(worker specification)를 만들고, 이로부터 얻은 정보를 활용하는 데 있다. 직무를 분석하여 직무기술서나 작업자명세서를 만들 수 있으며, 이 결과물은 직무 파악과 임금수준의 결정, 인사 선발, 교육 및 훈련, 인사 평가, 경력 관리, 적정 인원의 산출 등을 위한 용도로 이용된다. 직무분석을 위해 필요한 정보는 현업 전문가와 직무의 관리자, 문헌자료 등을 통해 수집하는데, 이러한 정보의 출처를 관리하는 것은 직무분석의 정확성을 위해 중요하다.

직무기술서는 분석대상이 되는 직무에서 어떤 활동이나 과제가 이루어지고, 작업조건이 어떠한지를 알아내어 기술한 것이며, 작업자명세서는 직무를 수행하는 사람에게 요구되는 지식, 기술, 능력과 같은 인간적 요건이 무엇인지 기록한 것이다. 직무기술서는 과제 중심 직무분석을 통해 작성되고 작업자 명세서는 작업자 중심 직무분석을 통해 작성된다. 직무기술서는 직무 자체와 작업환경에 관한 정보를 알려주기 때문에 직무의 파악에 활용되고, 작업자명세서는 작업자에게 요구되는 인간적 요건을 알려주기 때문에 선발이나 교육과 같은 인적자원관리에

활용된다. 직무분석을 할 때는 직무기술서와 작업자명세서를 모두 작성하는 것이 일반적이다.

(3) 직무분석의 방법

첫째, 직무분석에서 직무에 대한 정보를 제공하는 가장 중요한 자원은 현업 전문가(subject matter expert, SME)이다. 현업 전문가의 자격요건이 명확하게 정해져 있는 것은 아니지만, 최소 요건으로서 직무가 수행하는 모든 과제를 잘 알고 있을 만큼 충분히 오랜 경험을 갖고 최근에 종사한 사람이어야 한다(Thompson & Thompson, 1982). 따라서, 직무를 분석할 때 가장 적절한 정보를 제공할 수 있는 사람은 현재 직무와 관련된 일을 하고 있는 현업 전문가이며, 특히 현재 직무에 종사하고 있는 현직자(job incumbent)이다. 현직자는 자신들의 직무에 관해 가장 상세하게 알고 있기 때문이다. 하지만 모든 현직자들이 자신의 직무를 잘 표현할 수 있는 것은 아니므로 직무분석을 위해 정보를 잘 전달할 만한 사람을 선택해야 한다. 랜디와 베이시(Landy & Vasey, 1991)는 어떤 현직자가 직무를 분석하는지가 중요하다는 것을 발견하였다. 그리고 경험 많은 현직자들이 가장 가치 있는 정보를 제공한다는 것을 알아냈다. 현직자들의 언어능력, 기억력, 협조성과 같은 개인적 특성도 그들이 제공하는 정보의 질을 좌우한다. 또한 만일 현직자가 직무분석을 하는 이유에 관해 의심한다면, 그들의 자기방어 전략으로서 자신의 능력이나 일의 문제점을 과장하여 말하는 경향이 있다.

둘째, 직무의 관리자 또한 정보의 중요한 출처이다. 관리자들은 해당 직무에 종사하며 승진한 경우가 많기 때문에 직무에서 요구하는 것이 무엇인지 정확하게 알려줄 수 있다. 그러나 관리자들은 현직자들에 비해 좀 더 객관적인 직무 정보를 제공할 수 있지만, 현직자들과 의견 차이가 있을 수 있다. 이러한 의견 차이는 해당 직무에서 요구하는 중요한 능력을 현직자와 관리자들이 서로 다르게 판단할 수 있기 때문에 발생한다. 직무에서 요구되는 중요한 능력과 상사들이 언급하는 중요한 능력이 다를 수 있다.

셋째, 직무분석에 필요한 정보의 중요한 출처는 문헌자료이다. 기존 문헌자료를 통해 사람들에게서 얻을 수 없는 정보를 얻을 수 있다. 예를 들어, 기존의 업무 편람이나 작업일지, 국가에서 발행되는 직업사전과 같은 기록물로부터 직무에 관한 기초 정보를 얻을 수 있다.

직무분석에는 직무와 관련된 정확한 정보를 수집하려는 노력이 필수적이다. 직무정보를 수집하는 방법에는 관찰법, 면접법, 질문지법, 작업기록법, 중요사건기록법 등이 있다(Mondy & Noe, 1993). 직무분석의 목적과 분석대상 직무의 특성, 직무수행자의 특성(생산직, 사무직 등), 소요되는 시간과 노력 등을 고려해 적합한 방법을 선택해야 한다. 대개 여러 가지 방법을 복합적으로 사용하는데, 질문지법과 면접법을 병행하는 경우가 많다.

첫째, 관찰법은 직무분석자가 직무수행자의 직무수행 과정을 관찰하고 기록하는 방법이다. 이 방법은 실시하는 데 간편하다는 장점이 있지만, 지적 활동은 관찰이 불가능하고, 장시간이 소요되는 직무는 관찰이 곤란하고, 직무수행자가 관찰되고 있다고 인지할 경우 직무수행의 왜곡현상이 발생할 수 있다.

둘째, 면접법은 직무분석자가 직무수행자에게 면접을 실시해 직무에 관한 정보를 획득하는 방법이다. 장시간이 소요되는 직무나 지적 활동에도 적용할 수 있는 장점이 있어 가장 많이 사용되지만, 직무수행자가 직무분석의 결과 자신에게 손해가 생길지 모른다고 생각한다면 해당 직무에 대한 정확한 정보제공을 꺼릴 수 있다.

셋째, 질문지법은 질문지를 통해 직무수행자로부터 직무에 대한 정보를 획득하는 방법이다. 직무내용, 수행방법, 수행목적, 수행과정, 직무수행자의 자격요건 등에 대한 질문을 포함하고, 개방식 질문지나 구조화된 질문지를 선택할 수 있다. 정보수집을 위한 시간과 노력을 절약하는 장점이 있지만, 질문지 작성이 어렵고 질문내용을 정확히 이해하지 못하거나 정직하게 응답하지 않을 수 있다.

넷째, 작업기록법은 직무수행자에게 작업일지 등을 기록하게 해 직무에 대한 정보를 수집하는 방법이다. 관찰하기 어려운 고숙련의 직무에 대한 정보를 얻을 수 있고 장기간의 정보를 확보할 수 있는 장점이 있지만, 직무에 대한 심층적인 정보를 얻기 어렵다는 지적도 있다.

다섯째, 중요사건기록법은 직무수행자의 직무활동 가운데 성과에 직결되는 핵심적인 직무행동에 대해 효과적인 행동과 비효과적인 행동을 구분하여 사례를 수집하고, 이를 바탕으로 직무성과에 효과적인 행동패턴을 분류하는 방법이다. 직무행동과 직무성과 간의 관계를 직접 파악할 수 있는 장점이 있지만, 직무행동을 분류 · 평가하는 데 많은 시간과 노력이 소요되고, 핵심적인 직무행동만으로는 직무수행자의 전체 직무수행에 대한 포괄적인 정보를 획득하는 데 어려움이 따른다는 문제가 있다.

2) 직무수행평가

직무수행평가(performance appraisal)란 직무분석결과에 기초 승진, 보수, 직원개발, 경력개발 등에 활용하기 위하여 해당 직무 담당자의 직무수행결과를 평가하는 과정이다. 직무수행평가는 타당성, 신뢰성, 실용성, 수용성의 요소를 갖추어야 한다.

업무수행평가에서는 수용성의 요소가 특별히 강조될 필요가 있다. 수용성이란 피평가자가 업무수행평가가 적법하고 필요하다고 믿으며, 평가의 공정성과 평가결과가 활용되는 평가목적에 동의하는 정도를 의미한다.

직무수행평가에 대해 수용성이 낮으면 조직구성원들의 저항에 부딪힌다. 그 이유는 다음과 같다(심상용, 2017: 260).

첫째, 직무수행평가제도의 목적에 대해 신뢰감을 상실했기 때문이다. 조직구성원들의 직원개발이나 경력개발이 목적이라면 동의하기 쉽지만, 저성과자에게 불이익을 주는 부정적인 방향이라면 동의를 얻기가 쉽지 않다.

둘째, 직무수행평가제도에 대해 정보가 부족하기 때문이다. 정보 부족은 곧 불안감의 증가로 이어진다.

셋째, 직무수행평가제도의 도입으로 인해 조직구성원과 관리자 간의 종속적 관계가 강화될 것으로 우려되기 때문이다. 근로자의 입장에서는 개별화된 평가제도가 도입되고 업적에 따른 성과급이 지급되는 등 경쟁체제가 강화되면 조직구성원 개개인은 관리자의 평가에 크게 의존하게 된다는 걱정이 생기게 마련이다.

조직은 직무수행평가제도를 실시할 때, 조직구성원들의 수용성을 높이기 위한 방안을 마련할 필요가 있다(Kotter & Schlesinger, 1979).

첫째, 평가제도를 개발할 때, 그 목적과 필요성을 조직구성원들에게 투명하게 알리고 필요한 경우 교육을 실시할 필요가 있다.

둘째, 평가제도는 통제적인 목적보다는 조직구성원들의 능력 개발의 취지를 살릴 필요가 있다. 저성과자에 대해 불이익을 주는 부정적인 방향이라면 통제적인 목적으로 여겨지지만, 직원개발이나 경력개발이 목적이라면 지원적인 목적이기 때문에 수용될 가능성이 높다.

셋째, 평가제도를 개발할 때 조직구성원들의 대표를 포함시킬 필요가 있다. 이를 통해 새로운 아이디어를 얻고 간과하기 쉬운 평가내용을 보완할 수 있으며, 나아가 평가제도의 정당성을 확보할 수 있다.

넷째, 평가의 신뢰성을 최대한 보장할 있도록 제도를 만들고, 평가자교육에 대해 투자를 늘려야 한다.

다섯째, 실제 평가과정에서는 피평가자의 참여를 보장할 필요가 있다. 피평가자가 제도적으로 참여하면 수용성이 높아질 것이고, 자기평가의 기회가 제공돼 비교가 가능해진다면 더욱 바람직할 것이다.

3) 직무만족

(1) 직무만족의 정의

직무만족(job satisfaction)이란 직원이 직무수행과정에서 얻게 되는 내적이고 외적인 만족감을 의미하며, 다분히 주관적인 개념이다. 내적 만족으로는 직무의 난이도, 도전감, 중요성, 다양성, 책임 등 직무 자체의 내재적 가치 만족감이고 외적만족으로는 보상, 작업환경, 승진 등 직무 외부의 가치만족감이다.

직무수행에 대한 결과는 평가자가 직무수행의 정도를 생산성, 효율성, 효과성,

서비스의 질의 평가기준에 따라 등급화 하는 직무평가로 나타나기도 하지만 직원 스스로가 자신의 업무에 대해 만족하는 정도를 나타내는 직무만족으로도 가능할 수 있다. 직무만족도가 높다는 것은 결국 직무평가의 기준에도 영향을 미칠 수 있기 때문에 조직에서는 직무평가뿐만 아니라, 직무만족도 평가가 이루어져야 할 부문이다. 직무에 불만족한 직원의 예상되는 행동에는 퇴직, 불평, 불복종, 책임회피, 공금횡령, 기물파괴, 무관심 등이 있으며, 이는 조직성과에 당연히 부정적 영향을 미친다.

(2) 직무만족도의 측정기법

직무만족도의 측정기법의 내용은 다음과 같다(고수현 외, 2016: 167).

첫째, 점수법은 가장 널리 사용되는 기법으로서 직무의 여러 측면에 대한 측정치를 합산하는데, 여기에는 직무기술지표(Job Descriptive Index, JDI)와 미네소타만족설문지(Mlinnesota Satisfaction questionnaire, MSQ), 조직반응지표(IOR) 등이 있다.

둘째, 중요사건법은 허즈버그(Herzberg, 1966)가 이용해서 널리 알려진 방법으로 응답자에게 자기직무에서 특히 만족스러웠거나 불만족스러웠던 사건을 설명하게 한 다음, 그 응답자료를 기초로 직무만족을 분석하는 방법을 말한다.

셋째, 면접법은 개인면접을 통하여 직무만족도를 측정하는 방법으로 응답자의 왜곡 가능성, 면접자에 따른 측정의 차이, 시간적 소요가 많다는 단점이 있다.

넷째, 외현행동법은 직원의 행동(결근, 지각, 성과하락, 이직 등)을 관찰하는 방법이다.

다섯째, 행동경향법은 행동의도를 설명하려는 것으로서 직원에게 자기직무와 관련해서 질문하여 행동경향을 파악하는 방법이다.

한편, 이러한 직무만족도의 측정기법은 단일한 직무만족을 측정하는 도구와 여러 측면의 직무만족을 합산하여 측정하는 방법으로도 구분이 가능하다.

첫째, 단일의 전반적 직무만족을 측정하는 도구에는 호포크(Hoppock) 척도,

브레이필드와 로스(Brayfield & Rothe) 척도, 쿠닌(Kunin)의 얼굴표정 척도, 퀸과 스테인즈(Quinn & Staines) 척도 등이 있다.

둘째, 직무만족의 여러 측면 측정치를 합산하는 방법으로는 직무기술지표(JDI), 미네소타만족설문지(MSQ), 조직반응지표(IOR) 등이 있다.

(3) 직무만족의 결정요인

직무만족에 영향을 미치는 요인에 대한 초기 연구는 주로 1960년대에 이루어졌는데, 브룸(Vroom, 1964), 허즈버그(Hezberg, 1966), 스미스, 켄달과 헐린(Smith, Kendall & Hulin, 1969) 등의 연구가 대표적이다.

브룸은 직무만족의 요소로 감독, 작업집단, 직무내용, 임금, 승진의 기회, 작업시간을 들었다. 이에 비하여 허즈버그는 직무만족과 불만족을 동기요인(motivators factor)과 위생요인(hygiene factor)으로 나누었는데, 불만족요인이 위생요인에 해당되는 이유는 직무불만족을 예방하는 기본적인 기능을 담당하고 있기 때문이다. 즉, 허즈버그의 요인은 서로 다른 이원적 욕구구조가 직무에 대한 성취의욕을 고취시키고 발전적 태도를 가지는 데 중요한 요인이 된다. 허즈버그가 말한 직무만족요인(동기요인)은 성취감, 인정, 직무 자체, 책임, 성장과 발전, 자아실현 등이며, 직무불만족요인(위생요인)은 조직의 정책과 관리, 감독, 작업조건, 대인관계, 임금, 지위 등이다. 그리고 직무만족도를 측정할 수 있는 직무기술지표(JDI)를 개발한 스미스와 켄달, 헐린은 직무만족의 결정요인으로 직무자체, 현재 급여, 승진 기회, 감독(자), 동료직원을 제시하였다.

이외에도 긴스버그(Ginsberg)는 경제적 보상, 명예, 특별한 활동과 목표달성에서의 만족, 사회적이고 환경적인 만족을 들고, 로크(Loke)는 직무 자체, 보수, 승진, 인정, 복리후생, 작업환경, 감독, 동료, 경영방침 등을 직무만족의 결정요인으로 제시하였다.

4. 동기부여

1) 동기부여의 개념

동기부여(motivation)는 원래 심리학에서 욕구–동인 · 유인의 기능적 관계를 설명하기 위해 사용하는 개념으로 알려져 있다. 일반적으로 욕구가 자극되면 이는 동인이 될 수 있고, 환경으로부터 유인이 제공되면 목표달성을 위한 행동에 나서며, 목표가 달성되면 욕구가 충족돼 동인도 소멸한다. 조직적인 차원에서 보면, 동기부여는 조직이 구성원들의 욕구를 충족시킬 수 있는 유인에 해당한다. 동기부여는 조직구성원들이 직무에 헌신하도록 심리적인 자원을 제공하는 과정이다(Schemerhorn, 2011). 이처럼 동기부여는 조직구성원들로 하여금 적극적으로 직무를 수행하게 함으로써 조직의 목표달성과 개인적 욕구충족을 동시에 추구할 수 있도록 하는 조직적인 노력이다.

동기부여의 관점은 조직구성원들의 능력만으로는 조직의 목표를 달성할 수 없다는 견해에 기초하고 있다. 즉, 조직구성원들이 직무수행 능력을 갖추면서도 동기부여가 돼 있어야 성과를 거둘 수 있다는 것이다. 이는 유사한 수준의 직무능력을 갖고 있는 조직들 간에 상이한 성과가 산출되는 원인을 설명해 준다. 심리학자들은 같은 능력을 가진 조직구성원들이라도 동기부여 여부에 따라 성과가 30% 정도 차이가 난다고 설명하기도 한다.

조직구성원들에게 동기부여를 해 주려면 조직의 목표와 개인의 욕구를 동시에 고려하고, 조직의 목표와 개인의 욕구가 일치하는 영역을 중시할 필요가 있다. 이를 통해 조직과 개인 간에 유인과 기여의 균형이 이루어질 수 있기 때문이다. 즉, 이 기여에 상응하는 보상을 지불할 때, 조직구성원들이 목표달성에 헌신하게 하는 유인이 될 수 있다(Barnard, 1971). 예를 들어, 직무의 자율성 확대, 다양한 보상 프로그램 운영, 참여적인 의사결정 등은 조직의 목표와 개인의 욕구가 일치하는 영역이다. 이 분야들이 활성화되면 결근율 및 이직률의 감소, 사기진작 및 업무의 질 향상, 생산성 증가 등의 성과를 거둘 수 있다.

동기부여는 사회복지조직의 활동이 성과를 거두기 위해 필요한 요인으로 중시된다(Skidmore, 1994). 사회복지조직에서는 업무의 표준화 가능성이 낮고, 상당한 자율성을 갖는 일선 사회복지사들의 적극적인 활동에 의해 조직효과성이 달성될 수 있다. 따라서, 사회복지조직은 경제적 효율성에 치중하기보다는 조직구성원들의 욕구를 충족시켜 동기부여를 할 수 있도록 유인을 제공해야 한다.

동기부여를 위해서는 조직의 목표와 개인의 욕구를 동시에 고려하는 관점이 필요하다(Vinokur-Kaplan & Bogin, 2000). 사회복지조직은 서비스의 효과성 증진, 생산성 향상, 자원획득, 조직구성원들의 사기진작, 업무수행의 효율성 증진에 목표를 둔다.

조직구성원들은 클라이언트의 욕구충족과 문제해결, 도전적이고 자기 성장에 기여할 수 있는 과업수행, 활동의 자율성과 자기결정권 확보 등에 대해 욕구를 갖고 있다(Weiner, 1990). 따라서, 사회복지조직의 노력은 조직의 목표와 개인의 욕구의 공통적인 측면에 집중함으로써 조직구성원들의 동기에 대한 적합성(motivational fit)을 가져야 한다(Kanfer & Heggestad, 1997).

2) 동기부여의 요인

동기부여의 공통적 요인으로 다음의 6가지가 있다(Skidmore, 1994).

(1) 개인적 관심

자신의 직무에 대한 개인적 관심은 조직구성원이 동기부여 되는 1차적인 요인으로 간주된다. 개인적 관심은 업무 성과의 양적 · 질적 개선에 기여할 수 있다. 유능한 행정가는 조직구성원들의 직무에 대한 개인적 관심을 제고하기 위해 노력해야 한다. 이를 위해서는 조직구성원들이 자신의 직무에 대한 개인적 관심이 어느 정도인지를 스스로 표현할 수 있게 해야 한다. 나아가 개인적 관심을 제고하기 위해 사례와 경험을 나누거나, 조직 운영에 대한 구성원들의 민주적 · 참여적 환경을 조성하는 데 최선을 다해야 한다.

(2) 시간관리

행정가는 조직구성원 개개인의 시간 가치의 존중이 조직의 사기와 생산성을 높이는 일임을 중시해야 한다. 이를 위해서는 조직과 관련된 각종 활동에서 시간을 효율적으로 사용해야 한다. 위원회 운영과 의사결정을 구조화해 최소한의 시간 내에 최대한의 결과를 도출할 수 있도록 할 필요가 있다. 시간관리를 효율화하면 조직구성원들은 상당한 시간을 실제 업무에 할애할 수 있기 때문에 자기주도적으로 노력해 창의성과 생산성을 향상시킬 수 있다. 이는 조직구성원들이 업무능력의 개선과 전문적인 역량의 제고 등 자기계발을 위해 시간을 창조적으로 투여할 수 있음을 의미한다.

(3) 행정적 지지

행정적 지지는 조직구성원들의 업무에 대한 적절한 인정과 승인을 통해 생산성을 높이고 사기를 진작시키기 위한 행정가의 지지적 활동을 말한다. 조직구성원들은 행정가로부터 신뢰받을 때 업무에 대한 성취욕을 자극받고 조직적인 협력활동에 적극적으로 임하게 된다. 따라서, 행정가는 개인적 차원뿐 아니라, 직원회의 등 공식적인 자리에서 지지적 활동을 적극적으로 할 필요가 있다. 이는 개인적인 사기진작, 협력적인 조직문화의 조성, 조직의 생산성 향상에 기여한다.

(4) 책임과 권한의 명확화

일반적으로 조직구성원들에게 책임을 지우되 권한을 부여하는 데에는 인색한 경향이 있다. 그 결과, 조직구성원들은 자율성이 침해돼 능동적인 업무수행에 장애를 겪게 된다. 책임과 권한의 명확화는 구체적이고 분명한 책임과 권한을 부여해 조직구성원들로 하여금 업무에 대해 긍정적인 감정을 갖게 함으로써 동기를 부여하려는 행정가의 노력을 말한다. 조직구성원들은 직무에 대해 고유한 책임을 부여받고 이를 이행할 수 있는 권한이 주어질 때, 적극적인 자세를 가질 수 있고, 이는 곧 동기부여로 이어질 수 있다.

(5) 승인과 감사

행정가는 조직구성원들의 업무수행에 대해 적절한 환류를 제공해 조직구성원들의 사기진작에 기여해야 한다. 조직구성원들은 자신들의 업무수행에 대해 객관적으로 평가받기를 원한다. 이와 같은 환류를 통해 개인은 조직의 목표달성과 서비스의 질적 수준 유지에 기여하고 있음을 승인받게 된다. 나아가 조직구성원들의 사기진작을 위해 개인적인 면담이나 직원회의에서 개인과 집단 차원의 업무성취에 대해 감사를 표현할 필요가 있다.

(6) 성취의 기회

조직구성원들은 도전적인 과업을 부여받을 때, 성취욕을 자극받고 사기가 진작되어 동기유발이 이루어진다. 과업을 성공적으로 완수해 성취를 달성하면 업무에 대해 진정한 만족을 얻고 긍정적인 조직관이 형성된다. 반면, 과업이 도전적이지 않다면 초조감과 무력감을 느끼고 업무에 대한 적극적 자세를 갖지 못하게 되어, 조직활동의 비효율성과 비효과성을 초래한다. 따라서, 행정가는 진정한 성취 기회를 개방적으로 부여해 안정감을 주고, 사기진작과 동기부여를 이루게 해야 한다.

3) 사회복지조직에서 동기부여

사회복지조직에서 동기부여는 크게 업무상의 동기부여, 과업환경상의 동기부여, 인사관리상의 동기부여, 개인적 특성상의 동기부여 네 가지로 구분하여 살펴볼 수 있다(이준영, 2019: 247-249).

(1) 업무상의 동기부여

업무상의 동기부여로서 기술의 다양성과 전문성을 발휘할 수 있는 기회를 제공하고, 과업이 전체 업무 처리과정이 일부분에 해당하는 것이 아니라, 전체를 수행할 기회를 부여함으로써 일을 완성하고, 거기에서 성취감을 느낄 수 있도록 하며, 과업의 의미, 공헌, 중요성을 인식시켜 주어야 하고, 과업의 자율성이 보장될 수 있어야 한다. 구체적으로 다음과 같다.

첫째, 기술의 다양성과 전문성을 발휘할 수 있는 기회를 제공한다. 즉, 직무를 구성하고 있는 많은 과업이 다양한 기술과 전문성을 발휘하고 행동할 수 있는 기회를 제공하도록 구성되어야 할 것이다.

둘째, 과업의 완결성을 추구한다. 과업이 전체 업무처리과정의 일부분에 해당하는 것이 아니라, 전체를 수행할 기회를 부여함으로써 일을 완성하고 거기에서 성취감을 느낄 수 있다.

셋째, 과업의 의미, 공헌, 중요성을 인식시켜 주어야 한다. 중요하지 않은 과업이거나 중요성을 모르는 상태에서 과업을 수행하는 경우, 일에 대한 적극성을 유도해 내기 힘들 것이다.

넷째, 과업의 자율성이 보장될 수 있어야 한다. 과업을 수행함에 있어 법 · 규정이나 명령에 따르는 의무만 있는 것이 아니라, 책임감이 따르는 재량권이 부여되어야 한다.

다섯째, 과업수행에 대한 결과가 어느 정도의 목표를 달성했는지, 잘했는지 못했는지 등에 대한 피드백이 반드시 있어야 한다.

(2) 과업환경상의 동기부여

과업환경상의 동기부여로서 물리적 환경(작업환경)의 개선이 요망되고 사회적 환경에서 인간관계가 중요하므로 바람직한 인간관계가 형성할 수 있도록 기관 분위기를 조성하며 문화적 환경도 고려하여야 한다. 특히, 형식주의나 권위주의 등 우리나라의 관료주의적 행정문화는 공적 사회복지조직을 담당하고 있는 사회복지전담공무원들의 동기부여에 부정적인 영향을 미치는 경우가 많이 있다. 따라서, 상급 관리자들에게 사회복지에 대한 의식 변화나 전문적 방법의 습득을 위한 기회가 많이 제공되어 사회복지사들에게 자발적으로 동기부여가 될 수 있도록 해야 할 것이다. 구체적으로 다음과 같다.

첫째, 물리적 환경의 개선이 요망된다. 사회복지조직에서 물리적 환경의 개선을 위해서는 충분한 기자재의 제공과 정보화, 상담실 공간 확보, 직원휴게실 마련 등이 요청된다.

둘째, 사회적 환경에서는 인간관계가 중요하다. 구체적으로 상관과 동료가 어떤 인간관계를 형성하고 있는지, 특히 상관이 어떠한 스타일로 리더십을 행사하는지가 동기부여에 중요한 작용을 한다.

셋째, 문화적 환경도 고려해야 한다. 개인은 집단뿐만 아니라, 조직 전체의 문화 또는 조직풍토의 영향을 받는다.

(3) 인적자원관리상의 동기부여

인사관리상의 동기부여로서 신분보장이 이루어져야 하고 형평이론이 암시하듯 동료 간 그리고 타 부문(공무원, 민간기업, 시설과 기관 등)과의 보수의 형평성도 동기부여에 영향을 미칠 것이므로 안정적인 보수체계도 마련되어야 하고, 적재적소의 인력배치가 요청된다. 또한 사회복지사를 둘러싼 환경이 급속하게 변화되고 있으므로 사회복지사들에게 새로운 기술이나 전문성을 학습할 수 있는 교육 훈련의 기회도 다양하게 부여해 가야 할 것이다. 구체적으로 다음과 같다.

첫째, 신분보장이 이루어져야 한다. 그러나 신분보장이 지나치면 태만하거나 무능한 직무수행에 대한 적절한 제재가 불가능하므로 조직의 생산성을 약화시키는 역기능을 낳을 수 있다.

둘째, 보수가 고려되어야 한다. 생계비와 형평성의 관점에서 보수를 적정수준으로 유지시켜 주는 것은 불만 예방에 매우 중요한 역할을 하게 될 것이다. 또한 동료 간 그리고 기타 부문과의 보수 형평성도 동기부여에 영향을 미칠 것이다.

셋째, 적재적소의 배치가 요청된다. 각 사회복지사가 지니고 있는 적성과 능력 및 기술에 적합한 업무를 할당받고 부서에 배치되어 근무할 때, 자신의 능력과 기술을 충분히 발휘할 수 있을 것이다. 또한 환경이 급속하게 변화되고 있으므로 사회복지사들에게 새로운 기술이나 전문성을 학습할 수 있는 교육 · 훈련의 기회도 다양하게 부여해야 할 것이다.

(4) 개인적 특성상의 동기부여

개인적 특성상의 동기부여로서 가정환경이 고려되어야 하고, 개인의 취미생활이나 여가활동도 보장되어야 하며, 직무가 요구하는 지적 수준과 실제 개인의 능력과 일치되어야 할 것이다. 그리고 성격유형 또한 동기부여와 밀접한 관계가 있으므로 외향적이고 사교적인 사회복지사에게는 사무직보다는 현장에서의 민원업무나 감독업무가 훨씬 적합하다. 한편, 조심성 있고 분석적인 성격의 사회복지사에게는 정확성을 요구하는 직무에서 더 큰 동기가 부여될 것이다. 구체적으로 다음과 같다.

첫째, 가정환경이 고려되어야 한다. 가정과 직장은 서로 분리될 수 없기 때문이다.

둘째, 개인이 직장 밖에서 취미생활이나 여가활동을 하고 있다면, 이들의 취미와 여가가 직무와 어떠한 관계가 있는가도 동기부여에 중요한 영향을 미친다.

셋째, 직무가 요구하는 지적 수준과 실제 개인의 능력 간의 일치는 상당히 중요한 의미를 갖는다. 직무 요구수준에 비해 개인의 능력이 월등히 앞서는 경우 불만의 원인이 되며, 이러한 사회복지사에게는 보다 도전적이고 창의적인 업무를 맡기는 것이 동기부여의 효과를 불러온다.

넷째, 성격유형 또한 동기부여와 밀접한 관계가 있다. 외향적이고 사교적인 사회복지사에게는 현장에서의 민원업무나 감독업무가 훨씬 적합하고, 조심성 있고 분석적인 성격의 사회복지사에게는 정확성을 요구하는 직무에서 더 큰 동기가 부여될 것이다.

다섯째, 동기부여는 단순히 욕구 하나만의 충족으로 이루어지는 것이 아니기 때문에 다른 개인적 특성과 동기요인을 동시에 고려하는 지혜가 요구된다.

〈연 습 문 제〉

1. 다음 중 인사관리의 특징과 거리가 먼 것은?
① 인사관리의 주체는 인간이다.
② 인사관리의 객체는 인간이다.
③ 관리의 객체인 인적자원은 통합적 인격체이다.
④ 인사관리는 노동시장에서 노동력의 수요와 공급을 조절한다.
⑤ 인사관리의 대상은 인간이므로 사회문화적 환경과 전통을 고려할 필요가 없다.

2. 다음 중 인적자원의 관리절차와 거리가 먼 것은?
① 인적자원 수급계획 ② 모집방법 ③ 선발관리
④ 교육훈련관리 ⑤ 슈퍼비전관리

3. 인사관리과정에 관한 설명 중 옳지 않은 것은?
① 모집과정에서는 직무명세서 및 직무기술서를 작성해야 한다.
② 선발기법으로서의 시험은 객관성과 타당성을 갖추어야 한다.
③ 승진과정은 기준과 절차를 명확하게 규정하고 공개하는 것이 중요하다.
④ 해임은 개인과 기관 모두를 위해서 되도록 오랜 시간에 걸쳐 진행되어야 한다.
⑤ 직무분석 결과는 채용, 배치, 이동, 승진 등의 기준을 작성하는 기초가 된다.

4. 다음 중 인사관리의 특징과 거리가 먼 것은?
① 인사관리의 주체는 인간이다.
② 인사관리의 객체는 인간이다.
③ 관리의 객체인 인적자원은 통합적 인격체이다.
④ 인사관리는 노동시장에서 노동력의 수요와 공급을 조절한다.
⑤ 인사관리의 대상은 인간이므로 사회문화적 환경과 전통을 고려할 필요가 없다.

정답 1. ⑤ 2. ⑤ 3. ④ 4. ⑤

Chapter 9

재정관리

개 요

재정관리는 재무행정 또는 재무관리 등과 혼용되고 있으며, 조직이 목표달성을 위해 필요한 재정자원을 합리적이고 계획적으로 동원하여 효율적으로 배분하고 사용하고 관리하는 과정이다. 여기에서는 재정관리에 관하여 학습하고자 한다.

학습목표

1. 재정의 의미 파악
2. 예산의 중요성 숙지
3. 예산과 회계의 차이점

학습내용

1. 재정관리의 개념
2. 예산
3. 사회복지재정
4. 회계와 감사
5. 사회복지재원

Chapter 09
재정관리

1. 재정관리의 개념

1) 재정관리의 정의

재정관리는 재무행정 또는 재무관리 등과 혼용되고 있으며, 조직이 목표달성을 위해 필요한 재정자원을 합리적이고 계획적으로 동원하여 효율적으로 배분하고 사용하고 관리하는 과정을 의미한다. 이러한 재정관리는 예산(재정계획)을 수립하고, 예산상의 수입과 지출활동을 관리하고, 재정자원의 수입과 지출에 관한 사항을 기록 · 정리하고, 재정관리 전반적 과정을 평가하는 절차로 이루어진다(전해황 외, 2021: 223).

공공부문에서 주로 사용하는 재무행정은 국민의 욕구를 충족시키기 위해서 중앙정부, 지방정부, 공공기관 등이 사회로부터 재원을 동원하고 그것을 배분하고 사용하는 일체의 활동을 의미한다. 즉, 정부가 국민으로부터 세금을 징수하고, 마련된 재원으로 각종 정책과 사업을 시행하여 국민의 복지증진을 하는 일체의 활동이 재무행정이다.

기업 등 민간부문에서 주로 사용하는 재무관리는 조직이 필요로 하는 자금을 합리적으로 조달하고, 조달된 자금을 합리적으로 운용하는 것을 의미한다. 재무관리의 기능은 학자에 따라 각각 달리 설명되고 있으나, 자본조달결정과 투자결정이 가장 핵심적인 기능이라고 할 수 있다. 투자결정은 불확실한 미래에 얻을 대가를 예상하고 자금을 투입하는 결정을 의미한다. 자본조달결정은 여러 가지 자본조달의 원천 중에서 가장 저렴한 비용을 갖고 있는 원천을 선택하는 문제와 자본구조를 형성하는 문제가 핵심이 된다. 일반적으로 기업의 목표는 이윤의 극대화이며, 이것은 주주나 기업의 고유가치 또는 부의 극대화임을 뜻한다. 따라서, 자본비용을 극소화하고 투자가치를 극대화하도록 자본조달결정과 투자결정을 하고, 이를 통해 기업의 목표를 달성할 수 있도록 하는 것이 곧 재무관리라고 할 수 있다.

비영리조직인 사회복지조직에서의 재정관리는 조직특성상 일반행정기관이나 기업과는 다른 독특한 성격을 지니고 있다. 특히, 무형의 서비스를 제공하면서 공공성과 동시에 약간의 수익성도 추구해야 하기 때문에 일반 공공기관이나 기업과는 다르게 운영될 수밖에 없다. 그럼에도 불구하고, 지금까지는 대체적으로 비영리조직 특성 때문에 주로 공공기관의 재정관리를 많이 답습하며 운용하고 있다. 이러한 재정관리과정은 일반적으로 예산관리, 수입 · 지출 관리, 계약관리, 물품관리, 재산관리, 채권 · 채무관리 등으로 이루어진다.

사회복지조직에서 재정관리가 중요한 이유는 다음과 같다(이준영, 2019: 323).

첫째, 재정관리는 기관의 생존과 직결되는 사항으로 기관의 유지와 활동을 위해서는 재원의 확보와 조달이 가장 중요하기 때문이다.

둘째, 사회복지조직의 이해당사자(정부, 후원자, 자원봉사자 및 이용자)들은 재원이 어떻게 사용되었는지에 대해 많은 관심을 갖고 있다. 재정관리는 재정운용기관의 기획 및 평가 과정에 중요한 영향을 미치며, 예산결정을 바탕으로 기관의 기획 및 평가 노력이 실행되어 중요하기 때문이다.

2) 재무관리과정

경영활동을 자본이라는 관점에서 통일적으로 이해하며, 그 합리성을 검토하는 일이 필요하다. 경영활동을 자본의 전환과정으로 이해한다면, 재무관리는 자본조달이라는 고유영역뿐만 아니라, 전체활동의 눈에 띄지 않는 부분을 자본운용으로서 간접적으로 관리하는 데까지 이르지 않으면 안 된다. 전자를 좁은 뜻의 재무관리, 후자를 넓은 뜻의 재무관리라고 한다. 좁은 뜻의 재무관리는 필요자본량의 산정, 주식 · 사채 등의 자본조달방법의 선택, 현금 수지나 보관 등에 관한 집행적 재무활동을 대상으로 하는 것으로, 기업금융론 · 경영재무론 등의 이름 아래 전통적으로 연구의 주 내용이 되어 왔다. 이에 대하여 넓은 뜻의 재무관리는 이익관리 · 예산관리 · 원가관리 · 경영분석 등을 주 내용으로 하는 계수관리나 관리회계를 가리키며, 최근에는 투자이론도 중시하게 되었다.

정부차원에서 예산은 일정기간에 있어서의 국가의 수입과 수출의 예정액 또는 계획안이며, 정부가 수행해야 할 국가 재정활동의 지침 또는 사업계획의 대강을 말한다. 이런 예산의 실질적 의미는 1회계 연도에 소요되는 정부재원의 조달과 지출에 대한 계획을 말하며, 형식적 의미는 법률적 개념으로서 입법부가 행정부에 대하여 재정권을 부여함으로써 행정기관이 예산을 지출할 수 있는 권한을 인정받는 동시에 예산의 금액, 목적의 범위 내에서만 지출하여야 하는 법적 구속력을 받는 것을 말한다.

예산을 만드는 예산과정은 예산편성, 예산심의, 예산집행, 예산결산으로 구성되며, 전체 3년의 주기로 순환한다. 그중 예산집행이란 국가의 수입 · 지출을 실행하고 관리하는 모든 행위를 말하는데, 예산집행의 목적은 재정통제로서 입법부의 의도를 구현하고 입법부에서 정해준 정적 한계를 엄수하며, 예산 성립 후의 변동에 적응하기 위한 예산신축성을 유지하는데 있다.

예산집행의 문제점은 예산제도가 아직도 통제중심의 품목별 예산이어서 신축성에 많은 제약을 가지고 있다는 것이다. 또 자금의 적기공급이 부진하여 예산배정과 공급의 불일치가 발생한다는 것이다. 그리고 예산과목이 너무 세분화되어 있어서 행정부의 재량권이 제대로 발휘되지 않는다는 것이다. 마지막으로 행정인의 책임성, 윤리성이 확립되지 않아서 효과적인 재정통제가 이루어지지 않으며, 예산집행의 신축성 확대도 오히려 행정의 부조리를 심화시킬 수 있다는 것이다.

예산집행의 개선방안으로는 자금의 적기공급과 상황의 변화에 적응성을 제고하기 위하여 당기배정, 조기배정, 배정유보 등을 확보하여 예산배정과 공급의 불일치를 시정하고, 계약과 관련하여 투명성을 확보하기 위하여 수의계약을 줄이며, 집행의 불합리성을 조장하는 여러 제도들을 현실에 맞게 개선하여 비효율적인 집행절차를 개선하는 것을 들 수 있다. 또한 이용 · 전용 · 이월 등의 절차를 간소화하여 신축성을 유지하기 위한 제도의 원래 취지를 확보할 필요가 있다.

회계감사기관의 지위는 영국 · 미국 · 오스트리아처럼 입법부에 소속되어 있는 입법부형, 사법부에 속해 있는 사법부형, 프랑스 · 독일 · 일본처럼 입법, 사법, 행정 3부 중 어느 것에도 속하지 않고 독립된 기관으로 되어 있는 독립형, 그리고 한국과 포르투갈처럼 행정부에 소속되어 있는 행정부형이 있다. 그리고 한국의 회계감사기관은 헌법기관인 데 반해, 영국 · 미국의 회계검사기관은 비헌법기관이다.

재무관리과정은 다음과 같다.

(1) 재정계획

법인 지원금, 프로그램 이용자 부담금, 후원금, 외부 프로젝트 지원금, 타 법인 지원금, 정부보조금, 이월금 등 수입원을 확보하면서 재정계획을 수립한다.

(2) 예산수립

수입과 지출의 균형을 맞추어 놓는 단계로, 먼저 프로그램 담당자가 담당 프로그램 실행에 필요한 비용을 산출근거를 가지고 계획, 각 프로그램 예산안을 작성한다. 각 부서(팀) 책임자는 각 프로그램 예산을 종합하고 이를 총무과에서 수합하여 직접 사업비 예산을 수립하면서 인건비를 포함한 사무비와 재산유지비 등의 간접 사업비 예산을 합하여 총예산을 편성한다. 기관장이 전체 예산을 검토한 후 확정한다. 예비비는 이사회의 승인을 다시 획득해야 사용할 수 있다.

(3) 예산집행

지출을 관리하는 것으로 예산에 반영된 금액에 대하여 예산집행 내역의 적절성 여부를 판단하여 기관장 또는 위임된 전결자가 결제한다. 필요시 기관장의 권한을 위임하여 부 · 과장 전결로 예산을 집행하기도 한다.

(4) 회계처리

지출결의서와 영수증을 확인한 후 금전출납부와 각 항목별 총계정원장에 기록한다. 예산을 집행할 때에는 사회복지법인 재무회계규칙에 의해서 수입과 지출에 대한 사항을 기록, 정리한다. 월 단위로 보고서를 작성하고, 기관장의 승인을 받으며, 필요시에는 추가경정예산안을 세울 수 있는데, 이는 이사회의 승인을 거쳐야 한다.

(5) 결산서 작성

회계연도 말까지의 수입과 지출을 재무회계 규칙에 의거하여 정리한다.

(6) 회계감사

회계사와 사회복지사업의 경험이 있는 행정가 출신의 행정 전문가에 의해 예산이 규정대로 집행되었는지를 감사하게 되며, 회계감사는 법인에서 실시하는 내부감사와 정부 감독기관에 의한 외부감사가 있다. 회계감사는 사회복지조직의 책무성을 지역사회 및 후원자에게 알리기 위해서도 필요하다.

(7) 결산보고서 심의 및 승인

이사회에서 결산과 회계감사 결과를 보고하고 승인을 득한 후에 관련 정부 감독기관에 결산서를 제출한다.

2. 예산

1) 예산의 개념

예산이란 '1회계연도의 국가의 수입과 지출에 관한 예정적 계획표'라고 정의할 수 있다. 이때의 1회계연도는 당해 회계연도의 1년 동안을 의미한다.

브로디(Ralph Brody)의 저서 『휴먼서비스 조직의 효과적 관리(*Effectively*

『휴먼서비스 조직의 효과적 관리』
(2005년 출판)

Managing Human Service Organizations, 1992)』에 따르면, 예산(budget)은 특정 기간 동안에 특정 목표를 성취하는 데 수반되는 수입과 지출에 관한 예상 계획이다. 즉, 사회복지기관에서 예산은 조직이나 프로그램 운영에 관한 계획의 청사진으로 활용된다. 예산은 정책 실행을 위한 지침이면서, 조직의 재무 건전성을 판단하는 기준이 된다. 예산은 또한 자원 획득과 활용의 방향을 제시해 주고, 수입과 지출에 대한 예상을 가능하게 하며, 비용과 지출을 통제하는 방식을 제공해주는 것이다. 조직 전반의 전략이나 계획안 속에 예산과 재무는 필수적인 부분이다.

예산은 의사결정의 도구이기도 하다. 조직의 목적을 현실적 서비스로 전환하는 데는 수많은 의사결정이 수반된다. 예산을 확보하는 것에서부터 재정관리의 제반 측면들에 이르기까지 중요한 의사결정들은 대개 예산과정 속에서 이루어진다. 그래서 조직의 관리자는 예산이라는 도구를 적절히 이해하고 사용할 수 있어야 한다. 예산은 관리자의 '하인' 이어야 하는데, 관리자가 이에 무지하면 예산이 '상전' 이 되어 버릴 위험성도 농후하다(Lewis et al., 2001).

예산은 단순히 자원을 어떻게 활용할지에 대한 계획에 불과하지만, 사용하기에 따라 조직수행의 강력한 도구로 쓰일 수 있다. 영리 휴먼서비스 조직은 사명을 중심으로 하므로, 사명의 성취에 도움이 되는 재정관리가 필요하다. 그렇지 못하고 자칫 재정관리 자체가 맹목적인 관심이 되어 버리면, 이는 조직의 임무상실뿐만 아니라 그것을 통해 실현하고자 했던 사회적 대의마저 저해하는 결과를 초래한다.

예산수립은 이용 가능한 재원을 각 부서와 프로그램에 할당하는 재원배분으로 재원조달 못지않게 중요하다. 왜냐하면 재원배분에 관한 의사결정에서 여러 가지 요인들이 많이 개입될 수 있기 때문이다. 각 사업부서의 대표자들은 어떻게 해서든 많은 예산을 배정받으려고 하고, 효율적인 사회복지예산이 마련되지 않고는 기관의 목적달성이 어려워진다. 이를 방지하기 위해 예산편성에서 각 사업부서의 대표자 간에 협상과 합의가 이루어지도록 해야 한다. 따라서, 예산과정은 타협과 협상의 산물이라 할 수 있다. 사회복지조직의 예산수립과 관련하여 공공사회복지조직은 「국가재정법」의 적용을 받고, 민간사회복지조직은 사회복지법인 및 사회복지시설 재무 · 회계 규칙의 적용을 받아 전국적인 통일성과 행정의 표준화를 기하고 있다(김형수 외, 2018: 207).

한편, 예산과 유사한 개념으로서 혼용하여 사용하고 있는 재정 혹은 회계의 개념을 정리하면 다음과 같다(전해황 외, 2021: 225). 즉, 예산은 정부나 조직이 그들의 목적을 달성하기 위한 금액으로 표시한 계획서라고 할 수 있다. 예산은 예정적 계획서로서 '예산이 없다'는 의미는 곧 '해당 사업에 충당할 재정자원이 없다'는 의미로 사용하고 있다. 재정은 정부 또는 조직의 경제활동을 의미하는 것으로서, 그 활동에 소요되는 재정자원, 즉 돈을 의미하는 것이다. 회계는 정부 또는 조직의 경제적 사건을 기록 · 분류 · 요약 · 해석하는 활동이다. 현실적으로 예산과 재정은 구분이 안 된다. 정부활동이라는 점에서 보면, 예산관리, 재무행정, 재정관리는 모두 유사하다. 모두 재원을 동원하고 그것을 능률적으로 사용하는 활동과 관련되어 있다. 이 점에서는 회계도 동일하다. 정부의 경제활동을 기록하고 분석해서 재정자원을 능률적으로 사용하자는 것이다. 따라서, 예산과 회계는 밀접하게 관련되어 있다. 예산은 미래에 관한 계획이고, 회계는 예산집행에 관한 기록이다.

2) 예산의 종류

예산은 기준에 따라 일반적 정부활동에 관한 세입과 세출을 포괄하는 일반회계예산과 이와 독립시켜 편성한 특별회계예산으로 구분된다. 그러나 사회복지조직에서는 구체적인 구별이 없고, 일반적으로 일반회계에 따라 구분된다. 일반회계는 사회복지조직의 건전 운영을 목적으로 대상자 및 직원의 복지증진을 위하여 운영되는 회계라고 할 수 있는데, 이념에 있어 공공성에 역점을 두고 있다. 예산의 종류를 살펴보면 다음과 같다(한신애 외, 2018: 224-226).

(1) 본예산

당초 행정부에 의해 편성되어 의회에서 의결확정된 예산으로서 당초 예산이라고 한다. 사회복지조직에서는 사회복지법인의 대표이사는 법인회계에 속하는 예산을 편성하여 매 회계연도 개시 30일 전까지 이사회의 의결을 거쳐 확정하고, 지체 없이 시설회계에 관계되는 예산내역을 당해 시설의 장에게 통보해야 한다.

통지를 받은 시설의 장은 시설회계 예산을 편성하여 매 회계연도 개시 피일 전까지 이를 당해 법인 대표이사에게 제출하고, 대표이사는 회계연도 개시 10일 전까지 이사회의 의결을 거쳐 확정하여야 하는데, 이렇게 편성된 예산을 본예산이라고 한다(사회복지법인 재정 · 회계규칙 제10조).

(2) 수정예산

수정예산은 정부가 예산안을 국회에 제출한 후 부득이한 사유로 인하여 그 내용의 일부를 수정하여 제출하는 예산이다.

사회복지조직에서는 일반적으로 국가나 시 · 도의 보조금은 다음 회계연도 기간 동안에 주어지게 되므로 수정예산의 편성은 반드시 필요하다. 따라서, 이미 시설에서 작성되어 법인이사회에 제출된 예산에 대한 수정이 필요한 데, 그 가운데 일부가 수정된 예산을 수정예산이라 한다.

(3) 추가경정예산

예산이 국회의 의결을 거쳐 확정된 이후에 생긴 이유로 인하여 이미 성립된 예산을 변경할 필요가 있는 경우에 편성되는 예산이다.

사회복지시설의 예산이 성립되고 회계연도가 개시된 후에 새로이 발생한 사유로 이미 성립된 예산에 변경을 가할 필요가 있을 때, 시설장은 법인이사회에 추가로 예산을 편성하여 제출하는데, 이를 추가경정예산이라 한다(사회복지법인 재정 · 회계규칙 제13조).

본예산과 추가경정예산은 별개로 성립되나, 일단 성립되면 시설예산의 총 규모를 파악하기 위해서 하나로 통합 · 운영된다. 대표이사 또는 시설장은 추가경정예산이 확정된 날로부터 7일 이내에 이를 시장 · 군수 · 구청장에게 제출해야 한다.

(4) 준예산

예산안이 회계연도 개시 전까지 의회에서 의결되지 못하는 경우에 의결될 때까지 헌법이나 법률이 정하는 범위 내에서 정부가 전년도 예산에 준하여 지출할 수 있는 예산을 의미한다.

준예산(사회복지법인 재정 · 회계규칙 제12조)은 동법 규정에 따라 회계연도 개시 전까지 법인의 예산이 성립되지 아니한 때에는 대표이사가 시장 · 군수 · 구청장에게 그 사유를 보고하고 예산이 성립될 때까지 임직원의 보수, 법인 및 시설 운영에 직접 사용되는 필수적인 경비, 법령상 지급의무가 있는 경비를 전년도 예산에 준하여 집행할 수 있다.

「지방재정법」에 의하면, 준예산을 사용할 수 있는 기간에 대하여 명시되어 있지 않고 있으나, 제도의 취지로 보아 3개월 이내이어야 한다고 해석하고 있다. 동법 제46조에 의하면, 준예산은 의결기관의 심의를 거친 예산이기 때문에 별도의 의결을 요하지 않는다고 되어 있어 법인의 준예산도 별도의 이사회의 의결이 필요 없을 것으로 해석된다. 즉, 본예산이 성립되면 준예산은 본예산에 의거해 집행해야 하기 때문이다.

3) 예산관리모형

예산체계는 예산수립에서 무엇을 가장 중요한 요소로 삼느냐에 따라 예산수립 모형으로 분류되지만, 실제로 어느 한 기법이 전적으로 적용되어 사용되기보다 두 가지 이상이 결합되어 적용되는 경우가 많다. 예산을 편성 또는 수립하는 기술적인 방법은 무엇에 가장 관심을 두는가에 따라서 크게 네 가지로 분류할 수 있다. 그 내용은 다음과 같다(전해황 외, 2021: 234-237 ; 고재욱 외, 2016: 226-234).

(1) 품목별 예산제도

투입예산제도인 전통적 품목별 예산제도(Lime-Item Budget, LIB)는 미국에서 1921년 하딩(Warren Gamaliel Harding, 1865-1923 : 제29대) 대통령 시절부터 사용하던 예산편성방식으로서, 지출대상을 품목별(인건비 · 소모품비 · 출장비 등)로 분류하며, 투입요소인 지출대상과 그 한계를 규정하여 예산통제를 기하려는 제도이다. 즉, 품목별 예산은 정부와 비영리조직 예산에 있어서 가장 오래된 모델의 하나로, 조직개선에 따른 세부사업을 중심으로 예산을 할당하는 방식으로 다양한 수입과 지출품목들이 명시되고 각 목록마다 예상되는 돈의 양이 명시되어야 한다. 기관의 회계체계는 조직화되고 수입의 지출내역을 얻을 수 있게 함으로써 장래 기획안의 기초로 활용된다.

품목별 예산제도는 전년도 예산을 근거로 하여 일정한 양만큼 증가시키는 점진주의적 특성을 가지고 있어 세분화된 지출항목을 엄수해야 하기에 예산운용의 신축성이 약하고, 전년도 예산을 기준으로 하기 때문에 대안을 체계적으로 분석하지 않아 자원배분이 비효율적이다. 또한 사회복지기관의 활동에 대한 성과 파악이 어렵고, 사회복지기관이 무슨 사업을 어떻게 하고 있는지 예산항목으로는 알 수가 없으며, 통제에 역점을 둔 일년주의의 현실지향적 예산이므로 계획수립이 곤란한 것이 문제이다. 반면에, 장점으로는 지출항목과 지출해야 할 금액이 명백한 까닭에 회계책임을 명백히 하고, 예산의 유용이나 남용을 방지하고, 상대적으로 입법권이 강화되며, 전년도 예산을 기준으로 하여 전액삭감이 없어 갈등을 감소시킬 수 있다.

(2) 성과주의 예산제도

성과주의 예산제도(Performance Budget, Functional Budget, Program Budget, PB)는 기본적으로 각 사업 및 세부사업에 대한 성과목표에 근거를 두고 비용을 선정하는 예산제도로서, 투입 중심인 '사회복지기관이 무엇을 구매하느냐'를 보여주려는 것이 아니라, 그 사업이 달성하려는 산출 · 성과에 관한 '왜 구매하느냐'를 보여주려는 산출예산제도이다. 이는 지출대상이 아닌 기능 · 사업 ·

활동별로 편성하고, 예산집행 결과로 어떠한 산출물(output)을 생산하였으며, 어떠한 성과(outcome)를 냈는가를 측정하고, 이를 기초로 인센티브를 결정하고 익년도 계획에 반영하는 결과중심의 예산체계이다. 즉, 성과주의 예산은 투입요소 중심이 아니라, 성과(performance)를 중심으로 예산을 운용하는 것이다. 성과주의는 기능적 또는 프로그램 예산이라고도 한다. 예산을 단위원가×업무량=예산액으로 산출한다.

성과주의 예산제도는 사회복지기관의 예산을 기능활동(사업) 계획에 근거를 두고 정부계획의 비용(지출)과 효과 간의 관계를 명시하는 제도로서, 사회복지기관 조직별로 또는 사업활동별로 사회복지기관이 제공하는 서비스에 대한 목표를 세우고, 이에 대한 구체적인 실행 계획을 수립한 후 이러한 계획의 실행과정과 결과에 대한 성과를 측정하고 보고하며, 측정된 성과정보를 평가하고 이를 예산과 연계하는 제도이다.

성과주의 예산제도의 장점은 다음과 같다.

첫째, 사업별 · 활동별 · 기능별로 예산이 운영되기 때문에 사회복지기관의 역할을 지역주민에게 이해시키는데 큰 도움을 주어 기관홍보에 기여한다.

둘째, 예산이 성과단위와 원가계산을 통하여 책정되기 때문에 결정자의 주관적 판단을 배제할 수 있고, 자금배분의 합리화를 기할 수 있다.

셋째, 사회복지기관은 사업성과의 달성 여부에 대한 책임만 질 뿐 지출대상에 따른 책임을 지지 않으므로 행정부의 재량이 확대되어 신축성 있는 운영이 가능하다.

넷째, 외부 통제보다는 내부 통제 중심으로 운영되며, 관리에 역점을 두기 때문에 관리에 대한 책임 확보가 용이하다.

다섯째, 업무의 계량화가 쉬운 작은 규모의 조직에 적합하다. 조직의 규모가 커질수록 원가계산의 복잡성과 처리해야 할 자료 · 정보의 양이 급격히 증가하기 때문에 작은 조직일수록 상대적으로 성과주의 예산을 쉽게 적용할 수 있다.

성과주의 예산의 단점은 다음과 같다.

첫째, 사회복지기관이 수행하는 사업 중에서 측정단위를 확인할 수 없거나, 최종 산물이 존재하지 않는 경우에는 업무측정단위의 파악이 곤란하다.

둘째, 업무단위별로 원가계산을 하지만, 사회복지사업이나 활동을 단위별로 구분하여 재료비, 노무비 등으로 나누어 원가계산을 한다는 것은 매우 곤란하다.

셋째, 성과예산은 목표의 설정, 대안의 탐색, 최적 대안의 선택과정을 따르지 않기 때문에 합리적 자원배분에는 크게 기여하지 못한다.

넷째, 단기예산이기 때문에 장기 기관발전 계획에 대한지원 기능이 약하다.

다섯째, 예산에서 항목이 없으므로 집행상의 계량이 확대되어 독주의 위험이 있으며, 통제와 회계책임 확보가 곤란하다.

(3) 계획예산제도

계획예산(Planning-Programming Budgeting System, PPBS)은 계획과 예산이 하나의 체제를 형성하여, 장기적 계획수립과 단기적 예산편성을 체제분석 기법들을 이용한 프로그램화를 통하여 유기적으로 관련시킴으로써 자원배분에 관한 의사결정을 합리적이고 일관성 있게 행하려는 제도이다. 즉, 당해 연도의 사업계획과 이를 뒷받침하는 예산을 통합하여 장기적 정책방향과 단기적 이행목표 그리고 구체적 실천계획에 따라 예산을 배정하는 제도이다. 이 제도는 정기적 시계와 장기계획에 대한 신뢰성을 높이고 예산일년주의의 폐해를 제거해 주며, 조직체의 통합적 운영이 효과적으로 행해질 수 있고, 체제분석을 통하여 보다 합리적이고 객관적인 의사결정을 기대할 수 있다. 또한 기회의 예산의 복잡한 의사결정을 일원화시킬 수 있고, B/C, E/C 분석을 통하여 자원배분의 합리화를 기하고 절약과 능률을 실현할 수 있으며, 장기계획과 연도예산 편성에 탄력성이 생겨 정세 변화에 적절히 적응할 수 있는 장점이 있다. 그러나 이 제도의 의사결정체제는 분석과 제공한 자료를 토대로 결정자가 단독으로 결정함으로써 과도한 중앙집권화를 초래하고, 목표설정이 용이하지 않고 결과에만 치중하므로 과정을 등한시하며, 복잡한 계산분석 및 방대한 정보를 검토하여 의사결정을 수행하기 때문에 대규모 인력과 시간이 과도하게 소비되는 단점이 있다.

1954년 미국의 랜드연구소(the RAND corporation)에서 개발한 장기적 계획

수립과 단기적인 예산편성을 프로그램 작성을 통하여 유기적으로 결합시킴으로써 자원배분에 관한 의사결정의 합리적 의도로 만들어진 것이다.

(4) 영기준 예산제도

영기준 예산제도(Zero-Base Budgeting system, ZBB)는 1977년 카터(James Earl Carter Jr., 1924- : 제39대) 대통령의 취임과 함께 도입된 제도로서, 기획과 분석을 강조한다는 점에서 계획예산제도와 비슷하고, 능률적인 관리를 위하여 관리자의 참여를 촉진한다는 점에서는 MBO와 비슷하다. 그러나 이 제도의 기본은 기존 사업이든 신규사업이든 모든 사업을 신규사업으로 간주하고, 각 사업별로 타당성을 전면 분석한 다음 사업을 선택하는 방법이다. 따라서, 이 제도는 모든 사업을 신규사업으로 간주하여 사업의 지속적 재평가를 통한 우선순위를 정해 놓고, 불요불급한 사업은 제거하여 감축관리를 지향하는 서비스수준분석(Service Level Analysis)의 예산제도이다. 즉, 과거의 예산우선순위나 관행에 구애받지 않고 영(zero)에서 출발하여 업무계획을 수립하고, 채택된 프로그램에 관해서만 예산을 편성하는 방식이다.

영기준 예산제도는 예산운영단위(Decision Unit, 의사결정단위)로 설정하고, 단위사업분석표(Decision Package, 의사결정 패키지)를 설정하고, 비용편익분석 등의 척도를 활용하여 각 의사결정 패키지를 비교 · 분석하여 사업의 우선순위를 결정하고, 실행예산의 편성 등 4개의 과정으로 이루어진다.

영기준 예산제도의 장점은 다음과 같다.

첫째, 조직의 모든 사업을 새로이 평가하여 우선순위에 입각한 예산을 편성함으로써, 재원의 합리적 배분에 기여한다.

둘째, 시급한 고순위 사업에 우선적으로 재원을 융통하고, 전년도 답습주의를 탈피함으로써 재정의 경직성을 완화할 수 있다.

셋째, 경직성 경비를 축소하고, 우선순위에 의한 예산이 편성됨으로써 국민의 조세부담의 완화를 가져다 줄 수 있다.

영기준예산제도의 단점은 다음과 같다.

첫째, 이 제도는 여러 가지 다양한 이질적 업무의 조직체에 적합하고, 반대로 단순하고 동질적인 업무를 처리하는 조직에는 부적합하다.

둘째, 하급관리자에서 최고관리자에 이르기까지 영기준 예산을 위하여 많은 시간과 노력을 할애해야 한다.

셋째, 우선순위에 부합되지 않는 사업은 축소 · 폐지됨으로써 정치 · 심리적 요인을 경시하여 기득권자의 저항을 유발할 수 있다.

넷째, 우선순위의 상향적 조정을 통해 하위조직이 우선순위에서 부당하게 낮게 취급되어 희생될 수 있다는 점이다.

3. 사회복지재정

1) 사회복지재정의 개념

사회복지재정이란 사회복지활동을 위하여 필요한 제경비의 획득, 지출, 관리의 계획적 · 조직적 행위로서 본래는 국가 또는 지방자치단체가 행하는 재정행위를 말하며, 민간사회복지시설의 경영에 관해서도 확대하여 사용하는 경우도 있다.

사회복지재정의 형태는 크게 공공부문의 재원과 민간부문의 재원으로 나눌 수 있다. 공공부문의 재원은 다시 정부의 일반예산(general revenue), 사회보장을 위한 조세, 그리고 조세비용(tax expenditures)의 세 가지로 나눌 수 있으며 민간부문의 재원은 크게 사용자부담금(user fee), 자발적 기여금(개인, 재단, 기업), 기업복지, 그리고 가족 내, 또는 가족 간 이전(intra, 혹은 interfamily transfer)으로 나눌 수 있다.

2) 사회복지재정의 유형

사회복지정책을 서비스로 전환하는 데는 많은 비용을 필요로 한다. 사회복지재정의 주체는 정부나 지방자치단체와 민간사회복지단체를 들 수 있다. 따라서, 사회복지행정을 구체화하는 재원은 정부 및 지방자치단체가 지출하는 공적자금과 민간자금으로 나뉜다.

(1) 공공재정

공적 책임으로 행하는 사회복지행정에 소요되는 비용으로서의 공비에 있어서 직접 국가가 실시주체로 되어 있는 것은 적고, 대부분은 지방자치단체가 행하고 있다.

공공재정으로서 사회복지행정 및 사회복지활동을 구체적으로 성립시키고 있는 재원으로는 ① 법률상 정부 및 지방공공단체의 책무로 되어 있는 부담금, 보조금 및 위탁금 등의 공비, ② 지방자치단체가 시설 건설 등에 차용하는 것으로, 지방채 등이 있다.

(2) 민간재정

민간사회복지사업의 지원은 국가 및 지방자치단체의 보조금과 위탁금(조치비) 등의 공비와 공동모금, 그리고 그 밖에 기부금에 의한 배분기부금과 대부금, 공영경기수익금과 기타 수익사업부문의 수익 및 조성, 법인으로부터의 조성 등이다.

3) 사회복지조직의 재정관리

사회복지조직의 가장 큰 특징 중의 하나는 자원의존성이 강한 것이다. 자원 중에서도 재원에 대한 의존성이 높은 편이어서, 사회복지조직들은 편성되는 예산에 따라 사업을 진행할 수 있게 된다. 따라서, 사회복지조직의 행정가들은 항상 안정적인 재원 확보를 위한 노력에 많은 신경을 쓰게 된다. 재원 확보의 구조와 과정은 사회복지조직 구조 및 형태 및 의사결정과정에도 상당한 영향을 미친다.

사회복지조직에서 재정관리는 재정자원을 동원하고, 예산을 수립하여, 효율적으로 집행하는 과정으로 구성된다. 재정관리는 일반적으로 기관의 목표달성을 촉진하고, 재원과 기타 관련자원을 법적 및 사회복지윤리성에 근거하여 통제하고, 계획적으로 사용하는 데 관계하는 것이다. 목적적인 측면에서 볼 때, 사회복지조직에서 재정관리는 예산, 교부금신청, 인건비, 세금 및 여비 지급 등과 관련된 기술적이며 부차적인 문제이다. 그러나 수단적인 측면에서 볼 때, 재정관리가 사회복지기관의 근본적인 활동에 광범위하게 관계하고 있다. 즉, 재정관리는 사회복지조직의 관리과정을 구성하고 있는 가장 중요한 요소 중의 하나로 사회복지행정에서 필수불가결한 요소이다. 또한 재정관리는 기획, 인사관리, 지역사회관계와 같은 다른 관리적 이슈와 구별되는 일련의 과업을 포함하고 있다. 따라서, 재정적인 문제는 어느 정도 전문가에게 의존하지만, 일반관리자들도 자신의 역할과 관련된 재정문제에 지속적인 관심을 가져야 한다(고수현 외, 2016: 187-188).

비영리조직으로서 사회복지조직들은 영리적인 이윤을 추구할 수 없기 때문에 모금활동과 같은 외부적 재원확보 노력에 많은 시간과 자원을 투자할 수밖에 없다. 이러한 비영리조직의 재원확보 행태는 사회복지조직의 태생적 특성과 재원의 유형에 따라 영향을 받는다. 일반적으로 사회복지조직의 재원은 정부보조금, 기부금, 이용료 수입 등으로 구성된다. 조직의 형성 초기에는 재원확보체계가 다양하고 변동적이지만, 안정적인 단계에 돌입하면, 비교적 고정적인 재원을 확보하게 된다. 조직의 업무 특성과 양, 재원의 통제 가능성과 예측 가능성 등에 따라 다양한 차이를 보이게 된다. 영리조직 중에서도 사회복지조직은 외부 재원의 영향을 특히 많이 받는다.

사회복지조직의 재원과 관계에 관한 주요 특징은 다음과 같다(Hasenfeld, 2018).

첫째, 사회복지조직은 일반적으로 재원의 지속적인 조달과 직접적으로 통제할 수 없으며, 통제하려 하지도 않는다. 사회복지조직은 법적으로 위임된 서비스라 할지라도 재정할당 정도를 스스로 정할 수 없고, 입법기관에서 정해 주어야 한다. 이는 사회복지조직이 예산과 관련된 정책결정과정에 참여할 수 있는 권한을 제한당한다는 것을 의미한다. 또한 영리부문과 비교할 때, 사회복지조직은 그들이 제공하는 서비스의 전체 비용을 기꺼이 지불하거나, 지불할 수 있는 소비자에게 접근할 준비가 미흡하다. 즉, 수입을 늘릴 수 있는 홍보, 마케팅, 기타 다른 시도를 충분히 하지 못하고 있는 것이다. 사회복지조직이 이러한 시도를 발달시킨다면, 영리조직으로부터 '부당한 경쟁'이라고 비난받을 수도 있다.

둘째, 사회복지조직은 매우 다양한 재원을 갖는다. 예를 들어, ① 정부로부터 직접적으로 받거나 계약의 형태로 지원받는 정부보조금, ② 재단지원금, 협찬 후원금, 직접적인 개별 기부, 유증, 종교기관 기부 등의 형태로서의 기부금, ③ 서비스 요금, 대여, 상품판매 등의 수익사업에 관한 이용료, ④ 기타 특별행사나 기증, 투자 등의 수입이 다양하다. 이러한 각각의 유형들은 사회복지조직의 특성에 따라 중요성의 비중이 달라진다.

셋째, 이들 다양한 원천으로부터 재원을 확보하기 위해 사회복지조직은 특별한 업무를 수행해야 한다. 즉, 재단에 사업제안서(proposal)를 쓰거나, 정부와 계약 관계를 맺고 기부자에게 후원금을 요청하거나, 공동모금회 회원단체들과 연대하여 모금행사들에 참여하고 클라이언트에게 요금을 지불하도록 마케팅하고, 기부금품을 모집하거나 접수받고, 특별행사를 조직화하는 등의 다양한 재원확보전략을 추진해야 하는 것이다.

이러한 특별한 업무는 각 기금주의 특성에 따라 다양하다. 대부분은 수혜기관과 직·간접적으로 연관되어 있으며, 사회복지조직 입장에서는 재원을 확보하기 위해 의도적인 연계 노력이 있어야 한다. 따라서, 사회복지조직의 운영자들은 조직의 기능을 잘 유지하기 위해서 조직들 간에 어떻게 결합되고 상호작용하는지에 대한 이해를 갖고, 전략적으로 관리할 수 있어야 한다(고수현 외, 2016: 189).

4. 회계와 감사

1) 관리회계와 재무회계

(1) 회계

회계(accounting)는 자금의 거래, 수입과 지출 등 자금의 흐름을 추적하는 시스템이다. 회계시스템은 기관의 현금 균형을 유지하고, 적기에 영수증 처리를 하고, 자금 차입을 방지하는 데 도움을 주며, 기관이 후원자들에게 그들이 낸 후원금이 정확하게 어떻게 사용되었는지를 알려주고, 회계자료는 기관운영의 효율성과 효과성을 제고시킨다(원석조, 2017: 282). 다시 말해서 회계는 금전거래 등 어떤 조직체의 재정적 활동과 수지에 관한 사실 확인과 그 결과를 해석하는 여러 가지 사건들의 관점에서 본 기록과 분류 및 요약의 기술이다. 따라서, 정확하고 표준화된 재정보고서의 준비가 회계와 사회복지서비스를 연결해 주는 핵심이 된다.

이러한 회계는 목적에 따라 재무회계와 관리회계로 구분한다(이정서, 2021: 331-332).

(2) 재무회계

재무회계(financial accounting)는 내부 및 외부 정보이용자의 경제적 의사결정에 유용하도록 일정기간 동안의 수입과 지출사항을 측정 보고하는 것이다. 재무회계는 세무 및 관리회계에 관해서도 기초적인 정보를 제공하며, 전체적인 회계체계의 기본적인 골격이 된다. 이러한 재무회계는 거래자료, 시간표작성, 분개장 작성, 결산을 주요 내용으로 하고 있다.

첫째, 재무회계는 기업회계기준에 따라서 회계의 처리 및 표준적인 회계보고서를 를 생성하는 활동이다.

둘째, 모든 상거래행위에서 발생하는 거래활동에 대해 매일 분개, 즉 차변과 대변 전표처리를 하고 이를 토대로 월별, 분기별, 연간 회계결산을 하는 것이다.

셋째, 재무회계는 재무제표로 이루어져 있는데 재무제표는 재무상태표(구 대차대조표), 손익계산서, 이익잉여금처분계산서, 현금흐름표로 구성된다. 일정 규모 이상의 기업은 의무적으로 회계법인 외부감사를 받아야 한다.

(3) 관리회계

관리회계(management accounting)는 행정책임자가 행정적 의사결정을 내리는 데 필요하도록 재정관계 자료를 정리하는 것으로서, 예산단위의 비용을 계산하여 예산의 실행성과를 분석하는 것을 주요 내용으로 한다. 이러한 관리회계는 재무회계를 이용하여 작성한다.

첫째, 관리회계는 재무회계 시스템에 연동하여 개별 부문별, 부서별, 프로젝트별 코드(code)를 세분화하여 입력하는 시스템이다.

둘째, 경영성과 분석을 위해서 내부 목적에 맞게 기준을 설정하여 운용하는 것이며, 경영 측면에서 보다 정확하게 손익을 살펴보는 것이다.

셋째, 기업 내부 경영자들의 관리적 의사결정에 유용한 정보를 제공하기 위한 내부보고용으로 작성한다.

〈표 9-1〉 재무회계와 관리회계의 비교

항 목	재무회계	관리회계
정보이용자	외부 이해관계자	내부 의사결정자
정보내용	재무상태, 경영성과, 현금흐름의 변동	관리적 의사결정과 통제에 유용한 정보
거래의 성격	과거의 거래	미래 상황에 대한 예측
작성기준	일반적으로 인정된 회계규칙	의사결정에 필요한 합리성

자료; 이정서(2021: 332).

(4) 회계감사

감사(auditing)는 매니저가 만든 재무결과를 대중에게 법적으로 확정해 주는 것이다. 감사는 보통 회계사(auditors)가 담당하거나 불편부당한 기관 외부 인사에게 맡길 수도 있다. 재단이나 정부가 감사팀을 보내 감사하는 경우도 있다. 감사팀은 회계장부를 주로 감사하지만 필요하면 다른 자료를 열람할 수도 있다.

감사는 반드시 회계가 종료된 후에 해야 한다. 회계의 종료란 회계연도의 모든 재무가 종료되었음을 뜻한다. 회계연도는 기관의 회계가 시작되어 끝나는 기간을 말한다. 회계연도는 보통 매년 1월에 시작된다. 회계를 종료할 때 관리자는 반드시 회계연도 내의 모든 청구서를 살펴 아직 지불되지 않은 부분이 있는지, 수입 중 아직 수금되지 않은 부분이 있는지의 여부도 잘 살펴보아야 한다. 채무와 미수금을 처리한 후에 회계를 종료한다. 이후 감사가 시작된다(Rubin and Rubin, 2007).

5. 사회복지재원

1) 사회복지재원의 종류

사회복지서비스의 경우 민간사회복지시설에 의해서 주로 제공된다고 볼 수 있으며, 어떤 재원조달 방식에 의존하느냐에 따라 조직운영상의 특성이나 클라이언트에 대한 서비스상태가 달라질 수 있다.

국가나 지자체로부터 보조금과 법인의 자체부담금(법인전입금)을 통해 시설운영에 필요한 비용을 조달하며, 개인이나 기업으로부터 기부금을 모금하거나, 공동모금회 등 모금기관으로부터의 사업비를 받는다. 그 외에는 개인들이 문화·교양 등 서비스를 이용할 때 지불하는 이용료 등을 재원의 일부로 구성한다. 최근 노인장기요양보험의 도입과 사회서비스 바우처(voucher)의 확대로 이용료 수입의 비중이 점차 증가할 것으로 예상된다.

우리나라 사회복지시설의 재원을 살펴보면 다음과 같다.

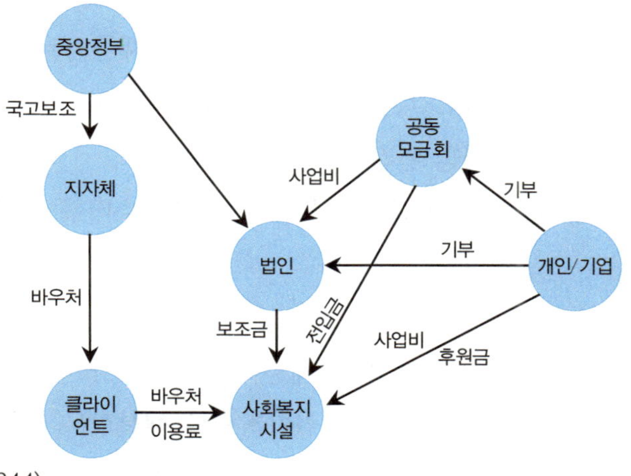

자료: 이준영(2019: 344).

[그림 9-1] 사회복지재원의 흐름

2) 국고보조금

(1) 국고보조금의 분담 내용

국고보조금(treasury, grants-in-aid)이란 중앙정부가 지방자치단체인 도시 정부에게 용도를 지정하여 도와주는 의미에서 지급하는 자금을 말한다. 즉, 국고보조금이란 중앙정부가 시책상 필요하다고 인정될 때, 또는 지방자치단체의 재정 사정상 특히 필요하다고 인정될 때, 예산의 범위 안에서 그 지방자치단체의 행정을 수행하는 데 들게 되는 경비의 일부 또는 전부를 보태어주기 위하여 용도를 지정하고서 지급하는 자금이다.

우리나라의 경우 지방자치제의 실시 이후 사회복지서비스의 제공을 위해 국가(중앙정부)와 지방자치단체가 일반적으로 분담하도록 되어 있다('보조금관리에 관한 법률 시행령' 제4조, 별표1의 2). 예외적으로 일부 특수한 사업의 경우는 다른 비율이 적용된다. 최근 보육료 지원이나 기초노령연금(2015년 7월 기초연금으로 변경됨.)과 관련된 중앙정부와 지방정부 간의 재정분담에 대한 논란이 있었듯이 분담문제는 숙원사업이 되고 있다.

(2) 정부보조의 내용

우리나라의 사회복지시설들은 사회복지서비스를 제공하는 데 필요한 비용을 국가나 지자체로부터 다음과 같은 내용으로 지원을 받는다.

① 해당 직종에 대한 인력의 인건비를 지원받는다.

② 기능보강사업비는 시설의 신축이나 증축 및 개보수비를 지원받는다.

(3) 특징

정부보조금은 사회복지조직의 주요 재원이다. 정부보조의 가장 큰 특징은 안정적이라는 것이다. 초기에 승인, 즉 일차적으로 예산항목 안에 뚫고 들어가기(tapping)가 어렵지만, 한 번 예산항목에 포함될 경우 점증주의예산방식으로 인해 지속적으로 지원될 가능성이 높기 때문이다. 그러나 국가예산은 엄격한 통제 아래 관리 및 감독을 받아 전용이 불가능한 점 등 재량권이 제한되어 있기 때문에 서비스의 질에 부정적인 영향을 미칠 수 있다. 또한 관리가 복잡하고 예산배정이 지연되는 경우 유동성의 문제가 있을 수도 있다.

3) 자체 부담금 : 법인전입금

사회복지법인은 비영리법인으로서 대부분의 사회복지법인은 사회복지기관(시설)을 수탁받아 운영하고 있다. 사회복지기관(시설)을 수탁받는 법인에는 재단법인, 사단법인, 학교법인 등도 있다. 하지만 비영리법인의 수익사업은 현실적으로 불가능하여 우리나라의 사회복지기관(시설)들은 상당 부분을 정부보조금에 의존할 수밖에 없는 실정이다. 과거에는 사회복지시설의 운영을 위해 국가 및 지방자치단체가 80%를 보조금으로 지원하고, 법인은 전입금을 통해 운영비의 20%를 자체적으로 부담하도록 규정되어 있었다. 예외적으로 장애인복지관, 노인복지관의 경우는 이 규정의 적용을 받지 않았지만, 이 규정의 적용을 받았던 사회복지관들은 형평성 문제를 제기하였고, 실제로 일부 사회복지관에서 후원금을 법인의 전입금으로 전용하거나, 무리한 수익사업을 추진하는 등의 경우도 발생하여서 지속적으로 자체부담을 폐지하자는 주장이 제기되었다. 그 결과, 2004년부터 사회복지관 운영법인의 자체부담규정은 폐지되었으나, 시설의 재위탁 심사과정에서 운영법인의 법인전입금 부담비율이 중요한 심사기준으로 고려되기 때문에 현실적으로 자체부담은 여전히 유지되고 있다고 볼 수 있다.

4) 수수료 : 수익자부담

수수료는 클라이언트, 공공복지기관, 사회보장, 민간 및 그룹 보험회사로부터 지불된 돈을 말한다. 사회복지법인은 법인 또는 법인이 설치한 사회복지시설의 운영에 필요한 경비를 충당하기 위해 수익사업을 할 수 있다(「사회복지사업법」 제28조 제1항).

최근 클라이언트의 선택권과 서비스 제공자 사이의 경쟁을 통한 서비스 질 개선에 관심이 높아졌다. 이를 계기로 시설보조를 통한 무료서비스 방식에서 클라이언트에게 직접 이용권을 지급하고 서비스를 유료화하는 방식으로 전환하였다. 이른바 바우처를 지급하여 클라이언트에게 지불능력을 부여하고, 클라이언트가 경쟁적 시장의 다수의 서비스 제공자 중에서 직접 자신이 원하는 서비스를 선택하여 이용하는 방식이 점차 확산되고 있다.

그 결과, 전통적 사회복지서비스 제공자들은 이용료 수입에 의존하게 되었으며, 또한 사회(복지)서비스에 영리사업자까지 경쟁적 사회서비스시장에 진출하게 되어 생존을 모색해야 하는 상황에 처하게 되었다.

5) 후원금

후원금이란 사회복지기관(시설)이 아무런 대가 없이 받은 금품 또는 기타의 자산을 말한다. 그러나 우리나라의 경우 기부문화가 아직 활성화되지 않았고, 후원금을 마련할 수 있는 재원처의 규모가 작아 조달되는 재원이 충분하지 않다. 따라서, 후원금에 대한 예측 가능성이 낮고, 모금하기 위한 과정에서 많은 비용이 소요될 수 있다. 또한 모금 전문가가 현장에서 대우받지 못하고, 마케팅 전문가들의 영향력이 커지는 문제점이 발생하며, 후원금 모집을 위하여 모금이 잘되는 사업에만 집중하여 이에 따른 부작용이 나타날 수 있다. 사회복지공동모금회의 기부에서도 개인 기부보다는 기업의 기부가 전체의 80% 이상을 차지하고 있다. 기업 기부의 경우, 주로 지정기탁의 형태로 이루어지기 때문에 기업 이미지 제고, 사업의 확장 가능성 등 기업의 홍보 또는 마케팅에 대한 관심으로 이어져, 사회복지사업의 성격과 과정에 부정적인 영향을 미칠 수도 있다.

6) 사회복지공동모금

사회복지공동모금회(Community Chest of Korea)는 국민의 성금으로 마련된 재원을 효율적이고 공정하게 관리 · 운용하기 위해 설립된 사회복지법인을 말한다.

1994년 지방자치단체의 잘못된 성금모금과 사용을 막기 위하여 공무원의 모금행위 금지와 성금의 용도를 불우이웃사업에 한정하는 내용의 조례가 제정되고, 「사회복지공동모금회법」이 개정됨에 따라, 1998년 11월 중앙과 전국 16개 시 · 도 지회의 통합 모금단체로 설립되었으며, 보건복지부 장관의 지도 · 감독을 받는다.

사회복지공동모금회의 주요 활동은 사회복지공동모금, 공동모금재원의 배분 · 운용 · 관리, 사회복지공공모금에 관한 조사 · 연구 · 홍보 및 교육 훈련, 사회복지공동모금과 관련된 국제교류 및 협력증진, 다른 기부금품 모집자와의 협력, 지회의 운영과 그밖에 모금회의 목적을 달성하는 데 필요한 사업 등이다.

모금액은 지원신청을 받아 배분하는데, 배분의 투명성과 효율성을 높이기 위하여 경제계 · 언론계 · 종교계 · 노동계 및 사회단체 등 각계 전문가로 구성된 이사회와 위원회의 심사를 거쳐 배분한다. 배분신청의 자격은 사회복지사업과 기타 사회복지활동을 행하는 법인 · 기관 · 단체와 시설(개인신고시설도 포함) 그리고 사회복지 서비스를 필요로 하는 개인 등이다. 사회복지공동모금회는 개인모금, 기업모금, 기타 모금 등의 방식으로 기부금을 모금한다. 모인 기부금은 신청사업, 기획사업, 긴급지원사업, 지정기탁, 복권기금사업 등을 통해 사회복지활동을 하는 사회복지시설이나 사회복지 관련단체들에 배분한다.

〈연 습 문 제〉

1. 다음 중 사회복지조직의 재정관리에서 예산의 기능과 거리가 먼 것은?
 ① 정치적 기능 ② 법률적 기능 ③ 행정적 기능
 ④ 경제적 기능 ⑤ 합법적 기능

2 다음 중 사회복지조직에서 예산의 유형과 거리가 먼 것은?
 ① 품목별 예산 ② 성과주의 예산
 ③ 계획 예산 ④ 영기준 예산
 ⑤ 통합주의 예산

3. 사회복지재정의 확충방안으로 적절하지 못한 것은?
 ① 정부의 복지예산 증액
 ② 공동모금 활성화
 ③ 지방재정에 대한 국고보조금의 축소
 ④ 사회복지사업에 대한 세제상의 혜택
 ⑤ 법인 및 개인 후원자에 대한 세제혜택

4. 사회복지기관에 전달한 후원금이 자신이 원하던 용도와는 다른 용도로 사용되는 것을 방지하기 위한 규정은?
 ① 후원금의 영수증 교부
 ② 후원금 수입 및 사용내역 통보
 ③ 후원금의 용도 외 사용금지
 ④ 후원자에게 기관의 결산내용 통보
 ⑤ 후원자에게 사업내용 및 사업과정 통보

정답 1. ⑤ 2. ⑤ 3. ③ 4. ③

Chapter 10

정보관리

개 요

정보관리는 조직의 행정가가 조직의 목적과 프로그램의 목표를 효과적·효율적으로 달성하기 위하여 정보를 수집하고, 이를 처리하여 조직화하고 활용하기 위한 관리활동이다. 여기에서는 정보관리에 관하여 학습하고자 한다.

학습목표

1. '정보' 개념 파악
2. 사회복지조직과의 연계성
3. 문서관리의 실제

학습내용

1. 정보관리의 개념
2. 사회복지조직과 정보관리체계
3. 정보관리체계의 설계
4. 문서관리

Chapter 10 정보관리

1. 정보관리의 개념

1) 정보관리의 정의

오늘날 정보 없는 생활의 영위는 상상도 할 수 없게 되었다. 특히, 외부환경으로부터 지속적인 변화요구에 직면하는 조직은 다양한 정보를 필요로 한다. 일반적으로 정보(information)는 특정한 목적이나 용도에 적합하게 사용될 수 있는 자료로 개인이나 조직이 불확실성을 감소시키기 위하여 사용하는 의미 있고 유용한 형태로 처리된 자료를 의미한다. 즉, 정보는 자료(data)를 기반으로 한 개인이나 조직이 의사결정을 내리는 데 실질적인 가치가 있거나, 유용하게 쓰이도록 전환된 것을 의미한다. 따라서, 자료가 정보가 되려면 반드시 이용자의 목적에 부합 또는 적합하여야 한다. 정보의 개념을 이해하는 데 주의해야 할 점은 데이터(data)의 개념과 혼돈해서는 안 된다는 것이다. 데이터 그 자체는 의미가 없으며, 유용한 형태로 전환되고 또한 가치를 함유하여 보관되어야만 의미를 가지게 되는 것이다. 데이터가 의미나 지식, 아이디어, 결론 등을 교환하도록 전환되었을 때만이 비로소 정보라 할 수 있다. 즉, 정보는 자료에 기반을 둔 지식인이라고 말할 수 있는데, 과정(process)을 통하여 의미, 목적, 유용성 등이 부여된다(오종희 외, 2021: 365).

정보가 의사결정에 도움이 되기 위해서는 정확성 · 신속성 · 적시성 · 대량성 등의 조건이 충족되어야 한다. 그러기 위해서는 우선 수집의 시스템이 완비되어야 함은 물론, 그것이 처리 · 전달 · 저장의 각 시스템과 유기적으로 결합되어 있지 않으면 안 된다. 이러한 일은 종래 사무관리 분야에서 문제되었던 것이나, 정보과학의 발달과 응용, 컴퓨터에 의한 정보의 처리 · 전달 · 저장의 응용 등과 함께 사무관리와는 별도로 정보관리(Information Management)라는 말이 쓰이게 되었다.

정보관리는 문서와 문서보관, 그리고 종이로 된 문서, 매체와 기록들의 수명관리로 크게 제한되었으나, 1970년에 시작된 정보기술의 확산으로 데이터 보관 분야를 포함한 정보관리 직업은 새로운 빛이 되었으며, 1990년대 말 정보가 컴퓨터 네트워크와 다른 전자기기들 간에 정식으로 확산되었을 때 네트워크 관리자들은 정보 관리자들이 되었다. 따라서, 정보관리는 가장 최근에 사용 가능한 도구로 강력한 자원이 되었다. 정보화 사회인 현대산업사회는 지식과 직무의 전문화(Specialization of knowledge and tasks)가 기본적으로 요구되고 있다. 사회복지조직에 있어서도 확대되고 포괄적인 사회복지서비스를 제공하기 위해서 많은 정보들을 체계적으로 보관하고, 효과적으로 관리하는 것이 절대적으로 필요하다. 오늘날의 모든 조직들은 막대한 정보를 수용하는 정보망을 형성하고 있으며, 이러한 제반 정보의 효율적인 관리를 위해 정보관리를 필요로 하고 있다. 정보관리란 각종의 정보를 가장 능률적이며 합리적으로 정확하게 수집 · 분류 · 정리 · 분석 · 전달하고 이용해서 처분하는 일련의 과정이며, 정보를 그 목표달성의 수단으로 이용하는 관리방식이다(한신애 외, 2018: 252).

사회복지조직도 정보관리의 필요성을 인식하여 최근 다양한 정보관리시스템이 개발 운용되고 있다. 정보관리시스템은 조직의 목적과 프로그램 목표를 달성하는 데 크게 기여하고 있으며, 사회복지행정가의 전문성 확보를 위해서나 사회복지조직의 합리적 평가를 위해서 활용되고 있다. 사회복지서비스 및 유지활동에 관한 막대한 양의 정보를 획득하고 보관해서 필요할 때 즉시 활용하는 능력을 갖춰주는 이 정보관리는 인간이 가지는 인지능력과 시간적 한계성을 극복하도록 도와주며 대량의 복잡한 정보를 신속히 효율적으로 활용하도록 해 줌으로써 효과적인 관리를 가능하게 한다. 최근 사회복지조직에서 활용되는 정보관리시스템은 공공부문의 경우 사회보장 정보시스템(행복e음)이 운용되고 있으며, 민간부문은 정보관리 등 시설 운영 전반에 대한 사회복지시설 정보시스템이 운영 중에 있다(김현진 외, 2017: 263-264).

그러므로 정보관리는 조직의 행정가가 조직의 목적과 프로그램의 목표를 효과적 · 효율적으로 달성하기 위하여 정보를 수집하고, 이를 처리하여 조직화하고 활용하기 위한 관리활동이다.

2) 정보관리의 필요성

일반적으로 조직의 효과적 운영을 위한 관리기법인 정보관리의 중요성이 제기된 배경은 다음과 같다.

첫째, 정보의 효율적 관리, 즉 자료의 구축, 정보의 저장과 인출, 정보의 경제성 추구 등이 사회의 여러 활동과 학문 분야에서 중요한 관심사가 됐기 때문이다.

둘째, 컴퓨터 체계에 근거한 정보의 가치와 비용-편익 관계가 새로운 관심분야로 부상했기 때문이다.

셋째, 정보체계의 활용 폭이 크게 확대됐기 때문이다.

한편, 정보화 사회로 접어들면서 소득격차의 심화, 개인 중심적 가치관으로 인한 인간관계 소원, 이혼율 증가, 가족기능 약화 등 다양한 문제가 발생하고 있다. 이로 인해 보육문제, 청소년문제, 가족해체, 노인부양문제, 주거문제 등 생애주기적 복지욕구가 급증하고 있다. 이와 같은 상황에서 사회복지의 정보화는 사회복지서비스의 효율성을 증대시키고, 다양한 복지수요에 적절히 대응할 수 있게 하는 주요 수단으로 등장하고 있다. 정보화 사회의 정보기술의 발전은 사회복지행정에도 큰 영향을 주고 있다.

그러므로 사회복지 정보화는 서비스에 정보기술을 접목하여 클라이언트에게 적절하고 효과적인 서비스를 효율적으로 전달해 주는 것을 목적으로 한다. 사회복지정보화의 필요성과 효과는 다음과 같다(신복기 외, 2020: 344).

첫째, 정보화를 통해 조직의 업무효율성을 증대시킬 수 있다. 사회복지조직에서 일상적으로 반복되는 사무업무를 컴퓨터를 이용하여 업무절차를 간소화함으로써 예산과 인력을 절약하고 클라이언트에게 신속하게 서비스를 제공할 수 있다.

둘째, 사회복지서비스의 효과를 증대시킬 수 있다. 정보화 프로그램의 활용으로 사회복지사는 의사결정에 필요한 자료를 지원받을 수 있으므로 클라이언트에게 적절한 서비스를 제공할 수 있다.

셋째, 의사소통 및 업무의 지도감독 방식의 변화로 업무의 효율성을 증대시킬 수 있다. 전자우편, 화상회의, 전자결재를 통해 관리자와 일선 사회복지사와의 신속하고 정확한 의사소통이 가능해짐으로써 업무가 효율적으로 진행될 수 있다. 또한 중간관리자는 담당 사회복지사가 보고를 하지 않아도 전산상에서 업무내용을 검색할 수 있으므로 사업의 진척상황을 파악할 수 있다.

넷째, 정보화를 통해 사회복지의 정확성, 객관성, 타당성을 확보할 수 있다. 왜냐하면 사회복지사가 자신이 수행한 사업내용을 전산망에 입력하면 자신의 활동내용을 모든 사람이 보게 된다는 것을 의미하기 때문에 더욱 책임감을 가지고 성실하게 사업을 진행하게 된다.

사회복지정보화는 이와 같은 이점도 있지만 정보화로 인한 문제도 발생될 수 있다. 첫째, 정보화로 인한 클라이언트의 정보가 공개됨으로써 사생활 침해의 우려가 높아질 수 있다. 둘째, 정보화로 인하여 일선 사회복지사의 업무에 대한 부담이 증가될 수 있다. 대부분의 사회복지조직에서는 전산전문업체에서 제작된 전산 프로그램을 구입하여 사용하는데, 구입한 프로그램은 각 기관의 특성에 따라 초기화 작업을 거쳐야 한다. 이러한 초기화 작업은 매년 실시되며, 작업을 마무리하는 데 상당한 시산이 소요된다. 즉, 정보화로 인하여 사회복지사의 업무량을 증가시키는 요인이 되고 있다.

현대사회에서 사회복지조직을 효율적이고 체계적으로 운영하기 위해서는 많은 정보를 어떻게 얻어서 언제, 어떤 내용으로 누구에게 적절하게 활용하는 일은 매우 중요하다. 지식정보화 사회에서의 질 좋은 정보를 얻어서 적재적소에 배분하는 일은 사회복지사와 슈퍼바이저들의 시대적 사명이기도 하다(전해황 외, 2021: 249).

(3) 정보자원관리의 구성 요소

정보자원을 정보 자체로 보느냐, 아니면 정보기술 혹은 정보시스템으로 인식하느냐의 차이이다. 접근방법의 차이로는 관리적 방법과 정보시스템적 접근방법이 있다. 먼저, 관리적 접근방법은 조직이 효율적이고 효과적인 목적 달성을 위하여 정보 및 정보 기술의 관리뿐만 아니라, 예산 · 인력 · 조직 관리 등과의 연계에 비중을 둔다. 그러나 정보 시스템적 접근방법은 정보 자원 관리의 효율성 및 효과성에 비중을 두고 정보 시스템 기능 간 연계성을 강조한다(임정문 외, 2020: 271-272).

① 최고정보책임자(chief information officer, CIO) : 조직 전반에 걸쳐 정보기술 · 정책 · 계획 · 관리 · 구매에 관하여 책임을 담당하는 CIO가 선정되어야 한다.

② 계획 : 조직의 목적을 반영하고 중앙 및 분산 기술을 포괄하며, 최종 사용자를 포함한 신기술의 잠재성을 평가할 수 있도록 정보 시스템 및 기술에 대한 계획을 수립해야 한다.

③ 보안 : 접근 통제, 데이터 보안, 보안 인식 제고, 재난 복구 계획 등이 포함된 종합적인 보완대책이 마련되어야 한다.

④ 기술 합 : 정보처리, 정보통신 및 사무자동화를 포함한 정보기술에 대한 종합적이고 통합적인 접근방법이 이루어져야 한다.

⑤ 자문위원회 : 고위 관리자와 사용자가 시스템 및 기술적인 문제를 자문할 수 있는 자문위원회가 조직되어야 한다.

⑥ 통합모델 :문서처리 절차, 개발방법론, 시설 및 정보의 목록, 조직 전반에 걸친 기술 표준, 자동화 개발도구에 관련한 통합 모델이 정립되어야한다.

⑦ 정보 통합 : 데이터 및 응용 시스템의 통합으로 사용자 간에 데이터가 공유되어야 한다.

⑧ 데이터 관리 : 데이터 사전의 활용 및 데이터 소유권에 대한 관리 등 조직전반에 걸친 데이터 구조 및 데이터 관리 기능이 설정되어야 하고, 이는 데이터베이스 관리자에 의해 관리되어야 한다.

2. 사회복지조직과 정보관리체계

1) 정보시스템의 개념

정보시스템은 조직에 필요한 정보제공이나 업무처리를 수행하도록 정보기술을 응용해 유용한 정보를 생산하기 위해 자료를 수집, 정리, 분석처리, 보고, 배분하는 구조이다. 최근 정보기술은 하루가 다르게 빠른 속도로 발전해 가고 있다. 이에 따라, 정보기술의 활용분야 및 형태도 매우 다양해지고 있다. 이에 관리자는 어떤 정보기술을 업무에 적용할 것인가에 대한 결정에 적극적으로 참여해야 하고, 또한 그러한 기대효과가 달성되도록 정보기술의 이용을 계속 관리해야 할 책임을 안고 있는 것이다(오종희 외, 2021: 368-369).

일반적으로 정보체계는 조직의 운영, 관리 및 의사결정기능을 지원할 수 있는 정보를 제공하는 하나의 통합된 인간 · 기계 시스템으로 이해할 수 있으며, 이러한 정보체계는 수집, 기록, 분류, 정렬, 조작, 저장, 검색, 재생산 및 의사소통의 기능을 수행하게 된다.

정보체계는 사회복지조직의 일상 업무와 관리업무 나아가 클라이언트 관련 업무 등을 위한 일련의 의사결정, 또는 문제해결과정에 필요한 정보관리를 위해 사용되는 통합적인 사용자 · 기계 시스템이라고 정의할 수 있다.

이러한 정보체계의 정의는 컴퓨터에 기반을 둔 사용자 기계시스템, 통합시스템, 데이터베이스의 필요성, 의사결정 모형의 활용이라는 요소들로 이루어져 있다.

첫째, 정보체계에서 사용자 · 기계시스템이라는 개념이 의미하는 바는 어떤 업무는 인간에 의해 가장 잘 수행될 수 있고, 어떤 업무는 기계가 수행할 때 더 효과적일 수 있기 때문에 시스템 설계자가 시스템 구성요소인 인간의 능력을 이해하고, 정보사용자인 인간의 행동을 이해해야 한다는 것이다. 결국 사용자는 정보체계를 활용하기 위해 컴퓨터 전문가가 될 필요는 없지만 자신이 필요로 하는 정보를 구체화할 수 있어야 하고, 또한 컴퓨터와 정보의 본질 및 정보체계를 자신의 업무와 과업을 위해 어떻게 사용할 수 있는가에 대한 어느 정도의 기본적인 이해를 가져야 한다.

둘째, 통합시스템은 정보체계가 조직의 정보처리의 통합기반을 제공한다. 정보체계 내에 개개의 응용시스템들이 다양한 용도와 사용자를 위해 마련될 수 있겠지만, 여기에 이들을 통합시킬 수 있는 절차나 기제가 없다면 개별 응용시스템들 간의 일치성이나 호환성의 결여로 인해 중복과 낭비 더 나아가 관리 및 의사결정의 지원이라는 본래의 목표를 수행하는데 있어서 비효율화를 초래하게 된다. 특히, 정보체계의 통합 개념은 사회복지조직에서 조직의 행정관리와 관련되는 관리정보체계와 클라이언트와 직접 관련되는 정보체계 간의 통합 필요성을 보여준다.

셋째, 데이터베이스의 필요성이다. 데이터베이스란 정보 생성의 원재료인 데이터를 처리하고, 이것이 적정의 질을 갖추기 위해서는 관리되어야 하며, 이러한 데이터 관리에는 소프트웨어에 해당하는 데이터베이스 관리체계가 필요하다는 것을 의미한다.

넷째, 의사결정모델의 활용은 결국 사용자 입장에서는 원시 데이터나 심지어 요약된 데이터만을 받는 것만으로는 충분하지 못하므로 데이터는 항상 의사결정에 활용될 수 있는 방식으로 처리되고 표현되어야 한다는 것을 의미한다. 대표적인 예로, 사회복지관에서는 일상적이고 반복적인 의사결정이 필요한 경우와, 일회적이고 비구조적인 새로운 정책결정과 같은 비정형적 의사결정을 필요로 할 때가 있다. 따라서, 전자의 경우는 정형적 의사결정 모형이 후자는 비정형적 의사결정 모형이 적용되며, 각각에 유용한 데이터와 정보를 제공할 수 있는 정보체계가 필요하게 된다.

2) 사회복지의 정보체계

사회복지조직의 정보시스템은 크게 클라이언트 정보시스템, 조직 정보시스템, 수행 정보시스템 등 세 가지 하위체계로 나누어진다(Gates, 1980). 정보시스템에 대한 구체적인 내용을 살펴보면 다음과 같다(오종희 외, 2021: 369-371, 서보준 외, 2017: 24-251).

(1) 클라이언트 정보시스템

클라이언트 정보체계(Client Information System, CIS)는 클라이언트, 클라이언트와 프로그램 간 상호작용 등에 관한 정보를 만들고 조직하고 보고하는 정보체계이다. 주로 서비스와 프로그램을 이용하는 클라이언트의 과정에 초점을 맞춘다. 프로그램에 접촉하는 시점부터 종료에 이르는 과정은 다음과 같다.

〈표 9-2〉 클라이언트 정보체계의 단계별 자료

단계별 활동	자료 및 정보
이용자 확인	서비스의 잠재적 수요자 명단(다른 기관들의 의뢰, 비공식적 접촉 또는 다양한 아웃리치 활동을 통해 획득)
인테이크	개인이나 가족에 관한 신상 자료, 해결되어야 할 문제 등
자격 여부 결정	프로그램 수혜 자격 여부를 판단하는 데 필요한 정보(정부기관, 보험회사, 의뢰기관, 클라이언트 본인을 포함한 비용 지불자 정보 등)
진단 · 프로그램 계획	문제, 욕구, 계획 간의 관계에 관한 기록, 진단은 때로 구술형식으로 기술하지만, 프로그램 계획은 구체적으로 기록
사례 모니터링	언제, 누구에게, 어떤 서비스가 제공되는지 등에 관한 자료, 연결 서비스인 경우에는 그 과정에 대한 자료 포함
사례 평가	사례 또는 개인의 서비스 결과에 대한 정보
종료	사례 종료 시점과 이유에 관한 정보(자발적 중단, 목표의 성공적 달성 또는 실패, 다른 지역으로의 이사 등을 포함)

출처: Gates(1980).

클라이언트 정보시스템은 다음과 같다.

① 클라이언트에 대한 것과 클라이언트가 프로그램과 상호작용하는 것 등에 대한 정보들을 생성하고, 조직하고, 또한 보급하는 데 관심을 갖는 정보시스템
② 기본적인 프로그램은 서비스 이용자들에게 서비스의 제공에 초점
③ 서비스 단계별 활동에 따른 클라이언트 정보의 유형과 원천

(2) 조직정보시스템

조직정보시스템(Organization Information System, OIS)은 시설이나 운영기획, 회계 인사, 비용 통제 등에 관한 정보체계를 말하며, 주로 관리자 또는 외부의 자금 제공자가 필요로 한다. 조직정보는 운영단위 또는 개업무자가 생산한다. '누가, 언제, 어떤 서비스를 제공받았는지'가 주된 관심이라면, 조직 정보시스템은 '누가, 어디에, 얼마를 사용했는지'가 주된 관심사다. 조직정보시스템의 전형적인 기능은 다음과 같다.

① 욕구 사정
② 시설 및 운영에 관한 기획
③ 예산
④ 조사 연구
⑤ 직원 및 임금 대장
⑥ 회계 및 비용 통제
⑦ 통계 보고 및 예측

(3) 수행정보시스템

수행정보시스템은 의사결정의 향상이나 프로그램의 생산성 및 효과성의 다양한 측면들을 평가하기 위해 요구되는 정보들을 다룬다. 이 시스템은 굳이 새로운 정보시스템을 운영하지 않더라도 기존 클라이언트 정보시스템과 조직 정보시스템의 합성에 의해서 가능하다. 물론 이러한 합성은 두 시스템이 자료들을 호환하거나 공유할 수 있는 통합성을 갖고 있는가에 의해서 좌우된다.

정보의 합성을 고려한다면, 정보시스템들은 '모듈화'(modules)하는 것이 필요하다. 보고 내용과 형식들에 대한 상부로부터의 요구가 종종 변화하고 새로운 프로그램과 서비스가 계속해서 더해지거나 감해지는 현실에서 클라이언트 정보와 조직 정보시스템은 모듈화되는 것이 바람직하다. 모듈화된 클라이언트와 조직에 관한 정보들을 합성하면 수행정보들은 손쉽게 산출될 수 있다. 수행에 관한 정보는 크게 기획을 위한 정보와 평가를 위한 정보로 나누어 볼 수 있다.

① 기획정보

미래의 계획을 수립하기 위해 필요한 자료로서 장기간에 걸친 데이터의 축적이 필요하다. 계획기간 동안 욕구를 가진 인구와 서비스 예상 인구를 예측하는 데 필요한 정보가 주된 관심의 대상이 된다. 이것을 위해서는 다양한 원천들로부터의 방대한 자료의 획득이 필요하다. 예를 들어, 지역사회 포럼, 지역사회 서베이, 서비스 이용자 기록 등이 있다. 이러한 각각의 정보들은 독립적으로 만들어지지만, 서로가 호환성이 있다면 통합되어 사용될 수 있다. 자원과 비용에 관한 기획정보도 유사한 중요성을 갖는다. 케이스 부담률에 대한 예상, 서비스의 질 향상을 위한 새로운 방법의 도입에 따르는 비용 추산, 인력과 시설비용, 서비스와 물품구입비 등은 기획에 필요한 중요한 비용관련 정보들이다.

② 평가정보

서비스 성과와 비용에 관한 정보들을 포함한다. 많은 서비스 이용자들은 복수의 문제와 욕구들을 소유할 가능성이 높으며, 이들은 각기 여러 기관의 서비스들을 사용하는 것이 보통이다. 따라서, 서비스의 효과성 평가를 위해서는 그 기관이 제공한 서비스에 대한 정보만이 아니라, 클라이언트의 다른 기관들과의 다양한 서비스 경력에 관한 정보들도 요구된다. 이를 위해서는 각기 다른 기관이나 프로그램과의 정보시스템의 호환성 또는 통합성이 요구될 것이다. 정보의 공유로 인한 클라이언트의 프라이버시 침해에 대한 논란이 있지만, 최소한 서비스 이용자의 서비스 활용 경력 또는 조직이나 프로그램들 간에 공유 가능하게 되는 것이 바람직하다.

3) 사회복지조직 정보관리체계의 유형

보건복지 정보의 수집 · 제공과 보건복지 관련 정보시스템개발 및 운영 등 보건복지 정보화사업을 수행함으로써 보건복지 업무를 효율적으로 수행할 수 있도록 지원하는 보건복지부 산하 위탁집행형 준정부기관으로 한국사회 보장정보원이 설립되었다. 사회보장정보원의 설립 근거는 「사회보장급여의 이용 · 제공 및 수급권자 발굴에 관한 법률」(2014.12.30.) 제정에 따라 기존의 한국보건복지정보개발원(「사회복지사업법」 제2조, 제6조의3 및 제33조의7의 규정에 의한 사회복지업무의 전자화를 위한 정보시스템의 구축 · 운영과 복지사업전개, 「보건의료기본법」 제53조, 제54조, 제56조 및 제57조에 따른 보건의료정보화를 촉진하기 위한 사업을 수행)을 승계 및 발전시킨 것이다. 즉, 복지 사각지대에 놓인 수급권자 발굴을 위해 단전 · 단수 · 단가스 및 건보료 체납 등의 정보활용으로 더욱 촘촘한 사회보장의 실현(제29조 제3항2호)을 목적으로 한다.

사회보장정보원이 통합 운영 · 관리하는 정보시스템은 다음과 같다.

(1) 사회보장정보시스템(행복e음)

사회보장정보시스템(행복e음)은 국가와 지방자치단체가 지원하는 다양한 사회복지급여 및 서비스의 대상자와 지원내역을 통합 · 관리하는 복지업무 처리지원 시스템이다. 즉, 각종 사회복지 급여 및 서비스 지원 대상자의 자격과 이력에 관한 정보를 통합 관리하고, 지방자치단체의 사회복지 업무처리를 지원하는 시스템이다. 「사회복지사업법」에 의해 사회복지시설 업무에 필요한 각종 자료 또는 정보의 효율적 처리와기록 · 관리업무의 전자화를 위해 구축된 정보시스템으로 2010년 1월부터 운영되고 있다. 지방자치단체 공무원은 '행복e음'을 통해 복지대상자의 신청, 자산조사, 지원여부결정, 급여서비스, 추가서비스까지 필요한 모든 과정을 빠르고 정확하게 처리할 수 있다.

복지급여 통합관리시스템을 중심으로 상담 및 사례 관리시스템, 사회복지시설 정보시스템으로 구성된다. 행복e음의 주요 서비스는 다음과 같다.

첫째, 일괄 신청 및 맞춤형 서비스이다. 서비스 신청 시 민원인의 욕구를 정확하게 파악하여 필요한 서비스를 누락 없이 맞춤형으로 설계하여 일괄 신청할 수 있도록 안내한다.

둘째, 제출서류의 간소화 서비스이다. 사업별 유사하거나 중복되는 서식을 통합하고, 제출서류를 공적 자료로 대체하는 등 제출서류 간소화로 민원 편의를 도모한다.

셋째, 복지급여, 서비스 신청에 따른 결정 처리기간 단축 및 처리결과의 신속한 안내이다.

넷째, 추가 지원이 가능한 서비스안내이다. 복지대상자의 연령, 건강상태 등의 변화로 추가 서비스가 발생할 경우 추가 지원이 가능한 서비스를 안내한다.

다섯째, 보건복지콜센터와 시 · 군 · 구 콜센터 연계를 통한 서비스 제공이다. 보건복지콜센터(129번) 상담 후 필요 시 해당 시 · 군 · 구로 이관하여 후속 서비스를 제공한다.

여섯째, 복지대상자 선정확성 제고 및 적정급여 지급이다. 사회복지 급여 및 서비스 이력을 개인별 · 가구별로 관리하여 정확한 복지대상자 선정 및 적정급여 지급 및 중복 급여 방지를 꾀한다.

보건복지상담센터는 2018년 10월 12일부터 카카오톡을 통한 보건복지분야 채팅상담서비스를 개시하였다.

카카오톡129 안내포스터 ▶

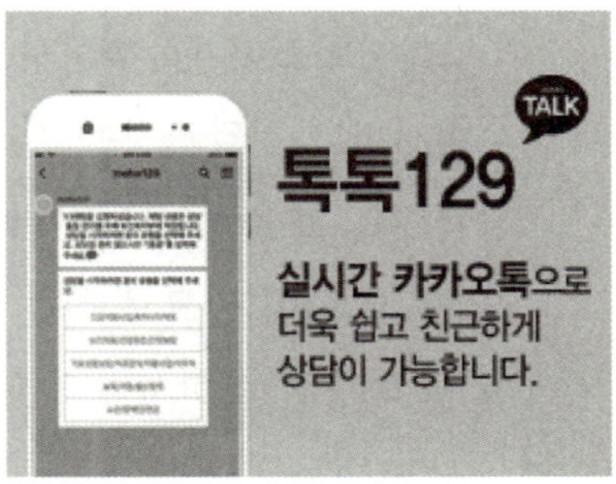

(2) 사회보장정보시스템(범정부)

사회보장정보시스템(범정부)은 복지서비스가 필요한 대상자들에게 필요한 복지혜택을 이어 주는 맞춤형 복지지원시스템이다. 이것은 각 부처 및 정보 보유기관에서 제공하고 있는 복지사업 정보와 지원대상자의 자격 정보, 수급이력 정보를 통합 관리하는 시스템이다. 16개 부처 293개 복지사업정보를 연계하여 개인별 · 가구별 복지서비스 이력 관리, 중복 · 부정적 수급방지, 중앙부처 복지사업 정보제공, 복지사업 업무처리 지원 등을 위해 2013년 개통하였다. 주요 서비스 내용은 다음과 같다.

첫째, 복지알림이 서비스이다. 중앙부처 및 지자체 복지사업의 서비스 대상, 서비스내용, 신청 절차 등을 각 부처 및 지자체(범정부포털), 일반국민(복지로)에 제공한다.

둘째, 복지지킴이 서비스이다. 복지대상자의 중복이나 부적정한 복지서비스 수급을 방지하고, 사후 중단할 수 있도록 지원한다.

셋째, 업무처리지원 서비스이다. 복지대상자의 소득 · 재산, 인적 자료, 수급이력 정보를 연계하여 정확한 복지대상자 선정 및 효율적 복지업무처리를 지원한다.

넷째, 서비스 의뢰이다. 각 부처(기관)에서 복지서비스 신청을 위해 방문한 민원인에게 각종 서비스 안내 및 서비스의뢰를 지원한다.

다섯째, 자격 · 수급이력통합DB 서비스이다. 각 부처별로 분산 · 운영되던 복지서비스 정보를 연계하여 통합관리한다.

(3) 사회서비스 전자바우처 시스템

사회서비스전자바우처시스템은 사회서비스의 신청 · 이용, 비용지급 . 정산 등 사회서비스 전달과정을 전자화하여 이용자의 편리한 서비스 이용과 제공기관 및 지자제의 효율적인 업무처리를 돕는 시스템이다. 여기에는 취약계층뿐만 아니라, 전 국민이 필요로 하는 사회복지, 보건의료, 교육, 고용, 주거, 문화, 환경 안전 등 다양한 사회서비스를 제공하고 있다.

(4) 보육통합정보시스템

보육 통합정보시스템은 부모들이 보육서비스를 보다 편리하고 투명하게 이용하도록 어린이집, 지방지차단체, 보육 관련 기관의 행정 처리를 지원하는 시스템이다. 주요 서비스에는 아이사랑보육포털(www.childcare.go.kr), 어린이집 정보공시포털 (infor.childcare.go.kr), 어린이집지원시스템, 행정지원시스템, 바우처지원시스템, 보육정책통계분석시스템 등을 포함한다.

(5) 지역보건의료정보시스템

지역보건 의료정보시스템은 보건기관의 진료업무, 보건사업 및 행정업무를 정보화하고 유관기관 간 전자적 정보교류를 위한 통합정보시스템을 말한다. 주요 서비스로는 진료 및 진료지원 업무의 정보화, 수요자 맞춤형 건강관리 기능강화, 실적 · 통계 업무의 자동화, 온라인을 통한 편리한 보건의료서비스 등을 제공한다.

(6) 사회복지시설정보시스템

사회복지시설 정보시스템은 맞춤형 서비스 정보제공과 공공자료 개방을 통해 정확하고 투명한 사회복지시설의 행정업무를 지원하는 시스템을 말한다. 이것은 사회복지시설 업무의 일원화 · 표준화 · 투명화 · 전자화, 보고절차의 간소화, 신속한 업무처리를 위한 통합업무관리시스템을 말한다. 2008년 1월 국가차원의 복지정보시스템으로 도입되었는데, 2009년에 6월 사회복지시설정보시스템으로 명칭을 변경하였다. 사회복지법인 및 시설에서는 회계, 급여, 인사, 세무, 입소자, 종사자관리 등 제반업무의 전자화로 시설관리업무의 간소화 및 표준화, 보조금 집행의 효율화, 회계 투명성을 높일 수 있다.

이 시스템의 사용대상 시설은 '행복e음'에 등록되어 있는 사회복지시설 및 사회복지 법인으로 보건복지부 소관의 사회복지시설(개인운영신고시설 포함)이다. 단, 경로당, 노인교실, 노인휴양소, 청소년시설, 보육시설 등은 제외되며 사회복지시설정보시스템과 표준연계모듈이 설치된 시스템은 동시에 사용이 불가하다. 사회복지시설 정보시스템의 도입목적은 사회복지시설 업무의 표준화, 업무처리 간소화와 효율화, 외부 제출자료 작성의 편의성, 웹기반 시스템 등이다.

시스템의 구성은 사회복지시설업무의 전자화를 통한 업무효율성 제고를 위하여 행정업무시스템(CMS), 시군구보고, 통합이력 시스템(대상자관리, 사업관리, 서비스/프로그램관리, 상담/사례관리, 일지/회의관리, 급식관리, 현황 및 통계, 기타 업무), 사회복지시설통계시스템(통계, 부정수급관리, 모니터링, 보조금 및 후원금품과 보조금 전용카드 운영)으로 구성된다.

4) 정보관리시스템의 역할

사회복지서비스 전달체계로서 사회복지조직을 생각하게 될 때, 무엇보다도 거기에는 사회복지사와 같은 일차적으로 서비스를 제공하는 자, 서비스관리자, 자원봉사자와 같은 인력뿐 아니라, 상담실, 사무실과 같은 시설 그리고 일련의 장비들, 또한 복지프로그램 등이 떠오르게 된다. 이러한 것들 모두는 분명 사회복지서비스의 전달과정에서 본질적인 것임에 틀림없지만, 한편으로 이상의 요소들이 조직의 목표달성을 위해 결합되는 측면(예, 조직화, 표준화, 협력)도 마찬가지로 강조되고 있다.

이러한 요소들을 결합시키는 것은 이들 요소들이 조직의 목표달성을 위해 기여하도록 해 주는 것은 바로 정보의 교환이다. 정보는 조직의 기능수행, 활동조정, 지식전달 및 서비스제공 등의 영역에서 각각 분산되어 있는 요소들을 하나의 목표달성을 위해 결합시켜주는 중요한 역할을 수행하고 있다. 이러한 정보교환은 물론 언어나 문서, 컴퓨터와 같은 일련의 정보기술에 의해 이루어지며, 조직의 달성하고자 하는 목표에 따라 적절하게 마련되고 관리되어야 한다.

사회복지조직의 중요한 역할로는 관련 사회자원의 정보 및 서비스 제공이 제시될 수 있다. 특히, 정보제공 그 자체가 하나의 복지서비스로 인식된다는 점이다. 이것은 복지욕구를 가지고 있는 사람들에게 서비스를 제공하는 과정에서 정보가 중요한 역할을 담당하고 있기 때문이다.

사례관리과정의 각 과정에서도 정보가 어떻게 활용되고 얼마나 중요한지는 다음과 같다(김경우 외, 2013: 267-270).

첫째, 욕구를 가진 자의 확인과정에서는 지역과 네트워크에 관한 지식, 클라이언트의 인구통계학적 데이터와 지역사회 내 공공 및 자원단체에 관한 정보와 병행하여 욕구를 가진 자를 파악하고, 이러한 정보수집과정에서 사회복지사는 스스로가 중심적인 정보제공자가 되어야 할 뿐 아니라, 기관의 정책에 관한 충분한 정보도 가지고 있어야 한다.

둘째, 케어욕구사정의 과정에서는 다양한 정보원의 확보가 중요하다. 즉, 기본적인 사실에 관한 정보뿐 아니라, 감정, 태도, 반응에도 몰두할 필요가 있다. 유자격 사회복지사는 표준화된 정보수집양식을 개별화할 수 있고, 이를 활용하여 대상자가 필요로 하는 정보를 관리한다.

셋째, 계획과 케어 제공의 보장과정은 개개 사례에서 필요한 서비스를 확인하고, 동의를 획득하며, 서비스를 제공하는 과정으로서 서비스계획을 위해 개개인의 클라이언트 사정에서 얻어진 정보와 활용 가능한 서비스 제공자와 관련된 정보가 필요하다.

넷째, 케어 질의 모니터링은 욕구가 확인된 클라이언트에게 질과 양에 관련하여 기관이 승인하고 있는 기준에 맞는 서비스가 제공되고 있는가를 확인하는 과정이다. 즉, 질과 양의 양 측면에서 서비스를 모니터링하기 위해서는 정보시스템이 필요하다. 우선, 제공된 서비스와 그 결과에 관한 정보가 케어계획과정에서 필요하고, 이러한 정보는 케어관리자의 예측기능을 강화시켜준다. 케어관리자는 이들에게 제공된 결과를 독자적으로 체험하지만, 무엇보다도 중요한 것은 정보를 공유해야 한다는 점이다. 모니터링 과정의 일부를 구성하고 있는 중요한 정보는, 서비스의 비용효과분석을 통한 상세한 지식이다. 여기에는 비교를 위한 데이터가 필요하며, 이 과정은 정보공유과정의 일부가 될 것이다. 더욱이 재검토과정에서 입수된 자료도 중요하며, 원조의 장기적 결과의 지속적 재검토도 필요하다. 결과가 좋은 서비스와 성과에 관한 정보를 지시에 따라 제공하는 데이터베이스도 필요하다.

다섯째, 클라이언트 욕구의 재검토 과정은 하나의 재사정을 의미하기 때문에 두 번째 과정의 평가와 유사하지만 이보다는 보다 포괄적인 정보수집과 평가가 필요할 수 있다는 점에서 다르다. 무엇보다 재검토과정을 통해 서비스공급의 효과에 대한 정보를 제공받게 되며, 서비스 질을 모니터하는데 필요한 자료가 된다는 점에서 중요한 의미를 가진다.

지역사회조직가의 역할 수행과정은 다음과 같다.

첫째, 사회복지사는 지역사회가 무엇을 필요로 하며, 주민들이 특정 문제에 대해서 얼마나 심각하게 느끼고 있는가를 알아야 한다.

둘째, 사회복지사는 현재 발생하고 있는 문제가 인구의 변화, 공장폐쇄, 정부정책 등 어느 현상에 의해 야기되고 있는가를 인식해야 한다.

셋째, 사회복지사는 현존의 사회통합 형태의 토대 위에서 활동할 수 있도록 지역사회에 관한 정보를 필요로 한다.

넷째, 사회복지사는 가능한 한 해결방안을 찾아내고, 그들이 계획한 각각의 조치들이 갖는 비용과 편익을 사정하기 위해 정보를 필요로 한다.

다섯째, 사회복지사들이 입안한 계획을 실천에 옮기기 위해 정보를 필요로 한다. 더 나아가 구체적인 사실과 예측 및 가치 활용에 비추어 정책을 선택하고, 프로그램밍 하는 것을 기획으로 정의할 수 있다.

사회복지조직이 구체적인 전문 서비스를 제공하는 과정에서 사회복지사는 정보를 수집하고 분석하는 정보관리자의 역할을 수행해야 하고, 관련 문제들을 해결하는 데 필요한 정보를 규명할 능력을 갖추는 것이 중요함을 알 수 있다.

사회복지조직에서 정보관리는 사회복지조직의 목표달성을 위해 필요한 의사결정을 지원하기 위해 효과적으로 정보를 수집, 분석 및 보급시키는 것을 의미한다. 이러한 측면에서 정보체계가 구축됨으로써, 광범위하게, 정확하게, 신속하게 그리고 효과적으로 제반 서비스가 제공될 가능성이 커지게 된다.

적절한 서비스를 제공하기 위한 지원체계로서 정보체계는 ① 잠재적 복지욕구의 개발, ② 주민참가의 촉진, ③ 사회복지 인력 양성체제의 충실화, ④ 연구자, 학생의 연구 및 학습의 지원, ⑤ 복지정보의 지역격차 축소의 의의도 아울러 가지고 있다.

그러나 문제는 대부분 소규모의 비영리성이라는 특성을 안고 있는 사회복지조직의 경우, 정보관리를 위한 정보체계를 갖추는 것이 그렇게 용이한 것은 아니다. 즉, 소규모의 비영리조직에서는 필요한 정보체계를 구축한다는 것이 필요한 인적 · 물적 자원의 획득능력에서 항상 가능한 일도 아니고, 때에 따라서는 정보체계에 관한 도입 결정이 조직의 외부, 즉 기관의 후원단체나 정부차원의 지원으로 갑작스럽게 이루어지는 경우도 있기 때문에, 조직의 목표달성에 맞는 정보체계를 선정하고, 이로 전환하는 데 드는 시간적 여유나 기획할 여유가 항상 존재하는 것은 아니다.

사회복지조직은 인간봉사라는 조직적 특성을 가지고 있는 사회복지조직의 경우에는 단순히 경제적이거나 기술적인 문제 이외에도, 다양한 요인들이 정보체계의 개발을 어렵게 한다는 점이다.

3. 정보관리체계의 설계

정보관리체계는 수요자를 중심으로 설계되어야 한다. 실제로 정보관리에 참여하는 사람이 정보체계를 통해서 도움을 받을 수 있도록 설계되어야 한다. 이러한 관점에서 정보체계의 설계과정 8단계는 다음과 같다(Schoech, 1995).

제1단계 : 실행 가능성과 준비상태의 점검

정보체계를 개발하고자 할 때 반드시 정보화 사업계획을 모든 직원에게 전달하고 정보화 사업에 대한 취지나 개발과정이 공개되어야 한다. 또한 정보화 사업에 필요한 자금이나 직원의 역량 등 현재 사회복지조직의 정보화에 필요한 역량에 대해 정확하게 사정한 뒤에 정보체계 개발을 위한 별도의 위원회를 구성해야 한다. 위원회에는 사회복지기관의 기관장을 비롯하여 사업부서별 팀장, IT 전문가와 정보체계의 관리자 등은 물론 그리고 실무를 진행할 간사 등이 포함되어야 한다. 위원회가 결성되면 위원회는 조직의 정보화 사업 준비 정도와 실행 가능성에 대한 보고서를 준비하여 배부한다. 그리고 조직구성원의 의견을 수렴하여 이 계획을 계속 시도할 것인지를 결정한다.

제2단계 : 기존 정보체계에 대한 분석

정보체계 개발을 추진하기로 결정한 후에는 기존의 정보시스템의 문제점을 사정해야 한다. 현재 사용하고 있는 정보체계의 문제점과 개선이 필요한 사항에 대해 의견을 제시함으로써 실용적 정보관리체계를 구축하는 데 기여해야 한다. 다른 기관의 정보관리체계를 비교 · 평가하는 작업 또한 필요하다. 기존 정보관리체계에 대한 분석이 끝나면 보고서를 작성하여 배부하고, 이러한 정보화 사업을 계속 진행시킬 것인지 종결할 것인지를 결정한다.

제3단계 : 정보관리체계의 전체적 설계

기존 정보시스템을 분석하여 정보화 사업을 진행하기로 결정되면 정보시스템의 범위, 대상, 목표 등을 최종적으로 결정하고, 정보관리에 대한 전체적 설계에 들어간다. 전체적 설계에는 자료 빈도, 크기, 안전도, 호환성, 수명 등이 포함된다. 그리고 정보관리설계에 필요한 경비, 시간, 전문기술인력 등의 자원을 투여하여 설계된 안에 따라 전산작업에 착수한다. 전산 프로그램의 장 · 단점 그리고 대안적 설계가 세부적으로 제시된 보고서를 작성하여 전 직원에게 배부하고, 정보화 사업을 계속 진행시킬 것인지 종결할 것인지를 결정한다.

제4단계 : 세부설계와 개발

전체 설계에 대한 지지를 얻고 나면 세부설계를 시행한다. 세부설계 단계에서는 자료를 어떻게 가공, 저장할 것인지를 정확히 이해해야 한다. 설계자는 조직 내에서 어떤 부서의 어떤 직무단위로 정보를 세분화해야 할지를 판단해야 한다. 그리고 정보의 내용에 따라서 정보의 관리책임자나 사용자를 결정해야 한다. 또한 어떤 정보가 전산화되어야 하는지, 어떤 것은 지속적으로 수작업으로 관리해야 하는지를 결정해야 한다. 그리고 이러한 자료를 토대로 적절한 소프트웨어와 하드웨어를 선택해야 한다.

제5단계 : 정보관리체계의 검증과 준비

세부설계의 개발이 완료되면 정보체계의 총괄적 관리자, 정보관리체계의 사용자 등을 결정한다. 그리고 새로운 시스템의 도입에 필요한 여러 가지 실행기준을 정하고 시험계획을 수립한다. 프로그래밍의 형식, 조작과정이나 관리지침, 산출

결과 등에 대해 시험해 본다. 이와 같은 과정을 거쳐 새로운 정보체계를 도입하면 직원의 훈련비용과 전산관리 비용이 책정되어야 한다. 일단 정보관리체계를 설치하였다 하더라도, 소프트웨어와 하드웨어를 유지하고 업데이트하는 데 적지 않은 비용이 지출된다는 점을 고려해야 한다. 그리고 새로운 정보체계를 적극적으로 활용하여 사회복지조직의 성과를 거두기 위해서는 직원훈련이 필수적이다. 성공적 정보체계 발전을 위해서는 전체 재원의 10%는 하드웨어에 지출하고, 40%는 소프트웨어에, 나머지 50%는 정보관리체계를 개발하고 실행하는 직원의 교육 훈련에 지출해야 한다.

제6단계 : 실행

시험적용과 교육 훈련이 종결되면 새로운 정보체계가 실행되는 단계로 진입하는데, 사회복지조직의 특성이나 상황에 따라 기존의 시스템을 종료하고 새로운 시스템을 사용하기도 하고, 어떤 경우에는 새로 개발된 정보체계와 기존의 정보체계를 비교하면서 두 가지 시스템을 동시에 작동시키기도 한다. 새로 개발된 정보체계가 더욱 효과적이고 효율적이라는 것이 확인되면 기존의 정보체계를 폐기하고 새로운 관리체계를 사용한다.

제7단계 : 모니터 및 평가

정보화 사업의 목적은 정보체계를 통해 비용을 감소하고, 클라이언트에게 질 높은 서비스를 제공하는데 목적을 두고 있으므로 새로운 정보체계에 대한 목적이나 수행성과를 비교 · 분석해야 한다. 예를 들어, 새로운 정보관리체계가 클라이언트에 대한 서비스를 개선시켰는지를 평가해야 한다. 그리고 업무성과 향상, 효율 증진, 비용절감 등의 기준을 적용한 평가분석도 실시해야 한다. 이러한 과정을 거쳐 생산되는 산출물을 정책결정과정에서 사용할 것인지도 결정해야 한다.

제8단계 : 운영, 유지, 수정

새로이 개발된 정보체계가 의도했던 바와 같이 운영되기 위해서는 적정한 관리 유지와 발생할 수 있는 보완요소에 대한 준비가 되어야 한다. 이를 위한 고려사항은 다음과 같다.

첫째, 정보체계에 대한 전담직원이 별도로 확보되어야 한다. 조직규모에 따라 구직원의 수도 달라질 수 있을 것이다. 정보체계 담당직원은 책임감을 가지고 정보체계를 모니터링하고 관리 유지하는 역할을 담당한다. 이 직원은 정보체계가 기획했던 대로 사용되도록 지원하고, 사용목적에 따라 필요한 정보가 활용될 수 있도록 한다. 정보체계운영상의 IT 기술적 문제가 발생되는 경우, 정보체계개발업체와 협력하여 문제해결을 위해 노력해야 할 것이다.

둘째, 전체 직원은 일상 업무에 정보체계를 이용하여 데이터를 저장하고 사용하면, 관리자는 고유사업수행과 정보체계 활용을 모니터링 하여 필요한 경우 업무조정을 해야 한다. 또한 정보체계를 활용하여 보고서를 작성하도록 장려하고 실제업무에 사용해야 할 것이다.

셋째, 직원교육을 위한 예비예산을 확보하도록 한다. 신입직원과 직원이 교체되었을 때의 정보교육비용을 준비해야 한다.

넷째, 직원회의 때 정보체계를 사용하는 직원의 태도 및 감정을 모니터링하고, 직원들이 업무수행과정에서 정보체계를 활용하는 것이 조직의 사업목적을 달성하기 위해서도 가치 있는 것임을 강조한다.

다섯째, 관리자는 직원들이 정보체계를 통해 수집된 자료를 발표하고 공개적으로 활용하도록 유도한다. 직원들의 자료수집활동상황을 파악하여 직원들의 정보체계 활용이 사업수행과 서비스 제공에 있어서 얼마나 도움을 주고 있는지를 확인시켜 준다.

4. 문서 관리

1) 문서의 개념

사무관리에 있어서의 문서는 조직체의 활동과 관련하여 작성 또는 접수된 문서로서 사무처리상의 일정한 절차를 진행 중이거나 완료한 일체의 기록물이라고 정의할 수 있다. 문서의 개념은 광의와 협의의 개념으로 구분할 수 있다. 첫째, 광의의 개념은 문서 또는 이에 대신할 수 있는 읽을 수 있는 부호를 사용하며, 어느 정도 영속할 수 있는 물체 상에 기재된 의사 또는 관념의 표시이다. 둘째, 협의의 문서는 광의의 문서 가운데 발음 부호를 쓴 것을 의미한다. 과거에는 지면에 의한 문자 기록만을 인정하였으나, 최근에는 도화, 부호, 마이크로 필름, 디스켓, 테이프, 광 디스켓, USB 등도 문서로 인정하고 있다.

조직의 행정관리에서 문서의 필요성은 업무 내용이 복잡하여 문서 없이 처리가 곤란할 때와 사무 처리 내용을 명확히 해야 할 때이다. 사무처리 형식 또는 체제상 문서가 필요할 때이다. 또한 사무 처리 결과를 보존하여 활용할 필요가 있을 때와 사무처리 결과의 증빙 자료로 남겨야 할 때 등이다.

2) 문서관리의 원칙

문서관리의 원칙은 문서관리의 전반에 걸쳐 기본적으로 지켜져야 하는 것으로 다음과 같은 원칙이 있다(김형수 외, 2018: 237-238).

첫째, 문서집중관리의 원칙이다. 문서사무는 대부분 어느 한 부서에서 전체 문서를 집중 처리해야 한다. 이는 집중처리에는 문서만을 전담하는 전담처리원칙이 실현되어야 함을 의미하고, 대부분의 문서보관은 부서별로 집중관리하고, 보존에 넘기는 문서는 한 곳에서 집중관리한다.

둘째, 기계화 및 사무자동화의 원칙이다. 문서사무는 통일된 양식과 정연한 체계가 요구되며, 아울러 신속 · 정확을 도모하기 위하여 기계화 및 사무자동화가 요구된다. 정보형태는 계수정보와 비계수정보로 나뉜다. 계수정보는 범용 컴퓨터, 퍼스널 컴퓨터, 미니컴퓨터, 탁상용 계산기 등이다. 수치화된 계수정보 이외의 것이 비계수정보이다. 비계수정보에는 다시 문서정보, 원형정보, 음성정보로 나눌 수 있다. 비계수정보의 문서정보는 워드프로세스, 퍼스널 컴퓨터, 전자타자기, OCR기기이다. 원형정보는 팩시밀리, 복사기, OHP, VTR 기기 등이며, 음성정보는 음성분석, 합성장치, 전화기, 녹음기 등이 사용된다.

셋째, 표준화 및 간소화의 원칙이다. 먼저, 표준화란 수행되어야 할 가장 최선의 방법을 찾아서 이를 확정하고 이행하는 것으로 가장 합리적이고 꼭 필요한 유일한 것을 의미한다. 단순한 추측이나 주관적인 판단이 아니라, 과학적 방법으로 최선의 방도를 찾는 것이 관리의 임무이며, 동시에 관리자의 임무이다. 문서사무에서 표준화의 대상은 문서처리, 문서취급, 문서작성, 문서 정리 및 보관 등이다. 또한 간소화의 원칙은 사무처리의 절차나 방법 등을 간결하고 요약된 합리적인 것으로 만들고자 하는 원칙이다. 간소화의 원칙은 표준화의 원칙을 촉진 · 실현함은 물론, 비생산적인 작업을 제거하고 시간과 힘 또는 정신적 스트레스를 감소시켜 간소화된 작업에서 보다 능률적인 처리를 가능하게 한다.

넷째, 즉일처리의 원칙이다. 당일로 할 수 있는 처리는 반드시 당일 중에 끝내야 하는 것이다. 문서는 내용 또는 성질에 따라 그 처리 기간이나 방법이 다를 수 있으나, 효율적인 업무 수행을 위하여 그날로 처리하는 것이 바람직하다.

다섯째, 법령 적합의 원칙이다. 문서에서 중요 요건의 결함은 문서의 신뢰성을 저해하거나, 법령 위반 등의 문제를 발생시키기도 한다. 문서는 법령의 규정에 따라 일정한 요건을 갖추어야 하며, 권한 있는 자에 의해 작성되고 처리되어야 한다.

여섯째, 책임자 처리의 원칙이다. 문서처리에서 어느 선까지 결재를 받을 것인가 또는 내용에 따라 다른 부서와의 관련성 등을 고려하여 필요한 조치를 취하여야 한다. 문서는 일정한 절차와 여러 단계를 거쳐서 처리되기 때문에 정해진 사무분장에 따라 직무의 범위 내에서 책임을 가지고 관계 규정에 따라 신속 · 정확하게 처리해야 한다.

일곱째, 신속성과 정확성의 원칙이다. 먼저, 신속화의 원칙으로, 사무 간소화의 원칙을 실현함으로써 비합리적 · 낭비적 · 형식적 · 비생산적 요소를 제거하고 처리방법을 합리화하여 가장 최선의 방법으로 실천하도록 함으로써 사무에 소요되는 시간을 보다 단축하고자 하는 것이다. 정확성의 원칙은 문서를 착오없이 바르게 처리하는 원칙을 의미한다.

3) 문서작성 시 유의사항

사무관리규정 제4조에 의해 기안문의 내용은 그 조직체의 의사를 상대방에게 전달하는 것이 대부분이므로 문서의 올바른 작성은 정확한 의사소통이 될 뿐만 아니라, 문서의 품격을 높이며, 대외적인 권위와 신뢰에 영향을 미치게 된다. 따라서, 문서의 구성은 법령이나 규칙에 정해진 서식에 따라 형식을 갖추되, 문자의 표현은 자유의사에 따라 쉽게 작성한다. 그 내용은 다음과 같다(임정문 외, 2020: 279-280).

첫째, 정확성(바른 글) : 내용, 설명, 기록이 틀리지 않아야 한다. 업무내용을 잘 파악하여 자료의 수집과 선별 능력을 갖추어 사실에 초점을 두고 작성한다. 용어 및 문장부호의 정확한 사용으로 수신자가 문맥과 뜻을 정확히 파악하도록 작성하며, 애매모호한 표현과 과장은 피해야 한다.

둘째, 신속성(이해가 빠른 글) : 문장은 짧게 항목별로 표현하고 복잡한 내용일 때에는 먼저 결론을 내리고 이유를 설명한다.

셋째, 용이성(쉬운 글) : 1건 1매의 원칙에 따라 핵심 내용만 간략하게 작성하며, 형식적인 자료의 인용이나 배경설명, 지나친 수식 등은 생략한다. 읽기 쉽고 알기 쉬운 말을 사용하고 받는 사람의 이해력과 독해력을 고려해야 한다.

넷째, 경제성(경비 절약) : 사용하는 서식을 통일하고 용지의 지질과 규격을 표준화하며 일상 반복적인 업무는 표준 기안문 제도를 도입한다.

4) 문서의 종류

문서의 분류는 작성 주체와 유통 대상 그리고 문서처리단계와 문서의 성격을 기준으로 구분할 수 있다. 먼저, 작성주체에 의한 분류로는 행정기관(기업체) 또는 공무원(임직원)이 그 직무상 작성 또는 접수한 공문서와 개인이 사적인 목적을 위해서 작성한 사문서로 나눈다. 또한 유통 대상에 의한 분류로는 조직체의 내부에서 지시 · 명령하거나 협조하기 위해서, 또는 보도 · 통지하기 위하여 오고가는 내부문서와 국민이나 단체 및 다른 행정기관에 오고가는 대외문서로 나누어진다. 그리고 문서처리단계에 의한 분류로서 다양하게 구분할 수 있는데, 사회복지기관에서 많이 사용하는 문서의 종류는 다음과 같다(임정문 외, 2020: 276).

(1) 접수문서

접수문서는 외부에서 접수되는 문서로, 문서 주관부서에서 일정한 절차에 의하여 접수되는 문서이다. 기안문서(결재 문서)는 사전에 결재권자의 결재를 얻기 위하여 기안 서식에 따라 사무처리 초안을 기재한 문서이다.

(2) 시행문서

시행문서(발송문서)는 결재 문서의 내용을 시행하기 위하여 규정된 서식에 의하여 작성한 문서이다. 보존문서는 자료적 가치가 있어 보존할 필요가 있는 문서이다.

(3) 합의문서

합의문서는 기안문서 중 그 내용과 관계되는 다른 부서와의 협조를 얻기 위하여 합의하는 문서이다. 폐기문서는 보존기간이 종료되어 문서의 가치가 상실되어 폐기처분되는 문서이다.

(4) 마이크로필름문서

마이크로필름 문서는 지면이 아닌 마이크로필름에 중요한 내용의 문서나 영구 보존의 필요성이 있는 문서를 담아 놓은 문서이다.

(5) 기타

문서의 성질에 따른 분류로는 법규문서(헌법 · 법률 · 대통령령 등 각종 시행령 · 시행규칙 · 조례 · 규칙 등 법령이나 법규를 총칭)와 지시문서(행정기관이 그 하급기관 또는 소속 공무원에 대하여 일정한 사항을 지시하는 문서로서, 훈령, 지시, 예규 및 일일 명령 등), 공공문서(행정기관이 일정한 사항을 일반에게 알리는 문서로서 고시, 공고 등)이다. 또한 비치문서(일정한 사항을 기록하여 기관 내부에 비치하면서 업무에 활용하는 비치대장, 비치카드 등을 의미)와 민원문서(민원이나 행정기관에 대하여 허가, 인가, 기타 처분 등 특정한 행위를 요구하는 문서와 그에 대한 처리문서), 그리고 일반문서(위 각 문서에 해당하지 않는 일반적으로 처리되는 문서로서 회보, 보고서 등)가 있다.

5) 문서의 시행

문서의 시행이란 조직이나 기관의 의사를 외부에 표시하는 단계로서, 문서가 효력을 발생하는 절차를 말한다. 시행방법으로는 인편, 우편, 전자문서, 전화, Fax 등이 있다. 예를 들어, 사회복지기관 및 시설에서 시 · 군 · 구에 보조금을 신청할 경우, 기안문 작성→기관장의 결재→시설의 문서발송대장 또는 문서등록대장에 등록→작성된 기안문은 시설의 문서철에 사업별로 구분하여 편철 보관→기안문을 토대로 시행문 작성→시설의 직인 날인→시 · 군 · 구로 발송 · 이렇게 작성된 문서의 시 · 군 · 구 도달→문서접수대장에 등록하여 접수번호 부여→주무과 결재권자의 선결→최종적으로 업무 담당자가 처리한다.

일단 행정기관에 공식적으로 접수되면, 사문서가 아닌 공문서로서의 효력을 발생하고, 공식적인 접수 이전의 문서는 사문서로 본다.

6) 문서의 보존과 폐기

문서의 보존이란 문서를 생산한 생산 기관 · 보존기관 · 생산년도 및 분류번호별로 구분하여 관리하는 것을 의미하며, 문서보관부서는 보관되는 문서의 기록대장을 작성하여 비치하여야 한다. 보관이 끝난 문서는 1년간 처리부서에서 보존한 다음(보존기간이 3년 이상인 문서는 인계 · 이관의 절차를 거쳐), 보존기관에 따라 문서과의 문서보존실 또는 정부기록보관소에 보관한다(고재욱 외, 2016: 318).

문서는 그 보존기간을 영구 · 10년 · 5년 · 3년 · 1년 등 6종으로 구분한다. 문서의 종류별 보존기간의 책정기준은 국무총리령으로 하고, 문서의 보존기관 기산일은 당해 문서를 처리 · 완결한 날이 속하는 해의 다음해 1월 1일로 정한다. 행정기관의 장은 매년 1회 당해 기관에서 보존하고 있는 문서의 보존기간의 변경 필요성을 검토하고, 행정 여건의 변화 등에 따라 그 보존기간을 연장 또는 단축할 필요가 있다고 인정되는 경우 총리령이 정하는 바에 따라, 그 보존기간을 연장 또는 단축할 수 있다.

〈연 습 문 제〉

1. 조직의 정보관리체계에 관한 설명으로 적절하지 않은 것은?
① 정보관리체계의 도입으로 인해 클라이언트의 비밀보장에 대한 논란이 생겨났다.
② 정보관리체계의 도입으로 클라이언트에 대한 정보를 체계적으로 관리할 수 있게 되었다.
③ 적극적이고 체계적인 정보수집과 피드백으로 목표지향적 성과가 더욱 강화되었다.
④ 컴퓨터를 활용한 전산화가 안 되면 정보관리가 불가능하다.
⑤ 사회복지 정보관리체계의 구축으로 사회복지기관의 효과성이 더욱 증대되었다.

2. 사회복지조직에서 정보관리시스템을 도입함에 따라 얻을 수 있는 이점과 거리가 먼 것은?
① 프로그램 운용에 대한 모니터링 용이
② 보고 및 결재 절차의 간소화
③ 클라이언트의 개인정보 보장
④ 유관기관 간 정보 공유
⑤ 일상적 업무처리의 표준화

3. 다음 중 사회복지정보화로 인한 효과가 아닌 것은?
① 정보화를 통해 업무의 효율성을 향상시킬 수 있다.
② 사회복지서비스 효과를 증대시킬 수 있다.
③ 사회복지정보화는 사회복지사의 업무가 간소화되어 근무시간을 단축할 수 있다.
④ 사회복지서비스를 신속 정확하게 제공하는 데 도움을 줄 수 있다.
⑤ 중간관리자는 정보화를 통해서 업무진척상황을 모니터링할 수 있다.

4. 사회복지기관의 문서작성에 대한 설명으로 옳지 않은 것은?
① 수신자, 경유자 표시　　② 문서제목, 내부결재와 시행문 작성
③ 붙임과 담당자 표시　　④ 시행기관 주소와 전화번호
⑤ 결재라인은 필요하나 협조자는 없어도 됨.

정답 1. ④ 2. ③ 3. ③ 4. ⑤

PART

Ⅳ 사회복지행정의 응용

Chapter 11

사회복지조직의 마케팅과 홍보

개 요

마케팅은 market(시장)+ing(진행)의 합성어로, 일반적 의미는 교환과정을 통해 고객의 욕구를 충족시키는 모든 인간활동으로 정의된다. 즉, 구매자와 판매자의 교환과정에 수반되는 활동이 마케팅이며, 그 목적이 고객의 욕구충족을 통해 가치를 창출하는 활동이다. 여기에서는 마케팅과 홍보가 어떻게 사회복지조직에 적용되는가를 학습하고자 한다.

학습목표

1. 마케팅과 홍보의 기본적 이해
2. 사회복지조직에서의 마케팅 숙지
3. 적용사례

학습내용

1. 마케팅 개념의 일반적 이해
2. 사회복지조직의 마케팅
3. 사회복지조직의 마케팅 과정
4. 사회복지의 홍보

Chapter 011
사회복지조직의 마케팅과 홍보

1. 마케팅 개념의 일반적 이해

1) 마케팅의 정의

(1) 일반적 정의

마케팅(marketing)은 market(시장)+ing(진행)의 합성어로, 일반적 의미는 교환과정을 통해 고객의 욕구를 충족시키는 모든 인간활동으로 정의된다. 즉, 구매자와 판매자의 교환과정에 수반되는 활동이 마케팅이며, 그 목적이 고객의 욕구충족을 통해 가치를 창출하는 활동이다. 미국마케팅협회(American Marketing Association, AMA)는 마케팅을 단순히 이윤을 남기기 위한 것이 아니라, 창조하고 소통하고 전달하기 위한 과정이며, 고객·민원인·동반자를 위하여 가치를 지닌 제공물을 교환하는 전 사회적인 제도의 활동이라고 정의하고 있다(한신애 외, 2018: 301).

1960년대에는 마케팅을 생산자로부터 소비자에게로 제품이나 서비스의 흐름을 지시하는 기업활동의 수행이라는 좁은 의미로 규정하였지만, 1980년대 접어들면서부터는 제품과 서비스 이외에 아이디어의 마케팅과 비영리조직의 마케팅을 포함시키는 넓은 개념 정의가 보급되기 시작하였다. 즉, 마케팅의 개념은 소비자의 구매욕구에 초점을 두고 있는 것으로, 소비자의 욕구를 충족시킬 수 있는 제품(서비스)을 제공하게 되면 특별한 판촉활동 없이도 소비자는 지속적으로 제품을 구매하게 된다는 것이다. 따라서, 마케팅 개념은 고객의 욕구충족에 관심을 두고 통합적 마케팅 방법을 구사하여 고객만족을 통한 이익 획득에 목적을 둔다(원석조, 2017: 297-298).

그러므로 마케팅은 소비자에게 상품과 서비스를 구입하도록 격려하는 활동으로 구매 가능성이 있는 소비자의 욕구를 충족시키며 기업의 이익을 극대화하기 위하여 상호 유익한 교환을 창조 · 촉진 · 유지하기 위해 제시된 프로그램과 활동을 계획 · 조직 · 통제하는 과정으로 규정할 수 있다.

마케팅 정의는 다음과 같다(Kotler, 2015).

첫째, 마케팅은 분석, 기획, 집행, 통제 등을 포함하는 체계적인 과정이다.

둘째, 마케팅 과정은 욕구충족을 면밀하게 짜인 프로그램에 의해 진행된다.

셋째, 마케팅은 가치의 자발적인 교환을 추구한다.

넷째, 마케팅은 모든 사람을 대상으로 모든 제품에 대해 모든 시장을 찾아 비현실적으로 공략하기보다는 정확하게 사정된 표적시장을 대상으로 해야 한다.

다섯째, 마케팅의 목적은 효과적인 시장의 공략을 통해 조직의 생존과 건강한 유지를 돕는 것이다.

여섯째, 마케팅의 성패는 판매자의 입장보다는 표적시장의 욕구에 부응하는 조직의 공략체계에 달려 있다.

일곱째, 마케팅은 마케팅 믹스(marketing mix)인 상품설계, 가격결정, 홍보 및 장소선정 등의 방법을 혼합적으로 이용하는 개념이다.

마케팅은 종종 판매(sale)와 혼동된다. 마케팅은 판매보다 넓은 개념이다. 판매가 기존 제품의 판매와 판촉활동의 강화를 통해 매출을 증가시킴으로써 이윤을 추구하는 것이라면 마케팅은 고객들의 욕구를 충족시켜줌으로써 이윤을 창출하는 것이다. 판매는 단기적인 매출의 확대와 고객 획득에 집중한다. 그에 비해 마케팅은 고객의 욕구에 집중하면서 고객과의 관계를 장기적으로 유지하고, 고객의 만족을 중시한다. 마케팅을 통해 기업은 고객이 원하는 것을 생산하고, 고객이 원하는 상품과 서비스로 고객을 만족시키며, 그 결과로 이윤을 얻는다. 그 내용은 다음과 같다.

〈표 11-1〉 판매와 마케팅의 차이

판 매	마케팅
기존 제품의 판매와 판촉활동의 강화를 통해 매출을 증가시킴으로써 이윤을 추구	고객이 원하는 제품을 생산해 고객을 만족시킴으로써 이윤을 추구
단기적인 매출 확대와 고객 획득에 집중	고객의 욕구에 집중하면서 고객과의 장기적인 관계의 유지와 고객의 만족을 중시

자료: 원석조(2017: 298).

(2) 비영리조직 마케팅의 정의

사회복지기관의 책임성과 효율성에 대한 요구가 높아지고, 재원의 한계에 직면하면서 마케팅 활동에 대한 인식이 형성되고 있으며, 그 중요성이 부각되고 있다. 기존의 마케팅 개념이 영리조직에서 비영리조직으로 확대되면서 사회복지조직의 마케팅은 기관의 소비자인 클라이언트, 후원자, 자격부여기관 및 전체 사회가 사회복지조직에 대해 좀 더 많은 관심과 요구를 갖도록 하기 위한 제반 활동(Baker, 1993)으로 이해되고 있다. 그동안의 영리조직이 유형의 상품을 가지고 소비자에게 가치를 부여하였다면 비영리조직은 무형의 상품인 서비스나 프로그램으로 접근한다는 차별성이 있다. 비영리조직의 마케팅 개념 역시 단지 서비스를 알리는 것에서 나아가 클라이언트의 욕구와 어떻게 연결되고 부합하는지를 고민하는 통합적 마케팅 방법을 구사하여 클라이언트의 변화에 초점을 맞춰 고민해야 할 것이다. 따라서, 비영리조직인 사회복지조직의 마케팅이란 조직의 목적달성을 지향하기 위하여 클라이언트 관리, 프로그램 개발 및 실행, 예산 확보, 홍보 등 영리조직의 마케팅 기법을 도입하여 급변하는 사회적 환경에 대응하여 경쟁력을 확보하는 활동으로 설명할 수 있다(김현진 외, 2017: 281).

(3) 조직 간 차이점

영리조직의 마케팅과 비영리조직의 마케팅이 동일할 수는 없다. 영리조직과 비영리조직 마케팅의 차이점은 다음과 같다(원석조, 2017: 305-307).

① 영리조직은 소비자집단으로 구성된 시장 하나를 상대하지만 비영리조직은 서비스를 받는 클라이언트 집단과 비영리조직을 지원하는 후원자 집단의 양자를 상대해야 한다.

② 생산과 소비의 동시성 또는 불가분성(inseparability)이다.

③ 영리조직이 이윤을 추구하기 위해 마케팅을 한다면, 비영리조직은 조직이 추구하는 목표를 효과적으로 달성하기 위해 마케팅을 한다.

④ 비영리조직 서비스의 불가촉성(intangibility)이다.

⑤ 비영리조직의 서비스는 다양하고 복잡하다.

⑥ 영리조직의 마케팅에 비해 비영리조직의 마케팅은 윤리성과 투명성을 강조한다.

⑦ 비영리조직 서비스의 소멸성(perishability)이다.

⑧ 비영리조직은 일반 대중의 엄격한 평가를 받는다.

2) 마케팅 믹스

마케팅 믹스(Marketing Mix)란 일정한 환경적 조건과 일정한 시점 내에서 여러 가지 형태의 마케팅 수단들을 경영자가 적절하게 결합 내지 조화해서 사용하는 전략을 의미한다. 즉, 어떠한 제품에 사용된 모든 마케팅 전략의 집합체를 조정, 구성하는 일이다.

마케팅 믹스라는 용어는 미국 미시간주립대학 맥카시(E. Jerome McCarthy) 교수에 의해서 1960년 처음 소개되었다. 그의 저서 『마케팅의 기본: 관리접근방식(*Basic marketing: A managerial approach*)』에 따르면, 회사가 그들의 타깃 고객층을 만족시키기 위해서 제품(Product), 가격(Pricing), 장소(Place), 촉진(Promotion)의 크게 4가지로 나뉘는 마케팅 전략

『마케팅의 기본』
(1978년 출판)

을 적절하게 섞어서 사용한다고 주장하였다(McCarthy, 1960).

(1) Promotion(촉진)

기업이 마케팅 목표달성을 위하여 사용하는 광고, 인적판매, 판매촉진, PR, 직접 마케팅 등의 수단으로 대중들의 원활한 의사소통을 기반으로 구매를 이끌어내는 유인기법을 말한다.

(2) Place(장소)

기업이 특정 물품의 판매를 촉진하기 위해서 활용하는 공간의 단순한 배치를 넘어서, 고객과의 접촉을 이루어지게 하는 전체적인 유통경로의 관리를 포함하는 공급사슬 관리이다.

(3) Price(가격)

기업이 특정 물품의 가치(Value)를 가장 객관적이며 수치화된 지표로 나타내는 전략이다. Skimming(가격을 높게 잡는 고가화 전략), Penetrating(가격을 낮게 잡는 침투전략), EDLP(Every Day Low Price), Competitive Pricing(경쟁사와의 관계를 이용하는 가격 전략) 등이 있다.

(4) Product(제품)

단순히 제품이나 서비스를 생산하는 것 이외에 그 제품이 줄 수 있는 종합적인 혜택(Benefit)을 통틀어서 이르는 것이다. 디자인, 브랜드, 상징, 보증, 상품 이미지 등을 폭넓게 포함하고 그것을 관리하는 전략이다.

3) 마케팅 전략

기업들이 제품판매전략의 하나로 마케팅을 중시하기 시작한 시기는 1970년대였다. 그 이전에는 생산방법, 제품의 질, 판매방법에 초점을 맞춰 이윤을 추구하였다. 즉, 1950년대 이전에 기업들은 상품과 서비스 생산방법의 전문화에 중점을 두었고, 규모의 경제를 지향했으며(대량생산), 고객의 기호보다 상품과 서비스의 수요를 중시하였다. 1960년대 기업들은 제품의 질을 가장 중시하였다. 제품의 질이 좋으면 고객이 구매하고 소비할 것으로 생각한 것이다. 판매에서는 특정 제품의 판매와 판촉에 초점을 두었다. 새로운 고객의 열망에는 별 관심 없었고, 기존 제품의 판촉기술에 관심을 두었다. 고객 기호의 변화로 인한 제품 수요의 감소에도 무관심하였다.

고객중심의 판매전략인 마케팅은 1970년대 들어 본격적으로 등장하였다. 기업은 마케팅플랜 수립 시 마케팅 개념을 최우선시 했으며, 고객의 새로운 기호에 초점을 맞췄다. 기업은 고객의 열망을 파악하기 위해 시장조사를 하고 고객의 기호에 맞는 새로운 제품을 개발하기 위해 연구개발(R&D)을 중시하였다. 기존 제품의 장점을 고객에게 알리기 위한 판촉전략도 구사하였다.

21세기 들어서 총체적 마케팅(holistic marketing) 개념이 등장하였다. 총체적 마케팅은 마케팅을 복합적인 활동으로 간주하고, 마케팅 프로그램의 개발 · 설계 · 실행에 있어 광범위하고 통합적인 관점을 견지하는 것이다. 총체적 마케팅은 시장의 분할이 사회를 분화 · 분리시켜 전체 사회의 일체화(통합)를 막는다고 보고, 시장의 분할과 분할통제를 저지함으로써 시장의 통합을 기하려는 데 목적이 있다.

21세기 마케팅의 가장 큰 특징은 인터넷 마케팅이다. 인터넷 마케팅은 인터넷의 대중화와 함께 급속도로 확산되었다. 인터넷을 마케팅에 활용한다는 점에서 이마케팅(e-marketing), 온라인 마케팅, 디지털 마케팅이라고도 한다. 인터넷은 온라인으로 회사와 고객을 연결시켜주기 때문에 고객에 표적을 맞춘 개별 마케팅(personalized marketing) 또는 일대일 마케팅(one-to-one marketing)과 고객과의 직접적인 소통을 통한 직접 마케팅(direct marketing)이 가능하다. 개별 마케팅은 고객과의 강하고 지속적인 관계를 맺고 싶어 하는 조직(보험회사, 헬스클럽 등)이 많이 활용하고, 직접 마케팅은 주로 새로운 고객이나 회원을 확보하고자 하는 조직이 사용한다. 인터넷 마케팅은 광범위한 부분을 커버한다. 인터넷에서의 마케팅뿐만 아니라, 이메일, 무선 미디어, 차량 미디어 등 다양한 방법을 통한 마케팅이 가능하기 때문이다.

회사는 많은 제품을 생산한다. 회사는 자신의 제품을 효과적으로 관리할 수 있는 계획을 가지고 있어야 한다. 예컨대, 신제품의 출시와 구제품의 생산 중단 등을 전략적으로 결정해야 하는 것이다. 그리고 회사는 한정된 자원을 가장 효과적 · 효율적으로 사용해야 다른 회사와의 경쟁에서 이길 수 있다. 마케팅 전략(marketing strategy)이 필요한 이유이다.

마케팅 전략은 크게 보면 회사가 설정한 특정 목표를 달성할 수 있는 대안을 제시하는 것이다. 마케팅 전략은 지속적으로 개선되고 업데이트되며 마케팅 캠페인을 전개할 수 있는 특정한 실행계획과 함께 수립된다. 마케팅 전략에서 가장 중요한 점은 시장에 대한 정확한 파악이다. 그래서 마케팅 전략의 시작은 시장에 대한 주도면밀한 조사에 있고, 마케팅 전략 수립 시 시장의 사회적 · 정치적 · 경제적 · 문화적 · 기술적 추세를 고려한다. 그리고 마케팅 전략은 기업 전체 전략의 한 부분이다. 그러므로 마케팅 부서와 다른 부서 간의 긴밀한 협력이 필요하다. 마케팅은 오케스트라와 같은 일종의 팀 활동이다.

마케팅 전략은 마케팅 전술(marketing tactic)과 다르다. 마케팅 전략은 제품의 생산과 판매를 장기적인 관점에서 접근한다. 가격책정, 판촉에 고려해야 할 사항을 변화시키는 것이 마케팅 전략의 예이다. 이에 비해 마케팅 전술은 단기적인 관점에서 접근하는 것이다. 제품의 홍보물을 관련 조직이나 소비자에게 발송하는 것을 예로 들 수 있다.

마케팅 전략과 혼동하기 쉬운 것이 마케팅 기획(marketing planning)이다. 마케팅 전략은 제품과 서비스를 경쟁적 시장에서 어떻게 판매할 것인가를 기술한 것이다. 마케팅 전략은 표적시장에 관한 검토, 제품생산과 가격책정의 정책, 판촉의 주도권 등을 포함한다. 마케팅 기획은 회사의 마케팅 활동과 필요한 마케팅 방법을 자세히 기술한 문서이다. 마케팅 기획은 마케팅에 필요한 재무적 · 인적 자원을 검토한 내용도 포함한다. 일반적으로 말해서 마케팅 기획은 회사의 전체

비즈니스 전략의 한 부분이며 비즈니스 전략에서 마케팅 기획이 나온다. 최고경영자가 회사의 전략적 방향과 사명을 정하면, 마케팅은 그 한 부분이 되는 것이다.

2. 사회복지조직의 마케팅

1) 마케팅의 개념

사회복지조직에서의 마케팅은 주로 기관의 재정 확보와 관련되어 있으며, 현재 기관에서 실행하고 있는 주요 프로그램의 홍보에 관한 사항 등이다. 사회복지조직의 자원을 개발하는 것에는 기금조성, 후원지원, 정부기관 또는 법인 재단으로부터 교부금을 지원받는 것 등 광범위한 마케팅 방법을 활용한다. 즉, 기업은 소득을 창출하기 위해 소비자 판촉방법을 사용하는 반면에, 사회복지조직은 소비자인 클라이언트뿐 아니라, 기부자, 직원, 후원단체, 타 사회복지기관과의 교류가 이루어져야 하며, 생존을 위해 다면적이며 역동적인 과정으로 만들어져야 한다.

그러나 상품과 서비스를 무조건 많이 판매하는 것을 목적으로 지나치게 상업적인 마케팅이 아니라면, 사회복지조직도 마케팅 기법을 적절히 활용할 필요가 있다. 왜냐하면 마케팅이 중시하는 것 중의 하나가 상품과 서비스를 소비하는 사람의 욕구를 파악하는 것이기 때문이다. 사회복지조직의 서비스도 클라이언트의 욕구를 가장 중시한다. 그런 점에서 비영리 사회복지조직과 영리적 마케팅 기법의 접점이 욕구 파악에 있다고 할 수 있다. 말하자면 사회복지조직이 소비자나 클라이언트의 욕구에 충실한 서비스를 개발 · 전달하고, 욕구에 입각하여 상호관계를 유지할 때 그 만족도가 극대화될 수 있는데, 이를 위해 마케팅 기법이 필요하다는 것이다.

비영리조직인 사회복지 마케팅의 경우, 서비스의 무형성, 서비스의 다양성, 생산과 소비의 동시발생, 서비스의 소멸성이란 특수성 때문에 영리조직과는 차이가 있다. 비영리조직 마케팅 역시 영리조직의 마케팅 용어와 전략이 그대로 적용되지만, 무형의 상품인 서비스로 접근한다는 차이가 있다. 무형은 말 그대로 실체가 없으므로 시간이 경과함에 따라 소멸되는 속성을 가지고 있어서 이를 보완할 수 있는 방법을 제시할 수 있어야 한다.

비영리조직의 마케팅 고객은 수혜자와 기부자 모두를 가리키며 수혜자는 자원배분문제, 기부자는 자원의 동원문제가 제기된다. 따라서, 마케팅을 계획할 때 수혜자의 욕구뿐만 아니라, 기부자의 욕구도 함께 고려해야 한다. 또한 비영리조직은 수혜자뿐 아니라, 모든 일반사람들로부터 평가를 받는다. 따라서 대중이 필요로 하는 서비스는 물론 재정집행의 투명성 등 비영리조직의 운영에 있어서 전반적인 신뢰를 확보하는 것이 무엇보다 중요하다(Lovelock & Weinberg, 1980).

〈표 11-2〉 사회복지마케팅과 기업마케팅의 비교

구 분	사회복지마케팅	기업마케팅
특징	사회복지조직의 외부욕구 강조	기업의 내부욕구 강조
목적	비영리 추구, 사회이익을 위해 봉사	이윤추구
마케팅 대상	사회의 이슈나 이념 등	상품과 용역 등
관심사	상품과 서비스뿐만 아니라, 사람, 장소, 조직에도 관심	상품과 서비스에 관심
교환	무형(지지 · 노력 · 시간 등)의 행태로 이루어질 수 있음.	일반적으로 화폐의 행태로 이루어질 수 있음.
이익지불	수혜자와 관련이 없을 수도 있음.	이익이 보통 고객의 지불과 관련됨.
시장분할	경제적으로 가능성이 없는 사장분할도 기대되거나 요구됨.	현재 또는 잠재적으로 가능성이 있는 시장분할을 위해 노력
고객	복합적 시장(수혜자 · 후원자 등)	단일시장

자료: 양승일(2018: 227).

사회복지조직은 영리조직과 달리 다양한 가치와 고객집단을 지니고 있다. 사회복지조직의 마케팅 전략은 그 특성을 정확하게 고려해야 한다. 사회복지조직은 공공의 이익을 실현시키는 것을 최우선으로 삼고 설립 · 운영되고 있다. 따라서, 사회복지조직의 목적달성을 위한 가치지향적인 마케팅이 목적이며 특성이다. 사회복지조직의 목적과 내용이 가치지향적 마케팅이어야 한다. 사회복지 마케팅의 특성은 다음과 같다(김현진 외, 2017: 265-266).

(1) 다수의 사람들

마케팅 관점에서 볼 때, 비영리조직들은 최소한 두 종류의 중요한 대중(수혜자와 기부부자)과 상호작용을 한다. 수혜자와 관련해서는 자원의 분배 문제가 제기되고 기부자에 관해서는 자원동원의 문제가 제기된다. 이러한 두 대중 외에도 다른 수많은 대중이 존재하고 있으며, 이들을 위한 마케팅 프로그램이 필요하다.

(2) 다수의 목적들

사회복지관은 이윤과 같은 하나의 목적보다는 몇 가지의 중요한 목적들을 동시에 추구하는 경향이 있다. 결과적으로 이 모든 목적을 충족시키기 위한 전략의 구성이 더욱 어려워진다. 경영을 위해서는 여러 전략 중 하나를 선택할 수 있도록 많은 목적들의 상대적 중요성을 명시하는 것이 필요하다.

(3) 상품중심이 아닌 서비스중심의 마케팅

대부분의 사회복지기관은 물품보다는 서비스 생산에 관련되어 있다. 서비스는 실체가 없고, 각 구성요소로 분리되지 않으며, 다양하고, 시간이 흐르면 소멸되는 속성을 지닌다. 예를 들어, 대학은 교육이라는 보이지 않은 서비스를 제공하며, 그 전달과정은 전달자(교수)들에게 분리될 수 없으며, 서비스 수준은 어떤 사람이 제공하는지에 따라 다양해진다. 서비스 관련 마케팅을 기획하는 사람은 전략구상에 있어서 이러한 특성들을 반드시 기억해야만 한다.

(4) 대중의 평가

사회복지기관은 보통 철저한 대중들의 평가를 받는 경향이 있는데, 이는 비영리조직들이 대중이 필요로 하는 서비스를 제공하고, 보조금을 제공받거나, 세금이 면제되는 사업을 하며, 많은 경우 대중의 요청에 의해 형성되기 때문이다. 이것은 사회복지기관과 관련된 마케팅 활동이 대중평가에 지배되기 쉽다는 것을 의미하며, 대중으로부터 투명성과 신뢰성을 얻을 수 있는 마케팅을 실시해야 함을 의미한다.

2) 마케팅 믹스 및 전략

마케팅 믹스는 사회복지조직이 표적시장에서 원하는 반응을 얻을 수 있도록 하기 위해서 혼합하여 통제 가능한 전술적 마케팅 도구의 집합을 의미한다. 마케팅 믹스는 사회복지조직이 소비자들의 욕구나 서비스 구매활동에 영향을 주기 위해 활용할 수 있는 모든 수단으로 구성되어 있다. 이러한 마케팅 개념을 토대로 성공적 마케팅을 위한 요소인 마케팅 믹스에 대해 일반적으로 4P, 즉 상품(product), 가격(price), 유통(장소, place), 촉진(promotion)으로 구성되어 있다. 파인(Fine, 1992: 4-9)은 비영리기관에서 4P만을 가지고 최적의 함수를 도출해 내는 것은 무리가 있다고 주장하면서 추가적으로 3P가 마케팅 믹스에 포함되어야 한다고 강조하였다. 즉, 마케팅의 주체인 생산자(producer), 마케팅을 통해 호소해야 할 대상자인 구매자(purchaser), 과학적인 방법인 조사(probing) 등이 마케팅 믹스에 고려되어 7P활동중심으로 전략을 수립해야 한다고 주장하였다.

(1) 상품

비영리조직의 상품(product)은 무형이기 때문에 서비스와 유사하며, 상품의 정의가 어렵다. 비영리조직의 상품은 개인이 갖는 무형의 만족, 자부심, 소속감 및 제품 서비스에 대한 내면으로부터 기대되는 만족감이 포함된다. 따라서, 소비자는 상품가치의 결정자이다.

비영리조직 역시 영리기업처럼 일반대중들이 확실히 필요로 하는 것을 찾아내서 그것을 수용할 수 있도록 만드는 것이 중요하다. 일반 대중들이 확실히 필요로 하는 것을 찾아내기 위해서는 영리조직과 동일한 상품의사결정이 필요하다.

비영리조직은 두 가지 형태의 제품정책을 갖는다. 하나는 기부자(donator)들에 관한 것이고 다른 하나는 이용객(client)들에 관한 것이다. 예를 들어, 심장병어린이재단을 설립하여 심장병을 앓고 있는 생활이 어려운 어린이들을 치료해 준다고 상품정책을 수립하였다고 하면, 이때 재단은 기부자들에게 더 많은 기부금을 받을 수 있다는 정책과 심장병으로 고생하는 어린이들에게 전개할 정책을 결정하는 것이 상품전략이라고 할 수 있다. 이를 위해서는 상품에 대한 차별화와 특성화가 필요하다.

(2) 가격

사회복지조직의 가격(price)은 서비스와 프로그램 이용에 대한 가격으로 수익사업의 이용료와 모금 프로그램을 이용한 후원금이 가격이다. 사회복지조직에서의 가격결정은 영리기업과 차이가 있다. 영리기업은 이익의 극대화 수준에서 가격이 결정되지만, 사회복지조직은 고객의 욕구와 지불능력을 고려하여 적정 수준에서 가격이 결정된다. 따라서, 사회복지조직은 원가회수를 가격목표로 삼으며, 경우에 따라 손실이 발생되는 수준에서 가격이 결정되기도 한다. 또한 사회복지조직은 고객이 감수해야 할 화폐로 환산되지 않은 비용(non-monetary costs)도 가격결정에 고려되어야 한다. 이러한 비화폐적 비용은 투입된 시간, 노력, 불편함, 긍지 등을 포함한다. 예를 들어, 후원자가 후원하기 위해 금융기관이나 사회복지기관을 방문하여 후원을 해야 할 경우, 후원을 위한 사회적 비용을 지불하는 경우이다. 이러한 경우 사회적 비용을 줄일 수 있도록 해야 한다.

(3) 유통(장소)

비영리조직이 유통(place) 전략에서 가장 중요한 사항은 비영리조직 또는 제공하는 제품이나 서비스에 가능한 많은 사람들이 쉽게 접근할 수 있도록 하는 것이다. 비영리조직이 제공하는 상품이나 서비스는 특성상 고객들이 스스로 찾아나서는 경우가 많지 않기 때문이다. 따라서, 비영리조직은 고객들을 적극적으로 찾아나서야 하며, 고객들이 쉽게 접근할 수 있는 유통경로를 개발해야 한다. 예를 들어, 이동헌혈버스, 이동도서관 등이고, 크리스마스 전후로 등장하는 거리의 자선남비는 많은 사람들이 접근할 수 있도록 통행이 많은 번화가에 설치된다.

이러한 비영리조직의 제품이나 서비스는 직접적으로 제공하기 때문에 일반 영리기업처럼 중간유통이 존재하지 않고, 직접 고객들에게 제공한다.

(4) 촉진(홍보)

촉진(promotion)은 영리조직에서는 판매활동을 보다 원활하게 하여 매출액을 증가시키는 판매활동이다. 사회복지기관에서 가장 중요한 함수는 촉진, 즉 홍보활동이라 할 수 있다. 사회복지기관에서는 기부금 확보를 위해 인쇄물 제작, 언론 · 방송매체를 통한 홍보, 인터넷, DM 등과 같은 커뮤니케이션 수단들을 예전부터 사용해 왔다. 이외에도 로비활동, 교육 프로그램, 직접방문 등의 방법도 사용되고 있다. 기부금 확보를 위해서 홍보는 창의성과 독창성이 있는 아이디어를 발휘하는 것이 매우 중요하며, 다양한 커뮤니케이션 수단을 적절히 혼용하여 최대의 효과를 거두게 하는 종합적인 촉진 프로그램을 개발하는 것이 중요하다.

(5) 생산자

생산자(producer)는 마케팅을 위해 구매자와 교환할 아이디어를 창출하고 메시지를 생산해 내는 주체이다. 후원자 개발을 위한 마케팅에서는 사회복지기관이 생산자가 되어 사회복지기관의 목표에 대한 가치를 확신시켜야 한다. 이를 위해 사회복지기관은 시민들로부터 믿을 만하고 의지할 만한 기관으로 신뢰를 받아야 하고 사회복지 대상자들의 중요한 대변인 역할을 해야 한다. 마케팅 주체로서 사회복지기관은 교환하고자 하는 아이디어나 메시지에 책임을 질 수 있어야 한다.

(6) 구매자

사회복지기관의 후원자 개발을 위한 마케팅에서 구매자(purchaser)는 잠재적 후원자들이다. 이러한 잠재적 후원자가 될 사람들은 마케팅 초기단계에서부터 반드시 파악되어야 한다. 또한 사회복지기관은 이들에게 깊은 인상을 심어주고 호소할 필요가 있으며, 효율적인 관리가 필요하다.

(7) 조사

소비자 조사(probing)는 마케팅 담당자들이 사용하는 가장 중요한 도구이지만, 때로는 지나치게 남용되기도 한다. 따라서, 조사가 필요할 때 철저하고 주의 깊게 이루어져야 한다.

3. 사회복지조직의 마케팅 과정

사회복지환경의 변화의 하나로 사회복지조직 간의 경쟁이 지속적으로 진행될 것으로 예상되고 있다. 이러한 환경에서 성공을 거두기 위해서는 전략적 마케팅 노력을 기울여야만 한다. 마케팅 전략이란 주어진 제품시장 내에서 원하는 기업 목표를 달성하기 위하여 목표를 설정하고, 표적시장을 선정하며, 설정한 목표나 핵심전략 그리고 표적시장에 대하여 적절한 마케팅 믹스 전략을 수행하는 과정이다(고재욱 외, 2016: 269).

모든 조직은 자신의 조직이 어디로 가야 하는지, 어떻게 목적지에 도달할 것인지를 결정하기 위하여 계획을 수립하고 실행한다. 이러한 과정은 사회복지마케팅 과정에서도 마찬가지로 적용된다.

사회복지조직 등 비영리조직은 영리조직과 달리 스스로 존립에 필요한 자원을 모두 생산할 수가 없다. 다시 말해서 비영리조직은 조직의 생존과 성장을 위해 외부로부터 자원의 지원을 받을 수밖에 없다는 것이다. 외부란 정부일 수도 있고, 민간기업이나 단체일 수도 있으며, 자원봉사자일 수도 있다.

필요한 자원을 외부로부터 효과적으로 조달하기 위해 여러 가지 방법을 지속적으로 개발해야 하는 것이 비영리조직의 과제일 수밖에 없는데, 마케팅도 이런 상황 하에서 비영리조직 스스로 선택한 전략인 것이다.

마케팅 기법은 비영리조직이 자신의 목표를 보다 명확하게 이해하고 의사결정을 합리적으로 할 수 있는 관점과 틀을 제공한다. 그리고 사회복지조직이 마케팅 기법을 효과적으로 활용한다면, 서비스 프로그램의 개선은 물론 모금이나 후원자 개발에서 상당한 효과를 거둘 수 있다.

일반적으로 사회복지 분야에서는 자금이나 후원자(자원) 개발을 중심으로 마케팅이 전개되어 왔다. 대부분의 사회복지조직은 민간재원의 필요성을 인식하고, 상당한 비용과 시간을 투자하여 새로운 후원자 개발이나 후원금의 확보를 위해 노력하고 있다(원석조, 2017: 308-316).

마케팅활동에서는 조직이 어디로 가야 하는지를 파악하기 위하여 우선적으로 기관의 환경을 분석하고, 잠재적 클라이언트와 그들의 욕구 파악을 위하여 마케팅 조사를 실시하며, 기관의 목적을 달성하기 위한 수단인 마케팅 목적과 목표설정을 한다. 더불어 다양한 클라이언트의 욕구충족과 차별적 서비스 제공을 위한 시장분석과 마케팅 수행을 위한 도구설정과 실행과정과 평가단계를 거친다. 정리하면 사회복지조직에서의 마케팅과정은 기관 환경 분석, 마케팅 조사, 마케팅 목표설정, 시장분석, 마케팅 도구설정, 마케팅 실행, 마케팅 평가 등으로 나눌 수 있다. 그 내용은 다음과 같다(김현진 외, 2017: 285-291 ; 고재욱 외, 2016: 269-275).

1) 기관 환경 분석

사회복지조직이 후원자(자원) 개발을 위해 마케팅 기법을 적용하고자 할 때, 가장 먼저 마케팅 활동에 영향을 미칠 수 있는 환경적 요인을 검토해야 한다. 환경적 요인은 제도적 환경과 조직 내부 환경으로 구분된다. 제도적 환경은 모금과 관련된 각종 법규와 정부정책, 경제적 상황 등을 말한다. 조직 내부 환경은 조직의 경쟁력과 조직 내 자원을 말한다. 즉, 기관에서 마케팅을 하기 위한 준비과정으로 우선 기관의 목표와 프로그램, 자원, 정당성 등을 분석한다. 또한 기관을 둘러싸고 있는 환경을 분석하는데 환경 분석에서는 기관의 기회와 위협적인 요소를 파악하기 위한 외부환경 분석과 기관의 장점과 단점을 분석하기 위한 내부환경 분석으로 나누어지며 주로 SWOT 기법을 활용한다.

〈표 11-3〉 SWOT 분석(예, 노인복지관 경로당활성화사업)

강점 (Strength)	약점 (Weakness)
① 경로당별 특화 프로그램의 실시 - 다양한 취미, 여가 서비스 제공을 통한 경로당 분위기 전환 - 경로당별 특화 프로그램 운영을 통한 경로당의 기능 전환 ② 건강증진서비스 제공을 통한 신체기능 향상 - 방문간호를 통한 건강관리로 당뇨 및 혈압 안정 조절 - 건강 체조 및 교육을 통한 잔존기능 유지 및 향상	① 예방적 프로그램 약화 - 경로당을 단순히 이용기관으로만 사용하는 경향이 있음. - 소일거리가 없는 노인의 여가시간을 화투 등의 시간 낭비로 보내는 경향이 있음. ② 중 · 고령의 어르신들 이용으로 인한 프로그램 진행의 어려움. - 경로당 이용 어르신들의 대부분이 중 · 고령의 어르신들이므로 전문화된 프로그램 진행에 어려움이 있음.
기회 (Opportunity)	**위협 (Threat)**
① 서울시 신노인정책 「9988 어르신 프로젝트」 추진 - 기존 경로당의 '쉼터' 개념을 탈피하여 노인문화활동 거점으로 활용 - 기능전환을 통한 지역 내 경로당 이미지 변화 ② 경로당 수의 증가 - 1999년 36,340개소에서 2009년 말 56,637개소로 매년 약 2,000개소씩 증가 추세 - 경로당 수의 증가로 인하여 지역 내 경로당의 역할이 매우 큰 비중을 차지하게 되었음.	① 경로당 이용 어르신들의 프로그램에 대한 인식 부족 - 일부 이용 어르신들의 프로그램에 대한 부정적 반응을 보임으로써 이용 어르신들 간의 마찰이 발생 - 프로그램 투입 및 진행에 어려움이 발생 ② 지역노인복지 증진을 위한 공적 인프라로써 역할 미흡 - 간부진의 권위적이고 불투명한 운영으로 민원 제기 - 경로당의 사용문제 등 운영마찰 발생 - 소수의 경로당 회원 위주로 폐쇄적이고 배타적으로 운영

자료: 고재욱 외(2017: 271).

SWOT기법은 조직의 강점(Strength), 약(Weakness), 기회(Opportunity), 위협(Threat)의 네 가지 영역을 분석하는 것이다. 즉, 조직에서의 마케팅 전략을 세우기 위한 SWOT 기법에서는 조직이 처해 있는 상황이나 이미지, 자원 등의 강점과 결정과정에서의 문제점, 조직 내부에서의 지원 여부와 유통망에 있어서의 약점을 파악하며, 시장에 대처할 수 있는 기술과 방법 등의 기회, 정치 · 경제 · 종교 · 타 기관과의 경쟁과 실행과정에서의 위협적인 요소들이 무엇인지 분석하는 것이 중요하다.

2) 마케팅 조사

마케팅 조사(Marketing research)는 프로그램에 대한 잠재적 클라이언트와 그들이 원하는 욕구를 찾아내는 작업으로 충분한 자료를 얻어내기 위하여 사회복지조직과 클라이언트를 직접 연결시켜줄 수 있는 최선의 커뮤니케이션 수단이다. 사회복지기관에서 시장조사는 잠재적인 후원자와 그들이 원하는 바를 찾아내는 작업이라고 할 수 있다. 이를 6하원칙에 입각하여 제시하면, 누가 후원을 원하는가?(who), 어떠한 분야에 후원을 원하는가?(what), 언제 후원하길 원하는가?(when), 어디에서 후원을 원하는가?(where), 어떤 방식으로 후원금을 내기를 원하는가?(how), 왜 사람들이 다른 기관에 후원하지 않고 우리 기관에 후원하고자 하는가?(why)로 구성해 볼 필요가 있다. 즉, 마케팅에서 상황의 중요성은 상황이 마케팅의 모든 것이라 할 수 있을 정도로 중요하다.

마케팅조사는 마케팅의 초기 단계에서 이루어진다. 마케팅을 하는 기관은 시장에 관해 최대한 다음의 네 가지 점을 사전에 분명히 파악하고 있어야 한다.

첫째, 상품이나 서비스에 대한 욕구가 있는가?

둘째, 욕구를 지닌 사람들이 상품이나 서비스를 구입하는 데 관심이나 잠재적 욕구가 있는가?

셋째, 그들이 상품을 구입하기 위한 자금이 있는가?

넷째, 충분한 자금을 가진 자들이 그들이 원하는 상품이나 서비스를 위해 충분히 소비하고자 하는 의지가 있는가?

3) 마케팅 목표설정

마케팅의 목표를 설정하기 전에 기관의 목적을 살펴볼 필요가 있다. 목적은 실행계획을 보다 더 구체적으로 제시하는 목표와는 구분이 된다. 사회복지조직의 목적은 대부분 기관에서 사명(mission)으로 제시되어 있다. 즉, 사명은 기관의 존재 이유와 방향을 명확하게 인식하도록 해 준다. 사회복지기관의 사업이나 프로그램도 이 사명에 근거하여 개발된다. 따라서, 후원자 개발을 위한 마케팅 목표설정도 이 사명에 근거해야한다.

목표의 설정은 정확한 문제의 진술, 표적집단의 성격과 규모, 기관의 정책, 자원동원 등의 변수들에 의해 범위와 방향이 정해진다. 일반적으로 목표는 상위목표와 하위목표로 구분할 수 있다. 상위목표는 장기적으로 달성될 결과를 의미하며, 하위목표는 1년 이내의 단기적 목표를 의미한다. 상위목표와 하위목표 간에는 매우 밀접한 관계가 있으며, 대개 한 개의 상위목표 아래 여러 개의 하위목표가 포함된다.

목표는 마케팅 기획의 초기 단계에서 명확하게 규명되어야 하며, 특히, 하위목표는 구체적이고, 측정 가능하며, 달성 가능하고, 결과지향적이면서, 시간한계가 명확히 제시되어야 한다. 그리고 목표에는 과정과 결과(달성 여부)를 체크할 수 있는 지표가 반드시 설정되어야 한다.

기관의 목적을 염두에 둔 사회복지조직에서의 마케팅의 목적은 다음과 같다.

첫째, 프로그램을 알리고 자원봉사자를 모집하는 것은 참여하는 개인의 발전을 촉진하기 위해서이다.

둘째, 입법화를 위한 캠페인이나 탄원 등은 사회적인 아이디어를 제시하고 설득하기 위해서이다.

셋째, 주민에게 이익이 되는 정보와 실천을 전파하는 것은 어떤 실천을 촉구하기 위해서이다.

넷째, 자신과 사회에 이로울 수 있도록 개개인의 행동의 변화를 유도하기 위해서이다.

4) 시장분석

시장이란 욕구를 가진 클라이언트가 서비스를 구매하려는 장소를 말하며, 시장분석을 한다는 것은 표적시장에서 기관의 매력도를 분석하는 단계를 의미한다. 시장분석에서는 상품이나 서비스에 대한 클라이언트의 관심과 욕구 여부 그리고 그 상품이나 서비스를 구매할 능력과 의사 여부를 파악해야 한다(Kinnear & Bernhardt, 1990).

사회복지조직도 시장성 있는 새로운 기회를 포착해야 계속 존속할 수 있다. 즉, 클라이언트의 욕구가 어떻게 변화하는가를 파악하는 것이 시장분석으로 이러한 분석을 통해 사회복지조직이 제공하게 될 서비스가 시장기회나 시장성을 갖는지를 판단하게 된다.

시장분석은 STP전략이라고 하는데, 이는 마케팅 전략과 계획수립 시 소비자행동에 대한 이해에 근거하여 시장을 세분화(Segmentation)하고, 이에 따른 표적시장의 선정(Targeting), 그리고 표적시장에 적절하게 제품을 포지셔닝(Positioning)하는 일련의 활동을 말하는 것이다. STP마케팅은 단계별로 다음의 절차를 따르는데, 우선 세분화 단계에 있어서는 세분화 변수의 규명과 시장세분, 세분시장의 프로필 개발, 2단계인 시장표적화 단계에 있어서는 각 세분시장의 매력 평가, 표적세분시장의 선정, 3단계인 시장 위치화 단계에 이르러서는 표적세분시장에 대한 가능한 위치화 개념의 규명, 선정된 위치화 개념에 대한 의사소통, 개발, 선택 등의 절차를 거친다. 즉, 시장분석은 전체 시장 속에서 세분화된 특정 시장의 소비자 욕구에 대응하는 마케팅 활동을 의미한다.

시장세분화는 비슷한 욕구, 개성 또는 행위의 특징 등 일정한 기준에 의해 동질적인 세분시장으로 구분하여 소비자를 분류하는 과정이다. 시장을 세분화한다는 것은 다양한 소비자의 욕구를 무시할 수 없기 때문에 전체 시장을 욕구가 비슷한 고객집단으로 구분하여 각각의 집단별로 차별적인 접근을 시도하기 위함이다.

표적시장 선정이란 시장이 세분화된 곳의 매력적인 요소인 후원 가능성을 발견하여 하나 또는 그 이상의 시장을 선정하여 진입하는 것을 의미한다. 부연하면,

세분화된 시장 중에서 기관이 공략 가능하다고 선택한 시장을 표적시장이라고 하며, 표적시장을 선정하기 위해 특정 세분시장에 진입하는 것이 사업목적 및 마케팅 목표와 일치하는지, 특정 세분시장에서 성공하는 데 필요한 기술과 자원을 갖추고 있는지, 세분시장이 적절한 규모와 성장을 유지하고 있는지 등을 검토한다.

시장 포지셔닝이란 시장 내 고객들의 마음에 위치잡기란 의미를 갖는다. 즉, 세분화되고 표적이 된 각각의 집단을 명확하게 지배하는 것을 뜻하며 대상 집단으로 하여금 후원을 하도록 확정짓는 것을 말한다. 표적시장의 고객들에게 자사제품이 경쟁제품에 비해 어떤 차별성이 있으며, 고객의 욕구를 제대로 만족시켜 주고 있음을 확신시켜주는 포지셔닝 전략을 펼쳐야 한다.

5) 마케팅 도구 설정

마케팅 수행을 위하여 적절한 도구설정은 매우 중요하다. 마케팅을 실행하기 위해 여러 가지 방법이 동원되는데, 이러한 방법은 기관활동 지원과 재원 확보를 위한 모금활동으로 나눌 수 있다. 마케팅 도구 설정은 마케팅 도구를 사용한 과거의 경험을 적절히 분석해 활용할 필요가 있다.

여기에는 인터넷 마케팅, DM, 특별행사(event), 대중매체 광고, 전화 및 자동응답시스템(ARS), 데이터베이스 마케팅, 고객관계 관리마케팅, 기업연계 마케팅, 사회마케팅 등이 있다. ,

6) 마케팅 실행

후원자 개발을 위한 마케팅 방법에는 직접설득, DM, 이벤트, 대중매체 광고, ARS, 컴퓨터 통신, CRM, 대인마케팅, 조직마케팅, 아이디어 마케팅, 인터넷마케팅 등이 있다.

7) 마케팅 평가

마케팅 평가는 기부행위의 발생에 대한 종합적 평가와 함께 기관의 외부환경에 대한 새로운 분석으로 연계되는 과정이다. 이는 기관의 존재 이유가 되는 사명을 기초한 수혜자와 후원자들의 욕구분석을 한다. 따라서, 마케팅 평가의 과정은 마케팅의 종료가 아닌 새로운 출발과정이 된다. 마케팅 평가는 사회복지기관의 일부 조직에 대한 평가뿐만 아니라, 복지조직 전체에 대한 마케팅 활동에 대해 포괄적으로 평가해야 하며, 내부조직 내에 평가 시스템과 외부감사를 통한 평가를 통하여 마케팅의 유효성을 높여 미래 환경변화에 대처해 나갈 수 있도록 주기적으로 마케팅 평가를 실시해야 한다.

실행이 끝난 후에는 그 결과를 종합적으로 평가하여 새로운 외부환경에 대한 분석과 연계할 수 있어야 한다. 예를 들어, 기부금의 결과에 대한 기대와 실제의 차이를 종합적으로 분석하며 더 나아가 기관 외부환경에 대한 분석으로 연계되는 일련의 과정을 의미하는 것으로 그 내용은 다음과 같다(한신애 외, 2018: 326).

(1) 포괄적 평가

부분적인 문제뿐 아니라, 마케팅활동의 전반적인 문제를 평가한다.

(2) 단계적 평가

마케팅 외부환경, 내부 마케팅 시스템, 구체적인 마케팅 활동의 순으로 진단하여 마지막으로 마케팅 효율을 재고시키기 위한 장 · 단기의 방안을 제시한다.

(3) 객관적 평가

마케팅부와는 별개의 조직 또는 외부기관에서 행해지는 것을 의미한다.

(4) 주기적 평가

정기적, 즉 주기적으로 실시하는 것을 의미한다.

4. 사회복지조직의 홍보

1) 홍보의 개념

사회복지조직은 지역주민 또는 특정대상자에게 복지서비스를 제공하기 위해서 존재하고, 이를 위해서는 지역사회 내의 여러 개인, 단체 및 조직 등과 관계를 유지해야 한다. 따라서, 서비스에 대한 정보제공, 지역주민과 단체들의 협조 및 이해를 얻기 위해서는 사회복지조직의 홍보가 대단히 중요하다.

일반적으로 사회복지조직에서는 PR과 홍보를 구분하지 않고 사용하는 경향이 많다. 그러나 엄밀한 의미에서는 양자는 구분된다. PR(Public Relation)은 한 조직에 대한 대중의 이미지를 긍정적으로 변화시키기 위해 만들어진 광범위한 프로그램을 의미한다. PR은 조직의 총체적인 이미지 제고와 관련되어 있으며, 조직이 대중의 관점과 태도에 영향을 주기 위하여 행하는 모든 일과 관련된다. 반면, 홍보(publicity)는 대중매체에 대가를 지불하지 않고 상품이나 서비스의 수요를 충족시키기 위하여 관련 기사를 뉴스화하여 텔레비전, 라디오, 신문 등을 통해 간접적인 상품의 효과를 구하는 것이다.

PR은 커뮤니케이션 매체에 비용을 지불하여 공간과 시간을 보도 가치로 얻은 데 반해, 홍보는 보도가치가 있어야 하며, 매체에 인쇄되거나 방송되기 위해서는 대중에게 일반적인 흥미를 주는 정보이어야 한다는 점에서 서로 다르다.

PR은 광고주가 주장하는 모든 것을 그대로 대변하는 반면, 홍보는 매체 편집자의 의도에 좌우되기 때문에 홍보되는 조직에 의해서 통제될 수 없다. 다시 말해서 홍보는 사회복지조직의 메시지를 널리 알리고 전달한다는 점과 다소 일방적이라는 데 초점을 맞추는 반면, PR은 알리고 전하는 것은 물론 쌍방 간에 의사교환을 통해 서로 이해하고 선의의 관계를 유지하려는 종합적인 설득의 노력이라고 할 수 있다. 홍보가 기술적인 측면을 강조한다면, PR은 홍보를 포함하는 폭넓은 개념이라고 볼 수 있다(오종희 외, 2021: 361-362).

사회복지기관의 홍보는 영리기관 못지않게 중요한 역할을 한다. 사회복지기관은 공식성을 지니고 있기 때문에 매스 미디어를 통하여 기관의 목적과 사업을 효과적으로 홍보함으로써 기관의 신뢰성을 심어줄 수 있다. 사회복지기관의 홍보활동은 일반적으로 자원봉사자 모집 홍보, 후원자 개발 홍보, 프로그램 홍보 등과 같은 측면에서도 매우 중요하다.

2) 홍보의 원칙과 원리

사회복지기관 홍보의 원칙으로는 다음과 같이 다섯 가지로 분류하고 있다(고재욱 외, 2016: 288-289).

첫째, 홍보의 주체를 분명히 해야 한다. 사회복지기관 및 시설 등 관련 단체는 홍보 관련실무자와 책임자가 명확한 가운데 해당 기관의 목적과 성격에 맞는 홍보를 실시해야 한다.

둘째, 홍보의 대상이 명확해야 한다. 어떠한 조직이든 홍보의 성패는 표적대상을 만족시키는 데 있기 때문이다. 따라서, 사회복지기관은 다양한 부류의 공중을 인식해야 하며, 어떠한 공중을 홍보의 목표로 삼을지를 분명해야 한다.

셋째, 무엇을 전달할 것인지 메시지가 분명해야 한다. 홍보는 메시지를 통하여 주체와 객체가 연결된다는 사실을 명심하고, 가장 효과적이고 분명한 메시지 창출에 힘써야 한다.

넷째, 홍보의 목적을 명확히 해야 한다. 사회복지기관은 기관의 이미지 개선 및 인지도를 향상시키기 위해서 시행하고 있는 프로그램을 홍보하기 위하여 인적 · 물적자원을 개발하기 위하여 홍보활동을 전개한다. 따라서, 각각의 목적에 대한 세부목표를 설정하는 것이 중요하다.

다섯째, 어떻게 알릴 것인가의 문제는 다양한 홍보수단의 선택과 홍보의 전문성을 위한 끊임없는 노력이 함께 수반되어야 할 것이다.

효과적인 홍보를 위한 6가지 원리는 다음과 같다(오종희 외, 2021: 362).

① 홍보의 내용은 특정 목표집단을 대상으로 전달할 가치가 있어야 한다.

② 홍보의 내용은 절대적으로 정직하며 교육적이어야 한다.
③ 홍보의 내용은 이용 가능한 자원을 고려하며 이해하기 쉬워야 한다.
④ 홍보의 내용은 생생하고, 매력적이며, 오랫동안 흥미를 유지할 수 있어야 한다.
⑤ 홍보에 관한 구체적인 기법을 알아야 한다.
⑥ 홍보의 내용은 반복 전달되어야 한다.

3) 홍보의 기능

사회복지 측면에서의 홍보는 세 가지로 그 기능을 살펴볼 수 있는데, 그 내용은 다음과 같다(고재욱 외, 2016: 288).

첫째, 홍보 본래의 기능으로 사회적 위약계층의 존재와 이들의 사회적 요구를 공중과 지역조직에 알림으로써 이들에 대한 사회적 지원을 동원하고, 수혜 대상자들에게는 해당 사회복지기관의 목표와 특징, 기능과 사업내용을 공지하여 복지 프로그램의 효과적 사용을 유도하는 기능을 수행하는 것이다.

둘째, 공공교육의 기능으로 어린이, 청소년, 부모, 노인 등에게 사회적 적응과 성장에 관한 정보를 제공하고, 개인과 가족 또는 사회적 위기를 예방할 수 있는 다양한 프로그램의 내용을 소개하여 지역사회를 교육시키는 기능을 수행하는 것이다.

셋째, 예방의 기능으로 고립되거나 역경에 처한 사람들에게 유용한 재활의 정보를 제공하고, 자조 또는 원조집단에 대한 정보와 기능을 제공하며, 그들의 의욕을 북돋는 기능을 수행하는 것이다.

그러므로 이러한 홍보활동을 통하여 사회복지기관은 지역주민과 원활한 관계를 유지하고, 신뢰감과 호감을 얻을 수 있도록 적합한 정보와 최대한의 이익을 제공하면서 동시에 기관의 활동에 대한 적극적인 참여를 기대하는 쌍방향 커뮤니케이션(two way communication)으로 전개해 나가는 것이다.

4) 홍보매체

후원자 개발을 위한 사회복지조직의 홍보매체로는 시각적 · 청각적 · 시청각적 매체로 나눌 수 있다. 시각적 매체로는 신문, 잡지, 책자, 유인물, 연례보고서, 카탈로그, 광고지, 회보, 사보, 사진 등이 있다. 청각적 매체로는 라디오, 강연회, 이야기, 기자회견, 인터뷰, 좌담 등을 들 수 있다. 시청각적 매체로는 뉴스 아이템 개발, 취재유도, 특집기획프로그램 협찬, 드라마 제작 협찬, TV, 영화, 인터넷, CD-ROM, 모바일 통신, 비디오, 공개토론, 대중집회 등이 있다.

그러므로 사회복지조직의 홍보를 위하여 이들 매체들의 고유한 특성과 효과를 감안하여 가장 효과적인 매체를 선택하여야 한다.

〈연 습 문 제〉

1. 다음 중 사회복지영역에서 마케팅이 도입된 배경이 아닌 것은?
   ① 사회복지욕구의 다양화와 수요의 증가
   ② 사회복지영역에 영리기업의 참여
   ③ 중앙정부가 사회복지사업의 일부를 지방정부로 이양
   ④ 사회복지기관의 책임성에 대한 관심 증가
   ⑤ 마케팅 활용에 대한 사회복지조직의 부정적 태도

2. 다음 중 마케팅 믹스에 속하지 않는 것은?
   ① 가격 ② 제품 ③ 홍보 및 판촉활동 ④ 교환 ⑤ 유통

3 다음 중 마케팅 믹스에 대한 설명으로 옳지 않은 것은?
   ① 마케팅 믹스는 마케팅과 관련된 모든 요소를 통합하는 것을 전제로 한다.
   ② 상품 전략에서의 상품은 사회복지조직에서는 서비스와 관련된다.
   ③ 사회복지법인은 비영리조직이기 때문에 가격전략은 무의미하다.
   ④ 유통전략은 서비스의 전달, 접근성과 관련된다.
   ⑤ 촉진전략은 홍보활동과 관련이 깊다.

4. 사회복지 분야에서 마케팅이 강조된 원인으로 볼 수 없는 것은?
   ① 기관의 재원 확보
   ② 사회서비스의 시장 방식 공급 확대
   ③ 고객 중심의 서비스 제공 요구 증가
   ④ 국가 정책에 부응하는 서비스 개발
   ⑤ 사회복지 관련 서비스 제공 기관의 증가

5. 다음 중 사회복지기관의 홍보내용이 아닌 것은?
   ① 사회복지기관의 시설 및 이미지 홍보 ② 자원봉사자 모집 홍보
   ③ 기관장 개인가족 홍보 ④ 프로그램 홍보
   ⑤ 후원자 개발 홍보

정답 1. ⑤ 2. ④ 3. ③ 4. ④ 5. ③

Chapter 12

사회복지 프로그램의 개발 및 평가

개 요

사회복지 프로그램은 기본적으로 특정한 사회문제를 해결하기 위하여 사회복지적 목적 및 목표로서 참가자, 프로그램 제공 전문인력 활동계획 및 세부내용, 예산, 장소, 도구, 프로그램의 체계화, 효과성/효율성 등으로 구성된다. 여기에서는 사회복지 프로그램의 개발 및 평가에 관하여 학습하고자 한다.

학습목표

1. 프로그램에 대한 기본적 이해
2. 사회복지조직에서 프로그램의 적용
3. 적용 후 평가

학습내용

1. 사회복지 프로그램의 개념
2. 사회복지 프로그램의 개발
3. 사회복지 프로그램의 평가

Chapter 12
사회복지 프로그램의 개발 및 평가

1. 사회복지 프로그램의 개념

1) 프로그램의 정의

프로그램은 특정 목표를 성취하기 위한 활동의 집합이라고 정의한다. 특히, 사회복지 프로그램은 사람들이 원조를 받는 활동으로 구성된다. 사회복지 프로그램은 사회의 구성원들에 대한 원조를 제공함으로써 사회의 욕구를 충족시킴과 동시에 사회복지사에게는 성취감과 만족감을 주는 수단이 되기도 한다(김형식 외, 2020: 138). 즉, 사회복지적인 이념과 정책들을 구체적인 서비스로 전환하여 실천하는 것이 사회복지행정이며, 그러한 목적과 역할을 추구하는 데 쓰이는 주된 도구가 프로그램이다. 프로그램의 개념은 한정된 자원으로 대상자들의 삶의 질을 향상시키기 위한 문제해결 과정의 활동계획으로 목적달성을 위한 의도적이고 조직적인 활동의 집합체이다.

사회복지 프로그램은 기본적으로 특정한 사회문제를 해결하기 위하여 사회복지적 목적 및 목표로서 참가자, 프로그램 제공 전문인력 활동계획 및 세부내용, 예산, 장소, 도구, 프로그램의 체계화, 효과성/효율성 등으로 구성된다.

프로그램은 정책의 구체적 실행을 위한 도구적 성격을 갖는다. 사회복지에서 프로그램은 사회문제를 해결하기 위해 계획된 일련의 활동으로 클라이언트의 욕구를 충족하거나 역량을 강화하기 위해 개입하는 활동, 즉 서비스들의 묶음이라고 할 수 있다. 서비스는 어떤 욕구의 충족이나 역량강화에 필요한 단위행위이며, 특정 서비스는 해당 분야 전문가에 의해 이루어지는 것이 원칙이다. 프로그램은 다양한 전문가에 의해 이루어지는 서비스들을 묶어서 일련의 계획된 활동으로 설계한 것이다.

프로그램은 개입전략이나 이론을 기본으로 구성되며, 프로그램이 설정한 목적(의도된 상태)에 도달하기 위한 방법이나 제반 목표들의 선택과 실행기술들을 담고 있는 일종의 목적과 수단 간의 논리적 매개체라고 할 수 있다. 프로그램은 법률 및 정책 등을 통하여 서비스를 제공하는 제도적인 개입과 사회복지사가 클라이언트와 대면을 통하여 서비스를 제공하는 직접적인 개입으로 나뉠 수 있다.

그러므로 프로그램(program)이란 한 조직에서 목적을 달성하기 위하여 모든 과정을 마칠 때까지 요구되는 내용의 선정과 조직, 지도활동 체계, 시설, 자원, 지원체계, 기간 등에 관한 전체적 계획, 즉 특정 목표를 성취하기 위한 활동들의 집합, 일련의 상호의존적인 활동이라고 정의할 수 있다.

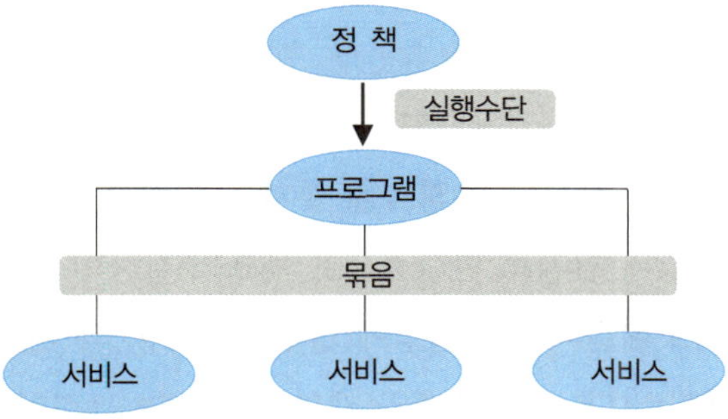

자료: 한신애 외(2018: 330).

[그림 12-1] 프로그램과 정책, 서비스의 관계

사회복지의 이념과 정책을 구체적인 서비스로 전환하여 실천하는 것이 사회복지행정이라면, 그러한 목적과 역할의 추구에 쓰이는 주된 도구가 프로그램이다. 사회복지 프로그램은 사회복지행정의 실천을 위한 주요 수단이다. 사회복지의 이념과 정책들을 구체적인 서비스로 전환하여 실천하는 것이 사회복지행정이라면 그러한 목적과 역할추구에 활용되는 주요 도구가 복지 프로그램이라는 것이다.

사회복지 프로그램은 사회복지적인 목적을 달성하기 위하여 계획된 활동들의 구조화된 집합체로 목표 대상자에게 체계적으로 도움을 줄 것인가에 관한 활동들의 집합이고 그것을 통해 사회적 욕구와 문제해결을 실현하는 계획적인 방법을 말한다. 따라서, 사회복지 프로그램이란 복지조직의 목적과 목표를 달성하기 위한 특정한 활동들의 집합체라고 볼 수 있다. 이러한 활동에는 그 내용을 정하고 활동을 위한 조직을 구성하는 것, 인적 · 물적 자원의 관리, 실행 및 평가 등이 포함되어 있다. 이와 같이 프로그램은 그 성격상 집합적 활동이며, 일련의 진행과정에 따라 인간과 환경 간의 다양한 상호작용을 보여주는 역동적인 활동이다.

사회복지 프로그램의 특성은 다음과 같다(전해황 외, 2021: 270).

첫째, 사회복지조직에 투입되는 기본이 인간이라는 점이다. 주요 내용은 개인과 가족, 사회문제와 욕구이며, 사회복지서비스 전달과정에서 참여와 호응하는 특징이 있다. 서비스 활동이 도덕적으로 정당화하여 서비스 기술과 활동의 제한이 있기도 하다.

둘째, 사회복지조직의 목표가 애매모호하여 가치와 이해관계에 갈등이 있다. 집단과 개인의 욕구가 다르므로 합의점을 찾기가 어렵고, 욕구와 문제점이 있어도 예산과 전문가 투입의 한계로 현실적으로 목표의 갈등이 있다.

셋째, 수요자의 욕구해결의 목적달성에 불완전한 지식과 기술사용으로 서비스 결과 비교적 성공률이 낮다. 사회체계와 개인의 성격과 특징이 서로가 다르기 때문에 결과 예측이 어렵고, 이를 해결할 수 있는 전문인력과 예산의 한계가 있기 때문이다.

넷째, 사회복지 예산은 외부로부터 지원되는 예산이 많으므로 외부환경에 좌우되므로 계획된 프로그램 진행에 많은 한계가 있다

다섯째, 전문적인 사회복지사들 수요가 필요함에도 그 수가 절대적으로 부족하며, 수요자들은 전문적 서비스를 해줄 수가 없고, 수요자 욕구충족이 어려워지면 사회문제로 비화되기도 한다.

2) 프로그램의 구성요소

프로그램의 기본 구성요소는 목적, 자원과 기술, 계획된 활동으로 구성되어 있다. 프로그램의 구성요소를 살펴보면 다음과 같다(고재욱 외, 2016: 330-302).

(1) 목적

사회복지 프로그램은 프로그램 자체의 목적을 갖고 있다. 프로그램의 목적은 프로그램 활동이 궁극적으로 추구하고자 하는 가치와 바람직한 미래의 상태로 프로그램 목적에는 상향적, 하향적 방향성을 갖는다. 프로그램은 조직이나 기관을 전제로 성립될 수밖에 없는 개념이기 때문에 프로그램 목적은 조직이나 기관의 목적달성을 위한 수단이 되고, 조직이나 기관의 설립목적은 기관의 설립이념 또는 사명헌장에 종속된다. 따라서, 프로그램 목적의 방향성은 상향적으로 설립목적과 사명을 달성하기 위한 수단이 된다. 그래서 기관 내 각 프로그램은 조직이나 기관의 설립목적과 사명도 달성되고, 내용적으로는 개인, 가족, 지역사회가 당면하고 있는 문제를 해결하여 복리증진과 기능향상이 관련된 목적이 설정된다.

하향적 방향성은 구체적 목표를 분화하고, 이러한 구체적 목표는 개별 클라이언트의 변화목표로 세분화된다. 따라서, 특정 프로그램의 목적과 목표가 하향적으로 개별 클라이언트 목표로 나누어지는 경우 분화의 과정을 거친다고 말한다.

(2) 자원과 기술

사회복지 프로그램에 중요한 구성요소로 자원과 기술은 필수적이다. 자원은 물적·인적으로 나누어지며 물적자원으로 프로그램을 실행할 수 있는 재원을 의미하며, 인적자원은 프로그램을 수행하는 인력으로 이 두 가지가 결합되어 하나의 사업단위로 볼 수 있다. 기술은 사회복지실천 이론과 기법을 포괄한다. 사회복지 프로그램 속에는 반드시 클라이언트나 대상체계의 변화를 위한 실천모델, 방법과 기법들이 농축되어 있으며 프로그램의 수행과정에서 이러한 이론과 기법들이 광범위하게 적용되고 그 효과를 발휘한다. 따라서, 조직의 프로그램 과정에서 조직의 인력과 재정, 그리고 기술이 결합하여 프로그램이 만들어지고 실행된다.

(3) 계획된 활동

사회복지 프로그램은 계획된 활동으로 이루어진다. 그래서 프로그램 관리자는 항상 일정한 기간을 설정하고 순차적으로 진행될 활동을 의도적으로 계획하여 진행시킨다. 프로그램의 매뉴얼을 개발하고 지침서가 마련되는 경우가 있는데, 이것은 계획된 활동이 체계적으로 진행되도록 만들어진 것이다. 즉, 사회복지 프로그램은 사회문제를 해결하거나, 클라이언트의 욕구를 충족시켜 주는 방향으로 프로그램이 조직적으로 설계되어 수행된다.

여기에서 프로그램의 활동에는 클라이언트 집단에 제공하는 서비스 활동, 프로그램수행에 관련된 행정활동, 프로그램 수행인력의 활동으로 지역사회활동 등이 있다.

3) 프로그램의 유형

사회복지 프로그램의 종류나 유형은 분류기준에 따라 다양하게 나누어지는데, 일반적으로 프로그램의 성격 및 정책별 유형, 표적집단 또는 실천대상별 유형, 기능별 유형, 기타 프로그램으로 분류된다.

(1) 프로그램의 성격 및 정책별 유형

사회복지서비스의 성격 및 정책별 유형은 다음과 같다.

첫째, 개인의 사회화와 발달적 욕구충족을 위한 서비스 및 프로그램은 개인이 인간으로 성장하고 발전하는 전 생애에 걸쳐 욕구충족을 목적으로 하는 프로그램으로, 아동양육 및 보육 프로그램, 청소년 성장 프로그램, 노인의 사회참여 강화 프로그램 등이 있다.

둘째, 문제를 지닌 개인 또는 가족에 대한 치료, 보호, 구체적 지원서비스는 문제중심의 프로그램으로 이러한 대상들이 당면한 사회적 관계와 적응상의 문제를 해결하기 위한 프로그램으로, 입양 및 위탁가정보호 프로그램, 가출청소년 선도 프로그램, 정신장애인의 음악치료 프로그램 등이 있다.
셋째, 제반 서비스의 접근을 위한 안내 및 조언서비스 프로그램은 일반적으로 홍보, 정보제공, 의뢰, 연계서비스를 의미하며 하나의 독립된 프로그램 형태로 구성되는 것이 거의 없고, 다른 주된 프로그램에 부수적으로 수반되는 하위 서비스 형태로 나타난다. 예를 들어, 홍보 및 정보제공 또는 접근성 향상을 목적으로 시행되는 활동, 클라이언트의 의뢰나 신규 대상자 접수와 관련된 활동 등이 있다.

(2) 표적집단 또는 실천대상별 유형

표적집단이란 실천이나 프로그램에서 변화의 대상이 되는 체계로 주로 개인, 가족, 집단을 대상으로 클라이언트와 대면관계를 이루어 직접적 서비스 제공의 형태로 진행되는 프로그램으로 임상적 프로그램이라고 하며 상담, 치료, 재활, 정보제공 등의 사회서비스이다. 실천적 대상으로는 조직과 지역사회, 전체 사회를 대상으로 하는 프로그램이다. 예를 들어, 건강을 위한 금연 활동 캠페인 등이 있다.

(3) 기능별 유형

사회복지기관의 프로그램을 기능별로 분류하는 방법으로 기관에서 가장 많이 사용되고 있는 프로그램이다. 아동복지기관의 입양 프로그램과 상담 프로그램, 사회복지공동모금회의 모금과 배분 프로그램 등이 있다.

(4) 기타 프로그램의 분류

그 밖에도 사회복지 프로그램의 분류방법은 연령층에 따라 아동, 청소년, 노인 프로그램, 클라이언트 집단의 유형에 따라 장애인복지 프로그램, 다문화가족 프로그램, 탈북청소년 프로그램 등이 있다. 또한 프로그램의 실시장소에 따라 내방 또는 방문 프로그램, 기관과 지역사회의 협력과 연계 유무에 따라 단독과 공동 프로그램 문제유형별 프로그램으로 분류할 수 있다.

2. 사회복지 프로그램의 개발

1) 프로그램 개발의 개념

사회복지 프로그램은 조직의 목적달성을 위해 사회문제를 해결하고, 취약계층과 일반시민의 사회복지적 욕구를 충족시켜 주기 위해서 자원과 기술이 결합하여 클라이언트 체계의 변화를 촉진시키는 매개체이다. 즉, 사회복지 프로그램을 통해서 클라이언트 체계가 변화될 수 있으며, 이러한 변화를 위한 프로그램을 조직이나 기관의 관련 구성원들이 프로그램을 만들고 실행하는 것이다.

프로그램 개발은 새로운 프로그램을 창출하거나, 기존의 프로그램을 수정 · 보완하여 효과적 프로그램으로 개선시키는 노력과 과정인 것이다. 따라서, 프로그램 개발은 새로운 프로그램의 기획과 설계 그리고 기존 프로그램의 수정 · 보완뿐만 아니라 실행, 평가 등의 전 과정을 프로그램 개발이라 할 수 있다.

사회복지기관에서 프로그램의 기관 목적과 사명을 토대로 클라이언트나 지역사회의 주민들을 대상으로 효과적이고 효율적인 서비스를 전달하기 위해서는 프로그램 개발이 필요하다. 프로그램 개발과정은 기관 내의 사회복지 프로그램의 필요성이나, 외부환경에 의한 대상자들을 위한 프로그램의 필요성에 의해 기관의 사회복지사들이 아이디어를 창출하여 최적의 서비스를 제공할 수 있는 과학적이고 체계적인 과정 속에서 프로그램을 개발한다.

프로그램 개발이란 용어 외에 기획, 계획, 설계라는 용어를 혼용하고 있으며, 각각의 개념은 약간의 차이가 있으나, 근본적인 개념이 유사하게 활용되고 있다 (김현진 외, 2017: 302-303).

(1) 개발(development)

개발은 두 가지 측면에서 설명할 수 있다. 먼저, 개발이란 처음부터 없었던 것을 새롭게 만드는 것을 말하고, 다른 하나는 기존의 것을 더욱 발전시켜 유용하게 만드는 것을 의미한다. 따라서, 프로그램 개발의 개념은 새로운 프로그램을 만들거나, 기존의 프로그램을 과학적이고 체계적인 일련의 과정을 거쳐 더욱 발전시켜 나가는 것을 뜻한다.

(2) 기획(planning)

기획이란 어떤 일을 꾀하는 것으로 실제로 하고자 하는 일을 추진하는 데 있어서 단순한 아이디어에서부터 실행단계에 이르는 모든 기안을 작성하는 것을 말한다. 즉, 현재와 미래의 환경 변화에 대응하기 위한 것으로 먼저 목표를 정한 다음에 그 목표를 어떻게 실현할 것인지에 대한 구체적인 세부기획안을 작성하게 된다. 기획은 발상하는 것으로부터 문서화하고 행동으로 실천하여 결과를 획득하는 일련의 정보고리작업이다.

(3) 계획

계획(plan)이란 어떤 것을 하거나 만들기 위해 사전에 마련된 구체적인 방법을 의미한다. 즉, 어떤 일을 함에 있어 목표를 설정하는 것으로, 앞으로 할 일의 절차, 방법, 규모 따위를 미리 헤아리는 것으로 기획한 내용을 효율적으로 수행하기 위한 단계에 해당한다. 따라서, 계획은 기획한 내용을 어떻게 실시하느냐가 중요한 요점이다.

(4) 설계

설계(design)란 어떤 일을 함에 있어 요구조건을 만족시키고 합리적이며 경제적으로 만들기 위해서 계획을 종합한 설계도를 작성하여 구체적으로 내용을 명시하는 일을 의미한다. 따라서, 프로그램을 설계한다는 의미는 프로그램 계획 다음의 단계로 받아들여 주어진 일을 매우 상세하게 구체적으로 그 과정을 기술함으로써 실현 가능성을 높이는 작업이라고 볼 수 있다.

2) 프로그램 개발의 고려요소

사회복지 프로그램은 참여자가 잠재능력을 가지고 있고, 시간의 경과에 따라 성장 · 변화할 수 있다는 기본 전제하에서 만들어져야 할 것이다. 따라서, 프로그램 관리자들은 이러한 전제를 고려하여 이를 개발하여야 한다. 프로그램의 개발에 있어서 고려해야 할 요소로서 5P(Person, Problem, Purpose, Process, Place)를 들 수 있는데, 그 요소를 살펴보면 다음과 같다(양승일, 2018: 311-313).

(1) Person : 능력수준과 흥미의 적합성

사회복지 프로그램의 내용은 무엇보다도 대상자에 맞게 심사숙고하여 선정하여야 한다. 프로그램의 내용에는 대상자의 능력수준과 흥미의 적합성 등을 고려하여야 하며, 아울러 프로그램의 대상자는 물론 그 가족들도 포함하는 것이 양질의 프로그램을 지향하는데 더욱 바람직하다.

(2) Problem : 프로그램의 통합성

사회복지 프로그램의 통합성이란 프로그램에 참여하는 대상자의 문제해결이나 목표달성을 위한 단편적인 프로그램이 아니라, 인간의 경제적 · 사회적 · 심리적 · 문화적 제반 측면들을 통합적으로 고려하는 프로그램인 것이다. 예를 들어, 비행청소년이나 범죄자의 경우 그들의 비행 감소와 재범방지를 통한 사회복귀에만 그치는 것이 아니라, 대상자와 그 가족의 사회적 관계망 유지와 회복, 정서적인 안정, 자립 및 갱생 등에 도움이 될 수 있는 대인적 서비스도 고려되어야 할 것이다.

(3) Purpose : 합목적성 및 목표의 일관성

사회복지 프로그램의 내용은 목표에 입각하여 결정되어야 한다. 참여자로 하여금 협동심을 고취시킨다는 목표를 세워 놓고 그 내용에는 경쟁상태의 활동내용만을 포함시켰다면, 프로그램의 내용과 목표가 일치하지 못한 경우인 것이다. 아울러, 프로그램의 내용에 지나치게 치중하여 수단이 목적이나 목표에 전도되는 '목표전치' 현상이 발생되지 않도록 유의하고, 따라서 프로그램을 진행하는 도중에 목적과 목표에 대한 점검이 필요한 것이다.

(4) Process : 프로그램의 지속성과 네트워크화

사회복지 프로그램은 지속적이고 제도적인 안정성을 가져야 한다. 프로그램들은 일시적이고 일회적인 것이 아니라, 장기적이고 체계화된 일정계획 아래 지속적이고 제도적인 것이 되어야 한다는 것이다. 또한 프로그램 내용의 구성에 있어서도 지식, 이해, 기능, 태도 등의 측면이 프로그램에 반영되게끔 하여 공통목표의 달성에 기여할 수 있어야 한다. 예를 들어, 비행청소년이나 범죄자의 재범방지나 원만한 사회복귀 및 갱생을 위하여 공공시설, 기업, 민간 및 종교단체 등과 같은 다양한 인적 · 물적 자원을 연결시키는 체계적인 서비스지원시스템의 구축을 통하여 프로그램의 네트워크가 형성되도록 한다.

(5) Place : 지역성

사회복지 프로그램 실시기관의 지역적 · 문화적 상황이 다르기 때문에 프로그램의 내용선정에서도 지역적 특성을 반영하고 각 지역의 독특한 특성을 발굴해 내는 것이 중요하다. 특히, 그 지역의 문화적 특성이나 전통, 관습, 방언 등을 발굴하여 프로그램명이나 집단명으로써 활용할 때, 프로그램의 참여자나 팀 구성원 및 지역사회 주민들이 프로그램에 보다 쉽게 접근할 수 있고 많은 호응도를 불러일으킬 수 있는 것이다.

3) 프로그램 개발과정의 분류

프로그램 개발과정을 많은 국내외 학자들에 의해 분류하고 있는데, 프로그램을 기획과정, 개발, 설계로 보는 측면에서 분류하고 있다. 스키드모어(Skidmore, 1994)는 기획과정으로 구체적 목표의 설정→관련 정보 수집 및 가용자원 검토

→목표달성을 위한 대안 모색→대안의 실시조건 및 기대효과 평가→최종 대안의 선택→구체적 실행계획 수립으로, 개발단계를 문제와 욕구사정→자원체계의 확인→목적 및 세부 목표설정→자료수집과 대안 설정→실천계획의 묘사(표현)→실천활동과 실행→측정과 평가로 분류할 수 있다(고재욱 외, 2016: 335-339).

(1) 문제의 구체화와 욕구사정(Problem and Need Assessment)

사회복지기관에서 프로그램을 개발함에 있어서 문제를 발견하고 욕구분석을 통해 원인규명을 하고 문제를 진단하는 것이다. 따라서, 문제분석은 무엇이 문제인지를 규정해야 하는데, 문제를 일차적으로 사회문제로 볼 것인가 아니면 개인의 문제로 볼 것인가를 보고, 문제분석의 내용으로 그들의 바람직하지 않는 것으로 간주되는 상황이나 조건들은 무엇이고, 누가 문제로 고통받고 있는지, 누가 문제로 규정하고, 무엇이 문제의 이유인지, 어떤 프로그램들이 현재 그 문제를 다루고 있는지를 우선적으로 분석해야 한다. 그리고 욕구분석을 해야 한다. 욕구사정은 한정된 지역 안에서 사람들의 욕구수준을 확인해 내고 이를 수량화하는 방법으로 사람들의 서비스 욕구를 체계적으로 분석해야 한다. '욕구(need) = 바라는 상태(what should be) - 현재 상태(what is)'로 정의할 수 있다.

그러므로 욕구의 주체, 객체와 욕구의 유형 등을 파악해 기존자료를 활용하거나 주요 관련정보를 이용하거나, 지역사회 서베이 등을 통해 욕구사정을 해야 한다. 심리적 욕구인 매슬로우(Abraham H. Maslow)의 욕구 다섯 단계 ① 생존·생리적(physiological needs), ② 안전에 대한 욕구(safety needs), ③ 사회적 욕구(소속 및 사랑)(belonging and love needs), ④ 존경받고 싶은 욕구(self-esteem needs), ⑤ 자아실현 욕구(Needs for self-actualization)의 욕구단계이론과, 알더퍼(Clayton P. Alderfer)의 ERG 이론(생존·관계·성장) 그리고 사회적 욕구인 브래드쇼(John Bradshow)의 네 가지 욕구(전문가 규정의 규범적 욕구, 개인의 욕구인 인지된 욕구, 특정 서비스의 개인수요 욕구인 표현된 욕구, 다른 사람 비교의 상대적 욕구)가 있다.

(2) 프로그램 수혜자 및 자원체계 확인(Resource System Identification)

프로그램의 수혜자는 일반 인구집단은 프로그램 대상지역 내에서 문제의 속성과 관련 있는 모든 사람들(ㅇㅇ구에 거주하는 65세 이상 노인 전체 50,000명), 위험(위기) 인구집단은 일반인구의 하위집단으로, 해당문제에 노출될 위험이 있거나 욕구가 있는 사람들(ㅇㅇ구에 거주하는 65세 이상 노인 중 독거노인 2,500명), 표적 인구집단은 위험인구의 하위 집단으로, 해당문제에 노출되거나 경험이 이는 사람들, 다시 말해서, 프로그램 대상이 되어야 하는 사람들(ㅇㅇ구에 거주하는 65세 이상 독거노인 중 국민기초생활보장 수급자 가구의 독거노인, 350명), 클라이언트 인구집단은 표적인구의 하위집단으로, 프로그램의 실제 대상자가 되는 사람(ㅇㅇ구에 거주하는 65세 이상 독거노인 중 국민기초생활보장 수급자 가구의 독거노인 중 ㅇㅇ돌봄서비스 이용자 30명)이다. 한편, 자원체계 확인은 프로그램을 실행하기 위해 필요한 자원으로 물적 · 인적자원이나 지식, 기술, 그리고 사회환경이 어떠한가를 파악하는 활동을 의미한다.

사회복지기관은 물적자원, 즉 프로그램 실행을 위한 재원 확보가 중요하다. 사회복지조직들은 일반기업과 달리 상품판매에 의해 재원이 마련되지 않고 서비스 공급자와 수급자가 분리되어 있기 때문에 사회복지기관의 재원확보가 어렵다. 따라서, 프로그램을 실행하기 위해서 보조금 등의 기관의 한정된 재원으로 프로그램 개발은 개인이나 지역사회주민들에게 욕구충족을 할 수 없으므로, 재원을 어떻게 동원하느냐가 중요하다. 인적자원으로는 내부자원과 외부자원으로 내부와 외부자원을 어떻게 확보하고 연계하여야 할 것인가가 고려되어야 하며, 프로그램 개발에 있어서의 전문적 지식과 기술, 시설, 장비 등을 어떻게 조합할 것인가에 대한 구체적 점검이 있어야 한다. 또는 클라이언트집단의 매핑(mapping)과 클라이언트 집단파악(일반집단, 위험집단, 표적집단, 클라이언트 집단, 즉 일명 깔때기 모양)이 중요하다.

(3) 목적 및 목표설정(Objectives Establishment)

사회복지 프로그램은 목표를 달성하기 위한 활동들로 구성되기 때문에 목표를 어떻게 설정하는가 하는 일은 프로그램의 방향을 결정하는 매우 중요한 과제이다. 목표는 프로그램이 변화시키려고 하는 상황이나 문제에 대한 기준을 설정하는 것이며, 또한 프로그램 활동의 결과로서 기대되는 변화의 정도 등을 포함된다. 프로그램과 관련된 목표라는 용어는 목적(purpose), 목표(goal), 세부목표(objective) 등이 있다. 프로그램의 목적은 구체적 표적집단(누구), 현재문제영역(어떤 문제), 바람직한 미래상태(어떻게 변화), 즉 누구의 어떤 문제를 어떻게 변화시킬 것인지이다.

프로그램 목표는 프로그램 목적으로부터 분화되어 구체적으로 측정 가능한 형태로 된다. 따라서, 프로그램 목표는 프로그램 목적의 측정지표라 할 수 있다. 목표에는 상위목표와 하위목표, 과정과 성과목표, 기관목표와 활동목표 등의 유형이 있으며, 목표설정의 기준으로 첫째, 프로그램 참여자에 해당하는 클라이언트를 중심에 두고 목표를 설정해야 하고, 둘째, 프로그램의 목표는 기관의 목적과 논리적으로 연관성을 유지해야 하며, 셋째, 클라이언트 집단이 달성할 수 있는 성취 가능한 형태로 설정되어야 하며, 넷째, 가능한 측정할 수 있도록 설정해야 한다. 또한 SMART원칙에 따라 Specific(구체적 서술), Measurable(측정 가능 숫자, 양), Altainable(실현 가능하게), Result-oriented(결과지향적), Time frame(시간 구조를 갖고)으로 기술해야 한다.

(4) 자료수집과 대안 설정

프로그램에 관한 목적과 목표가 설정되면 프로그램에 관한 유사한 프로그램이 있는지 여부와 과거에 유사한 프로그램이 있었는지, 그리고 외국의 사례 등을 조사하여 자료수집을 하고, 관련 프로그램을 진행하고 있다면, 현장을 방문하여 진행상황과 관련자료나 담당자의 의견을 청취하거나, 관련된 프로그램이 없다면 관련 프로그램에 관련된 전문가의 조언 등을 토대로 자료수집을 한다.

프로그램을 실행하기 위해서 프로그램의 목적과 목표달성에 적합한 대안을 결정하는 것은 쉽지 않다. 따라서, 프로그램을 실행하기 위해 어떠한 대안이 최적인지를 선택해야 되는데, 기관의 사명과의 적합성, 자원동원 등의 환경요인에 따라 우선순위가 결정되고, 적합성과 실행 가능성 여부에 의해서 비교, 결정하여 최종대안을 선택해야 한다. 따라서, 기관의 내부 특성을 고려하고 외부환경에 적합성 여부를 판단해 대상자들에게 제공할 최적의 프로그램을 선택하는 것이 중요하다.

대안들의 비교 · 검토에 사용되는 기준을 크게 나누면 타당성(desirability)과 실행 가능성(feasibility)으로 나눌 수 있다. 타당성은 채택된 대안(프로그램)이 수행될 경우 그 결과가 사회적으로 얼마나 바람직한가를 판단하는 기준으로 ① 효과성, ② 효율성, ③ 비용-효용성, ④ 적합성 또는 민감성, ⑤ 형평성 또는 공평성 등이 있다.

실행 가능성은 대안이 채택되어 집행될 수 있는 가능성을 나타내는 기준으로 ① 기술적(조직, 인력수급, 담당자의 자질 등), ② 경제적(비용, 비용 부담자 등), ③ 이용자 확보 여부, ④ 사회윤리적(건전성, 수용성 등), ⑤ 정치적(정치적 지지 등) 실행 가능성을 의미한다.

(5) 실천계획의 묘사 및 서비스 방법 구체화

관련자료가 수집되고 우선순위에 의해 대안서비스들이 결정되고 나면, 이를 달성하기 위한 구체적 실천계획이 수립되어야 한다. 실천계획의 수립은 최종적으로 목표를 달성할 수 있는 체계를 창출하는 과정이며, 선택된 대안에 대한 구체적 실천과정을 작성하는 과정이라 할 수 있다.

프로그램의 실천계획에는 구체적 실행계획을 수립해야 하는데, 구체적으로 서비스 방법, 시간, 예산, 교육 등을 구체적으로 명시화하는 것이다.

(6) 프로그램 실행

프로그램 실행이란 전 단계에서 제시한 사항들을 정해진 계획에 의해 서비스를 실시하는 것을 의미한다. 프로그램 실행에 있어서 유의할 점으로는 프로그램 계획에 지나치게 얽매여서 목표전치가 발생하지 않도록 하는 것이다. 프로그램은 효율적이고 효과적 서비스를 제공하기 위한 도구이지 그 자체가 목적은 아니다.

프로그램 실행은 탄력적으로 운영될 수 있도록 융통성이 필요하며, 때로는 목적 달성을 위해 수정될 수도 있다.

프로그램 실행을 효과적으로 진행하기 위해서는 프로그램의 모니터링과 관련 담당자나 슈퍼바이저와 토의하거나 조언을 듣는다.

(7) 측정 및 평가

사회복지 프로그램에서 측정과 평가는 계획된 목표가 달성되었는가를 알아보기 위한 과정이다. 즉, 시행한 프로그램의 가치와 의의를 판단하는 사회적 과정이라고 할 수 있다. 평가란 한 기관의 전체 또는 선별된 프로그램의 효율, 효과 및 적절성을 철저하게 그리고 비판적으로 검토하는 과정이라고 할 수 있다.

프로그램 개발과정에서 평가는 다음과 같이 요약할 수 있다.

첫째, 프로그램 계획이나 운영과정에 필요한 정보를 확보하여 이 과정이 바람직하게 추진되도록 노력하는 것으로서 프로그램 과정상의 '환류과정'이라고 볼 수 있다.

둘째, 프로그램 담당자가 프로그램 계획과정에서 행하는 활동에 대해 사회적 책임을 지도록 하는 것으로서 '책임성 이행과정'이라고 할 수 있다.

셋째, 보조적 목적으로서 프로그램 속에 내재된 변수들 간의 인과관계를 검증하여 이론형성에 기여한다.

넷째, 평가는 사회복지기관, 전문가의 의무이고 윤리이다.

4) 사회복지 프로그램의 개발과정

일반적으로 사회복지 프로그램의 개발과정은 예비(준비)단계, 계획(설계)단계, 실행(집행)단계 그리고 평가단계로 나누어 조명할 수 있다. 그 구체적 내용은 다음과 같다(양승일, 2018: 311-313).

(1) 예비(준비)단계

예비(준비)단계는 사회복지 프로그램을 구체적으로 계획하기 이전에 지역주민의 상황과 조건들을 파악하고 프로그램 개발의 정당성과 필요성 등을 증명해 줄 수 있는 기초자료들을 수집하는 단계이다. 이러한 상황들은 사회복지 프로그램의 기본방향 설정에 영향을 미치게 된다.

(2) 계획(설계)단계

계획(설계)단계는 사회복지 프로그램의 성격을 규명하고 프로그램이 실행될 수 있도록 기본틀을 짜는 단계이다. 프로그램의 계획은 프로그램의 목적을 구체적인 과업과 활동으로 전환하는 과정이며, 각 과업과 활동의 순서 및 적절한 시기를 정하는 단계이다.

(3) 실행(집행)단계

실행(집행)단계는 이전까지의 계획을 행동화하는 단계이다. 이 단계에서는 클라이언트집단과의 좋은 관계형성을 위한 노력과 프로그램이 계획대로 진행되는지를 확인 · 점검 · 관리하는 것이 매우 중요하다. 그 결과에 따라 프로그램 계획을 수정 · 보완하는 것이다. 프로그램 운영 시 주요 점검사항으로는 적절한 운영절차의 여부, 자원 및 서비스전달의 여부 그리고 의도했던 대상집단의 실시여부 등을 알아보는 것이다.

(4) 평가단계

평가단계는 사회복지 프로그램에 있어서 계획된 목표가 달성되었는가를 알아보기 위한 단계이다. 즉, 평가란 한 기관의 전체 또는 선별된 프로그램의 효율, 효과 및 적절성을 철저하고 비판적으로 검토하는 과정이라고 할 수 있는 것이다. 즉, 평가는 사회과학적 조사방법론을 사용해서 프로그램이 성취하려는 목적을 얼마나 달성하였는지, 프로그램이 소속되어 있는 정치 · 사회 · 경제적 조건하에서 조사하는 것이다.

3. 사회복지 프로그램의 평가

1) 프로그램 평가의 개념

(1) 평가의 정의

평가는 효과성, 효율성 등이 측정되는 과정이 사회복지행정에서 평가의 기능은 행정과정에서 필요한 기준의 선정, 성과에 대한 평가, 목표달성을 위한 변화 유도, 책무성의 개발과 같은 관리 일반적인 기능의 한 유형에 해당된다.

평가는 정책이나 프로그램에 관한 의사결정을 목적으로 사회과학적 조사방법을 원용하여 정책 또는 프로그램의 수행과정과 결과를 측정하는 일련의 절차(Rutman, 1984: 10)이기도 하며, 프로그램의 특성 및 활동과 결과에 관한 체계적 정보수집을 통해서 불확실성을 제거하거나, 효과성을 증진시키거나, 또는 프로그램의 진행상황과 영향에 관한 의사결정을 위한 것(Patton, 1986)을 의미하기도 한다. 또한 평가란 한 기관의 전체 또는 선별된 프로그램의 효율성, 효과성 및 적절성을 철저하게 그리고 비평적으로 검토하는 과정이다.

평가란 어떤 것에 대한 심판이며, 장점, 유용성, 가치 등을 결정하는 과정이다. 평가는 전문적 활동에 대한 서술, 전문적 활동의 결과에 대한 조사, 새로운 치료개입 형태에 관한 실험 및 보다 효과적 개입방법을 개발하기 위해 설계된 조사를 의미하며 변화의 과정과 변화의 성과 모두를 측정하기 위해 객관적 조사방법을 적용하는 것이다.

사회복지행정에서 평가는 행정관리수단으로 서비스가 욕구를 지닌 사람들에게 정확하게 제공하는가, 적절한 서비스를 제공하는가, 서비스는 효과적이고 효율적인가를 파악하는데 초점을 두게 되어 행정관리수단으로써의 역할을 지닌다.

(2) 평가의 목적

사회복지조직에서 평가를 왜 하는가에 대한 이유나 목적은 여러 학자에게 평가목적이 제시되고 있다. 프리맨(Freeman, 1993)은 평가대상으로의 프로그램, 조직, 또는 정책에 대한 가치판단, 개선, 효용성 판단, 운영의 효과성 증진, 책임성 제고, 정보제공 등을 제시한다. 그들은 평가의 기본목적으로 효과성을 측정하여 사업의 지속, 중단, 확대, 축소 등과 관련된 의사결정을 위한 정보를 제공하는 것이라고 주장한다.

사회복지평가의 목적은 ① 사회복지사업의 목표가 어느 정도 달성되었는지 점검하기 위해, ② 프로그램의 실시과정에서 나타나는 전달과정의 문제점을 파악하기 위해, ③ 프로그램의 형평성, 효율성, 효과성을 검토하기 위해, ④ 프로그램의 성취와 관리에 관련된 속성들인 사회복지서비스의 전체적 포괄성, 상호 간의 일치성, 사회복지서비스의 지속성, 지리적 · 공간적 접근성을 검토하기 위해, ⑤ 프로그램이 사회적 요구나 도덕적 · 윤리적 · 사회적 규범에 어느 정도 부응하는가를 알아보기 위해, ⑥ 객관성을 가진 평가연구를 통해 인접한 전문분야로부터 인정받기 위해서 평가한다.

사회복지조직에서의 평가목적을 다섯 가지로 제시하고 있다(고재욱 외, 2016: 360).

첫째, 행정상의 의사결정에 도움을 받기 위한 합리적 의사결정이다. 평가는 기관이 수행하는 활동에 관한 정보뿐만 아니라, 클라이언트에 미치는 효과까지 자료를 제공한다. 이러한 정보는 의사결정자로 하여금 자원할당, 직원의 역할, 서비스 제공 내용과 여부 등에 관한 중요한 이슈를 다룰 수 있도록 도움을 제공함으로써 평가는 보다 합리적인 의사결정 아래, 조직이 운영될 수 있는 중요한 정보와 자료를 제공하는 목적을 수행할 수 있다.

둘째, 조직에서 운영하고 있는 프로그램 개선이다. 평가의 주요한 목적은 무엇보다도 기획 또는 설계단계에서 마련된 기준에 비추어 진행 중인 프로그램을 비교하는 데 있으므로 프로그램의 질을 개선시킬 수 있는 도구가 된다.

셋째, 책임성의 수행이다. 책임성은 특정 업무에 대한 책임 이외에도 조직구성원의 책임도 포함된다. 사회복지조직에서 책임성은 프로그램 평가와 서비스 전달과정에 관한 조사를 통해 파악할 수 있다. 평가활동도 이러한 책임성을 보여주는 중요한 과정이기도 하지만, 기관의 활동과 활동결과를 담고 있는 기관평가보고서는 기관의 책임성 여부를 보여주기도 하고, 기관의 책임성을 강화시키는 역할을 한다.

넷째, 기관에 대한 외부의 지원을 확보한다. 평가는 기관의 효과성, 효율성 등을 입증해 주고, 이를 알리는 역할을 담당하기 때문에 지역사회나 정부로부터 지원과 지지를 획득할 수 있는 정보를 제공한다.

다섯째, 서비스 제공방법에 관한 지식개발이다. 평가는 기관의 활동내용이나 그 여부에 대한 일상적 평가의 의미도 가지고 있지만, 최근에는 기관의 성과에 대한 평가라는 의미로 이해되고 있다. 더욱이 평가에 사용되는 방법들은 기관의 개입활동과 계획한 성과 간의 관계에 지식을 개발하는 데에도 활용된다.

이러한 평가목적에 대한 논의에서 평가는 다양한 목적을 수행하기 위해 평가한다는 것을 확인할 수 있다. 즉, 효과성, 효율성, 책임성 등의 검증 측면에서 평가하는 점을 알 수 있다.

(3) 평가의 기준

평가항목이나 평가내용들을 추출하기 위해서는 기본적으로 그 기준이 있어야 한다. 평가의 기준이란 평가를 위한 척도이다. 즉, 프로그램의 성패를 판단하기 위해서 프로그램의 어느 측면을 평가의 초점 내지는 대상으로 삼아야 할 것인가에 대한 기준을 의미한다. 공통된 평가기준은 다음과 같다.

① 노력성

노력성(effort)이란 기관이 얼마나 많은 활동을 했고 서비스를 제공했는가 하는 사업의 산출을 평가하는 것이다. 즉, 제공된 서비스의 양 또는 수행된 활동의 양이 얼마나 되느냐에 대한 분석이다.

이 기준은 사회복지 프로그램 평가에서 가장 흔히 사용되는 평가기준이며, 목표구조 중 활동목표와 관련이 있다. 이 평가는 이용자의 '변화', 즉 해당 사회문제가 얼마나 해결될 것인가를 제시하지는 않지만, 제공한 서비스 활동이 기대한 목표를 성취하는 타당한 수단이라는 가정에 근거한다.

대부분의 기관들은 이용자의 수, 상담횟수, 진료건수 등의 프로그램 산출로 그

기관의 활동을 평가한다. 따라서, 투입/노력의 계량적 측정은 모든 프로그램의 산출을 도표화하여 시간별(금년과 지난 해), 기관별(타 기관의 동일 프로그램), 서비스별, 지역별에 따라 서비스 통계치가 얼마나 달라졌는가를 관찰하는 것이다. 그리고 한 기관, 한 사업에 대한 절대평가보다는 상대평가로 이루어질 때가 많다.

② 효과성

효과성(effectiveness)이란 일반적으로 목표달성의 정도라 정의되며, 프로그램이 성과가 있었는지에 관한 정보를 얻기 위한 평가이다. 즉, 서비스의 목표를 달성하는 정도를 말한다. 효과평가에서 관심을 갖는 변화의 결과는 이용자 개개인에 대한 것이다. 효과성을 기준으로 한 평가를 하려면 사업의 목표가 확인되고 목표가 구체적으로 설정되었을 때만이 가능하고, 정확성 평가기준에 의한 평가결과가 긍정적으로 나왔을 때만이 효과성 평가기준에 의한 평가활동이 개시될 수 있다.

효과성을 측정하는 방법으로는 개인/집단의 변화를 측정하는 단일사례분석, 성취목표를 확인하기 위한 목표달성척도(Goal Attainment Scale, GAS), 프로그램의 산출물(product: 업무량, 생산비용, 직원들의 전문성, 유지비, 수익성) 등을 선정해 확인하는 평가조사(evaluation research)가 있다.

③ 효율성

효율성(efficiency)은 '경제적 합리성'과 동의어로 사용되며, 최소의 자원투입으로 최대의 산출을 냈는가에 초점을 둔다. 효율성은 투입(비용)/산출(노력)의 비율로 표현되며, 자원의 효율적 사용에 대한 정보를 제공해 준다. 효율성 평가는 쉽게 말해서, 서비스 단위당 얼마의 비용이 들였는가를 계산해 프로그램의 능률성을 측정하는 것이다. 예를 들어, 연간 500명에게 상담서비스를 제공하는 데 얼마의 비용이 들였는가를 측정하는 것이다.

효율성 평가는 같은 시기에 같은 목적을 추구하는 다른 기관의 사업들과 비교함으로써 상대적 효율성을 알 수 있다. 예를 들어, 다른 기관에서 1일 동안 소요된 서비스 비용, 상담서비스의 경우 시간당 비용, 각기 다른 서비스의 이용자 1

인당 연간비용 등을 비교할 수 있다.

효율성을 측정하는 방법으로는 비용/효과분석(cost-effectiveness analysis), 비용/편익분석(cost-benefit analysis)이 있다.

④ 서비스의 질

서비스의 질이 얼마나 우수한가 하는 평가는 보통 제공된 서비스의 내용 자체보다도 서비스 제공자의 자격이나 서비스 제공형식이 전문기준에 맞는가를 진단하는 데 초점이 맞추어진다. 예를 들어, 어느 기관서비스의 질을 평가할 때 그 서비스 프로그램에 자격증을 가진 전문가가 몇 명이나 포함되어 있는가, 또 프로그램 담당직원 수와 이용자의 비율이 얼마인가를 검토하는 것이다(육아원의 보모당 아동 수). 이와 같은 외면에 대한 평가방법은 서비스 제공형태가 전문가들이 정해 놓은 기준에 맞출 경우, 더 좋은 서비스가 제공될 것이라는 일반적 믿음에 기초한 것이다.

서비스의 질에 대한 평가방법으로는 전사적 품질경영(Total Quality Management, TQM)과 서비스 품질 측정도구(Service Quality, SQ)가 주로 사용된다.

⑤ 이용자 만족도

서비스 이용자 만족도에 관한 평가는 가장 간편한 평가 중의 하나이며, 아래의 3가지 내용이 포함된다.

- 서비스 이용자들은 서비스에 대하여 만족하고 있는가?
- 전달된 서비스 또는 기술들이 실제 문제해결에 도움이 되었고, 효과가 있었는가?
- 서비스가 어떻게 하면 더 개선될 수 있는가에 대하여 이용자들의 의견수렴을 할 수 있는가?

이용자 만족도는 서비스에 대한 만족도라기보다는 기대에 대한 만족도라고 보는 것이 옳을 것이다. 즉, 똑같은 서비스를 제공하였다고 하더라도 기대수준에 따라 만족도는 다를 수 있다.

〈표 12-1〉 평가의 기준과 평가요소

기준	정의	평가요소의 예
노력성 (effort)	프로그램 활동의 양	프로그램의 투입요소와 이의 전환과정 - 단위활동의 수 - 클라이언트의 수 - 전문지식과 기술의 소유와 활용 정도(전문인력의 수) - 프로그램 예산 및 자원 - 프로그램 기간 및 하위 활동들의 단위기간 등 - 프로그램활동에 대한 전문인력의 투입시간
효율성 (efficiency)	산출대비 비용 정도	서비스 단위 산출당 소요비용 - 프로그램 노력(위의 요소들)에 대한 비용 - 프로그램 결과에 대한 비용 등
효과성 (effectiveness)	프로그램 목표의 달성 정도	목표달성과 프로그램 노력과의 인간관계 - 클라이언트의 인지적/감정적 변화 - 클라이언트의 행동상의 변화 - 클라이언트군(群, clientele)의 사회적 변화 등
영향 (impact)	사회문제나 클라이언트 욕구 변화에 미친 영향	프로그램 노력과 사회적 지표변화 간의 관계 - 위험집단과 표적집단 내에서의 변화 정도 - 사회지표상의 변화에 대한 실증적 기대 정도 등
질 (quality)	프로그램의 전문성	프로그램 제공자의 전문성 - 서비스 인력의 전문자격 소유 여부와 정도 - 프로그램에서 활용하고 있는 전문지식과 기술의 발전상태 등
과정 (process)	프로그램 결과의 경로	프로그램 운영상의 매개체 - 하위목표(수단적 목표)들의 달성 정도와 연계성 - 하위목표와 프로그램 결과 사이의 영향 정도의 차이 등
형평성 (equity)	프로그램 배분의 공평성	프로그램의 접근성 - 대상집단에게 동일한 접근기회가 주어지는지의 여부와 그 정도 - 프로그램활동이 지역 내에 균등하게 배분 정도 등

자료: 고재욱 외(2016: 364).

2) 프로그램 평가의 유형

전문가들은 각기 보는 관점이나 평가의 목적에 따라 평가의 종류를 다양하게 제시하고 있다. 여기서는 프로그램 평가를 평가방법과 운영과정이라는 두 가지 기준에 따라 유형화해 보도록 한다.

(1) 평가방법을 기준으로 한 모형

① 실험적 접근

평가의 초기단계 접근방법으로 엄격한 실험설계방법을 사회복지서비스 영역에 적용하려는 것이다. 통제집단과 실험집단을 상호 비교하여 인과관계를 도출함으로써 객관성과 과학적 방법을 확보하려고 한다. 하지만 그 엄격한 인과관계의 도출이 사회복지서비스에 적용하기에는 현실적으로 어려움이 따르며 개입의 과정 자체도 무시하는 한계점이 있다.

② 목표지향적 접근

프로그램의 목표를 명확히 설정하고 그 달성 여부를 평가하는 것으로 목표달성척도 같은 것이 대표적인 예가 될 수 있다. 측정도구의 선택이 그 목표에 따라 결정된다. 하지만 지나치게 목표달성에만 집착하는 비교적 좁은 측면에 국한되는 경향이 있다. 특히, 기관평가의 경우 기관 전체의 양적 · 질적 수준을 파악하기 위해서는 이러한 목표지향적 접근은 매우 큰 한계를 가지게 된다.

③ 의사결정 중심적 접근

관리상의 의사결정과 프로그램 수행을 모니터링하기 위해서 체계적인 정보수집과 분석을 강조하는 접근방법이다. 평가자는 평가과정에 심도 있게 참여하여야만 정확한 정보수집이 가능하다. 그러나 이러한 밀접성 때문에 오히려 객관성이 훼손될 수도 있다. 동시에 순수한 평가자이기보다는 평가자가 일종의 의사결정권자로 도구화될 가능성이 있다.

④ 이용자 지향적 접근

이 접근방법은 평가의 유용성 측면에서 강조된다. 평가에 있어 다양한 이해집단들의 상호관계성을 강조하고 있다. 이러한 접근은 프로그램을 이용자의 관점에서 접근할 수 있는 이점이 있는 반면에, 이해당사자들이 프로그램에 대한 강한 압력단체로 부상할 수 있다. 또한 때때로 누가 진정한 소비자인지 명확하게 규정하기가 힘든 경우가 있다.

⑤ 반응적 접근

이 접근방법은 사용자 지향적 접근과 체계적인 방법(의사결정 지향적 접근)을 결합한 것으로 다양한 이해당사자들의 개인적 인지와 기대, 가치들을 포함한다. 특히, 방법론상으로 인터뷰, 관찰, 사회망 분석 등 질적인 방법을 사용한다. 이러한 접근방법은 복잡하고 변화하고 있는 관계성을 강조하고 있다. 이러한 접근은 프로그램을 이용자의 관점에서 접근할 수 있는 이점이 있는 반면에, 이해당사자들이 프로그램에 대한 강한 압력단체로 부상할 수 있다. 또한 때때로 누가 진정한 소비자인지 명확하게 규정하기가 힘든 경우가 있다.

(2) 운영과정을 기준으로 한 모형

엄밀한 의미에서는 보편적인 평가의 모델이란 있을 수 없으며, 평가의 대표적인 모델은 운영과정을 평가대상으로 하는 과정중심의 형성평가와 프로그램의 결과를 평가대상으로 하는 결과중심의 목표지향적인 총괄평가이다. 이외에도 형성평가와 총괄평가의 혼합형태인 통합/혼합 평가가 있다.

① 과정(형성)평가

과정평가는 서비스나 그 전달방법의 개선, 프로그램 결과의 향상 그리고 서비스의 효율성을 증진시킬 목적으로 실시하는 평가이며, 프로그램을 형성하는 자체에 초점을 두기 때문에 형성평가라고 부르기도 한다.

과정평가는 프로그램의 운영 및 활동을 분석하여 이를 근거로 해서 보다 효율적인 추진전략을 마련하거나, 프로그램 내용을 수정 · 변경하거나, 프로그램의 중단 · 축소 · 유지 · 확대 여부를 결정하는 데 도움을 준다. 즉, 프로그램 진행 중에 프로그램의 원활하고 성공적인 수행을 위하여 문제점을 찾아내고 수정 · 보완할 목적으로 실시되는 평가이다.

② 총괄평가/목표지향적 평가

총괄평가는 연역적/객관적 방법으로 한 기관의 정책 또는 프로그램이 달성하고자 했던 목표를 얼마나 잘 성취했는가의 여부를 평가한다. 총괄평가는 프로그램의 효과성과 효율성을 평가하고자 하며, 대개 프로그램 시행이 종결된 후에 실시한다.

총괄평가모델은 모든 직원들이 기관의 사명 및 세부목표를 충분히 숙지하고 있다는 것을 전제로 하며, 얼마나 효과 있게 또는 효율적으로 목표달성을 해왔는가를 알고 싶어 한다는 것을 전제로 하고 있다. 그 결과를 근거로 프로그램을 계속 유지할 것인지 또는 축소, 중단, 확대할 것인지 등에 대한 판단을 내리게 된다. 총괄평가에는 효과성 · 효율성 · 공평성 평가 등이 있다.

③ 통합평가/혼합평가

통합평가는 과정평가와 총괄평가를 통합한 것이다. 두 방법의 장점을 사용한 통합모형은 프로그램의 발전 및 시행단계마다 나타나는 특성이나 문제에 적절한 평가방법을 융통성 있게 사용할 수도 있다. 대개 총괄평가적 접근으로 평가를 한 후 과정평가적 접근을 통해서 프로그램 운영과정의 타당성과 인과관계를 정밀하게 검토함으로써 총괄평가에서 얻은 정보의 타당성과 신뢰도를 판정한다. 즉, 프로그램의 시행 초기단계에서는 신속한 환류를 제공할 수 있는 과정평가의 방법이, 프로그램 종결 후에는 프로그램의 성공 여부에 관심을 가지고 있는 여러 계층을 위한 과학적이고 객관적인 자료를 제시할 수 있도록 총괄평가의 방법이 필요할 것이다.

(3) 평가시기에 따른 구분

① 사전평가

사전평가는 정책이나 프로그램을 실행하기 전에 수행하는 평가를 말한다. 사전평가는 정책이나 프로그램의 욕구, 개념의 적합성, 운영 측면에 있어 실현 가능성, 재정적 지원의 원천 등을 판단하기 위한 것이다. 평가결과를 가지고 새로운 대안적 정책이나 프로그램을 실시하거나, 기존의 정책을 변경할 것인가의 여부를 판단하는 것이다.

② **과정평가**

과정평가는 사회복지정책을 집행하는 과정에 이루어지는 평가로서, 기존의 정책목표가 제대로 달성될 수 있도록 프로그램이 실행되고 있는지, 단계별 · 과정별 전략과 하위목표가 적절하게 진행되고 있는지 등을 판단하는 것이다.

③ **사후평가**

사후평가는 정책의 실시 후에 당초 목표로 했던 결과나 영향을 평가하는 것이다. 그리하여 평가에 따라 정책을 변경하거나 지속 또는 종결 여부를 결정하기도 한다.

(4) 평가의 요소와 도구

평가기준에 따른 평가 유형별로 필요한 평가요소 및 평가도구들을 확인해보면 다음과 같다.

① **투입/노력(effort) 평가**

노력성이란 기관이 얼마나 많은 활동을 했고 서비스를 제공했는가 하는 프로그램의 산출을 평가하는 것이다. 즉, 제공된 서비스의 양이나 수행된 활동의 양이 얼마나 되느냐에 대한 분석이다. 대부분의 기관들은 이용자의 수, 상담횟수, 진료건수 등의 프로그램 산출로 그 기관의 활동을 평가한다. 따라서, 투입/노력의 계량적 측정은 모든 프로그램의 산출을 도표화하여 시간별(금년과 지난해), 기관별(타기관의 동일프로그램), 서비스별, 지역별에 따라 서비스통계치가 얼마나 달라졌는가를 관찰하는 것이다. 이 투입/노력을 비교/평가하는 데 중요한 점은 서비스 통계의 조건들이 비교가 가능해야 한다는 것이다. 따라서, 노력의 양을 재는 평가는 그 서비스 단위(이용자의 수, 사건, 지위의 변화, 에피소드, 투입시간 등)를 재는 척도를 무엇으로 하느냐가 가장 주된 관심이 된다.

② **효과성 평가**

효과성이란 일반적으로 목표달성의 정도라 정의되며, 프로그램이 성과가 있었는지에 관한 정보를 얻기 위한 평가이다. 효과평가에서 관심을 갖는 변화의 결과는 이용자 개개인에 대한 것이다. 효과성을 기준으로 한 평가를 하려면, 사업의 목표가 확인되고 목표가 구체적으로 설정되었을 때만 가능하다.

효과성 평가를 할 때에는 의도된 결과와 아울러 예기치 않았던 결과도 생각해야 한다. 휴먼서비스(human service)의 효과 측정 시 가장 큰 어려움은 그 프로그램의 산물척도에 대한 합의이다. 예를 들어, 상담의 효과를 무엇으로 규정할 것인가에 대한 문제이다.

효과성은 상대적인 개념으로 프로그램의 효과성을 평가하려면, 지난해의 실적이나 같은 시기에 같은 사업을 수행한 다른 기관의 목표성취 정도, 전문기관이 제시한 성취기준을 비교기준으로 삼을 수 있다.

③ 효율성/능률성 평가

효율성은 경제적 합리성과 동의어로 사용되며, 최소의 자원투입으로 최대의 산출을 냈는가에 초점을 둔다. 효율성은 투입(비용)/산출(노력)의 비율로 표현되며, 자원의 효율적인 사용에 대한 정보를 제공해 준다. 효율성 평가는 쉽게 말해 서비스 단위당 얼마의 비용이 들였는가를 계산해 프로그램의 능률성을 측정하는 것이다.

④ 서비스 품질평가

품질 관점은 투입과 관련하여 질적인 산출물을 최대화하는 것을 말한다. 총체적 품질관리이론에 따르면, 생산성은 프로그램에 높은 질을 가진 서비스가 제공될 때 증가하고 낮은 수준의 서비스가 제공될 때 감소한다는 것이다. 예를 들어, 사회복지서비스 프로그램에서 높은 수준의 서비스는 시행착오의 감쇠 과정시간의 단축, 재원의 증가, 이용자의 만족도 향상, 비용 감소, 지역사회로부터의 이미지 개선 등의 결과를 가져온다는 것이다.

서비스 품질을 평가하는 방법으로는 동료 리뷰, 이용자의 서비스 만족도 조사, 단일사례분석, 그리고 대외적 근거자료(정부 · 단체 등에서 인정하는 면허증, 수료증, 증서 획득 등) 등이 있다.

⑤ 서비스 이용자 만족도 평가

서비스 이용자 만족도 평가는 서비스 이용자들은 서비스에 대하여 만족하고 있는가, 전달된 서비스 또는 기술들이 실제 문제해결에 도움 · 효과가 되었는가, 서비스가 어떻게 하면 더 개선될 수 있는가 등과 같이 이용자들의 의견을 수렴할 수 있는 질문들을 포함한다. 이 평가는 이용자들의 태도 · 지식 · 행동에 대한 것을 직접적으로 묻지 않고 서비스에 대한 이용자의 평가만을 초점으로 한다. 바로 이러한 이유 때문에 프로그램의 직접적인 효과에 대해 정확한 자료를 제공하지 않을 수도 있다. 또 다소 편견적인 자료를 제공할 수도 있는데, 대체로 프로그램의 약점보다는 좋은 점만을 지적할 수도 있다. 그러나 과정평가의 하나로 직접 또는 간접적인 서비스가 제공될 때에 서비스 이용자에 대한 평가는 여러 가지로 도움을 줄 수 있다.

3) 평가 결과의 활용

프로그램 평가를 위하여 많은 자원을 투자하고 그로 인해 많은 정보를 수집하였다 하더라도, 프로그램 운영자가 그 정보를 적절하게 활용하는 것은 또 다른 문제이다. 자칫 많은 시간과 비용을 들여 내놓은 공식적인 평가 결과가 프로그램의 행정적 과정에 적절하게 적용되지 못한다면 그것은 문제가 되고, 행정관리자는 평가 결과를 조직과 프로그램의 개선을 위해 적절하게 활용하기 위해서는 평가정보를 적절히 활용할 수 있는 조직적 환경을 구축하는 노력을 기울여야 한다. 그러기 위해서는 행정관리자 스스로가 이러한 정보의 가치를 높이 인식하는 것이 중요하다. 평가 결과의 활용에서 다음과 같은 이슈가 흔히 나타난다(임정문 외, 2021: 355-356).

첫째, 외부 평가의 의의이다. 조직이나 프로그램에 대한 공식적인 평가는 외부기관에 의해 수행되는 경우가 많다. 이 경우 많은 문제점이 도출되는데, 프로그램 내부자와 외부 평가자의 시각 차이 문제가 나타나기도 한다. 또한 평가 자체의 목적이나 방법에 대해서도 내부자와 외부자 간의 시각이 일치하지 않을 수 있으며, 내부 행정관리자의 입장에서는 당장 체계적인 평가의 필요성과 의의를 찾기 힘들 때가 많다. 평가를 위해 들이는 비용만큼의 효과를 찾기 힘든 자원의 낭비라고 내부자는 느끼고, 외부 평가자의 입장에서는 프로그램의 결함과 행정적

오류의 노출을 꺼린다는 이유에서 내부자가 평가 조사를 좋아하지 않는다고 느낄 수 있다. 그리고 외부 평가자에 대한 불신으로 인해 내부 행정관리자는 타당도와 신뢰도에 문제를 가지기도 한다

둘째, 평가와 기준 행동이다. 사회복지 프로그램에서 평가가 궁극적으로 지향하는 바가 서비스 수급자의 복지 향상에 있다 하더라도, 평가 본래 목적을 상실하고, 방법 자체에만 충실한 경향이 있다. 이 경우 서비스 수급자의 복지는 오히려 후퇴할 수 있고, 수행이나 성과와 관련한 평가정보를 측정하기 위해 계량화를 시도할 때, 그것이 업무자에게 바람직하지 못한 결과를 초래할 가능성도 있다. 사회복지 행정관리자는 제반 평가의 기준이 업무자와 클라이언트에게 초래할 수 있는 영향에 지속적인 주의를 기울여야 하는데, 평가 본연의 목적이 클라이언트의 복지 증진과 관련한 서비스 효과성의 제고에 있다는 것을 잊지 말아야 한다. 이러한 본연의 목적에서 평가의 과정이나 방법이 이탈되고 있는지를 감시할 필요가 있다. 이는 평가가 평가만을 위한 것으로 인식되면, 그것은 이미 평가의 본질로부터 벗어난 것임을 의미한다.

셋째, 평가 결과의 공개이다. 공식적인 평가에 대해서는 그 과정과 결과를 외부에 공개하는 것이 바람직하며, 이로 인해 예기치 않은 외부의 관심과 간섭을 초래할 수도 있지만, 오히려 많은 이점을 얻을 수도 있다. 다양한 외부 이해 집단은 프로그램에 대해 흔히 갈등적인 이해관계 속에 있는데, 평가 결과의 공개과정에서 프로그램에 대한 각 이해 집단의 요구를 자연스럽게 표출시킬 수 있다. 또한 공개하지 않을 경우, 조직이나 프로그램 내부로 쏟아질 수 있는 비난을 공개함으로써 오히려 그것을 외부로 돌릴 수 있다. 평가의 과정과 결과에 대한 공개는 조직과 프로그램의 개선에도 도움을 준다. 불명확하거나 막연하게 규정해 두었던 목표, 방법적 기술, 성과의 측정 등에 관심을 갖게 하고, 효과성이나 효율성에 관련한 정보를 수집하고 분석하게 한다. 비록 시간과 비용의 문제는 여전히 남아 있지만, 프로그램 개선을 위한 객관적인 정보의 축적은 사회복지서비스의 장기적인 수준 향상을 위해서는 빠뜨릴 수 없다.

〈연 습 문 제〉

1. 학교부적응 청소년들을 대상으로 집단 또는 개별 프로그램을 실시하려고 할 때, 비용적 측면을 고려하여 그 성과를 비교하는 것은 어떠한 가치에 입각한 것인가?
① 효과성 ② 효율성 ③ 접근성 ④ 통합성 ⑤ 포괄성

2. 평가에 관한 설명으로 옳지 않은 것은?
① 비용-편익(cost-benefit) 분석은 효과성을 측정하며, 타 프로그램과의 비교를 포함한다.
② 평가의 목적 중 하나는 사회적 요구를 파악하는 것이다.
③ 평가의 부작용으로 새로운 시도를 어렵게 할 수 있다.
④ 평가는 서비스에 대한 책임성을 향상시킬 수 있다.
⑤ 형성평가는 프로그램의 수정 · 변경 · 중단에 대한여부를 결정한다.

3. 참여자들의 서비스 만족도와 목표달성도 등을 파악하여 프로그램을 평가하는 것은 어떤 평가기준을 중심으로 한 것인가?
① 효율성 ② 전문성 ③ 노력성
④ 공평성 ⑤ 효과성

4. 프로그램의 설계과정에 대한 내용 중 옳지 않은 것은?
① 목표가 수립되면 그 목표를 달성하기 위한 개입전략을 검토하여 선정한다.
② 프로그램이 구성되면 조직의 장단기 목표를 토대로 예산을 편성한다.
③ 문제확인 및 욕구사정이 종료된 후에는 구체적인 목표를 수립해야 한다.
④ 여러 목표들은 우선순위 및 구체적 내용에 따라 단계별로 구분한다.
⑤ 프로그램의 평가 계획은 프로그램이 모두 종료된 후에 시작한다.

5. 사회복지프로그램 진행기술 중 중요한 요소가 아닌 것은?
① 사회복지 프로그램 위기관리 능력
② 일정보다는 넉넉하고 여유로운 시간배분
③ 사회복지 시설정보시스템 활용능력
④ 프리젠테이션 능력과 수요자 상담능력
⑤ 재무 · 회계규칙에 맞는 예산 집행능력

정답 1. ② 2. ① 3. ⑤ 4. ⑤ 5. ②

Chapter 13

사회복지서비스의 질

개 요

사회복지서비스의 질은 공공복지나 민간복지를 포함하여 복지기관이나 시설의 정책과 목적에 따라 제공되는 사회복지서비스를 사회복지사들이 얼마나 적절하게 활용하고 있는지를 나타내는 것이다. 여기에서는 사회복지서비스의 질을 학습하고자 한다.

학습목표

1. 사회복지서비스의 개념 파악
2. 서비스와 고객만족과의 상관성 연구
3. 관리기법 사례연구

학습내용

1. 서비스 질의 개념
2. 서비스 질과 고객만족도
3. 사회복지서비스 질 관리기법

Chapter 13
사회복지서비스의 질

1. 서비스 질의 개념

1) 서비스 질의 정의

일반적으로 질(quality이란 대상에 따라서 각각 다른 의미를 내포하고 있다. 즉, 사업주에게는 비용가치가 될 것이며, 관리자에게는 달성해야 할 정책이나 목표에 대한 우선순위가 될 것이고, 이용자에게는 그의 문제를 그가 만족할 수 있게끔 해결해 주기를 바라는 것이 될 수 있다. 여기서 질은 고객의 심리적인 사전 기대욕구를 충족시키기 위해 서비스 제공자가 제공하는 유형의 제품과 무형의 서비스의 총합이라고 정의한다(신복기 외, 2020: 294). 이러한 질의 다양한 견해에 대하여 제조업은 생산자 중심의 질을 강조하고 있고, 오늘날에는 서비스업의 비중이 증가함에 따라 고객에 초점을 맞추는 고객중심의 질이 강조되고 있다.

일반적으로 사회복지서비스는 재화와 용역의 구별에 따라 물질적 서비스와 비물질적 서비스로 나뉜다. 물질적 서비스는 돈(급여), 생계비, 주거비, 교통비, 장애인 수당, 연금급여, 의료서비스 등을 의미하고, 비물질적 서비스는 상담(개별, 집단), 지역사회 상담, 교육(금연, 약물), 재가서비스, 정서서비스 등을 말한다.

사회복지서비스는 공급주체에 따라 공공기관이 공급하는 서비스로 사회보험과 공공부조제도와 민간 사회복지기관 및 시설들이 클라이언트에게 공급하는 서비스로 나눌 수 있다. 일반적으로 사회복지서비스의 질을 판단하는 기준은 공급자 입장에서는 서비스의 내용이 얼마나 충실하게 구성되어 있느냐에 비중을 두고,

서비스 이용자 입장에서는 욕구를 얼마나 충족하느냐에 달려 있다. 따라서, 서비스의 질은 제공자뿐만 아니라, 서비스 이용자의 만족도 측정에 의해서 규정될 수 있으며, 그 가치가 평가되는 척도에 따라서, 규정될 수 있다. 즉, 서비스 이용자의 욕구, 보호자의 욕구, 사회복지시설이나 기관의 다양한 욕구를 적절한 수준에 맞게 충족시켜 주는 것이 필요하다.

사회복지서비스의 질은 공공복지나 민간복지를 포함하여 복지기관이나 시설의 정책과 목적에 따라 제공되는 사회복지서비스를 사회복지사들이 얼마나 적절하게 활용하고 있는지를 나타내는 것이다. 특히, 공공서비스의 질을 시민이나 고객을 대상으로 설문조사를 통해 측정하는 경우, 주관적 측정치를 객관적 측정치로 오인하여 사용하게 되므로 평가자 개인의 주관이 개입되게 된다. 그래서 측정된 서비스 질에 관한 자료를 어떻게 해석할 것인가와 관련하여 심리학자들의 견해를 바탕으로 이러한 자료가 나올 수 있는 가능한 심리적 반응 메커니즘을 이해할 수 있도록 질적 연구 측정치의 필요성이 제기된다. 이런 측면에서 공공서비스에 대한 시민평가의 결과를 해석할 수 있는 다양한 모형을 검토할 필요가 있다(Stipak, 1983). 따라서, 서비스의 질을 판단하는 기준은 앞서 언급하였지만, 사회복지법 시행규칙(2019)과 의무를 준수하고 이전 프로그램들로부터의 경험이나 평가 및 전문적인 판단에 따라 서비스이용자들의 피드백을 통하여 기술이 축적되는 것이다. 따라서, 사회복지서비스의 질은 사회복지기관에서 제공되는 서비스의 내용을 포함할 뿐 아니라, 서비스이용자(service user)의 욕구를 얼마나 충족시켜 주었는지 질적 평가 기준에 따라 측정하고 자료를 수집하여 분석한 내용을 토대로 실천하는 것을 의미한다. 서비스의 질은 제공자뿐만 아니라, 서비스이용자와 보호자 양쪽의 만족도를 측정함에 따라 규정이 될 수 있다. 기존 이용자들은 주로 자신의 직접적인 경험을 통해서 서비스 품질에 대한 전반적인 평가를 하게 되었지만, 잠재적 이용자들은 다른 사람들의 경험, 시설과의 커뮤니케이션 및 홈페이지에 등록된 정보를 매개체로 하여 거래 관계가 없는 시설의 서비스 품질에 대해서도 나름대로 느낌을 형성하게 된다는 사실을 인지해야 한다. 그 가치

평가척도에 따른 측정은 특히 서비스이용자의 욕구, 보호자의 욕구, 사회복지시설이나 기관의 다양한 욕구 등을 적절한 수준에 맞게 거래관계를 충족시켜 주기 위해 부합해야 한다(전해황 외, 2021: 288-389).

그러므로 사회복지서비스의 질은 서비스 이용자들의 욕구를 충족시키기 위하여 노력하고, 서비스를 제공하는 다양한 프로그램이나 지원체계가 서비스의 주체라고 할 수 있다.

2) 서비스 질의 특성

서비스 질의 특성은 다음과 같다(신복기 외, 2020: 295).

첫째, 서비스 우수성의 관점에서 보면, 질은 말 그대로 뛰어난 것을 의미하므로 이 관점에 의해서는 서비스의 질이 정확하게 정의될 수 없다. 왜냐하면 서비스의 우수성은 고객의 오랜 경험을 통하여 축적되므로 일시적으로 단순하게 평가될 수 없기 때문이다.

둘째, 서비스 그 자체를 기준으로 한 관점에서 보면 질은 정확히 측정될 수 있으며, 서비스 자체를 구성하고 있는 프로그램이나 구성요소(인력, 재원 등)의 양에 의해 결정된다. 그러나 이 관점에 의한 서비스 질의 정의에는 한계점이 있다. 예를 들어, 프로그램 수가 많다거나 재원이 많이 투입되었다고 해서 반드시 서비스의 질이 높다고 말할 수는 없다.

셋째, 이용자의 관점에서 서비스의 질을 평가하면, 고객 개개인의 욕구를 잘 충족시켜 주는 서비스가 가장 좋은 서비스로 인정된다. 관점에서의 질은 매우 주관적이며, 고객 개인이 사용하기가 가장 적합한 것이었던가에 초점을 둔다. 예를 들어, 개인용 컴퓨터를 처음 사용하는 초보자와 익숙한 전문가가 개인용 컴퓨터의 품질을 평가하는 데는 상당한 차이가 있을 것이다.

넷째, 서비스 과정의 관점을 기준으로 한 질적 평가는 공급자에게 초점을 맞추어 주로 기술적인 면과 제공방법 면에 중점을 둔다. 사실상 이런 관점은 서비스의 제공과정에 필요한 요구사항을 얼마만큼 잘 충족시켰는가를 기준으로 서비스의 질을 평가한다. 예를 들어, 훌륭한 서비스나 프로그램 계획서에 따라 충실하게 제공되었다면, 그 서비스의 질은 충분히 높을 것이라고 판단한다.

다섯째, 제품의 가치를 기준으로 한 관점에서 볼 때, 서비스 질의 평가는 투입비용과 서비스의 가격(이용료 등)에 의해 품질을 평가한다. 따라서, 이 관점에 따르면, 서비스의 질은 비용효과성의 측면에서 파악하게 될 것이다.

위의 관점들은 서비스의 질 파악하는 데 있어서 나름대로의 설명력을 지니고 있다. 오늘날 사회복지를 둘러싼 모든 여건과 환경의 변화에 비추어 볼 때, 사회복지행정에서 서비스의 질은 이들 관점을 모두 고려해야 하지만, 특히 세 번째 이용자 중심의 관점과 네 번째 서비스 과정의 관점을 기준으로 한 질적 평가가 오늘날 중요시되고 있다.

3) 사회복지서비스의 질을 결정하는 요인

사회복지서비스에 있어서 서비스 질을 결정하는 영향요인은 다양하다. 사회복지서비스의 질을 측정하는 기준은 주로 사회복지시설이나 기관의 쾌적성, 공무원의 친절한 태도나 정중한 대우, 서비스의 접근성이나 편리성 등이 주요 지표로 사용되고 있다. 그러나 서비스전달자가 서비스이용자를 직접 방문하여 서비스를 제공해 주는 경우와, 서비스이용자가 서비스 기관을 방문하여 서비스를 받으면 서비스 질 측정치가 달라져야 할 것이다. 먼저, 전자의 예로서 다양한 사회복지 바우처 서비스를 들 수 있는데, 이런 서비스의 질은 친절성, 성실성, 신뢰성, 간편성, 충실성 등의 하위 측정치로 측정할 수 있다. 이러한 측정치를 토대로 하여 사회복지서비스의 질을 결정하는 요인들을 살펴보면 다음과 같다(전해황 외, 2021: 298-300).

첫째, 기관이나 시설의 소재지와 규모에 영향을 준다. 서비스이용자가 사는 지역에 인접해 있는가? 시설의 규모가 대형 시설인지 아니면 소수만 수용하는 시설인가? 사회복지시설은 그 규모에 따라 가형(2001㎡ 이상), 나형(1001㎡ 이상

2000㎡ 이하), 그리고 다형(1000㎡ 이하)으로 구분한다. 시설 규모의 차이는 프로그램의 다양성, 시설의 수준 등에도 영향을 미칠 수 있고, 동시에 정부로부터 재정지원을 받는 규모에도 영향을 미치게 된다. 또한 이러한 차이는 이용자들이 평가하는 서비스 질에도 영향을 미칠 수 있다.

둘째, 위탁기관의 유형 및 관장 선임방식이다. 사회복지시설은 사회복지법인, 사단법인 및 재단법인, 기타 비영리법인 등이 위탁을 맡아 서비스를 제공하고 있다. 사회복지법인은 통상적으로 영리를 목적으로 사업을 시행하지 않고 있어 재정상의 어려움에 직면하게 되므로 대부분의 비영리단체들은 열악한 재정환경으로 질 좋은 서비스를 제공하지 못하는 경우가 존재한다. 이처럼 사회복지기관이나 시설의 유형은 서비스 질에 영향을 미칠 수 있는 직접적인 요인으로 작용한다.

셋째, 응답자의 사회경제적 특성이다. 공공서비스의 질에 대한 측정에 있어서 서비스 무상 수급자를 대상으로 설문 조사를 통해 측정하는 경우, 응답자의 사회경제적 특성이 질의 측정에 영향을 미친다는 결과가 주를 이룬다. 이것은 공공서비스의 질이 서비스의 객관적 결과와 서비스 무상 수급자인 고객 사이의 상호작용으로 나타나는 측면이 강하게 나타나기 때문이다.

넷째, 응답자의 정치적 성향이다. 시민들의 정치적 성향이 우호적이면 우호적일수록 서비스에 대한 주관적 평가나 만족도가 높은 것으로 조사되었다. 서비스를 결정하는 요인 중에 주관적 평가는 자신의 정신적 작용과정을 거쳐서 이루어지게 된다.

다섯째, 서비스 이용기간이다. 서비스이용자들이 사회복지기관에서 제공하는 다양한 서비스의 질을 평가하는 경우, 위에서 논의한 요인 외에 서비스 이용기간도 영향을 미칠 수 있는 것으로 조사되었다. 서비스이용자가 서비스를 어느 정도 오랫동안 서비스에 대해서도 익숙해지고, 서비스 전달자와의 교감이 생겨 서비스 전반에 대한 이해의 폭이 커지게 됨과 더불어, 서비스 이용자가 서비스 그 자체와 서비스 전달자에 익숙해지는 기간이 필요하므로 일정한 기간 내에서 서비스 이용기간이 길어질수록 제공되는 서비스 질에 대해 우호적으로 평가한다.

여섯째, 사회복지시설 수준이다. 이는 시설의 규모에 따라 약간씩 차이가 나타나지만, 대형 시설이라고 좋고 소규모 시설은 열악하다고 보는 견해이다. 하지만 3년마다 시행하는 평가 결과에서 나타나듯이, 시설의 수준은 규모와는 별개로 기관장의 성향과 지방정부의 지도 · 감독에 더 가깝다고 볼 수 있다.

2. 서비스 질과 고객만족도

고객만족(customer satisfaction)은 소비자, 종업원, 협력업자 등의 고객이 상대와 교환을 한 결과로 발생되는 인지적 · 정서적 심리반응이다. 고객마다 서비스에 대한 기대수준과 지각수준의 차이가 다를 수 있으며, 이러한 차이가 어떻게 발생할 수 있는지에 대해 '서비스 갭(service gap) 모형'으로 서비스 질을 설명할 수 있다. 대체로 고객의 기대와 지각수준 간의 차이는 고객의 기대수준이 높거나 또는 지각수준이 낮은 경우에 발생한다. 따라서, 고객만족도를 조사하고 이를 관리한다는 것은 서비스를 이용하기 전에 가지고 있던 고객들의 기대수준과 실제로 지각된 수준 간에 차이가 존재하는지, 존재한다면 그 차이의 원인이 어느 단계에 기인하는 것인지를 파악하고, 이를 개선하기 위한 일련의 과정이다.

고객만족과 서비스 질의 차이는 다음과 같다(신복기 외, 2020: 298).

첫째, 고객이 만족을 위해서 서비스/제품 경험이 필요하지만, 품질은 실제 소비경험이 없이도 지각할 수 있다.

둘째, 고객만족은 가치에 의존하는 것으로 받아들여지고 있는데, 가치는 가격에 대한 지각된 품질의 비용이나 지불비용에 대한 혜택의 비율로 보고 있다. 고객만족은 가격에 의존하는 경향이 있는데, 서비스 품질, 제품품질은 일반적으로 가격에 의존하지 않는 것으로 인식하고 있다.

셋째, 품질이 서비스 제품에 대한 현재 시점의 지각을 포함하는 것으로 보는 데 비해, 고객만족은 현재의 소비자 지각, 과거의 모든 경험, 미래에 예견된 경험까지를 포함하는 것으로 간주하고 있다. 이들은 서비스 품질이 고객만족의 선행변수가 되는 폭넓은 지지가 있음을 주장하고, 두 개념의 차이를 나름대로 평가하고 있다.

이와 같이 최근의 연구들을 살펴보면, 서비스 질과 고객만족은 상호 밀접한 관련성을 갖지만 분리된(독특한) 개념이라는 데 동의하고 있다.

〈표 12-2〉 서비스 질과 고객 만족의 개념 비교

개념 비교	서비스 질	고객만족
인과관계	고객만족의 결정요인	서비스 질의 평가
결정시기	서비스 경험 후 결정	서비스 경험 후 사후결정
평가범위	비교적 지속적이고 전반적인 소비자 평가	특정 거래와 관련된 비교적 좁고 단기적인 소비자 평가
상황지향성	서비스의 신뢰성, 반응성, 확실성, 감정이입, 유형성 등의 다섯 가지 구성차원에 대한 고객들의 지각을 반영하고 덜 상황지향적임.	서비스 질에 대한 지각, 상향적 요소, 개인적 요소 등을 포괄적으로 반영하여 매우 상황지향적임.

자료: 신복기 외(2020: 299).

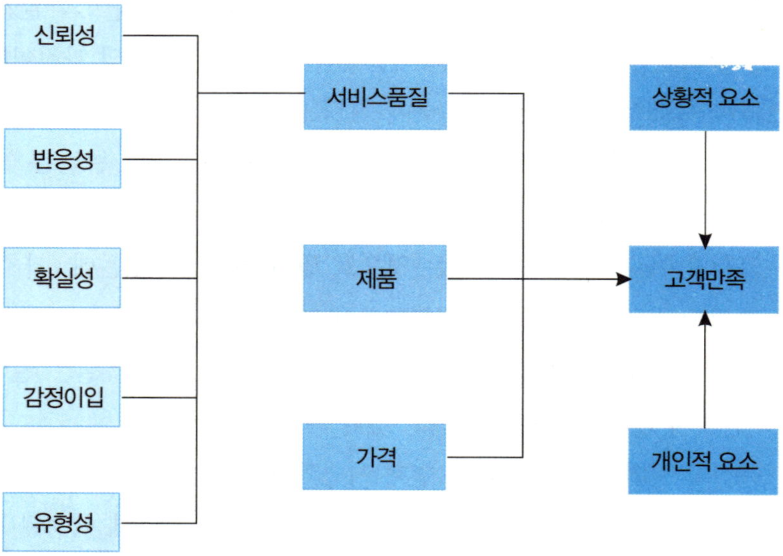

자료: 신복기 외(2020, 300) 재인용.

[그림 12-2] 지각된 서비스 질과 고객만족의 관계

위 그림은 고객만족과 서비스 질이라는 두 개념 사이의 두드러진 차이점에 대해 잘 설명해 주고 있는데, 서비스 질은 서비스의 다섯 가지 구성 차원에 대한 고객들의 지각을 반영하고 있고, 반대로 고객 만족은 서비스 품질에 대한 지각뿐만 아니라, 상황적인 요소와 개인적 요소에 의해 영향을 받는 등 훨씬 포괄적이다. 또한 서비스 질과 고객만족을 구별 짓는 두드러진 특징을 살펴보면, 품질에 대한 지각은 특정한 서비스공급자에 대한 경험이 없더라도 이루어질 수 있지만, 고객 만족은 서비스공급자에 대한 실제 접촉경험이 있은 후에만 나타날 수 있는 것이다.

3. 사회복지서비스 질 관리기법

사회복지서비스는 사회복지 조직, 사회복지 프로그램, 사회복지기관 및 시설을 관리하고, 그들이 제공하고 있는 서비스 관리를 하는 방법으로 SQM(Service Quality Management, 서비스 질 관리)을 사용하고 있다. 이 SQM이 추구하는 목적은 서비스 창출과 서비스를 제공하는 전 과정에서 발생하는 모든 문제를 제거하고 줄임으로써 일관성 있는 사회복지서비스를 확보하고 제공하는 데 있다. 사회복지서비스의 질은 주로 서비스 이용자에 의해서 평가되고 있지만, 질적 향상은 서비스 이용자가 원하는 욕구에 초점을 두고 제공할 수 있어야 한다. 이를 뒷받침하는 것으로 사회복지조직에 TQM(Total Quality Management)을 도입하고 적용하기도 한다. TQM을 도입하기 위해서는 다양한 준비가 필요한데, 사회사회복지 분야는 유형의 재화를 공급하는 경우도 있지만, 주로 무형의 서비스를 공급하는 조직으로 되어 있다. 사회복지서비스에 대한 개념은 학자의 관점에 따라 상이하기 때문에 일반적으로 규정하는 것은 무리가 있다. 그러나 서비스를 공급자나 수요자의 입장에서는 서비스에 대한 특징적인 요소를 규정하는 것이 필요하다. 사회복지서비스는 타 분야보다 서비스의 품질에 대한 문제에 많은 관심을 가지고 있다.

1) 구체적 관리기법

사회복지서비스 질 관리를 위한 기법은 다음과 같다.

① 착상기법 : 브레인스토밍, 다중투표, 눈덩이 굴리기 등
② 분석기법 : 체크 시트, 특성 요인도 측정, 역장도 등
③ 관리기법 : 측친화도, 평가 기준표, 파레토 차트 등
④ 기획기법 : 트릭스도, 계통도 등
⑤ 해석기법 : 실행도표, 히스토그램 등

우리나라 사회복지조직에 TQM(QC)을 도입하고 적용하는 문제를 극복해야 할 과제라고 언급하는 이유는 다음과 같다.

① 사회복지조직의 특수성과 조직문화
② 사회복지서비스의 질을 단순히 계량화로서 측정 가능한가의 한계성
③ 조직 의사결정권자의 민주적 지도력과 권한 부여의 문제
④ 사회복지조직에서의 업무 과중 문제,
⑤ 전 직원의 참여 유도문제
⑥ QC팀의 참여에 있어서 임시직이나 자원봉사자의 배제문제
⑦ TQM을 위한 교육 훈련의 문제로서 기술 · 기법의 개발과 재원 · 시간의 투자문제

2) 질 관리의 한계성과 극복

서비스이용자는 자신의 문제를 해결하려는 사회복지사와의 관계에서 자신들의 존엄성을 인정받고자 원하게 되는데, 그들의 문제나 상황 및 개인으로서의 특성을 개별화시켜 문제나 상황을 극복할 수 있도록 도와주며, 그들이 하나의 인간으로서 그리고 사회의 역할자로서 모든 사람과 상호작용을 통하여 정상적인 삶을 영위해 나갈 수 있는 관계를 맺을 수 있도록 해 주어야 한다. 또한 실천과정에서

기록의 원리와 방법을 이용한다. 사회복지 실무자는 기록을 중요한 하나의 과제로 삼기 때문에 실무에서 주로 다루는 모든 활동을 상세하게 기록 보존하여 어느 누가 사례 파일을 보더라도, 서비스 제공이 중단되는 일이 없도록 하는 것이 필요하다. 그리고 보고서를 작성하고, 사례관리를 철저히는 하는 것은 물론, 가용자원 활용방안을 모색한다.

질 좋은 서비스를 제공하기 위해서 한계점을 지적하지 않을 수 없다. 특히, 우리나라 지역사회복지관에 도입하는 문제는 기관의 조직과 분위기의 조정, 실적 위주의 시장 중심 사회 가치관의 개선이 우선되어야 한다. 이러한 한계를 극복하기 위해서 몇 가지 사항을 다음과 같이 요약하여 학습하고자 한다.

첫째, 사회복지사의 임금 수준, 근로조건, 사내복지 등을 중심으로 한 보상구조를 향상시켜 서비스 향상을 위해 전념할 수 있는 동기를 유발한다.

둘째, 상급관리자의 역할과 지도력의 변화는 물론이거니와, 지도력에 영향을 미치는 상황 변수들을 발견하여 조직의 특성에 따라 조절해야 나가야 한다.

셋째, 다른 기관과 중복되는 프로그램은 과감히 축소하고, 축소 제외된 프로그램은 다른 복지관 간의 연계 프로그램으로 전환함으로써 사회복지사의 업무량을 줄이고 프로그램 중심이 아니라, 서비스이용자 중심의 서비스를 제공하도록 한다.

넷째, 소비자품질데이터, 즉 소비자 만족도 조사가 지속적인 품질향상의 기초가 되듯이, 서비스이용자의 의견이 자유롭게 충분히 반영될 수 있는 조사기술과 통계기법을 지속해서 개발되고 사용되어야 한다.

다섯째, 다른 나라에서 발전한 기법을 받아들인다는 점에서 정확한 개념과 기법의 전달, 현실에 맞는 시범적인 실시, 그에 따른 적용 및 타당성 평가가 선행되어야 한다.

3) 질 관리기법의 단계

이러한 타당성 평가를 도입하고 현실에 적합하지 않을 수도 있는 한계성을 극복하기 위하여 다섯 가지 단계를 토대로 학습에 적용하고자 하는 내용은 다음과 같다.

제1단계 : 사회복지기관의 문제를 발견하고 인지하는 단계

첫째, 1단계에서는 기관의 정체성 및 전문가로서 자기 자신을 알아야 하므로 사회복지조직의 성과에 가장 큰 영향을 미칠 중요분야에 관한 정보를 수집한다.

둘째, 서비스이용자의 요구사항과 의견, 지역사회 내에서 어떻게 보호할 수 있는지 가용자원을 조사한다.

셋째, 조직구성원의 태도 조사와 조직 진단한다.

넷째, 주변 지역 기관이나 시설이 제공하는 서비스나 프로그램을 조사한다.

제2단계 : 사회복지조직의 기본목표 설정 및 기관장, 최고 관리자의 의지 파악 단계

전 단계에서 수집된 정보와 각종 조사결과를 토대로 조직의 기본 목표를 설정하고, 복지관 내 최고관리자의 서비스 철학과 현장 중심의 서비스 및 윤리강령을 준수한다. 월별, 분기별 추진성과를 확인하기 위해 서비스 단위당 비용을 측정한다.

제3단계 : 부서별 개선 및 대책 수립 단계

전 단계에서 설정된 기본목표를 달성하기 위한 중 · 장기 계획을 수립하고 부문별 세부목표를 제정한다. 조직구성원의 능력개발을 위한 교육 · 훈련을 시행하고 대안 마련 및 아이디어 창출을 위해 복지서비스 질을 향상하기 위한 활동이나 소집단 활동을 추진한다.

제4단계: 개선 대책의 실행 단계

이 단계에서는 서비스이용자의 욕구 충족과 신뢰를 확보하기 위해서 서비스 내용을 구체적으로 설명하고, 모든 서비스의 절차를 문서화하고 서비스이용자가 부담해야 할 비용 등을 상세히 설명한다. 사회복지시설은 경쟁의 대상이 아니다. 이중적인 서비스가 제공되지 않도록 정보를 공유한다.

제5단계 : 평가 및 새로운 목표설정 단계

이 단계는 평가 항목별 리스트를 작성하여 서비스를 제공한 결과에 대한 만족도 평가를 시도한다. 평가 발표 및 보상체계를 추진하여 서비스이용자의 욕구 변화에 대응할 수 있는 변화된 목표를 설정한다.

〈연 습 문 제〉

1. 사회복지서비스의 질을 높이기 위한 방법으로 사회복지서비스 이용자에게 개별화된 서비스를 제공할 때 옳지 않은 것은 무엇인가?

① 비통제성 ② 사용자의 참여성 ③ 동질성
④ 상호작용 ⑤ 비분리성

2. 사회복지서비스의 질 관리에 있어서 질이란 과연 어느 척도로 사용될 수 있는가?

① 신실성 ② 가치성 ③ 동등한 기회
④ 의사소통 ⑤ 열정

3. 사회복지의 원칙과 윤리강령은 사회복지사가 질 좋은 서비스를 제공하기 위한 기준이 되고 있다. 포함되지 않는 것은?

① 정직성과 신뢰성 ② 기술과 지식겸비 ③ 충분성과 보완성
④ 조심성과 근면성 ⑤ 합법성과 권위성

4. 사회복지서비스의 특성 중 아래에 해당하는 것은?

'서비스는 저장할 수 없다는 것'이며, 사회복지서비스는 문제해결과정에서 수요와 공급 간의 조화가 필요하다는 것을 의미한다.

① 무형성 ② 비분리성 ③ 소멸성
④ 이질성 ⑤ 유성

5. 사회복지서비스 질 관리에 있어서 고려해야 할 기본요소로 적합하지 않은 것은?

① 서비스 사용자의 만족도
② 사회복지기관의 정책과 목표
③ 사회복지재정
④ 재단법인
⑤ 사회복지 실무자

정답 1. ③ 2. ⑤ 3. ③ 4. ③ 5. ④

참고문헌

1. 국내자료

강인호 외(2020). 『도시행정론』. 서울: 법문사.
강희갑 외(2017). 『사회복지정책론』. 파주. 경기: 양성원.
고수현 외(2016). 『사회복지행정론』. 파주. 경기: 양성원.
고재욱 외(2016). 『사회복지행정론』. 파주. 경기: 정민사.
곽미정 외(2017). 『사회복지행정론』. 파주. 경기: 양성원.
권기성 외(2000). 『리더쉽』. 서울: 형설출판사.
권육상 외(2012). 『사회복지행정론』. 서울: 유풍출판사.
김경우 외(2013). 『사회복지행정론』. 서울: 동문사.
김남수 외(2020). 『사회복지행정론』. 서울: 공동체.
김성철 외(2020). 『사회복지행정론』. 파주. 경기: 양성원.
김송이(2001). "또래 지위와 친구 관계에 따른 아동의 또래 갈등 분석.". 연세대학교 대학원. 박사학위논문.
김영종(2017). 『사회복지행정론』. 서울: 학지사.
김인혁 외(2020). 『사회복지행정론』. 파주. 경기: 양서원.
김재호(2018). 『사회복지행정론』. 파주. 경기: 양서원.
김학만(2018). 『사회복지행정론』. 서울: 신정.
김현진 외(2017). 『사회복지행정론』. 파주. 경기: 양서원.
김형수 외(2018). 『사회복지행정론』. 파주. 경기: 정민사.
김형식 외(2020). 『사회복지행정론』. 파주. 경기: 양서원.
김혜숙 외(2017). 『인간관계론』. 파주. 경기: 양서원.
김희성 외(2017). 『사회복지행정론』. 서울: 공동체.
노규성(2014). 『비지니스 혁신의 10대 경영도구』. 서울: 커뮤니케이션북스.
동아출판사편집부(1982). 『동아원색대백과사전』, 제25권. 서울: 동아출판사.
명성훈(2002). 『리더십 성장 마인드』. 서울: 교회성장연구소.
박경규(2016). 『신인사관리: 노동과 자본의 통합관리』. 서울: 홍문사.
박경일 외(2015). 『사회복지프로그램 개발과 평가』. 파주. 경기: 양서원.
박광준(2013). 『사회복지의 사상과 역사』. 파주. 경기: 양서원.
박귀영 외(2016). 『사회복지현장실습』. 파주. 경기: 양성원.
박내희(1987). 『현대 리더쉽론』. 서울: 법문사.
박양근 외(2015). 『인간관계론』. 파주. 경기: 양서원.
박종팔 외(2020). 『사회복지행정론』. 파주. 경기: 양서원.
박주현(2018). 『사회복지발달사』. 고양, 경기: 어가.
박진화(2020). 『사회복지역사』. 파주. 경기: 정민사.
박천오 외(2020). 『인사행정론』. 서울: 법문사.
박태정(2020). 『사회복지역사』. 서울: 공동체.
서보준(2017, 2021). 『사회복지행정론』. 파주. 경기: 양성원.
손병덕(2012). 『사회복지정책론』. 서울: 학지사.

신복기 외(2020). 『사회복지행정론』. 서울: 공동체.
신응섭 외(2002). 『리더십의 이론과 실제』. 서울: 학지사.
신준섭 외(2021). 『사회복지조직관리』. 파주. 경기: 양서원.
심상오(2019). 『스마트 사회복지행정론』. 서울: 에듀파인더.
심상용(2017). 『사회복지행정론』. 서울: 학지사.
양승일(2018). 『사회복지행정론』. 파주. 경기: 양서원.
오세영(2018). 『사회복지행정론』. 서울: 신정.
오윤선·김미숙(2017). 『청소년심리 및 상담 이론과 실제』. 파주. 경기: 양성원.
오종희 희(2021). 『사회복지행정론』. 서울: 학지사.
원구환 외(2019). 『재무행정론』. 서울: 대영문화사.
원석조(2017). 『사회복지행정론』. 파주. 경기: 양서원.
원석조(2019). 『사회복지발달사』. 고양. 경기: 공동체.
임정문 외(2020). 『사회복지행정론』. 서울: 동문사.
윤태범 외(2020). 『발전행정론』. 서울: 한국방송통신대학교출판문화원.
이덕희 외(2019). 『사회복지행정론』. 서울: 학지사.
이도형(2019). 『비교발전행정론』. 서울: 박영사.
이민훈 외(2019). 『사회복지행정론』. 고양. 경기: 어가.
이성기(2019). 『사회복지행정론』. 서울: 학지사.
이세형(2017). 『사회복지행정실무』. 파주. 경기: 양성원.
이영환(2003). 『통합과 배제의 사회정책과 담론』. 서울: 함께읽는책.
이정서 외(2021). 『사회복지행정론』. 파주. 경기: 정민사.
이정희(2019). 『한국행정론』. 서울: 윤성사.
이종복 외(2015). 『사회복지행정론』. 파주. 경기: 정민사.
이종운 외(2019). 『사회복지행정론』. 서울: 형설출판사.
이준영(2019). 『사회복지행정론』. 학지사: 서울.
이창길 외(2019). 『인적자원행정론』. 서울: 법문사.
이창호(2005). 『성공한 사람들의 리더십과 커뮤니케이션』. 서울: 해피&북스.
이태수(2011). 『사회복지전달체계의 개편과 민관협력』. 서울: 학지사.
임도빈 외(2019). 『인사행정론: 정부경쟁력의 관점에서』. 서울: 동문사.
임정문 외(2020). 『사회복지행정론』. 서울: 동문사.
임혜경 외(2014). 『인간관계론』. 파주. 경기: 양서원.
장신재(2020). 『사회복지행정론』. 서울: 에듀콘텐추휴피아.
장인협·이정호(1992). 『사회복지행정론』. 서울: 서울대학교출판부.
장천식(2019). 『현대 사회복지행정론』. 서울: 퍼시픽북스.
전해황 외(2016, 2021). 『사회복지행정론』. 파주. 경기: 양서원.
최상미 외(2020). 『사회복지행정론』. 서울: 학지사.
최성재·남기문(2006). 『사회복지행정론』. 서울: 나남.
최용민 외(2019). 『사회복지행정론』. 서울: 동문사.
최항순 외(2018). 『사회복지행정론』. 서울: 대영문화사.
한국복지행정학회(2014). 『사회복지행정론』. 파주. 경기: 양서원.
한국산업사회학회 편(2010). 『사회학』. 서울: 한울아카데미.

황성철 외(2010). 『사회복지행정론』. 파주. 경기: 학현사.
한신애 외(2018). 『사회복지행정론』. 파주. 경기: 양성원.
홍봉수 외(2019). 『사회복지행정론』. 고양. 경기: 공동체.
황위섭(1990). 『크리스천 리더십』. 서울: 한국로고스연구원.
황희숙 외(2020). 『사회복지행정론』. 서울: 창지사.

2. 외국문헌

Abies, P., & Murphy, M. J.(1981). *Administration in the Human Services: A Normative System Approach*. Englewood Cliffs. NJ: Prentice.

AJdrich, H. E.(1979). *Organizations and Environments*. Englewood Cliffs. New Jersey: Prentice-Hall.

Alter, C. F.(2000). Interorganizational Collaboration in the Task Environment. In R. J. Patti (Ed.). The *Handbook of Social Welfare Management*. Thousand Oaks. London. New Delhi: SAGE.

Avolio, B. J.(1999). *Full leadership development: Building the vital forces in organizations*. Thousand Oaks, CA: Sage.

Avolio, B. J., & Gibbons, T. C.(1988), Developing transformational leaders: A life span approach. San Francisco: Jossey-Bass. *Charismatic leadership: The elusive factor in organizational effectiveness*, 276-308.

Baker, H. S.(1997). *Outsiders: Studies in the Sociology of Deviance* (New edition). New York: The Free Press.

Barbuto, J. E., & Wheeler, D. W.(2006). Scale Development and Construct Clarification of Servant Leadership. *Group & Organization Management, 37(3)*, 300-326.

Barnard, C. I.(1938, 1971). *The Functions of the Executive*. Harvard University Press.

Barnard, C. I.(1956). *Organization and Management*. Cambridge. MA: Harvard University Press.

Bass, B. M.(1976). A systems survey research feedback for management and organizational development. *Journal cf Applied Behavioral Science, 12*, 215-229.

Bass, B. M.(1981). *Handbook of leadership: A survey cf theory and research*. New York: Free Press.

Bass, B. M.(1985). *Leadership and performance beyond expectations*. New York: Free Press.

Bass, B. M.(1990b). From Transactional to Transformational Leadership: Learning to Share the Vision. *Organizational Dynamics, 75(3)*, 319-331.

Bass, B. M.(199a). *Bass & Stogdill's Handbook of Leadership: Theory, Research, and Managerial Application* (3rd ed.). New York: Free Press.

Bennis, W., & Goldsmith, J.(1994). *Learning to Lead. Menlo Park*. CA: Addison-Wesley.

Beveridge, W.(1958). *Social Insurance and Allied Services*. London: Her Majesty's Stationery Office, 303-304.

Boone, L. E., & David, L. K.(2010). *Contemporary Business* (17th edition). Wiley (Wiley PLUS Products).

Brody, R.(2005). *Effectively Managing Human Service Organizations* (3rd ed.). Sage.

Brody, R., & Nair, M. D.(1992, 2013). *Effectively Managing and Leading Human Service Organizations* (4th ed.). Sage.

Brown, M. T.(2005). *Corporate Integrity: Rethinking Organizational Ethics and Leadership*. New work: Cambridge University Press.

Burns, J. M.(1978). *Leadership*. New York: Harper & Row.

Calisle, H. M.(1987) *Management Essentials: Concepts for Productivity and Innovation* (2nd ed). Chicago: Science Research, Inc.

Cohen, M. et al.(1972). A Garbage can Model of Organizational Choice. *Administrative Science Quarterly, 77(1)*, 1-25.

Conger, J., & Kanungo, R.(1987). Toward a Behavioral Theory of Charismatic Leadership in Organizational Setting. *Academy of Management Review, 12*, 637-647.

DiMaggio, P. J., & Powell, I. W.(1983). The Iron Cage Revisited: Institutional Isomorphism and Collective Rationality in Organizational Fields. *American Sociological Review, 48*, 147-160.

Dror, Y.(2017). *Public Policy-Making Reexamined. Routledge* (1 edition). San Francisco: Chandler Publishing Co.

Esping-Anderson, G.(1990). *The Three Worlds of Welfare Capitalism*. New Jersey: Princeton University Press.

Etzioni, A.(1964). *Modern Organizations*. Englewood Cliffs. NJ: Prentice-Hall.

Etzioni, A.(1968). *The Active Society*. New York: The Free Press.

Flippo, E. B.(1961, 1976). *Principles of personnel management* (4th edition). New York: McGraw-Hill Press.

Ford, L.(1991). *Jesus: The Transforming Leader*. England: hodder & Stoughton.

Gates, B. L.(1980). *Social Program Administration: The Implementation of Social Policy*. Englewood Cliff. NJ: Prentice-Hall.

Ghobadian, A. et al.(2007). TQM and CSR Nexus. *International Journal of Quality and Reliability Management, 24(T)*, 704-721.

Gibelman, M.(2000). Structural and Fiscal Characteristics of Social Service Agencies. In R. J. Patti (Ed.). *The Handbook of Social Welfare Management*. Thousand Oaks. London. New Delhi: SAGE.

Giddens, A.(1979). *Central Problems on Social Theory*. London: Macmillan.

Giddens, A.(1998). *The Third Way: The Renewal of Social Democracy*. Cambridge: Polity.

Giddens, A.(2001). *The Global Third Way Debate*. Cambridge: Polity.

Giddens, A.(2009). *Sociology*. Cambridge: Polity Press.

Giddens, A.(2012). *The Third Way and its Critics*. Polity.

Greenleaf, R. K.(1977). *Servant Leadership: A Journey into the Nature of Legitimate Power and Greatness*. Mahwah. NJ: Paulist Press.

Gummer, B.(1975). Social Planning and Social Administration-Implications for Curriculum Development. *Journal of Education for Social Work. 11(1)*, 66-73.

Gummer, B.(1990). *The Politics of Social Administration: Managing Politics in Social Agencies*.

Englewood Cliffs, NJ: Prentice Hall.
Hasenfeld, Y.(1983). *Human Service Organization*. New Jersey: Prentice-Hall.
Hasenfeld, Y.(1992a). The Nature of Human Service Organization. In Y. Hasenfeld (Ed.). *Human Service Organizations in Human Services as Complex Organizations*. Thousand Oaks. CA: SAGE.
Hasenfeld, Y.(1992b). Theoretical Approaches to Perspectives in Human Service Organizations. In Y. Hasenfeld (Ed.). *Human Services as Complex Organizations*. Thousand Oaks, CA: SAGE.
Hasenfeld, Y.(2000). Social Welfare Administration and Organizational Theory. In R. J. Patti (Ed.). *The Handbook of Social Welfare Management*. Thousand Oaks. London. New Delhi: SAGE.
Hasenfeld, Y.(2002, 2009). *Human Services as Complex Organizations* (2nd Edition, Kindle Edition) SAGE Publications.
Hasenfeld, Y., & English, R. A.(1974). *Human Service Organization*. Ann Arbor. MI: University of Michigan Press.
House, R. J.(1971). A Path-Goal Theory of Leader Effectiveness. *Administrative Science Quarterly, M(Sep)*, 321-339.
House, R. J.(1977). A Theory of Charismatic Leadership. In J. G. Hunt & L. L. Larson (eds.). *Leadership: The Cutting Edge*. Southern Illinois Univ. Press.
House, R. J., & Aditya, R. N.(1997). The Social Scientific Study of Leadership: Quo Vadis? *Journal of Management, 23(3)*, 409-473.
House, R. J., & Mitchell, T. R.(1974). Path-Goal Theory of Leadership. *Journal of Contemporary Business, 1*, 81-98.
House, R. J., & Singh, J. V.(1987). Organizational behavior. Some new directions for I/O psychology. *Annual Review cf Psychology, 38*, 669-718.
Howell, J. P. et al.(1990). Substitutes for Leadership; Effective Alternatives to Ineffective Leadership. *Organizational Dynamics, 19*, 21-38.
Kanfer, R., & Heggestad, E. C.(1997). Motivational Traits and Skills : A Pereon-Centered Approach to Work Motivation. *Research in Organizational Behavior, 19*, 1-56.
Katz, D. & Kahn, R. L.(1978). *The Social Psychology of Organization* (2nd ed.). New-York: John Wiley and Sons Press.
Katz, D., & Kahn, R. L.(1967/1978). *The social psychology cf organizations* (2nd ed). New York: John Wiley.
Katz, R. L.(1955). Skills of an effective administrator. *Harvard Business Review. January-February*, 33-42.
Kinnear, T., & Bernhardt, K. L.(1990). *Principles of Marketing*. Scott. Foresman and Company.
Kotler, J.(2015). *Leading Change* (16th Edition). Pearson.
Kotler, P.(1996). *Principles of Marketing*. New Jersey: Prentice-Hall Inc.
Kotter, J. P., & Schlesinger, L. A.(1979). Choosing Strategies for Change. *Harvard Business Review, 57*, 106-112.
Kouzes, J. M., & Mico, P. R.(1979). Domain Theory: An Introduction to Organizational

Behavior in Human Service Organizations. *Journal of Applied Behavior Science. 15(4)*, 449–469.

Landy, F. J., & Vasey, J.(1991). Job analysis: The composition of SME samples. *Personnel Psychology, 44*, 27–50.

Lewis, J. et al.(2001). *Management of Human Service Programs* (3rd ed.). Belmont, CA: Brooks/ Cole.

Lewis, P. V.(1987). *Organizational communications: The essence of effective management*. Englewood Cliffs. NJ: Prentice Hall.

Lewis, P. V.(2020). *LEADERSHIP: Your Future Is Waiting* (Kindle Edition). URLink Print & Media, LLC.

Lindblom, C. E.(1959). The Science of Muddling Through. *Public Administration Review, 19(1)*, 79–88.

Lovelock & Weinberg(1980). Public and Nonprofit Comes of Age. In Gerald Zaltman and Thomas V. Bonoma (ed.). *Review of Marketing*.

Mann, F. C.(1965). Toward an understanding of the leadership role in formal organization. In R. Dubin, G. C. Homans, F. C. Mann and D. C. Miller (Eds.), *Leadership arid Productivity*. San Francisco: Chandler.

Mann, F. C., & Dent, J.(1954). The supervisor: Member of two organizational families. *Harvard Business Review, 32(6)*, 103–112.

Manz, C. C., & Sims, H. P. Jr.(1987). Leading workers to lead themselves: The external leadership of self–managing work teams. *Administrative Science Quarterly, 32*, 106–128.

Manz, C., & Sims, H. P.(1989). *Superleadership: Leading others to lead themselves*. Englewood Cliffs. NJ: Prentics Hall.

March, J. G., & Herbert, A. S.(1938). *Organizations*. New York: John Willey & Sons.

Martin, L. L.(1993). *Total Quality Management in Human Service Organization*. Newbury Park. CA: SAGE Publications.

McCarthy, J. E.(1960, 1978). *Basic Marketing. A Managerial Approach*. Homewood. IL: Richard D. Irwin.

McIntosh G. L., & Rima, S. D.(1997). *Overcoming the Dark Side of Leadership.* Grand Rapids: Baker. 김기호 역(2002). 『리더십의 그림자』. 서울: 두란노.

McLennan, K.(1967). The manager and his job skills. *Academy of Management Journal, 3*, 235–245.

Menefee, D.(2000). What Managers Do and Why they Do It. In R. J. Patti (Ed.). *The Handbook of Social Welfare Management*. Thousand Oaks, London, New Delhi: SAGE.

Meyer, J. W., & Rowan, B.(1977). Institutionalized organizations: Formal structure as myth and ceremony. *American Journal of Sociology, 83*, 340–363.

Mondy, W. D. et al.(2015). *Human Resource Management* (14th ed.). Pearson

Myron, E.(1990). *Human Services Management: Analysis and Application* (2nd ed.). Belmont. CA: Wads Worth Publishing Co.

Neugeborn, B.(2012). *Organization, Policy and Practice in the Human Service*. Routledge.

Northouse, P. G.(2021). *Leadership: Theory and Practice* (9th Edition). Sage Pub.

Patti, R. J.(1983). *Social Welfare Administration: Managing Social Programs in a Developmental Context*. Englewood Cliffs, NJ: Prentice-Hall.

Patti, R. J.(2000). *The Handbook of Social Welfare Management*. Thousand Oaks,

Pecora, P. Y.(1998). Recruiting and Selecting Effective Employees. In R. L. Edwards & J. A. Yanket (Eds.), *Skills for Effective Management of Nonprofit Organizations. Washington*. DC: National Association of Social Workers.

Pecora, P., & Wagner, M.(2000). Managing Personnel. In R. J. Patti (Ed.). *The Handbook of Social Welfare Management*. Thousand Oaks. London, New Delhi: SAGE.

Quinn, R. E., & Cameron, K. S.(1988). Paradox and transformation: A framework for viewing organization and management. Paradox and transformation: *Toward a theory of change in organization and management*, 289-308.

Randolph, W. A.(1985). *Understanding and Managing Organizational Behavior*. New York: Irwin Press.

Redfield, C. E.(1953, 1958). *Communication in Management*. University Of Chicago Press.

Robbins, S. P. et al.(2014). *Organizational Behavior* (16th Edition). Pearson.

Rubin, H. J. and Rubin, I.(2007). *Community Organizing and Development* (4th Edition). Pearson/Allyn and Bacon.

Schemerthorn Jr., J. R.(2011). *Organizational Behavior* (12th Edition). Wiley.

Schoech, D. et al.(1995). Home health care Information System Difficult choices in uncertain times. Co-published simultaneously in *Journal of Gerontology Social Work, 24*. The Haworth Press, inc., 95-115.

Schoech, D.(1981). *Computer Use in Human Services: A Guide to Information Management*. Human Sciences Pr.

Schoech, D.(1995). Information System. In R. Edwards (Ed.). *Encyclopedia of Social Work* (19th ed.). Washington. DC: NASW Press.

Schoech, D.(2000). Managing Information for Decision Making. in Patti, R. J. ed. *The Handbook of Social Welfare Management*. Thousand Oaks. CA: Sage.

Simon, H. A.(1957). *Model of Man*. New York: Wiley.

Simon, R. A.(1971). *Decision Making and Organizational Design, In Organization Theory*. New York: Penguin Books.

Skidmore, R. A.(1983, 1994). *Social Work Administration: Dynamic Management and Human Relationship* (3rd Edition). Pearson Education.

Smith, B. N. et al.(2004). Transformational and servant leadership: Content and contextual comparisons. *Journal of Leadership and Organizational Studies, 70(4)*, 80-91.

Smith, M. F.(1989). *Evaluative Assessment: A Practical Approach*. Norwell. MA: Kluwer.

Spears, L. C.(1995). Servant Leadership and the Greanleaf Legacy. In L. C. Spears(ed.), *Reflections on Leadership*. New York: John Wiley & Sons. Inc.

Spencer, S.(1959). *The Administration Method in Social Work Education*. New York: Council on Social Work Education.

Spicker, P.(2000). *The Welfare State*. London: Sage.

Spicker, P.(2008). http://www2.rgu.ac.uk/publicpolicy/introduction/socpolf.htm, 2008-04-07.

Stipak, B.(1983). Interpreting Subjective Data for Program Evaluation, *Policy Studies Journal, 12(December)* : 306-307.

Tead, O.(1963). *The Art of Leadership*. New York: Graw Hill.

Terrell, P.(2012). *Dimensions of Social Welfare Policy* (8th ed.). Pearson.

Thompson, D. E., & Thompson, T. A.(1982). Court standards for job analysis in test validation. *Personnel Psychology, 35*, 865-874.

Toffler, A.(1970). *Future Shock*. Random House.

Townsend, P.(1993). *The International Analysis of Poverty*. Hemel Hempstead: Wheatsheaf Books.

Trice, H. M., & Beyer, J. M.(1986). Charisma and Its Routinization in Two Social Movement Organizations. *Research in Organizational Behavior, 8*, 113-164.

Vinokur-Kaplan, D., & Bogin, D.(2000). Motiviating Work Performance in Social Services. In R. J. Patti (Ed.). *The Handbook of Social Welfare Management*. Thousand Oaks. London, New Delhi: SAGE.

Weihrich, R. W.(1994). *The Social Work as Manager: Theory and Practice* (2nd ed). Needham Heights, MA: Allyn & Bacon.

Weinbach, R. W.(1993, 2014). *The Social Worker as Manager: A Practical Guide to Success* (7th ed.). Pearson Educacion.

Weiner, M. E.(1990). *Human Service Management: Analysis and Applications* (2nd ed.). Belmont. CA: Waldsworth Publishing Company.

Wills, G.(1994). *Certain Trumpets: The of Leaders*. New York: Simon and Schuster Paperbacks.

Yukl, G. A.(1999a). An Evaluative Essay on Current Conceptions of Effective Leadership. European *Journal of Work and Organizational Psychology, 8(1)*, 33-48.

Yukl, G. A.(1999b). An Evaluation of Conceptual Weakness in Transformational and Charismatic Leadership Theories. *Leadership Quarterly, 10(2)*, 285-305.

Yukl, G. A.(2012). *Leadership in Organizations* (8th Edition). Pearson.

저자소개

김수목

- 목포대학교 대학원 법학과 석사
- 서울사회복지대학원대학교 사회복지학과 석사
- 한세대학교 대학원 사회복지학과 박사과정
- 카톨릭원주교구 사회교육원 강사 / 법무부 보호관찰위원
- 서울사회복지대학원대학교 주임교수
- 〈저서〉 사회복지행정론

장혜령

- 서울사회복지대학원대학교 사회복지학과 석사
- 칼빈대학교 대학원 사회복지학과 박사(Ph.D)
- 동방대학학원대학교 교육학과 박사(Ph.D)
- 〈저서〉 사회복지와 문화다양성, 사회복지행정론, 사회복지조사론
  사회복지정책론

박근양

- 한양대학교 공공정책대학원 사회복지학 석사
- 협성대학교 대학원 사회복지학 박사
- 서울사회복지대학원대학교 겸임교수
- 〈저서〉 사회복지행정론

서정자

- 서울사회복지대학원대학교 사회복지학과 석사
- 백석대학교 기독교전문대학원 사회복지학과 박사과정
- 대한웰다잉협회 서울 강북구 지회장
- 서울사회복지대학원대학교 지도교수
- 〈저서〉 사회복지행정론, 행복한 수다가 치매를 예방한다
  정년 후의 삶 처음 맞이하는 사람들에게, 나를 찾는 여행 액티브시니어

양영수

- 단국대학교 행정법무대학원 사회복지학과 석사
- 서울기독대학교 대학원 사회복지학과 박사과정
- 국제보건교육실천협회 서울본부장 / 대한힐링교육센터 경인본부장
- 서울사회복지대학원대학교 지도교수
- 〈저서〉 사회복지행정론, 미래유망자격증, 공공기관 합격노하우
  신중년 도전과 열정, 신중년 N잡러가 경쟁력이다.

임은택

- 서울사회복지대학원 사회복지학 석사
- 서울기독대학교 대학원 사회복지학과 박사
- 서울사회복지대학원대학교 지도교수
- 시니어복지여행 연구소장 /두레박노인복지센터 대표
- 〈저서〉 사회복지행정론

사회복지행정론

인쇄일 2021년 7월 1일
발행일 2021년 7월 5일

공저자 김수목 · 장혜령 · 박근양
서정자 · 양영수 · 임은택

발행인 김화인
발행처 조 은
편집인 김진순
주소 서울시 중구 을지로20길 12 대성빌딩 405호(인현동)
전화 (02)2273-2408
팩스 (02)2272-1391
출판등록 1995년 7월 5일 신고번호 제1995-000098호
ISBN 979-11-91735-02-4
정가 25,000원

♠ 강의자료(PPT) 신청 : skk33333@naver.com